2019年北京高等学校优质本科教材

21世纪普通高等教育
法 学 系 列 教 材

证券法学（第三版）

主　编　邢会强
副主编　缪因知　赵　磊

撰稿人（以撰写章节先后为序）

邢会强　何海锋　袁达松　李安安　洪艳蓉
赵　吟　凤建军　高晓东　瞿　涵　杜一华
季奎明　肖　宇　赵　磊　缪因知　周　游
樊　健　肖　伟　吕成龙　武融央　龙　非
王　旭　董新义　沈朝晖　姚海放　马更新
张春丽　高丝敏　杜　晶　常　铮　陈　超
栗　橙

中国人民大学出版社
· 北京 ·

图书在版编目（CIP）数据

证券法学/邢会强主编. --3 版. --北京：中国人民大学出版社，2023.8

21 世纪普通高等教育法学系列教材

ISBN 978-7-300-32077-9

Ⅰ.①证… Ⅱ.①邢… Ⅲ.①证券法-法的理论-中国-高等学校-教材 Ⅳ.①D922.287.1

中国国家版本馆 CIP 数据核字（2023）第 147663 号

2019 年北京高等学校优质本科教材

21 世纪普通高等教育法学系列教材

证券法学（第三版）

主　编　邢会强

副主编　缪因知　赵　磊

Zhengquan Faxue

出版发行	中国人民大学出版社		
社　　址	北京中关村大街 31 号	**邮政编码**	100080
电　　话	010－62511242（总编室）		010－62511770（质管部）
	010－82501766（邮购部）		010－62514148（门市部）
	010－62515195（发行公司）		010－62515275（盗版举报）
网　　址	http://www.crup.com.cn		
经　　销	新华书店		
印　　刷	天津鑫丰华印务有限公司	**版　　次**	2019 年 9 月第 1 版
开　　本	787 mm×1092 mm　1/16		2023 年 8 月第 3 版
印　　张	20.5 插页 1	**印　　次**	2024 年 5 月第 2 次印刷
字　　数	467 000	**定　　价**	58.00 元

主编简介

邢会强，中央财经大学首批“龙马学者”特聘教授、法学院教授、博士研究生导师。兼任中国法学会证券法学研究会副会长兼秘书长、北京市金融服务法学研究会会长、中国法学会经济法学研究会常务理事兼副秘书长、中国上市公司协会第三届独立董事专业委员会委员、北京金融法院专家咨询委员会专家委员、2018 年国家社会科学基金重大项目“大数据法制立法方案研究”首席专家。

第三版前言

天下武功，唯快不破。本教材的第三次修订，意在跟上我国资本市场法治日新月异的新发展。

《中华人民共和国证券法》虽然于2019年年底修订通过，近期内应不会再修订，但与该法相配套的规则变化很大。党的二十大报告提出要“健全资本市场功能，提高直接融资比重”。2020年至2023年证券市场和证券法治最显著的变化莫过于全面实施股票发行注册制。2023年2月，中国证监会及各证券交易所等发布全面实行股票发行注册制制度规则。中国证监会一系列重要的规章制度随之得到修订。本教材对这些新规则进行了反映，替换了已经不合时宜的内容，尤其是对第二章“证券发行制度”的内容改动较大，此外，对第三章“多层次资本市场制度”的内容也进行了相应的调整。

证券法治的另一大变化是，2022年1月，最高人民法院发布《关于审理证券市场虚假陈述侵权民事赔偿案件的若干规定》。与此同时，证券中介机构的法律责任在审判实践中显著加重。为此，本教材重点修订了第七章第一节“反虚假陈述制度”、第七章第四节“证券民事诉讼制度”以及第九章“证券经营服务机构的责任与监管”第一至五节的相关内容。

习近平总书记强调，要坚持党中央对金融工作集中统一领导。[①] 2023年3月，中共中央、国务院印发的《党和国家机构改革方案》对金融监管体制进行了重大调整。本教材第一章第三节“证券监管体制”对此进行了充分反映。

由于北京证券交易所（简称北交所）的成立，北交所上市公司向上海证券交易所、深圳证券交易所转板的试点已经开始落地实施，因此，对本教材第三章第四节“转板制度”进行了修订。

由于《证券市场资信评级业务管理办法》于2021年发布，因此对本教材第九章第四节“证券评级机构”进行了大幅修订。

由于中国证券投资基金业协会的自律管理规则发生了很大变化，因此，对本教材第十章第四节“中国证券投资基金业协会的自律管理”进行了相应修订。

由于《民法典》的颁行，本教材中涉及的《物权法》《合同法》等法律的条文，也相应替换成了《民法典》的相关条文。

此外，本次修订还更新或删除了一些较为陈旧的数据或过时的内容，尤其是对过时的法条进行了更新，这几乎涉及本教材的每一章每一节。因此，本次修订也是一次全面的修订。

---

① 习近平．习近平谈治国理政：第2卷．北京：外文出版社，2017：281．

最后需要说明的是本次修订分工：洪艳蓉修订了第二章第四节“资产证券化法律制度”，杜一华修订了第三章第五节“退市退板制度”，樊健修订了第七章第一节“反虚假陈述制度”，吕成龙修订了第七章第四节“证券民事诉讼制度”，栗橙修订了第十章第四节“中国证券投资基金业协会的自律管理”，其余均由邢会强修订完成。

我们还同步编写了《证券法案例教程》，与本教材相配套，由中国人民大学出版社同步推出，欢迎各位读者参阅。

欢迎各位读者继续对本教材提出宝贵意见。

邢会强

2023 年 5 月 8 日

第一版前言

习近平总书记强调："金融是国家重要的核心竞争力，金融安全是国家安全的重要组成部分，金融制度是经济社会发展中重要的基础性制度。"① 证券法律制度是金融制度的重要内容。一个健全的、强大的证券市场是一个国家的核心竞争力的体现。证券法是现代市场经济法律体系的重要组成部分，证券法学是非常重要的现代法学。全日制高等院校的本科生，为了具备将来从事金融法律实务或理论研究的能力，有必要学习和掌握证券法学。本教材即是针对全日制高等院校本科生编写的，具有以下特点。

第一，全面性、前瞻性。本教材坚持"大证券法观"，突破现有的监管体制，不受《证券法》修订变动的影响，尽量兼顾主要的证券品种和各层级、板块的市场。因此，每章的写作都尽量将新型的市场板块——新三板市场和创业板市场的相关内容涵盖进来。

第二，权威性、准确性。尽管每章的作者不一定都是资深的证券法大师，但其对所撰写的部分都是有精深的研究的。参与本教材编写的人员多达 31 人，大部分人都仅负责自己比较擅长的一章（节）。如此庞大规模的教材编写队伍在当前的教材编写中是不多见的。此外，由于这是本科生教材，而不是论文或专著，因此，在编写的时候务求准确性，总结共识，而不仅仅只写一家之言。

第三，新颖性、及时性。本教材力求反映当前证券法学界最新的研究成果。因此，各章节在介绍基本原理、现有主要制度的同时，也尽量结合监管科技、金融科技、区块链、人工智能、大数据等新型技术进行写作。

本教材的分工安排如下：

第一章"证券法总论"：邢会强（中央财经大学法学院教授）负责撰写第一节至第五节，何海锋（北京市天同律师事务所顾问律师）负责撰写第六节"证券监管科技"。

第二章"证券发行制度"：邢会强负责撰写第一节"公开发行制度与私下发行豁免制度"，袁达松（北京师范大学法学院教授）负责撰写第二节"股票发行制度"，李安安（武汉大学法学院副教授）负责撰写第三节"债券发行制度"，洪艳蓉（北京大学法学院副教授）负责撰写第四节"资产证券化法律制度"，赵吟（西南政法大学民商法学院副教授）负责撰写第五节"投资性众筹制度"。

第三章"多层次资本市场制度"：邢会强负责撰写第一节"多层次资本市场概述"和第四节"转板制度"，凤建军（西北政法大学民商法学院副教授）负责撰写第二节"证券交易所上市制度"，高晓东（全国股转公司高级经理）、瞿涵（全国股转公司执行经理）负责撰写第三节"新三板市场挂牌制度"，杜一华（北京物资学院法学院讲师）

① 习近平. 习近平谈治国理政：第 2 卷. 北京：外文出版社，2017：278.

负责撰写第五节“退市退板制度”。

第四章“证券交易结算制度”：季奎明（华东政法大学经济法学院副教授）负责撰写第一节“证券市场基础设施”，肖宇（华东政法大学国际金融法律学院副教授）负责撰写第二节“证券交易制度”，赵磊（中国社会科学院法学所副研究员）负责撰写第三节“证券结算制度”。

第五章“证券信息披露法律制度”由缪因知（中央财经大学法学院副教授）负责撰写。

第六章“上市公司或挂牌公司并购重组制度”由周游（中央财经大学法学院讲师）负责撰写。

第七章“证券反欺诈制度”：樊健（上海财经大学法学院助理教授）负责撰写第一节“反虚假陈述制度”，肖伟（厦门大学法学院教授）负责撰写第二节“反内幕交易制度”，缪因知负责撰写第三节“反操纵市场制度”，吕成龙（深圳大学法学院助理教授）负责撰写第四节“证券民事诉讼制度”，武融央（中央财经大学金融服务法研究中心研究人员）负责撰写第五节“证券执法制度”。

第八章“投资者保护制度”：邢会强负责撰写第一节“证券期货投资者适当性管理制度”和第二节“上市公司投资者关系制度”，龙非（中国证券投资者保护基金有限责任公司法律部副总监）、王旭（中国证券投资者保护基金有限责任公司法律部助理总监）负责撰写第三节“证券投资者保护基金”，董新义（中央财经大学法学院副教授）负责撰写第四节“投资者服务中心”。

第九章“证券经营服务机构的责任与监管”：沈朝晖（清华大学法学院副教授）负责撰写第一节“证券公司的监管与责任”，姚海放（中国人民大学法学院副教授）负责撰写第二节“证券审计机构”，马更新（中国政法大学民商经济法学院教授）负责撰写第三节“资产评估机构”，张春丽（中国政法大学民商经济法学院副教授）负责撰写第四节“证券评级机构”，邢会强负责撰写第五节“证券律师”，高丝敏（清华大学法学院副教授）负责撰写第六节“投资顾问机构与智能投资顾问”。

第十章“证券市场的一线监管与自律管理”：杜晶（中央财经大学法学院副教授）负责撰写第一节“证券交易所的一线监管与自律管理”，常铮（全国股转公司经理）负责撰写第二节“其他证券交易场所及其自律监管”，陈超（中国证券业协会副研究员）负责撰写第三节“中国证券业协会的自律管理”，栗橙（中央财经大学金融服务法研究中心研究人员）负责撰写第四节“中国证券投资基金业协会的自律管理”。

本教材还将根据《证券法》修订和证券法学理论的最新发展不断修订，欢迎各位读者提出宝贵意见。

邢会强

2019 年 8 月 1 日

目　录

第一章 证券法总论

第一节 证券的定义与构成要件

证券法上“证券”的定义问题，是证券法的第一问题，是证券法的前提性问题，也是争议最大的证券法问题。

证券法上的证券不同于民法上的证券。民法上的证券分为金券、资格证券、有价证券三大类：金券是指具有一定金额并为特定目的而使用的证券，如邮票。资格证券是指持有人享有行使一定权利的资格的证券，如电影票。有价证券是记载并代表一定财产权利的证券。有价证券又分为商品证券、货币证券和资本证券：商品证券是指证明持有人对某项商品享有一定数量请求权和处置权的有价证券，如提单。货币证券是指对货币享有请求权，代替货币履行支付和结算职能的有价证券，如本票、支票、汇票等。资本证券是指对一定的资本金所带来的收益享有请求权的凭证。证券法上的证券属于民法上的资本证券。如无特别说明，本书之后所说的证券均指证券法上的证券。

一、我国《证券法》目前调整的证券范围

我国《证券法》（2019 年修订）没有给证券下定义，而是采取列举的方式规定了《证券法》调整的证券范围。

《证券法》（2019 年修订）第 2 条前 3 款规定：“在中华人民共和国境内，股票、公司债券、存托凭证和国务院依法认定的其他证券的发行和交易，适用本法；本法未规定的，适用《中华人民共和国公司法》和其他法律、行政法规的规定。”“政府债券、证券投资基金份额的上市交易，适用本法；其他法律、行政法规另有规定的，适用其规定。”“资产支持证券、资产管理产品发行、交易的管理办法，由国务院依照本法的原则规定。”

我国《证券法》调整的证券范围呈现出由窄到宽的历史发展过程。在 1998 年颁布时，《证券法》所调整的证券仅包括“股票、公司债券和国务院依法认定的其他证券”。2005 年我国《证券法》修订时，在证券的调整范围上作了两点修改：一是将政府债券、证券投资基金份额的上市交易纳入《证券法》的调整范围，但其发行与非上市交易适用其他相关法律法规的规定；二是将证券衍生品种的发行与交易纳入《证券法》的调整范

围，但仅准用《证券法》所规定的原则。

2019 年 12 月《证券法》修改时，在第 2 条第 1 款增加了一种新的证券种类——存托凭证，第 3 款将“证券衍生品种”修改为“资产支持证券、资产管理产品”。如此规定，更加具体，但范围更窄。

存托凭证是指由存托人签发，以境外证券为基础在中国境内发行，代表境外基础证券权益的证券。基础证券，是指存托凭证代表的由境外基础证券发行人在境外发行的证券。存托人，是指按照存托协议的约定持有境外基础证券，并相应签发代表境外基础证券权益的存托凭证的中国境内法人。境外基础证券发行人的股权结构、公司治理、运行规范等事项适用境外注册地公司法等法律法规规定的，应当保证对中国境内投资者权益的保护总体上不低于中国法律、行政法规以及证监会规定的要求，并保障存托凭证持有人实际享有的权益与境外基础证券持有人享有的权益相当，不得存在跨境歧视。境外基础证券发行人应当确保存托凭证持有人实际享有的资产收益、参与重大决策、剩余财产分配等权益与境外基础证券持有人享有的权益相当。境外基础证券发行人、存托人应当按照存托协议的约定，采用安全、经济、便捷的网络或者其他方式为存托凭证持有人行使权利提供便利。存托凭证应当在中国证券登记结算有限责任公司集中登记、存管和结算。

针对资产支持证券，目前由中国人民银行（通过中国银行间市场交易商协会）、中国银行保险监督管理委员会、中国证券监督管理委员会（以下简称证监会）以及国家发展和改革委员会（以下简称国家发改委）进行分立式监管。这些部门都各自制定了资产支持计划（或资产支持票据、资产证券化）的管理办法，规则不尽统一。《证券法》（2019 年修订）要求资产支持证券发行、交易的管理办法，由国务院依照该法的原则规定。

资产管理产品已经由《关于规范金融机构资产管理业务的指导意见》（简称资管新规）予以初步规范。《证券法》（2019 年修订）要求资产管理产品发行、交易的管理办法，由国务院依照该法的原则规定。

二、域外证券的概念与种类

（一）美国的证券种类

美国证券法也没有给证券下定义，也是采取列举的方式规定了证券的种类。美国《1933 年证券法》第 2 条规定：“‘证券’一词系指任何票据、股票、库存股票、债券、公司信用债券、债务凭证、盈利分享协议下的权益证书或参与证书、以证券作抵押的信用证书、组建前证书或认购书、可转让股票、投资契约、股权信托证、证券存款单、石油、煤气或其他矿产小额利息滚存权，或一般来说，被普遍认为是‘证券’的任何权益和票据，或上述任一种证券的权益或参与证书、暂时或临时证书、收据、担保证书，或认股证书或订购权或购买权。”

在实践中，美国主要通过两种方式判定一种产品是否属于证券。

第一，“投资合同”是主要的证券种类。1946 年的 SEC v. W. J. Howey Co. 案建立了识别“投资合同”的四项标准，即“豪威测试”标准：（1）必须是资金投资；（2）必须投资于共同的事业（common enterprise）；（3）目的是获取利润；（4）该利润仅依靠他人的努力。[①] 如果一种产品属于“投资合同”，则它属于证券。

第二，除了用“豪威测试”标准来界定“投资合同”，美国法院还在 Reves v. Ernst & Young 一案中确立了“家族相似”方法来测试某种金融工具是否与不作为证券对待的“票据”（note）具有相似性。某种金融工具如果不具有家族相似性，则应属于证券。“家族相似”方法考虑四个因素：（1）什么是推动当事人进行交易的合理动机？如果融资者是为了募集一般的营运资金，投资者是为了赚取利润，那么它就可能是证券。如果是为了买卖便利或消费，那么它就不可能是证券。（2）分销、流通之计划，它是投机或投资常见的交易工具吗？如是，则是证券。（3）投资者大众是否合理期待它为证券。（4）有无其他另一规范体系的存在以降低投资者的损失风险。[②] 如无，则是证券。这被称为“里夫斯测试”（Reves test）。“里夫斯测试”与“豪威测试”虽有所不同，但相同之处都是强调证券的“投资性”，即投资者有获取利润动机；二者的不同之处在于“里夫斯测试”还强调风险性。

（二）韩国的证券概念与种类

根据韩国《资本市场法》，证券是指本国人或外国人发行的金融投资商品，投资者除负有在获取该商品时支付相应的金钱等义务外，不负有任何其他支付义务。该定义强调的是“没有追加的支付义务”。这一点也是证券与衍生产品相区别的重要标准之一。韩国《资本市场法》将证券分为六种，分别是：债务证券、份额证券、信托的受益证券、证券托管证券、投资合同证券、衍生结合证券。[③]

1. 债务证券

债务证券是指国债证券、地方债务证券、特殊债证券、公司债券、企业票据债券，以及与此相类似的表示支付请求权的证券。具体来说，国债是指国家为了满足财政需要而发行的债券。国债虽然保本，但是随着利率的变动其利息可能发生变动，因此国债具备了“投资性”。地方债证券是指地方自治团体（相当于地方政府）为满足财政需要而发行的债券，因此简称为“地方债”。地方债和国债一样，虽然有投资性，但是不存在债务不履行的危险，因此不适用信息披露的相关规定。特殊债证券是特殊法人发行的债券。特殊债中的“根据总统令确定的法律而直接设立的法人发行的债券”可以不适用信息披露的相关规定。关于公司债券的概念，韩国《资本市场法》并没有明确规定，商法上的公司债券是指股份公司面向公众进行集团性的大量的融资而发行的，细分为一定面额的具有一定单位的债务。这里的公司债券可以再细分为普通公司债、附新股认购权的公司债、可转换公司债、可替换公司债。企业票据证券（Commercial Paper，CP），即企业本票，是指企业为了融资而发行的本票，是具备施行令确定的要件的本票。企业本票的主要用途并不是作为支付手段，而是作为融资的手段，故企业本票实质上与短期公司债相似。韩国《资本市场法》放宽了企业票据的要件，在施行令中规定：由因企业的

① SEC v. W. J. Howey Co.，328 U. S. 293 (1946).

② Reves v. Ernst & Young，494 U. S. 67，70 (1990).

③ 李鲜花，孙煐琪．韩国资本市场法上金融投资商品概念的考察//证券法律评论：2017 年卷．北京：中国法制出版社，2017：27-37.

委托而代理支付的银行进行交付，并且使用标有“企业票据证券”文字的票据用纸，就可以认定为企业票据证券。

2. 份额证券

韩国旧证券交易法施行过程中，将商法上的合资公司、有限公司的股份也认定为“有价证券”。韩国《资本市场法》扩大了原有的份额证券的范围，使它包括了股票，新股认购权证明，依法直接设立的法人所发行的证券，《商法》所规定的合资公司、有限责任公司、有限公司、合资合伙、隐名合伙的出资份额，以及与此类似的标明出资份额或取得出资份额权利的证明。

3. 信托的受益证券

信托的受益证券是表示信托法上的信托受益人对受托人的信托收益权的证券。信托分为商事信托和民事信托。韩国旧信托业法所规范的是商事信托，民事信托仍然由信托法所调整。韩国《资本市场法》吸收了旧的信托业法，因此可以认为韩国《资本市场法》所规范的是商事信托。受益证券作为金融投资商品，必须具备金融投资商品的四个要件：（1）金融投资商品以取得利益或回避损失为目的；（2）金融投资商品有获得这个权利支付或应当支付的金钱等的总额超过从这个权利中收回的或能够收回的金钱等的总额的风险；（3）金融投资商品以在现在或将来的特定时间的金钱转移为内容；（4）金融投资商品是合同上的权利。[①] 因此，保本型信托因缺乏“投资性”，管理型信托因受托人没有处分权，都被排除在金融投资商品之外。

韩国《资本市场法》中的受益证券主要是指两类：第110条规定的受益证券和第189条规定的受益证券，以及与此相类似的表示信托受益权的证券（第4条第5款）。第110条规定的受益证券是指，依据金钱信托合同，信托业者发行的表示信托收益权的收益证券。第189条规定的受益证券是指，进行投资信托的集合投资业者所发行的、表示投资信托收益权的证券。该种信托型集合投资以集合投资业者作为委托人，以运营信托的信托业者作为受托人，投资的运用、管理由作为委托人的集合投资业者负责，作为受托人的信托业者保管信托财产，履行一定的监督职责。受益证券并不是由受托人，而是由委托人即集合投资业者发行。以信托方式进行资产证券化时发行的信托受益证书，以及基于非金钱信托合同而发行的受益证券都属于法律所规定的“其他与此相类似的表示信托收益权的证券”，因此这些也属于受益证券。

4. 证券托管证券

证券托管证券是指接受债务证券、份额证券、受益证券、投资合同证券、衍生结合证券的托管者，在该证券发行国以外发行的证券。它表示与托管证券相关的权利。托管证券是在发行国家以外的国家发行的证券，因此它包括外国证券的国内托管证券，也包括国内证券的外国托管证券。韩国旧证券交易法中只规定了国内托管证券，但是韩国《资本市场法》将国外托管证券也纳入了证券的范围。

5. 投资合同证券

投资合同证券是指投资者在与他人合作的共同项目上，以金钱等形式进行投资，主

① 张珍宝．韩国资本市场法系列之一：金融投资商品概念简析．金融法苑，2009（2）：221-235.

要依靠他人经营管理共同项目的结果来分配损益的合同权利凭证。这主要是参考了美国联邦最高法院的 SEC v. W. J. Howey Co. 案。“投资合同证券”是兜底性的概念。按理说，前五种证券也都符合投资合同证券的定义，但韩国《资本市场法》仅将不属于前五种证券的投资合同证券认定为“投资合同证券”。

6. 衍生结合证券

衍生结合证券是指与基础资产的价格、利率、指标、单位或者以此为基础的指数等的变动相联系的，按照事先确定的方法而决定支付金额或回收金额的证券。它涵盖了韩国旧证券交易法上规定的认股权证（Equity Covered Warrant）、股价挂钩证券（Equity-Linked Securities，ELS）、场外衍生结合证券。韩国《资本市场法》扩大了衍生结合证券的基础资产（underlying assets）的范围，规定“其他能够以合理、适当的方法对价格、利率、指标和单位风险进行核算或者评估的自然、环境、经济现象”也属于基础资产。

三、证券的学理定义与构成要件

遍览域外证券法可以发现，在学理上，证券是投资者为了获取利润而取得的代表投资性权利的凭证或合同，投资者之间共同进行了投资或者它允许投资者对外拆分转让该证券，它具有损失本金的风险且该风险未受其他专门法律的有效规制。[①]

根据上述定义，证券的构成要件有三。

（1）投资是为了获取利润。此即投资性。投资是相对于消费而言的。如果付出金钱纯粹是为了消费，则支出方为消费者，而不是投资者；他受消费者权益保护法的专门保护，而不受证券法的专门保护。如果付出金钱是为了获取利润，无论最终是否获得了利润，只要目的是获利，则该项付款就是投资，支付方就是投资者，而不是消费者。当然，现实中，有的付款既有消费也有投资，则支付方既是消费者又是投资者。

（2）投资者之间共同进行了投资或者它允许投资者对外拆分转让该证券。此即横向共同性。“横向共同性”不仅包括现实的横向共同性，还包括潜在的横向共同性。某金融产品在成立时只有一个委托人（投资者）和一个受托人（管理人），受托人管理的财产只是该委托人一个人时，看似缺乏“横向共同性”，但如果委托人的权益是可对外拆分转让的，则它具有潜在的“横向共同性”。因为委托人可以随时对外转让其中的一部分，从而具有现实的“横向共同性”，因此，它同样可以构成证券。“横向共同性”意味着证券（全部或大部分）必须是标准化的，是开放的，具有流动的可能性，是可以部分对外转让的。正因为具有“横向共同性”，证券才可能具有流动性和涉众性，才需要证券法的特别保护。

（3）在受证券法的规制之前，证券有损失本金的风险，且未受到其他专门法律的有效规制。此即风险未受规制性或风险裸露性。任何投资都有损失本金的可能性，但有的金融产品，其损失本金的可能性已被其他专门法律安排（如存款保险、银行监管、保险监管、企业年金监管等）规制，投资者已经受到了相应的专门法律的保护，因此，没有

① 邢会强．我国《证券法》上证券概念的扩大及其边界．中国法学，2019（1）：244-263.

适用证券法的必要。但是，如果该损失本金的可能性没有被其他专门法律规制，投资者没有受到其他专门法律的保护，且该产品具有投资性和横向共同性的特征，那么就该考虑适用证券法以使投资者获得特别的法律保护了。

证券的风险未受规制性或风险裸露性的特征来源于美国 1982 年的 Marine Bank v. Weaver 案。在该案中，一审法院认为银行存款单不是证券，但美国二审法院推翻了一审法院的认定，认为它是证券。[①] 最后，美国联邦最高法院推翻了二审法院的判决，认定银行存款单不是证券。其实，该产品完全符合"豪威测试"[②] 的四项标准，但美国联邦最高法院在审理该案时指出了银行存款单与其他长期债务契约的不同：银行存款单是由受美国联邦监管的银行发行的，该银行全面地受银行业法规的系列监管，该存款需要遵守美国联邦银行法关于存款准备（reserve）、报告和检查等方面的要求，与存款利息有关的广告也是受监管的。此外，该存款还获得了美国联邦存款保险公司的保障。自美国联邦存款保险公司 1933 年成立以来，由它提供保险的濒临破产的银行的几乎所有的存款都被全额赔付了，即使是超过了保险限额的部分也得到了赔付。因此，美国联邦最高法院认为，银行存款单与其他长期债务契约有较大的差异，但二审法院并没有适当考虑到存款单的购买者事实上已经被保障全额支付了，而长期债务契约的持有者却要承受债务人破产的风险。因此，"银行存款单的发行人承担联邦证券法上的反欺诈责任是不必要的，因为银行存款单的持有者已经完全地受到了联邦银行法的保护"[③]。

证券概念的背后有其深刻的市场哲学基础。和动辄通过行政手段禁止或取缔不同，证券法强调公开，通过公开的手段来达到保护投资者的目的。它要求发行人在发行证券之前对公司的情况作出真实、准确、完整的披露，使投资者在知情的情况下决定是否投资，以便让"市场在资源配置中起决定性作用"。

四、学理上的证券种类

以下金融产品，虽目前尚未被完全纳入我国证券法的调整范围，但在学理上属于证券。[④]

第一是部分债券品种，包括由中国人民银行管理的各类金融债券，由银行间市场交易商协会自律管理的超短期融资券、短期融资券以及中期票据等非金融企业债务融资工具。

第二是作为企业直接融资工具的符合证券定义的各种"类金融产品"。这些产品未被纳入金融监管体系，但在实践中经常被用来作为企业的直接融资工具，如有限合伙份额，各种公开发售的"计划""基金""收益权凭证"等，它们具有投资性、横向共同性和风险裸露性。

第三是所有符合证券定义的债权。根据我国《民法典》第 545 条，除根据债权性质

---

① Weaver v. Marine Bank，637 F. 2d 157 (3d Cir. 1980).

② SEC. v. W. J. Howey Co.，328 U. S. 293 (1946).

③ Marine Bank v. Weaver，455 U. S. 558 - 59 (1982).

④ 邢会强．我国《证券法》上证券概念的扩大及其边界．中国法学，2019 (1)：244 - 263.

不得转让（主要是人身性强的债权）、按照当事人约定不得转让和依照法律规定不得转让的债权外，其他债权都是可以对外转让的。如果该债权同时具备投资性、可拆分转让性和风险裸露性，则它属于证券。从历史进程来看，民法中的债权转让制度，经历了从不可转让到可以转让的变迁。最初，罗马法认为债本身具有最强的人身属性，因此禁止转让。后来，伴随着商业交往的发展，债的人身属性逐渐淡化。到了近代，金钱之债的人身属性和财产属性发生了逆转，法律逐渐认可了债权的可转让性。债权从人身性权利向财产性权利转变，是债权物权化的表现。法律承认债权的流通性，目的是增强企业的融资功能。但是，现实实践中我国很多所谓的“创新”，如艺术品份额化交易、P2P平台债权拆分转让等，常常借我国民法允许的债权转让之名，行证券发行和交易之实，意图规避金融监管。这严重损害了投资者的利益。其实它们都具有投资性、可对外拆分转让性和风险裸露性，在本质上都属于证券。

五、证券与金融投资商品的关系

尽管证券的范围很广，但却是有边界的。一方面，随着金融创新的发展，并不是所有的金融衍生品都可以被界定为证券。另一方面，证券的外延小于金融投资商品的外延，在证券概念扩张所不能之处，恰是金融投资商品定义所涵盖的范围。

（一）证券与金融衍生品的关系

金融衍生品的基本种类包括远期、掉期（互换）、期权和期货四种。究竟哪种金融衍生品是证券，需要详加分析。

（1）远期是交易对手商定在未来特定日期以特定价格交易特定数量的某种指定产品的金融合约。远期合约是交易对手之间个别协商的，满足的是合约双方特定的需求，是必须履行的协议，不具备共同投资性或可转让性或横向共同性，因此不属于证券。

（2）掉期通常指的是当事人双方的衍生品交易，在特定时间内，按照规定的条件，交换付款或利率。掉期协议若由参与者作个别谈判，且基础协议也不是证券的，则不是证券。证券基础掉期协议属于证券。

（3）期权指的是在行使日期之前以既定价格购买或出售一项基础资产、工具或指数的权利。期权分为场外期权和场内期权。场外期权的合约是由交易双方“一对一”协商签订的，属于“私人定制”的合约，可根据交易双方的需求量身定做，合约中格式化条款较少，多数为双方约定的条款内容，因此它不属于证券。而场内期权即交易所提供的期权通常是无须协商的可转让的期权，流动性很好，因此它可能属于证券。

（4）传统上，期货合约本来属于商品证券，与资本证券（证券法上的证券）有本质的不同。期货的价格取决于作为基础资产的货物的价格，而证券的价格取决于发行它的企业的价值。期货交易的基本功能是风险管理。传统上，证券市场与期货市场的交易机制也截然不同：前者是现货交易，后者是非现货交易即期货交易（现在交易，将来履行）。但是，近年来，随着金融创新的发展，期货市场与证券市场的界限逐渐模糊，两个市场出现了交叉融合。证券交易所与期货交易所的上市品种中交叉的部分在《证券法》（2005 年修订）中被称为“证券衍生品”①，在期货行政法规中则被称为“金融期货、期权”，它们都属于场内交易品种。②

随着远期、掉期（互换）、期权和期货中多种类型的混合金融衍生品种类越来越多、越来越复杂，各种金融产品之间的界限越来越模糊，将“证券”与“证券衍生品”或者将“证券衍生品”与“非证券衍生品”分别监管的做法同样会存在监管套利。于是，越来越多的国家和地区开始采用“金融衍生品”的概念来统一指代远期、期货、掉期（互换）和期权等概念以及它们之间的混合，并进行统一规制。

（二）证券与金融投资商品的关系

尽管“证券”的范围非常广，但“证券”的概念不能涵盖所有的“金融投资商品”和“金融商品”。

“金融商品”的外延大于“金融投资商品”的外延。“金融商品”或“金融产品”是指金融机构提供的具有金融性质的产品或服务。“金融投资商品”是指具有投资性的金融商品。不具有投资性的金融产品或服务不是“金融投资商品”，如汇款、货币兑换等。不宜将“金融投资商品”简称为“金融商品”。

“金融投资商品”与“证券”是包含与被包含的关系。证券具有横向共同性的特征，便于交易和流动。而非证券的金融投资商品是“定制化”的金融产品，流动起来比较困难。因此，横向共同性是证券的本质特征，不是金融投资商品的特征，但金融投资商品仍具有投资性和风险性的特征，例如，不具有横向共同性的定向资产管理产品不构成证券但却属于金融投资商品。证券的特征是投资性、横向共同性和风险未受规制性，金融投资商品的特征是投资性和风险性。二者除了是否具备横向共同性的差异，各自的风险性的含义也是不尽相同的。

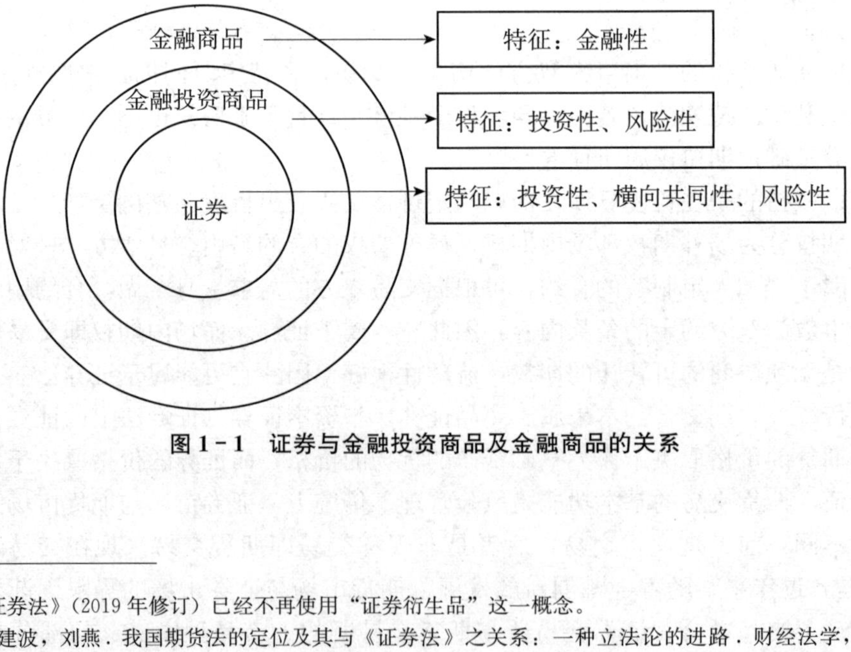

图 1-1　证券与金融投资商品及金融商品的关系

---

① 《证券法》（2019 年修订）已经不再使用“证券衍生品”这一概念。

② 楼建波，刘燕．我国期货法的定位及其与《证券法》之关系：一种立法论的进路．财经法学，2015（2）：5-16.

第二节　中国证券法的历史发展

从1869年起，外国人开始将其股票在中国上海进行买卖。19世纪80年代，中国人自己开办的公司发展起来后，中国也有了自己的证券交易。1929年，南京国民政府仿效日本、德国制定了一部《交易所法》，但其内容仅限于证券交易所，故它并不是真正意义上的证券法。1949年，中华人民共和国成立后，废除了国民党的一切旧法统，自然包括有关证券方面的法律，旧式证券交易也停止了。

1978年，中共十一届三中全会开启了改革开放的大幕。随着农村“包产到户”改革成功推进，城市国有企业和集体企业“包转租”改革逐步实施，一些企业开始探索实施股份制，尝试发行股票，各类债券发行逐步恢复，与买卖证券有关的交易场所、交易系统和专营机构等随之诞生。

1990年12月，上海、深圳两个证券交易所开业，标志着中国集中交易的证券市场开始起步。首批专业性证券公司和行业自律组织也在这一时期相继成立。1984年8月10日，上海市人民政府批准并转发了中国人民银行上海市分行制定的《关于发行股票的暂行管理办法》，这是中国改革开放以来有关股票方面的第一个地方政府规章。1987年3月28日，国务院发布了《关于加强股票、债券管理的通知》，这是我国政府发布的第一个有关股票方面的专门通知。1992年5月15日，国家体改委发布《股份有限公司规范意见》，这是我国第一个关于股份有限公司的规章文件。

一、1993年《股票发行与交易管理暂行条例》

1993年4月22日，国务院颁布“国务院令第112号”，公布了《股票发行与交易管理暂行条例》（以下简称《股票条例》）。《股票条例》共九章，分别是：总则，股票的发行，股票的交易，上市公司的收购，保管、清算和过户，上市公司的信息披露，调查和处罚，争议的仲裁，附则。《股票条例》奠定了中华人民共和国资本市场法治监管的基本框架。

《股票条例》规定，国务院证券委员会（以下简称“证券委”）是全国证券市场的主管机构，依照法律、法规的规定对全国证券市场进行统一管理。证监会是证券委的监督管理执行机构，依照法律、法规的规定对证券发行与交易的具体活动进行管理和监督。

《股票条例》标志着股票发行审批制的正式确立。在审批制下，股票发行由国务院证券监督管理机构根据经济发展和市场供求的具体情况，在宏观上制定一个当年股票发行总规模（额度或指标），经国务院批准后，下达给国家计委，国家计委再根据各个省级行政区域和行业在国民经济发展中的地位和需要进一步将总额度分配到各省、自治区、直辖市、计划单列市和国家有关部委。省级政府和国家有关部委在各自的发行规模内推荐预选企业，国务院证券监督管理机构对符合条件的预选企业的申报材料进行审批。对企业而言，需要经历两级行政审批，即企业首先向其所在地政府或主管中央部委提交额度申请，经批准后报送证监会复审。证监会对企业的质量、前景进行实质审查，并对发行股票的规模、价格、发行方式、时间等作出安排。额度是以股票面值计算的，在溢价发行条件下，实际筹资额远大于计划额度。

《股票条例》对申请公开发行股票的程序的规定如下：（1）申请人聘请会计师事务所、资产评估机构、律师事务所等专业性机构，对其资信、资产、财务状况进行审定、评估和就有关事项出具法律意见书后，按照隶属关系，分别向省、自治区、直辖市、计划单列市人民政府（以下简称“地方政府”）或者中央企业主管部门提出公开发行股票的申请。（2）在国家下达的发行规模内，地方政府对地方企业的发行申请进行审批，中央企业主管部门在与申请人所在地地方政府协商后对中央企业的发行申请进行审批。地方政府、中央企业主管部门应当自收到发行申请之日起 30 个工作日内作出审批决定，并抄报证券委。（3）被批准的发行申请，送证监会复审。证监会应当自收到复审申请之日起 20 个工作日内出具复审意见书，并将复审意见书抄报证券委。经证监会复审同意的，申请人应当向证券交易所上市委员会提出申请，经上市委员会同意接受上市，方可发行股票。

二、1998 年《证券法》的颁布及修正

1998 年 12 月 29 日，第九届全国人大常委会第六次会议审议通过《中华人民共和国证券法》。该法于 1999 年 7 月 1 日起施行。这是中华人民共和国成立以来的第一部全面、系统规范证券市场的法律。

该法共分 12 章，分别是：总则、证券发行、证券交易、上市公司收购、证券交易所、证券公司、证券登记结算机构、证券交易服务机构、证券业协会、证券监督管理机构、法律责任、附则。应该看到，1998 年制定的《证券法》是在亚洲金融危机的背景下制定的，为了防止证券市场的系统风险，较多地体现了国家对证券市场的管制和干预。

2004 年 8 月 28 日，第十届全国人大常委会第十一次会议《关于修改〈中华人民共和国证券法〉的决定》第一次修正《证券法》。本次虽然仅修订了两个条文，但体现了市场化的理念：第一，将第 28 条修改为：“股票发行采取溢价发行的，其发行价格由发行人与承销的证券公司协商确定。”删除了发行价格“报国务院证券监督管理机构核准”的规定。第二，将第 50 条修改为：“公司申请其发行的公司债券上市交易，由证券交易所依照法定条件和法定程序核准。”而原规定是：“公司申请其发行的公司债券上市交易，必须报经国务院证券监督管理机构核准。国务院证券监督管理机构可以授权证券交易所依照法定条件和法定程序核准公司债券上市申请。”

三、2005 年《证券法》修订及后续修正

2005 年 10 月 27 日，第十届全国人大常委会第十八次会议对《证券法》进行了较为系统的修订，修订后的《证券法》［简称《证券法》（2005 年修订）］自 2006 年 1 月 1 日起施行。修订后，《证券法》仍为 12 章，除第十二章的章名略有变化外，其他章名

均没有变化，但内容有较大变化。

《证券法》这次修订主要是解决对证券市场的过度管制问题，在相当大的程度上放松了管制，比如，允许混业经营；允许证券衍生品种和期货期权交易；允许证券公司向客户融资融券；放开了国有企业、国有资产控股的企业以及银行资金入市的限制。

除了放松管制，《证券法》这次修订还在提升市场的安全性、维护投资者权益方面增加了一些新的规定，设计了一些新的制度，具体包含以下六个方面的内容。

一是完善上市公司监管制度，提高上市公司的质量，具体包括：建立证券发行上市保荐制度；增加上市公司控股股东或实际控制人、上市公司董事、监事、高级管理人员诚信义务的规定和法律责任；建立了发行申请文件的预披露制度，以提高发行审核的透明度。

二是加强对证券公司的监管，防范和化解证券市场的风险，具体包括：健全证券公司的内部控制制度，保证客户资产的安全，严格防范风险；明确了证券公司高级管理人员任职资格管理制度；增加了对证券公司主要股东的资格要求，禁止证券公司向其股东或者股东的关联人提供融资或者担保；补充和完善对证券公司的监管措施。

三是加强对投资者特别是中小投资者的权益的保护力度，具体包括：建立证券投资者保护基金制度，明确对投资者损害赔偿的民事责任制度。

四是完善证券发行、证券交易和证券登记结算制度，规范市场秩序，具体包括：明确界定公开发行行为，为打击非法发行行为提供法律依据；增加发行失败的规定，强化发行人的风险意识；改革证券账户开立制度，适应资本市场对外开放的需要；增加规范证券登记结算业务的要求，防范结算风险；为建立多层次资本市场体系留下空间。

五是适度强化证券监管，赋予证监会若干强制执法权。

六是强化证券违法行为的法律责任，打击违法犯罪行为。

《证券法》（2005年修订）自2006年1月1日实施以来，企业上市的门槛降低，融资条件放宽，上市公司的数量和市值大幅增加，金融业综合经营取得进展，多层次资本市场深入推进，私募股权市场迅猛发展，直接融资比例得到提高。我国证券市场取得的上述长足进展说明，《证券法》2005年的修改在总体上是适应市场发展和创新要求的。与此同时，挪用客户保证金的历史遗留问题得到彻底解决，证监会的执法手段得到加强，造假上市、操纵市场、欺诈客户、非法从事证券顾问活动、内幕交易等证券违法行为受到有力打击和遏制，投资者的利益得到进一步保护。这说明，《证券法》2005年的修改为我国证券市场的规范发展提供了有力保障。当然，随着我国资本市场的进一步发展，《证券法》（2005年修订）又出现了不少需要进一步完善的地方。

2013年6月29日，第十二届全国人大常委会第三次会议《关于修改〈中华人民共和国文物保护法〉等十二部法律的决定》第二次修正了《证券法》，将第129条第1款修改为："证券公司设立、收购或者撤销分支机构，变更业务范围，增加注册资本且股权结构发生重大调整，减少注册资本，变更持有百分之五以上股权的股东、实际控制人，变更公司章程中的重要条款，合并、分立、停业、解散、破产，必须经国务院证券监督管理机构批准。”并删除了证券公司变更公司形式必须经国务院证券监督管理机构批准的要求。

2014 年 8 月 31 日，第十二届全国人大常委会第十次会议《关于修改〈中华人民共和国保险法〉等五部法律的决定》第三次修正《证券法》[简称《证券法》（2014 年修正）]。这次修正主要涉及上市公司收购方面，删除了要约收购人必须事先向国务院证券监督管理机构报送上市公司收购报告书的规定，删除了国务院证券监督管理机构和证券交易所对收购人变更收购要约批准的规定。

四、2019 年《证券法》修订

2019 年 12 月 28 日第十三届全国人大常委会第十五次会议审议通过了《证券法》修订草案。这是《证券法》的第二次全面修订。这次《证券法》修订主要有以下四个方面的特点。

一是市场化。这次《证券法》修订废除了实施 20 年的证券发行核准制，全面规定了证券发行注册制。这显示了我国资本市场坚持市场化改革的决心。

二是法治化。这次《证券法》修订在放开“入口”的同时，加大了事中、事后监管，具体表现在：引入了欺诈发行股票的责令购回制度（第 24 条）、先行赔付制度（第 93 条）、尽量将责任精确到个人（第 85 条）、投资者适当性管理制度（第 88 条）、专门的投资者保护机构制度（第 94 条）、中国版的“集团诉讼”制度（第 95 条）、行政执法和解（第 171 条）、奖励举报制度（第 176 条）；规定了上市公司不得滥用停牌权（第 110 条）；废除了暂停上市制度；加大了证监会的执法权限，规定证监会可以对拒绝、阻碍证券监督管理机构及其工作人员依法行使监督检查、调查职权者进行罚款（第 218 条），从而大大提高了法律责任，加大了处罚力度，提高了违法成本。

三是现代化。这次《证券法》修订体现了我国资本市场建设取得的进展。增加了新的证券种类——存托凭证，明确了资产支持证券和资产管理产品为证券，规定了《证券法》的域外效力（第 2 条）；将“证券交易所”扩展为“证券交易场所”；修改了“证券市场禁入”的含义（第 221 条），将对公职人员的“行政处分”修改为“处分”（第 216 条），以与《监察法》同步。

四是数字化。这次《证券法》修订体现了数字经济时代的一些特点，例如，将对客户保密制度升级为投资者个人信息保护制度（第 41 条）；规定了程序化交易（第 45 条）；明确信息披露的载体包括证券交易场所的网站，将“国务院证券监督管理机构指定的媒体”修改为“符合国务院证券监督管理机构规定条件的媒体”（第 86 条）；创新了中国版的“集团诉讼”制度（第 95 条），这一制度离不开大数据的支撑；规定证券登记结算机构可以提供信息服务（第 147 条第 6 项）；在证券服务机构中新增信息技术系统服务机构（第 160 条）；等等。[①]

① 邢会强．中华人民共和国证券法新旧条文对照与适用精解．北京：中国法制出版社，2020：1-2（序言）．

第三节　证券监管体制

一、我国证券监管体制的历史发展

1984 年，中国人民银行开始专门行使中央银行职能，并确立了在我国的金融体系中的核心地位，负责对经营货币信用业务的金融机构进行监管。

1992 年 10 月，证券委和证监会正式成立，标志着中国的证券监管体制初步确立。

1997 年 11 月，中央召开第一次全国金融工作会议，决定对银行业、信托业、证券业和保险业实行分业经营和管理，同时，进一步加强证券市场的管理，由“中国证券监督管理委员会统一负责对全国证券、期货业的监管”，“建立全国统一的证券期货监管体系，理顺中央和地方监管部门的关系”。根据这次会议决定，撤销证券委，将其监管职能移交证监会，中国人民银行行使的对证券市场的监管职能（主要是对证券公司的监管）也移交证监会。同时，对地方证券监管体制进行改革，将以前由证监会授权、在行政上隶属各省市政府的地方证券监管机构收归证监会领导。在此基础上，证监会建立集中统一的证券市场监管体制。

二、我国当前的证券监管体制

2017 年 7 月召开的第五次全国金融工作会议宣布设立国务院金融稳定发展委员会（以下简称金稳委）。金稳委的办公室设在中国人民银行。金稳委的法律性质是国务院统筹协调金融稳定和改革发展重大问题的议事协调机构。2018 年 3 月召开的第十三届全国人大第一次会议通过的《国务院机构改革方案》决定：将中国银行业监督管理委员会和中国保险监督管理委员会的职责整合，组建中国银行保险监督管理委员会（以下简称中国银保监会），作为国务院直属事业单位。将中国银行业监督管理委员会和中国保险监督管理委员会拟订银行业、保险业重要法律法规草案和审慎监管基本制度的职责划入中国人民银行。由此，形成了新的“一委一行两会”的金融监管体制。“一委”即金稳委，“一行”即中国人民银行，“两会”即中国银保监会和证监会。

2023 年 3 月，中共中央、国务院印发的《党和国家机构改革方案》，在党中央机构改革层面提出：（1）组建中央金融委员会。加强党中央对金融工作的集中统一领导，负责金融稳定和发展的顶层设计、统筹协调、整体推进、督促落实，研究审议金融领域重大政策、重大问题等，作为党中央决策议事协调机构。设立中央金融委员会办公室，作为中央金融委员会的办事机构，列入党中央机构序列。不再保留国务院金融稳定发展委员会及其办事机构。将国务院金融稳定发展委员会办公室职责划入中央金融委员会办公室。（2）组建中央金融工作委员会。统一领导金融系统党的工作，指导金融系统党的政治建设、思想建设、组织建设、作风建设、纪律建设等，作为党中央派出机关，同中央金融委员会办公室合署办公。将中央和国家机关工作委员会的金融系统党的建设职责划入中央金融工作委员会。在深化国务院机构改革层面提出：（1）组建国家金融监督管理总局。统一负责除证券业之外的金融业监管，强化机构监管、行为监管、功能监管、穿透式监管、持续监管，统筹负责金融消费者权益保护，加强风险管理和防范处置，依法查处违法违规行为，作为国务院直属机构。国家金融监督管理总局在中国银行保险监督管理委员会基础上组建，将中国人民银行对金融控股公司等金融集团的日常监管职责、有关金融消费者保护职责，中国证券监督管理委员会的投资者保护职责划入国家金融监督管理总局。不再保留中国银行保险监督管理委员会。（2）深化地方金融监管体制改革。建立以中央金融管理部门地方派出机构为主的地方金融监管体制，统筹优化中央金融管理部门地方派出机构设置和力量配备。地方政府设立的金融监管机构专司监管职责，不再加挂金融工作局、金融办公室等牌子。（3）中国证券监督管理委员会调整为国务院直属机构。中国证券监督管理委员会由国务院直属事业单位调整为国务院直属机构，强化资本市场监管职责，划入国家发展和改革委员会的企业债券发行审核职责，由中国证券监督管理委员会统一负责公司（企业）债券发行审核工作。（4）统筹推进中国人民银行分支机构改革。撤销中国人民银行大区分行及分行营业管理部、总行直属营业管理部和省会城市中心支行，在31个省（自治区、直辖市）设立省级分行，在深圳、大连、宁波、青岛、厦门设立计划单列市分行。中国人民银行北京分行保留中国人民银行营业管理部牌子，中国人民银行上海分行与中国人民银行上海总部合署办公。不再保留中国人民银行县（市）支行，相关职能上收至中国人民银行地（市）中心支行。对边境或外贸结售汇业务量大的地区，可根据工作需要，采取中国人民银行地（市）中心支行派出机构方式履行相关管理服务职能。（5）完善国有金融资本管理体制。按照国有金融资本出资人相关管理规定，将中央金融管理部门管理的市场经营类机构剥离，相关国有金融资产划入国有金融资本受托管理机构，由其根据国务院授权统一履行出资人职责。（6）加强金融管理部门工作人员统一规范管理。中国人民银行、国家金融监督管理总局、中国证券监督管理委员会、国家外汇管理局及其分支机构、派出机构均使用行政编制，工作人员纳入国家公务员统一规范管理，执行国家公务员工资待遇标准。

证监会依法对证券市场实行监督管理，维护证券市场公开、公平、公正，防范系统性风险，维护投资者合法权益，促进证券市场健康发展。根据《证券法》（2019年修订）第169条，证监会在对证券市场实施监督管理中履行下列职责：（1）依法制定有关证券市场监督管理的规章、规则，并依法进行审批、核准、注册，办理备案；（2）依法对证券的发行、上市、交易、登记、存管、结算等行为，进行监督管理；（3）依法对证券发行人、证券公司、证券服务机构、证券交易场所、证券登记结算机构的证券业务活动，进行监督管理；（4）依法制定从事证券业务人员的行为准则，并监督实施；（5）依法监督检查证券发行、上市、交易的信息披露；（6）依法对证券业协会的自律管理活动进行指导和监督；（7）依法监测并防范、处置证券市场风险；（8）依法开展投资者教育；（9）依法对证券违法行为进行查处；（10）法律、行政法规规定的其他职责。

证监会在省、自治区、直辖市和计划单列市设立36个证券监管局，以及上海、深圳证券监管专员办事处。它们作为证监会的派出机构，受证监会垂直领导，负责辖区内的一线监管工作。派出机构的主要职责是：根据法律、行政法规规定及证监会的授权开展行政许可相关工作，对辖区内上市公司、证券期货经营机构、证券期货投资咨询机构和从事证券业务的律师事务所、会计师事务所、资产评估机构等中介机构的证券期货业务活动进行监督管理；负责辖区内的风险防范与处置；查处辖区内的违法违规案件；开展辖区内的投资者教育与保护工作。

证监会可以和其他国家或者地区的证券监督管理机构建立监督管理合作机制，实施跨境监督管理。境外证券监督管理机构不得在中华人民共和国境内直接进行调查取证等活动。未经国务院证券监督管理机构和国务院有关主管部门同意，任何单位和个人不得擅自向境外提供与证券业务活动有关的文件和资料。

三、证券监管机构对银行和保险业金融机构的功能监管

功能监管是与机构监管（institutional regulation，entity regulation）相对的一种监管模式。所谓机构监管，也称部门监管（regulation by sector），是指将金融机构的类型作为划分监管权限的依据，同一类型的金融机构由特定的监管机构进行监管。例如，对银行业金融机构，由银行监管机构负责监管；对保险公司，由保险监管机构进行监管；对证券公司，由证券监管机构进行监管，等等。功能监管（functional regulation）的概念是由罗伯特·默顿（Robert C. Merton）最先提出的，是指根据金融的基本功能而设计监管制度，并实施跨产品、跨机构、跨市场协调的监管，对发挥同一金融功能的不同金融机构所开展的类似业务与金融活动进行大体相同的监管。

随着金融机构综合经营、混业经营的发展，机构监管的弊端日渐突出，主要是监管重叠与监管真空同时并存，监管套利[①]（regulatory arbitrage）的空间明显增加。单纯的机构监管越来越不适应金融业务发展的实际。我国开始在功能监管方面进行探索。具体到证券监管机构的功能监管领域，主要做法有以下几种。

第一，商业银行在代销基金时，其代销行为需要满足证券监管机构关于基金代销的有关规定。

第二，商业银行在开展债券承销等交叉经营业务时，商业银行的经营行为需要遵守中国人民银行、证监会、国家发改委等部门的规章。

第三，商业银行投资设立和收购基金管理公司的，由银行监管机构管“准出”（对外投资），由证券监管机构管“准入”，并对其经营管理进行日常监管，包括非现场监管和现场检查。

第四，2018年11月，经国务院同意，中国人民银行、证监会、国家发展改革委联合发布《关于进一步加强债券市场执法工作的意见》，建立统一的债券市场执法机制。经国务院同意，证监会依法对银行间债券市场、交易所债券市场的违法行为开展统一的执法工作；对涉及公司债券、企业债券、非金融企业债务融资工具、金融债券等各类债券品种的信息披露违法违规、内幕交易、操纵证券市场以及其他违反证券法的行为，依据《证券法》的有关规定进行认定和行政处罚。

---

① 监管套利是指为了获取由差异性的监管所带来的利益（包括利润增加或成本降低）而进行的金融交易设计。

第四节　证券监管机构的制度建设

一、《证券法》的相关规定

《证券法》（2019年修订）第十二章规定了“证券监督管理机构”。

在制度建设方面，《证券法》（2019年修订）第十二章规定：第一，国务院证券监督管理机构工作人员必须忠于职守、依法办事、公正廉洁，不得利用职务便利牟取不正当利益，不得泄露所知悉的有关单位和个人的商业秘密。第二，国务院证券监督管理机构制定的规章、规则和监督管理工作制度应当依法公开。国务院证券监督管理机构依据调查结果，对证券违法行为作出的处罚决定，应当公开。第三，国务院证券监督管理机构应当与国务院其他金融监督管理机构建立监督管理信息共享机制。国务院证券监督管理机构依法履行职责，进行监督检查或者调查时，有关部门应当予以配合。第四，国务院证券监督管理机构工作人员在任职期间，或者离职后在《中华人民共和国公务员法》规定的期限内，不得到与原工作业务直接相关的企业或者其他营利性组织任职，不得从事与原工作业务直接相关的营利性活动。

二、《中国证监会工作人员行为准则》

早在1993年，证监会就制定了《中国证券监督管理委员会工作人员守则》，并在2000年进行了修订。2006年，《中华人民共和国公务员法》实施，对证券期货监管人员和公务员提出了新的要求。2007年，证监会被纳入参照公务员法管理单位。同时，中共中央纪委要求“一行三会”制定金融行业从业人员行为准则。因此，为更好地体现法律要求，进一步规范证监会工作人员的行为，建设政治坚定、业务精通、作风优良、公正廉洁、纪律严明的证券期货监管队伍，促进资本市场稳定、健康发展，2009年，证监会制定了《中国证监会工作人员行为准则》，对证监会工作人员提出了如下要求。

证监会工作人员应当遵守国家廉政规定和证监会廉政纪律，保持清正廉洁。证监会工作人员不得利用职务上的便利为本人、亲属和他人谋取不正当利益。证监会工作人员不得利用职务上的便利收受礼金和各种有价证券、支付凭证，不得违反规定收受礼品；无法退回的，应当及时上缴所在单位纪检（监察）机构。证监会工作人员不得接受可能影响公正执行公务的宴请以及旅游、健身、娱乐等活动安排，不得接受或者无偿借用监管对象提供的交通工具、通信工具和其他设备物品。

证监会工作人员应当遵守国家关于证券期货监管机构工作人员不得买卖股票和从事期货交易的规定。

证监会工作人员应当遵守国家保密规定和证监会保密纪律，不得探询与履行职责无关的保密信息，不得泄露保密信息。证监会工作人员不得泄露证券期货交易内幕信息，不得泄露工作中所知悉的有关单位和个人的商业秘密；不得编造或者传播虚假信息，不得进行信息误导。证监会工作人员公开发表言论和文字材料时，不得涉及证券期货监管未公开的信息；内容涉及资本市场的信息的，应当真实、客观；非因工作需要，不得与他人谈论证券期货监管未公开的信息。证监会工作人员不得违反规定接受采访，不得发表或者散布与党和国家的路线方针政策、证监会的重大决策不一致的言论。

证监会工作人员应当遵守任职回避和公务回避有关规定，不得从事与监管职责有利益冲突的行为。证监会工作人员在执行公务过程中遇有可能影响公正执行公务的情形时，应当主动申请回避，不得对应回避事项施加影响。证监会工作人员不得在监管对象以及其他营利性组织中兼任职务；未经批准，不得在社团等非营利性组织中兼任职务，经批准兼任职务的，不得领取兼职报酬。

第五节 证券法的基本原则

证券法的基本原则，是贯穿于证券法律制度各个环节的基本准则，是各类证券法规则的本原性规则。

一、证券法基本原则的归纳

归纳证券法的基本原则，必须结合证券法的特殊机制。现代证券法的机制起源于英国1720年《泡沫法》以及美国《1933年证券法》和《1934年证券交易法》。英国1720年《泡沫法》规定的"公司对股东负有法定的真实披露之义务"，成为现代证券法上的信息披露制度之起源。美国《1933年证券法》和《1934年证券交易法》以及其判例法（以下简称美国证券法）提供的证券法机制概括起来主要有三个方面，它们被各国（地区）的证券立法广泛借鉴，成为现代证券法的特殊机制。

第一，证券的发行需要向证券监管机构进行注册或审核（除非该证券或交易被特别豁免），并进行信息披露。

第二，证券法针对证券欺诈行为为投资者提供了比一般民法规定的救济措施更具保护力的民事救济措施。根据一般民法原理，若要认定被告构成欺诈，则要求其虚假陈述必须是重大的，被告明知错误却故意为之，故意引导受害人相信该陈述且使其受到损失。而证券法大大降低了认定门槛，例如，规定了发行人对其在注册文件中的虚假陈述和信息遗漏承担严格责任。证券法还在举证责任方面向投资者倾斜。例如，根据"市场欺诈理论"，在一个公开且发达的证券市场中，重大虚假陈述或信息遗漏，一般均会影响股价，而投资者普遍以股价作为股票价值的表现，故即使投资者并未直接信赖该虚假陈述或遗漏，该投资者仍可被推定为受欺诈者。[①] 因此，实务中往往采取推定交易因果关系存在的做法，以减轻投资者的举证负担。例如在美国，在原告负举证责任的场合，证券欺诈案件的证明标准是"优势证明"（preponderance of the evidence），而一般民法的欺诈案件的证明标准是"明晰且有说服力的证明"[②]（clear and convincing evidence）。

---

① Basic Incorporation v. Levinson, 485 U. S. 224, 108 S. Ct. 978, 99 L. Ed. 2d 194 (1988).

② E. g., Herman & MacLean v. Huddleston, 459 U. S. 375, 387 - 91 (1983) (citing Rule 10b - 5).

证券法还扩充了虚假陈述之被告的种类与范围，将任何在注册文件上签字的人、董事、专家（experts）和承销商都涵括进去。

第三，证券法提供了包括刑事责任和行政救济（administrative remedies）在内的公共保护（public protection）。

证券法的特殊机制背后有深刻的市场哲学基础。与通过行政手段动辄禁止或取缔的其他方面不同，证券法强调公开，通过公开的手段来达到保护投资者的目的。它要求发行人在发行证券之前对公司的情况作出真实、准确、完整的披露，使投资者在知情的情况下决定是否投资。美国证券监管的主要关注点之一是确保证券的交易双方在作出投资决策时拥有必要的信息。这在证券法上被称为“信息披露哲学”（disclosure philosophy），对此哲学的形成影响最大的是布兰代斯的名言：“公开是医治社会和产业疾病的良方。阳光是最好的防腐剂，灯光是最有效的警察。”① 美国《1933 年证券法》之所以采取信息披露哲学，是因为罗斯福总统认为，当充分暴露在公众审查之下的时候，（投资）银行家们在道德上的不法行为就会得到遏制。这揭示出信息披露制度具有遏阻、减少证券市场上的违法行为（主要是虚假信息披露）的功能。其实，“信息披露哲学”更深刻的理论基础在于“有效市场假说”：证券的价格充分反映了该资产的所有可获得的信息，只有保证信息披露的真实、准确和完整，才能保证证券价格的真实和市场机制的健全。投资者在此基础上自主作出投资决策，自负盈亏。

与银行主导型金融体系相比，以证券融资（包括股票融资和债券融资）为主导的金融体系被称为市场主导型金融体系。② 银行主导型金融体系以银行贷款、间接融资为主，居民的金融资产以存款为主。市场主导型金融体系则以证券融资、直接融资为主，居民的金融资产以持有证券为主。市场主导型金融体系的一个重要缺陷是，投资者被暴露在市场风险之下。美国《1933 年证券法》背后的哲学是鼓励和允许任何创意——哪怕是不合理的商业（unseasoned business）——进行公开融资。③ 在此情况下，对投资者提供法律保护，避免公众受到巨大损失，就成了证券法的制度基础。证券法要确保投资者不暴露在不受任何保护的风险之中。

以上特殊机制表明，证券法的基本原则有三项：(1) 公开、公平、公正原则；(2) 卖者尽责、买者自负原则；(3) 投资者保护原则。

二、证券法的基本原则的具体内容

（一）公开、公平、公正原则

公开、公平、公正原则，简称“三公原则”，是证券法的前提性原则。

1. 公开原则

公开原则，又称信息公开原则或信息披露（disclosure）原则，是指负有披露义务

---

① Louis D. Brandeis, *Other People's Money and How the Bankers Use It*, at 92 (F. A. Stokes, 1914).

② 严谨地讲，主流的所谓“市场主导型金融体系”应为“证券市场主导型金融体系”。

③ Daniel J. McCauley, “The Securities Laws—After 40 Years: A Need for Rethinking”, 48 *Notre Dame L. Rev.* 1095 (1973).

的主体应向证券市场披露相关重大信息。

信息披露分为自愿性信息披露和强制性信息披露。在公开证券市场上，由于投资者人数众多，如果实施自愿性信息披露制度，信息需求者需分别向信息供给者寻求信息披露，那么这种一一达成合适的自愿披露契约而产生的成本是极为高昂的。此外，每家公司在披露信息时所采用的格式的不一致，将造成阅读、比较和理解的困难。因此，证券法选择了强制性信息披露制度，规定了相关主体的信息披露义务。

目前，强制性信息披露制度逐渐成为各国证券立法的核心制度，信息公开原则成为各国证券立法的核心原则。它是保护投资者利益的基本途径，是实现证券市场效率的基本条件。“可以这样说，一部证券法，洋洋数万言，归根结底就是两个字：公开。公开是现代证券立法的基本哲学和指导思想，是证券法的核心内容和灵魂所在。”①

一部证券法的发展史，就是信息披露制度的发展史，是信息披露范围不断扩张的历史。这体现在：第一，信息披露制度在日趋强化。英国1720年《泡沫法》规定，公司对股东负有信息披露义务。这开创了信息披露制度的起源。英国1844年《股份公司法》则要求募股必须公开招股说明书。20世纪30年代美国经济大萧条时期是信息披露制度快速发展的时期，这一时期信息披露制度的主要框架建立。2002年，鉴于安然事件带来的教训，美国《萨班斯法案》对信息披露提出了更高要求，信息披露得到强化。第二，信息披露的适用范围在不断扩张。美国《1933年证券法》主要针对一级市场即证券发行市场的信息披露，而《1934年证券交易法》则将信息披露要求扩展至二级市场即证券交易市场。同时，在美国，信息披露义务最初只适用于上市交易的公司，1964年的证券交易法修正案将其适用范围扩展到了上柜交易的公司。第三，信息披露的义务主体在扩张。最初的信息披露义务主体是上市、上柜公司，后来又扩展到大股东、实际控制人，如今又扩张到了金融机构。金融机构在销售理财产品时，法律要求其履行告知义务，充分揭示风险。第四，信息披露的内容在不断扩张。在20世纪30年代建立起来的信息披露制度框架下，所披露的信息仅限于“硬信息”，“软信息”的披露不被要求。所谓“硬信息”（hard information），一般是指对客观的可证实的历史性事件描述的信息。而“软信息”（soft information）一般是指对未来进行预测的信息。20世纪70年代后期，美国证监会（SEC）颁布的有关规则开始鼓励“软信息”的披露。从此，信息披露制度突破了原有的不要求“软信息”披露的框架，进入了支持“软信息”披露的新阶段。

总之，“整个美国联邦证券法贯穿了一个反复出现的主题：一开始是信息披露，接着还是信息披露，然后是越来越多的信息披露”②。这句话也可以用来概括我国证券法。

2. 公平原则

公平是千百年来人类孜孜以求的目标。从不同的视角，对公平可作不同的划分。第一种分类是将公平分为形式公平与实质公平。这是经济法上常用的分类。第二种分类是将公平分为机会的公平、起点的公平和结果的公平。③ 第三种分类是将公平分为机会的

① 朱锦清．证券法学．2版．北京：北京大学出版社，2004：80.

② Louis Loss & Joel Seligman, *Securities Regulation*, 3d ed. rev., Aspen Law & Business, 1998, p. 29.

③ 徐梦秋．公平的类别与公平中的比例．中国社会科学，2001（1）：35-43.

公平、过程的公平和结果的公平。[①] 这三种分类其实是相互交叉的关系。证券法的具体制度都在不同程度上体现了这些具体的公平原则。

机会公平或曰机会平等是指所有主体都有平等地参与某项活动的机会或权利。例如，所有的公司、企业都有平等地进入证券市场进行融资的机会和权利，所有投资者都有平等地进入证券市场进行证券投资的机会和权利。证券交易中的“价格优先、时间优先”原则是机会公平的体现。机会公平属于形式公平。

至于起点的公平，由于有人生的起点和人生的某一阶段或某一活动的起点之分，所以，起点的公平可以分为对人的起点公平和对事的起点公平。由于人与人之间的差别是天生存在的，比如，中小投资者与机构投资者之间在获取和分析信息的能力上存在差别，所以，对人的起点公平要求对起点弱的主体予以倾斜性的保护。这属于实质公平。对事的起点公平等同于机会公平，它是指所有主体处于同一“起跑线”上，不允许有人“抢跑”，所有主体都有平等地参与某项活动的机会或权利。例如，证券法上有一项信息披露的具体原则叫“公平信息披露原则”，它是指上市公司及相关信息披露义务人应当同时向所有投资者公开披露重大信息，确保所有投资者可以平等地获取同一信息，不得私下提前向特定对象单独披露、透露或者泄露。也就是不允许部分投资者提前获得相关信息，即使获得了，也不得予以利用，否则就构成了内幕交易。

过程的公平也可以说是程序的公平，即相关的法律程序应公平合理，符合程序正义的要求，排除恣意决定，以保证决定的客观正确。在证券法中，企业公开发行和上市的注册或审核程序，证券执法的行政程序等，均应符合程序公平的要求。程序的公平属于形式公平。

机会是平等的，但由于人生的起点不同，能力发挥的状况不同，以及各种自然和社会条件不同，结果也会不同。在机会平等的情境下，结果在量上和质上的相等是特例，不相等是常例，而且有时差距非常惊人。适当程度的差距是必要的，也是能够为社会所容忍的。但如果差距过大，反过来会造成社会不公，甚至会引起社会动荡，最终会影响社会效率。因此，应追求结果的公平性，禁止和打击证券欺诈，矫正一味强调形式公平而导致的实质上的不公平，增强金融的包容性或普惠性，让金融福利惠及广大的弱势群体，让他们也能够在金融的发展过程中有获得感。结果公平属于实质公平。在证券法中，偏重保护中小投资者权益的制度设计，如投资者保护基金制度、投资者公平基金制度等，都是结果公平原则的体现。

3. 公正原则

公正与公平非常相近，但二者有细微差别。具体而言，公正是理念化、理想化的公平，公平是现实化、具体化了的公正。现代意义上的公正原则的理论基石有三：平等理念、自由理念和社会合作理念。平等理念首先肯定了人的基本贡献和种属尊严。自由理念保护个体人的自主性，尊重个体人本身合理的差异。但人的自由需要理性予以指导。单个的个体人是无法生存的，更谈不上发展。个体人只有进行有效的社会合作，才有可

① 袁康．金融公平的法律实现．北京：社会科学文献出版社，2017：66.

能实现自身的价值。[①]

证券法上有反欺诈理论（anti-fraud theory）和市场诚信理论（market integrity theory），二者都是公正原则的体现。反欺诈理论反对交易一方对另一方的欺诈，因为这损害了平等、自由和社会合作。市场诚信理论反对个别人不平等地获取公司信息，以保护市场的诚信以及整体投资者对证券市场的信心。这也是为了维护平等、自由和社会合作等理念。

诚信的英文为 integrity。Integrity 有两方面的含义：第一是诚实正直（the quality of being honest and having strong moral principles），第二是完整、完好（the state of being whole and not divided）。这两方面是递进的关系。从社会合作的角度看，为保持证券市场的整体性，证券市场的参与者必须诚信。

根据欧盟委员会（European Commission）的定义，市场诚信（market integrity）是指"公平和安全的市场交易，没有虚假陈述和内幕交易，以至于投资者对市场具有信心，投资者得到充分的保护"[②]。也有学者认为，市场诚信的基本要素包括：（1）减少市场不当行为（market abuse activities）。市场不当行为是指一个人利用其地位在市场交易中获得不当的优势，包括内幕交易、操纵市场和抢先交易（front running）。（2）对所有想进入证券市场的主体实施非歧视性的市场准入。（3）所有参与者都能同时获得关于证券价格的透明和准确的信息。（4）所有参与者都能同时获得关于发行人和证券的准确信息。[③]

典型案例

申银万国证券股份有限公司诉上海国宏置业有限公司财产权属纠纷案[④]

申银万国证券股份有限公司（以下简称申银万国）因与上海国宏置业有限公司（以下简称国宏公司）发生财产权属纠纷，向上海市第二中级人民法院提起诉讼。申银万国诉称：2000 年 10 月之前，申银万国是上海九百股份有限公司（以下简称上海九百）前五大股东，拥有上海九百法人股 4 354 560 股。1996 年 6 月颁布的《证券经营机构股票承销业务管理办法》（已失效）第 15 条规定，证券经营机构持有企业 7%以上的股份，或者为其前五名股东之一，不得成为该企业的主承销商或副主承销商。申银万国为了成为上海九百配股的主承销商，于 2000 年 10 月 13 日，将其所拥有的上海九百法人股中的 400 万股挂靠到国宏公司名下。挂靠期间经送股，国宏公司名下的 400 万股上海九百法人股增至 600 万股。2000 年 3 月 1 日起，申银万国成为上海九百 2000 年增资配股的

① 吴忠民．公正新论．中国社会科学，2000（4）：50－58.

② 原文是：Market integrity is the fair and safe operation of markets, without misleading information or inside trades, so that investors can have confidence and be sufficiently protected.

③ Janet Austin, "What Exactly Is Market Integrity? An Analysis of One of the Core Objectives of Securities Regulation", 2017 8 (2) *William & Mary Business Law Review* 215.

④ 案例来源：中华人民共和国最高人民法院公报，2010（3）.

承销商，并于2001年3月15日完成配股事宜。2006年9月22日，国宏公司出具承诺书，承诺将其代持的上海九百法人股600万股及相应的孳息全部归还申银万国。上述法人股在2007年年初上市流通，但国宏公司至起诉时未将上述法人股转回给原告。故请求判令确认国宏公司名下的600万股上海九百法人股归申银万国所有。

二审法院认为，即使按申银万国所称其与国宏公司存在实际的代持股权关系，申银万国要求确认系争法人股归其所有的主张，依法亦不能予以支持。因为，申银万国与国宏公司签订股权转让协议后已在中国证券登记结算有限责任公司办理了股权转让的变更登记手续，故系争股权已移转于受让人国宏公司名下，即股权变动已发生法律效力。根据我国《公司法》和《证券法》的相关规定，公司股权转让应办理变更登记手续，以取得对外的公示效力，否则不得对抗第三人。该规定遵循的是商法的外观主义原则，立法目的在于维护商事交易安全。该种对抗性登记具有公示力，第三人有权信赖登记事项的真实性。同时，根据《证券法》之公开、公平、公正的交易原则以及上市公司信息公开的有关规定，对上市公司信息披露的要求，关系到社会公众对上市公司的信赖以及证券市场的交易安全和秩序。因此，上海九百作为上市公司，其股东持有股权和变动的情况必须以具有公示效力的登记为据。申银万国称其为了规避证监会有关规定而通过关联企业国宏公司隐名持有股权，并要求确认已登记在国宏公司名下的股权实际为其所有，显然不符合上述相关法律规定，也有违《公司法》所规定的诚实信用原则。

（二）卖者尽责、买者自负原则

1. 卖者尽责原则

从理论上讲，在中小投资者或金融消费者对金融机构构成信赖的场合，金融机构应对中小投资者或金融消费者负信义义务。在英美法系国家，金融机构负有信义义务已经成为一项立法通例。例如，美国《投资顾问法》第206条是投资顾问信义义务的法源依据，它规定了提供投资顾问服务并就投资建议收费的投资顾问负有信义义务。《多德—弗兰克华尔街改革和消费者保护法》为市政顾问（municipal advisors）规定了信义义务，并授权相关监管机构决定是否规定经纪商的信义义务。

此外，金融机构还负有适合性义务。在证券期货领域适合性义务是指，向投资者销售证券期货产品或者提供证券期货服务的机构应当遵守法律、行政法规及其他有关规定，在销售产品或者提供服务的过程中，勤勉尽责，审慎履职，全面了解投资者的情况，深入调查分析产品或者服务的信息，科学有效评估，充分揭示风险，基于投资者的不同风险承受能力以及产品或者服务的不同风险等级等因素，提出明确的适当性匹配意见，将适当的产品或者服务销售或者提供给适合的投资者，并对违法违规行为承担法律责任。[①]

信义义务不等于适合性义务。信义义务高于适合性义务。信义义务包括忠实义务和勤勉义务两个方面。适合性义务包括注意义务（duty of care），但不包括忠实义务（duty of loyalty）。因此，履行信义义务不是披露信息就可以了。[②] 忠诚义务要求金融机

① 《证券期货投资者适当性管理办法》（证监会令第130号，自2017年7月1日起施行）第3条。

② 邢会强．金融机构的信义义务与适合性原则．人大法律评论，2016（3）：38-52.

构将客户利益置于自己的利益之前，不得使自己的利益与客户的利益发生冲突。而适合性义务仅仅要求金融机构推荐的交易符合客户的目的和需求，并不禁止金融机构为自己的利益而推荐相关交易。①

无论是信义义务，还是适合性义务，都要求金融机构履行该义务，否则，金融机构就要对投资者的损失承担相应的责任。我国《证券期货投资者适当性管理办法》第 34 条规定，证券期货经营机构履行适当性义务存在过错并造成投资者损失的，应当依法承担相应法律责任。证券期货经营机构与普通投资者发生纠纷的，证券期货经营机构应当提供相关资料，证明其已向投资者履行相应义务。

2. 买者自负原则

金融机构履行了信义义务或适合性义务且能举证证明的，投资者的投资损失由投资者自行承担。

我国《证券法》(2019 年修订) 第 25 条规定了投资者自负原则：股票依法发行后，发行人经营与收益的变化，由发行人自行负责；由此变化引致的投资风险，由投资者自行负责。

投资者自负原则是源于商品交易的买者自负原则 (Caveat Emptor) 在证券市场的具体体现。买者自负源于拉丁语的古老商品交易规则中的谚语，其意为“买者自行小心”，即买方应谨慎地对商品的品质和数量进行独立判断和识别，并承担相应的风险。但“买者自负”从来就不是一个孤立的原则，它的适用并不是绝对的、无条件的，而是有前提条件的。证券市场上投资者自负原则适用的前提条件最初是“卖者自慎”(Caveat Vendor)，即销售者要履行风险揭示义务。后来，“卖者自慎”又发展到“言者当心”，即证券的卖者应履行依法披露信息的义务。如今，“言者当心”又发展到了“卖者有责”，包括证券经营者应履行其所负有的信义义务或适合性义务。

(三) 投资者保护原则

证券市场作为金融市场的一部分，其基本功能是融通资金。资金的供给主体是投资者，资金的需求主体是融资者。证券市场将融资者与投资者联系在了一起。资金是市场中的稀缺性要素。资金的需求是旺盛的、稳定的，而资金的供给是脆弱的、不稳定的。而投资者的资金供给主要取决于投资者对证券市场的信心。如果投资者对证券市场没有信心，资金的供应就会减少，证券市场就会走向萎缩。因此，维持和坚定投资者对证券市场的信心尤为重要，这是证券市场存在和发展的基本保证。只有有效保护投资者的利益，才能给投资者以安全感和投资信心，证券市场才能长久发展。

投资者分为专业投资者和普通投资者。尽管在不同的管辖区域使用了诸如零售参与者 (retail participation)、零售投资者 (retail investors) 和零售投资 (retail investment) 等不同的术语，但在证券监管界，这些术语的内涵都是被广泛接受的，它们指的是除专业投资者 (professional investors)、合格投资者 (qualified investors) 或

① 刘燕，楼建波．金融衍生交易法律问题的分析框架：跨越金融部门法的界限．金融服务法评论，2012 (3)：14-15.

成熟投资者（sophisticated investors）之外的投资者。[①] 在这种情况下，可以认为，“专业投资者”、“合格投资者”或“成熟投资者”具有零售投资者通常没有的某些特征，例如特定的经验水平和如何适当地投资的知识。因此，零售投资者通常被认为是一个比“专业投资者”、“合格投资者”或“成熟投资者”需要更高水平的保护的群体。[②] 证券法需要对普通投资者予以倾斜性的保护。

证券法之所以需要对普通投资者予以倾斜性的保护，是因为相较于上市公司、证券经营机构，普通投资者具有地位和信息上的弱势地位，需要证券法通过相应的制度设计来纠正这种不平等。

证券法对普通投资者的倾斜性保护制度，分为实体性制度和程序性制度两大类。实体性制度主要是投资者权利和证券经营者义务方面的制度。程序性制度主要是在投资者救济方面的特殊制度安排，包括投资者保护基金制度、投资者公平基金制度、投资者保护组织制度、特殊的民事诉讼制度和替代性纠纷解决机制等。

《证券法》（2019 年修订）第六章专门规定了投资者保护制度，包括投资者适当性制度；对投资者分类以及对普通投资者的倾斜性保护制度（普通投资者与证券公司发生纠纷的，证券公司承担举证责任）；投票权公开征集制度；强制现金分红制度；债券投资者的保护；先行赔付制度；专门的投资者保护机构；代表人诉讼制度（包括投资者保护机构提起的代表人诉讼制度）。其实，整部《证券法》就是一部投资者保护法，《证券法》（2019 年修订）第六章只是将有特色的投资者保护制度予以集中规定而已。

第六节　证券监管科技

一、监管科技

在现代社会，科技作为一种生产力要素已经渗入方方面面。行政监管与科技的结合就产生了所谓的监管科技（Regtech）。监管科技在各个行政监管领域都有较为普遍的运用，比如海关监管、食品药品监管、土地监管，等等。但在没有具体语境的情况下，监管科技主要指的是金融领域的监管科技。这一方面是由于金融领域向来是强监管的领域，与科技也结合得最为紧密；另一方面则是由于金融科技（Fintech）的英文文义衍生和监管应对。

2008 年金融危机以来，防范系统性金融风险成为全球金融监管机构的头等大事，金融监管任务空前繁重。而在金融科技的助推下，金融业务呈现去中心化、去中介化等特点，给金融监管带来很多新的问题，加剧了监管的能力恐慌。“以科技应对科技”成为全球金融监管的普遍共识，原本在幕后默默无闻的监管科技逐渐走向台前，并通过

① “Regulatory and Investor Protection Issues Arising from the Participation by Retail Investors in (Funds-of) Hedge Funds”, final report, report of the Technical Committee of IOSCO, February 2003.

② The Board of the International Organization of Securities Commissions, “Sound Practices for Investment Risk Education”, Fr. 21/2015, September 2015.

"Regtech"这个响亮的名字获得了新的意义。

监管科技不只是科技，而是在遵循监管规律的基础上，数据和科技相结合的产物。从静态角度来看，监管科技是在金融与科技更加紧密结合的背景下，以数据为基础，以云计算、人工智能、区块链等新技术为驱动，以更有效的监管为价值导向的解决方案。从动态角度来看，监管科技是以科技武装起来的监管方与用科技保护起来的金融机构之间博弈的一种结果。

监管科技不是单纯的监管，而是技术发展到一定阶段的金融监管范式的转变。有学者将监管科技直接定义为"科技驱动型监管"的手段，而"科技驱动型监管"指的是在去中介化、去中心化的金融交易现状下在审慎监管、行为监管等传统金融监管维度之外增之以科技维度，形成双维监管体系。① 监管科技的使命在于推动金融监管从被动监管到主动监管，最终走向智能监管，最大限度地解放监管者的脑力和体力，排除监管者的主观因素的影响，提高监管的效能。

总之，监管科技是大数据和新技术引发的金融监管范式的转变，以智能监管为最终的完成形态。

二、证券监管科技

（一）证券监管科技的内涵

证券监管科技是监管科技在证券监管中的运用，同样是"数据+科技"的产物和证券监管范式的转变，以智能证券监管为最终的完成形态。

在全球范围内，证券监管领域都是监管科技的先行者。2017年2月，国际证监会组织（IOSCO）发布报告，提出"监管机构可以继续探索如何从金融科技和与之密切相关的监管科技的发展中获益"。美国证券交易委员会（SEC）、纳斯达克（NASDAQ）、新加坡金融管理局（MAS）、澳大利亚证券投资委员会（ASIC）等等都在证券监管中尝试部署"监管科技"。

在我国，证券监管科技也代表了监管科技的发展方向。2017年年底，证监会提出2018年的四个重点方向，其中之一就是大力推进科技监管。2018年5月，证监会成立科技监管专家咨询委员会，同月底就正式下发实施了《稽查执法科技化建设工作规划》。同年8月31日，证监会发布消息称，已正式印发《中国证监会监管科技总体建设方案》（以下简称《方案》），完成了证券监管领域监管科技建设工作的顶层设计，进入了全面实施阶段。在《方案》出台前，官方对于监管科技虽多有强调，但大多停留在倡导或研究层面，对于监管科技具体的内涵和外延尚未形成一致认识，更未作出"时间表"和"路线图"。《方案》的出台，为备受关注的"监管科技"提供了一个官方的且颇为详细周密的设计蓝图——明确了三大阶段、五大基础数据分析能力、七大类32个监管业务分析场景，提出了大数据分析中心建设原则、数据资源管理工作思路和监管科技运行管理"十二大机制"。这无疑算得上是我国监管科技发展历史上的一个里程碑。

从《方案》来看，可以从以下五个方面来理解我国的证券监管科技：第一，证券监

① 杨东．监管科技：金融科技的监管挑战与维度建构．中国社会科学，2018（5）：69-91.

管科技是证券监管信息化的高级阶段。证券监管科技是以证券监管的电子化、网络化为基础，通过大数据、云计算、人工智能等科技手段，进行全面、精准的数据分析，提高监管的质量和效率。第二，证券监管科技的核心是建设一个中央监管信息平台，实现业务流程的互联互通和数据的全面共享，形成对监管工作全面、全流程的支持。第三，证券监管科技的基础是通过大数据、云计算等科技手段进行实时数据采集、实时数据计算、实时数据分析。第四，证券监管科技的主要运用是对市场运行状态的实时监测、对市场风险的准确研判、对异常交易行为的快速识别、对各类证券期货违法违规行为的高效处置等。第五，证券监管科技的目标在于实现智能监管，运用机器学习、数据挖掘等手段为监管提供智能化应用和服务，优化事前审核、事中监测、事后稽查处罚等各类监管工作模式，提高主动发现问题的能力和监管智能化水平，促进监管模式创新。

（二）证券监管科技的发展阶段

目前证券监管科技在各国都还处于探索性的阶段，各国采取的都是较为审慎的态度，《方案》非常务实地划分了监管科技 1.0、2.0、3.0 三个阶段就是一个例证。根据《方案》，监管科技 1.0 的工作内容主要是通过采购或研制成熟高效的软硬件工具或设施，满足证监会内部门和派出机构基本办公和特定工作的信息化需求，提升监管工作的数字化、电子化、自动化、标准化程度。监管科技 2.0 的工作内容主要是通过不断丰富、完善中央监管信息平台的功能，优化业务系统，实现跨部门监管业务的全流程在线运转，为大数据、云计算、人工智能等技术在监管科技 3.0 阶段的应用打下良好的基础。监管科技 3.0 的工作核心是建设一个运转高效的监管大数据平台，综合运用电子预警、统计分析、数据挖掘等数据分析技术，围绕资本市场的主要生产和业务活动，进行实时监控和历史分析调查，辅助监管人员对市场主体进行全景式分析，实时对市场总体情况进行监控监测，及时发现涉嫌内幕交易、市场操纵等违法违规行为，履行监管职责，维护市场交易秩序。

从发展程度来看，证券监管科技可以分为证券监管的技术辅助阶段和证券监管科技的完成形态——智能监管阶段。需要明确的是，到目前为止，证券监管科技虽然很多时候都推行的是"智能监管"的概念，但从实际情况来看，离真正意义上的"智能"还有不小距离，仍属于"技术辅助"的范畴——不是 AI（Artificial Intelligence），而是 IA（Intelligent Assistant）。一方面，真正作出监管决策的是人，而不是机器，机器提供的结果只起到参考作用，也就是说，既可以完全采纳，也可以部分采纳，还可以不采纳。另一方面，监管人员根据监管目的调用相关功能，获取相关分析结果，而不是由机器自主调用和分析；系统提供的只是某一部分的决策信息，而不是全面的决策依据。目前这方面的一个典型例子是：2018 年 10 月，自主研发的智能监管辅助系统——"企业画像"一期项目正式运行上线。该系统的其中一项功能是，在检查上市公司前，监管人员使用"企业画像"系统预览公司相关预警标签提示，为监管人员的检查执法提供一定的参考，但最终的执法程序与传统执法并无二致，执法结果的作出也主要依靠执法人员的判断。①

① 姜楠．深交所自主研发企业画像智能监管系统上线．证券日报，2018－10－28．

（三）证券监管科技的分类

根据证券监管的职责不同，证券监管科技可以分为证券业务审批或核准中的监管科技，对证券发行、上市、交易、登记、存管、结算等日常证券业务活动的监管中的监管科技，证券从业人员资格和行为管理中的监管科技，证券违法违规行为查处中的监管科技，证券自律管理中的监管科技，国际证券监管合作中的监管科技等。此外，现代行政监管还会获得一定的“立法”权限，因此，广义上的证券监管科技还包括证券监管政策制定中的“立法”科技。在所有这些监管职责中，金融科技背景下证券违法违规行为查处中的监管科技尤为迫切。2018 年 5 月证监会率先制定《稽查执法科技化建设工作规划》就是出于这个原因。监管科技在证券违法违规行为查处中的运用也已经走在了规划设计的前面，比如，在打击内幕交易方面，证监会依托大数据仓库，建立多种数据分析模型，利用软件爬虫深度挖掘，寻找“硕鼠”的案件线索，原博时基金经理马乐案就是“大数据捕鼠第一案”①。

根据具体的证券监管行为，证券监管科技可以分为非现场监管中的监管科技和现场监管中的监管科技。非现场监管主要是指通过收集监管对象的经营或业务数据，审查其经营的稳健性和业务的合规性的行为。比如，根据《证券公司监督管理条例》第 63 条的规定，证券公司应当定期报送年度报告、月度报告；发生影响或者可能影响证券公司经营管理、财务状况、风险控制指标或者客户资产安全的重大事件的，应当立即报送临时报告，说明事件的起因、目前的状态、可能产生的后果和拟采取的相应措施。现场监管是指在监管对象的生产、经营、管理场所以及其他相关场所，采取查阅、复制文件和资料，查看实物、谈话及询问等方式，对检查对象进行监督检查的行为。非现场监管是证券监管科技当前运用的重点。2018 年年底，证监会发布了《中央监管平台资产管理业务数据报送接口规范（征求意见稿）》，提出采用接口的数据传输方式，采集更加详细的业务数据，包括产品信息、销售、投资等业务相关全量或增量数据，最终以指定结构化或非结构化格式文件的形式传输；并通过、制定了一系列接口规范用于规范传输数据的质量。

三、证券监管科技的合法性

虽然目前证券监管科技还处于技术辅助阶段，但我们要看到，证券监管引入更多的科技元素和智能元素是大势所趋，最终的智能监管也完全可以期待。2019 年年底，证监会筹备成立科技监管局，作为主导证券监管科技的职能部门。《证券法》（2019 年修订）将信息技术系统服务机构纳入证券服务机构范围，规定它与其他证券服务机构一样，应当勤勉尽责、恪尽职守，按照相关业务规则为证券的交易及相关活动提供服务；并且在第 45 条明确规定，通过计算机程序自动生成或者下达交易指令进行程序化交易的，应当符合国务院证券监督管理机构的规定，并向证券交易所报告，不得影响证券交易所系统安全或者正常交易秩序。

由此，科技和智能的参与程度是在法律上值得探讨的问题。证券监管科技作为现代

① 赵静．看马乐如何做“老鼠仓”．证券市场周刊，2014（40）．

证券监管的重要组成部分，其最终完成形态还可能以证券监管替代者的角色出现，因此，其必须在证券监管法律的框架内运行，既要遵循证券监管的基本法律原则，又要以证券监管法律为根本依据，还要明确相应的权利、义务和责任。

证券监管科技要遵循证券监管的基本法律原则，特别是程序正当原则，比如，证券监管的依据和结果需要公开。根据《证券法》（2019 年修订）第 174 条的规定，证券监管的依据（包括规章、规则和工作制度）应当公开；依据调查结果对证券违法行为作出的处罚决定也应当公开。引入证券监管科技后，关于公开什么、如何公开、公开到什么程度都应当作出规范。再比如，根据《证券法》（2019 年修订）第 172 条的规定，进行监督检查或者调查，其监督检查、调查的人员不得少于二人，并应当出示合法证件和监督检查、调查通知书或者其他执法文书。以证券监管科技为依托开展检查或调查的，对其正当程序也要作出具体设计。

证券监管科技要以证券监管法律为根本依据。从现代行政法原理来说，行政执法（自律监管）的权限和手段应当有明确的法律依据，特别是在从“辅助”滑向“自主”的横轴上，应当标出比较清晰的刻度，否则可能引发“不作为”或者“乱作为”的质疑。根据《证券法》（2019 年修订）第 179 条的规定，国务院证券监督管理机构工作人员必须忠于职守、依法办事、公正廉洁，不得利用职务便利牟取不正当利益，不得泄露所知悉的有关单位和个人的商业秘密。对于证券监管科技，也要考虑课以同样的要求，尤其要注意规范利益冲突和可能出现的信息泄露等问题。此外，从法律渊源来说，鉴于监管科技突出的数据和科技属性，数据和技术的各类标准也是其重要的法律渊源。2018 年 9 月，证监会发布的《证券期货业数据分类分级指引》《证券期货业机构内部企业服务总线实施规范》《期货市场客户开户数据接口》《证券发行人行为信息内容格式》四项行业标准，就是证券监管科技的重要依据。

证券监管科技也应当明确相应的权利、义务和责任。与传统的证券监管法律关系不同，引入监管科技的维度后，证券监管中的科技元素就不再居于附属的地位，而会成为独立的一方。在智能监管的情况下，“科技中立”在法律上是否依然成立就是个值得考虑的问题。即使科技是中立的，对于科技的开发者和使用者间如何分配权利、义务也要作出回应。2018 年 12 月，证监会发布《证券基金经营机构信息技术管理办法》（2021 年 1 月修正），其中第 6 条规定：证券基金经营机构应当完善信息技术运用过程中的权责分配机制，建立健全信息技术管理制度和操作流程，保障与业务活动规模及复杂程度相适应的信息技术投入水平，持续满足信息技术资源的可用、安全性与合规性要求。该办法提出的信息技术运用过程中的权责分配的要求，可以看作是对未来监管方运用监管科技发出的一个先声。

参考文献

1. Janet Austin, “What Exactly Is Market Integrity? An Analysis of One of the Core Objectives of Securities Regulation”, 2017 8 (2) *William &Mary Business Law Review* 215.

2. Louis Loss & Joel Seligman, *Securities Regulation*, 3d ed. rev., Aspen Law & Business, 1998.

3. Regulatory and Investor Protection Issues Arising from the Participation by Retail Investors in (Funds-of) Hedge Funds, final report, report of the Technical Committee of IOSCO, February 2003.

4. The Board of the International Organization of Securities Commissions, Sound Practices for Investment Risk Education, Fr. 21/2015, September 2015.

5. 李鲜花，孙熯琪．韩国资本市场法上金融投资商品概念的考察//证券法律评论：2017年卷．北京：中国法制出版社，2017.

6. 刘燕，楼建波．金融衍生交易法律问题的分析框架：跨越金融部门法的界限．金融服务法评论，2012 (3).

7. 楼建波，刘燕．我国期货法的定位及其与《证券法》之关系：一种立法论的进路．财经法学，2015 (2).

8. 吴忠民．公正新论．中国社会科学，2000 (4).

9. 邢会强．金融机构的信义义务与适合性原则．人大法律评论，2016 (3).

10. 邢会强．我国《证券法》上证券概念的扩大及其边界．中国法学，2019 (1).

11. 邢会强．中华人民共和国证券法新旧条文对照与适用精解．北京：中国法制出版社，2020.

12. 杨东．监管科技：金融科技的监管挑战与维度建构．中国社会科学，2018 (5).

13. 袁康．金融公平的法律实现．北京：社会科学文献出版社，2017.

14. 张珍宝．韩国资本市场法系列之一：金融投资商品概念简析．金融法苑，2009 (2).

15. 朱锦清．证券法学．2版．北京：北京大学出版社，2004.

课后习题

1. 我国《证券法》中的证券种类应该如何扩张?

2. 纵观我国《证券法》的历次修订，其贯穿的理念是什么?

3. 请展望我国证券监管体制的未来走向。

4. 请简述证券监管机构的独立性与政治性的关系。

5. 证券法的基本原则有哪些特殊性?

6. 如何利用证券监管科技转变证券监管的范式?

7.《证券法》(2019年修订) 将信息技术系统服务机构纳入了证券服务机构的范围，信息技术系统服务机构具体是指哪些机构? 如何监管信息技术系统服务机构?

第二章
证券发行制度

第一节　公开发行制度与私下发行豁免制度

证券发行制度是证券法的核心制度之一。证券发行分为公开发行与私下发行（或非公开发行）。公开发行需要证券监管机构通过注册或核准程序来保护投资者的利益。而私下发行（或非公开发行）往往不需要证券监管机构通过注册或核准程序来保护投资者的利益。公开发行与私下发行的区分最早来源于美国证券法，但我国证券法上的公开发行与非公开发行又和美国的有所不同。

一、美国证券法上的公开发行与私下发行界定

美国《1933年证券法》第4（a）（2）条规定：（本法第5条不适用于）“发行人不涉及任何公开发行的交易”（transactions by an issuer not involving any public offering）。这首次提出了“公开发行”（public offering）的概念。但美国《1933年证券法》对于何谓“公开发行”并没有作出界定。与“公开发行”相对立的是“私下发行”（private placement or offering）[①]。“公开发行”需要到美国证监会进行注册，但“私下发行”属于豁免交易中的一种，可以豁免到美国证监会注册。但何谓“私下发行”也需要进行进一步的解释。

在1953年的SEC v. Ralston Purina Co. 案中，美国联邦最高法院援引了1938年的SEC v. Sunbeam Gold Mines Co. 案[②]的判词来佐证如下观点：“参考可比的英国公司法和美国各州蓝天法中的类似豁免决定，联邦证券法的立法者已经明确地表明：公开要约不需要向全世界公开（to be public，an offer need not be open to the whole world）。”这段判词是由美国联邦第九巡回法院的登曼（Denman）法官作出的。

从最广泛的意义上讲，“公开”一词区别于由于某些共同利益或特征而被隔离的人群。然而，这样的区别不足以达到实际目的。显然，向所有的红发的人发行证券，向所有芝加哥或旧金山的居民发行证券，向美国通用汽车公司或美国电话电报公司的所有现

---

① 对于“private placement or offering”，国内常译为“私募发行”。其实“私募发行”的译法欠妥，因为“募”是“广泛征求”的意思，译为“私募发行”就意味着“私下广泛征求发行”，并不妥。译为“私下发行”更好。

② SEC v. Sunbeam Gold Mines Co.，9 Cir. 1938，95 F. 2d 699.

有股东发行证券，在该词的每一个现实意义上，其“公开”程度并不比不受限制地向全世界发行要少。这样的发行，虽然不是向所有选择申请的人开放，但在性质上同样是“公开的”，因为用于选择要向其发行的特定个人的手段与选择的目的没有任何合理的关联……为了在特定的语境中确定“公开（发行）”和“私下（发行）”的区别，有必要审查建立这一区别所在的环境，并考察建立这种区别欲达到的目的。

那么，“公开发行”和“私下发行”的区别究竟在哪里呢？美国联邦最高法院在SEC v. Ralston Purina Co. 案中还指出：“对私下发行豁免进行解释，本质的方法是根据立法目的进行解释。由于豁免交易针对的是‘没有实际运用证券法的需要’的情形，因此，对《1933年证券法》第4条的解释应依据受影响的特定人群是否需要证券法的保护。对于那些证明能够自我保护的投资者进行的发行不涉及公开发行。”[①] 这就意味着：对于那些证明能够自我保护的投资者进行的发行属于私下发行。在该案中，美国联邦最高法院进而发现，向那些能够接触到信息——如果该信息与通过注册程序而使投资者获得的披露信息是相同的——的特定人群的发行，也在注册豁免的范围之内。借鉴这一法律解释，美国证券交易委员会（SEC）于1982年发布了“D规章”。“D规章”中的501规则提出了“获许投资者”（accredited investors）的概念。这一概念实际上兼采了财产标准和关系标准来界定“获许投资者”。概言之，资产超过一定金额的机构，资产净值或收入超过一定金额的自然人，以及发行人的董事、执行经理（executive officer）和普通合伙人，都属于“获许投资者”。根据“D规章”中的506规则，只要是向“获许投资者”进行的证券发行，无论“获许投资者”的人数有多少，都可以豁免注册。这被称为“私下发行豁免”（private placement or offering exemption）。

这就是说，在美国，私下发行是指向“获许投资者”的发行，而无论“获许投资者”的人数有多少。[②] 私下发行之外的发行则属于公开发行。

二、我国证券法上的公开发行与非公开发行的界定

1993年国务院颁布的《股票条例》第81条第3项曾对公开发行进行过界定：“‘公开发行’是指发行人通过证券经营机构向发行人以外的社会公众就发行人的股票作出的要约邀请、要约或者销售行为。”《证券法》（2019年修订）第9条规定：“公开发行证券，必须符合法律、行政法规规定的条件，并依法报经国务院证券监督管理机构或者国务院授权的部门注册。未经依法注册，任何单位和个人不得公开发行证券。证券发行注册制的具体范围、实施步骤，由国务院规定。”“有下列情形之一的，为公开发行：（一）向不特定对象发行证券；（二）向特定对象发行证券累计超过二百人，但依法实施员工持股计划的员工人数不计算在内；（三）法律、行政法规规定的其他发行行为。”“非公开发行证券，不得采用广告、公开劝诱和变相公开方式。”

由此可见，我国《证券法》（2019年修订）定义的“公开发行”分为以下三种

---

① SEC v. Ralston Purina Co.，346 U.S. 119 (1953).

② 总结美国私下发行豁免，可以发现主要有四种类型：（1）针对机构投资者的私下发行豁免；（2）针对公司员工的私下发行豁免；（3）为并购融资而进行的私下发行豁免；（4）创业企业融资而进行的私下发行豁免。郭雳．美国证券私募发行法律问题研究．北京：北京大学出版社，2004：85.

情形。

第一种是向不特定对象发行证券的。这里的“不特定对象”是指“不特定的社会公众”，即发行对象是不特定的，任何社会公众投资者均可认购。

第二种是向特定对象发行证券累计超过 200 人的，但依法实施员工持股计划的员工人数不计算在内。向特定对象发行证券，一般涉及人数较少，发行对象与发行人有一定联系，对发行人的情况比较了解，所以向特定对象发行证券是非公开发行的特征之一。但是，如果特定对象人数过多，就失去了非公开发行本身所具备的人数较少的特征，实质上属于变相的公开发行。[①] 因此，我国《证券法》（2019 年修订）在界定公开发行时还考虑了人数，目的是防止发行人通过多次向不超过 200 人的特定对象发行证券，规避监管。

第三种是法律、行政法规规定的其他发行行为。根据国务院办公厅《关于严厉打击非法发行股票和非法经营证券业务有关问题的通知》（国办发〔2006〕99 号）的精神，结合《证券法》（2019 年修订），非公开发行股票及其股权转让，不得采用广告、公告、广播、电话、传真、信函、推介会、说明会、网络、短信、公开劝诱等公开方式或变相公开方式向社会公众发行。严禁任何公司股东自行或委托他人以公开方式向社会公众转让股票。向特定对象转让股票，未依法报经证监会核准或注册的，转让后，公司股东累计不得超过 200 人，但依法实施员工持股计划的员工人数不计算在内。这里其实对非公开发行进行了定义。非公开发行是指向特定对象发行股票后股东累计不超过 200 人（依法实施员工持股计划的员工人数不计算在内）的发行，且该发行不得采用广告、公告、广播、电话、传真、信函、推介会、说明会、网络、短信、公开劝诱等公开方式或变相公开方式。

该通知还增加了一种公开发行方式——“变相公开发行股票”，它主要有两种类型：一是未依法报经证监会核准或注册而向特定对象转让股票，转让后，公司股东累计超过 200 人的情形，但依法实施员工持股计划的员工人数不计算在内。例如，某股份有限公司成立时有 10 名股东，其中一名股东将其持有的股票以该公司即将在海外上市为幌子，向投资者转让所谓的“原始股”，结果，共有 191 人购买，涉及资金 300 万元。这就属于变相公开发行。二是公司股东自行或委托他人以公开方式向社会公众转让股票的情形。

典型案例

上海市浦东新区人民检察院诉上海安基生物科技股份有限公司、郑某擅自发行股票案[②]

上海安基生物科技股份有限公司（以下简称安基公司）成立于 1997 年 4 月，注册资金为人民币 3 400 万元。郑某担任安基公司的法定代表人兼董事长，持股比例为

① 李飞．中华人民共和国证券法（修订）释义．北京：法律出版社，2005：17.

② 案例来源：中华人民共和国最高人民法院公报，2010（9）。

44%。2001年12月，为筹集研发资金，郑某提议并经股东会集体同意后，委托中介公司及个人向社会不特定公众转让自然人股东的股权。此后直到2007年8月期间，郑某负责联系并先后委托上海新世纪投资有限公司、上海天成投资实业公司、王某国、周某平、黄某等个人，以随机拨打电话的方式，谎称安基公司短期内将在美国纳斯达克上市并能获取高额回报，向不特定社会公众推销郑某及其他自然人股东的股权。由郑某和中介人员商定每股转让价格为人民币2～4元，安基公司与受让人分别签订股权转让协议书和回购承诺书（承诺若3年内不能上市则回购股权），并发放自然人股东缴款凭证卡和收款收据。经审计，安基公司向社会公众260余人发行股票计322万股，筹集资金人民币1 109万余元，其中有157人在股权托管中心托管，被列入公司股东名册，并在工商行政管理部门备案。上述募集资金全部用于安基公司的经营活动和支付中介代理费。上海市浦东新区人民法院一审认为，安基公司违反国家政策及相关法律规定，未经证券监管机构的批准，委托他人以公开方式向不特定社会公众发行股票，情节严重；郑某系安基公司直接负责的主管人员，其行为均已构成擅自发行股票罪。

三、上市公司定向增发

根据证监会于2023年2月发布的《上市公司证券发行注册管理办法》，上市公司发行证券分为向不特定对象发行和向特定对象发行两种。向不特定对象发行证券包括上市公司向原股东配售股份（简称配股）、向不特定对象募集股份（简称增发）和向不特定对象发行可转债。向特定对象发行证券，简称“定向增发”，包括上市公司向特定对象发行股票、向特定对象发行可转债。

《上市公司证券发行注册管理办法》第55条规定，上市公司向特定对象发行证券，发行对象应当符合股东大会决议规定的条件，且每次发行对象不超过35名。

上市公司的股东均已超过了200人，其再发行股票，即使发行对象是特定对象且不超过35名，但股票发行后股东累计还是超过了200人的，这到底属于公开发行还是非公开发行？根据已经废止的《上市公司证券发行管理办法》，这是非公开发行。① 但国务院办公厅《关于严厉打击非法发行股票和非法经营证券业务有关问题的通知》（国办发〔2006〕99号）规定，“向特定对象发行股票后股东累计超过200人的，为公开发行，应依法报经证监会核准”。由于国务院办公厅《关于严厉打击非法发行股票和非法经营证券业务有关问题的通知》的法律位阶高于《上市公司证券发行管理办法》，所以，可以认为，上市公司定向增发实际上属于公开发行，而不属于非公开发行。另外，从需要经过证监会核准②这一程序来看，上市公司定向增发也应该属于公开发行。因此，《上市公司证券发行注册管理办法》不再使用“非公开发行”的用法，而是改为“向特

① 《上市公司证券发行管理办法》，2006年5月6日证监会令第30号公布；根据2008年10月9日证监会令第57号《关于修改上市公司现金分红若干规定的决定》第一次修订；根据2020年2月14日证监会令第163号《关于修改〈上市公司证券发行管理办法〉的决定》第二次修订。《上市公司证券发行注册管理办法》自2023年2月17日起施行，《上市公司证券发行管理办法》同时废止。

② 根据《证券法》（2019年修订）的精神，“经过证监会核准”已被修改为“报经国务院证券监督管理机构或者国务院授权的部门注册”。

定对象发行证券”。

但如果从美国“获许投资者”的标准来看，上市公司定向增发的特定投资者，都是条件高于美国“获许投资者”标准的投资者。在此意义上，它对应的是美国的“私下发行”，可以豁免注册。但该“私下发行”的证券，作为“未注册”证券，属于“受限制证券”，其转售需要重新履行注册程序，或者该转售同样能够援引某规则豁免注册。而我国上市公司定向增发的股票，其转售仅有锁定期的限制，锁定期届满该股票可以自由流通。

四、新三板挂牌公司的定向发行

全国中小企业股份转让系统（以下简称新三板）挂牌公司的股票发行，分为两种类型。

第一种是向特定对象发行股票后股东累计不超过 200 人的发行。它属于《证券法》（2019 年修订）第 9 条规定的“非公开发行”。证监会对此进行豁免注册。但由于新三板挂牌公司进行股票发行时要进行相应的信息披露，因而，这种方式仍具有一定的公开性。此外，新三板挂牌公司向特定对象发行股票时，投资者需符合新三板合格投资者的要求，即不得向非合格投资者募集。

第二种被《非上市公众公司监督管理办法》（2023 年修订）称为“定向发行”，具体包括向特定对象发行股票导致股东累计超过 200 人，以及公众公司向特定对象发行股票两种情形。“公众公司”，全称为“非上市公众公司”，是指有下列情形之一且其股票未在证券交易所上市交易的股份有限公司：（1）股票向特定对象发行或者转让导致股东累计超过 200 人；（2）股票公开转让。

这两种形式的“定向发行”都属于《证券法》（2019 年修订）第 9 条规定的“公开发行”，因此需要向证监会报送定向发行申请文件，由证监会进行注册。“特定对象”的范围包括下列机构或者自然人：（1）公司股东；（2）公司的董事、监事、高级管理人员、核心员工；（3）符合全国中小企业股份转让系统有限责任公司（以下简称全国股转公司）投资者适当性管理规定的自然人投资者、法人投资者及其他非法人组织。股票未公开转让的公司确定发行对象时，符合全国股转公司投资者适当性管理规定的自然人投资者、法人投资者及其他非法人组织合计不得超过 35 名。

第二节　股票发行制度

一、股票发行概述

股票的发行是证券发行的基本类型，也是股票市场运行的起点。股票的发行是指适格的股份有限公司为募集资金或调整股权架构，依法定程序以一定条件向特定或不特定对象出售股票的行为。

在实践中，股票发行是股份有限公司募集设立和增资扩股的基本手段，有助于企业的融资，也可以让更多的投资者分享企业发展的利益。股票的发行可以推动社会主义市场经济的繁荣发展，但如果缺少良好的规制，则会损害广大投资者的利益，酝酿泡沫化的风险。为此，大多数国家对股票发行采取了严格的监管模式，专门制定特别法规予以调整。

（一）股票发行审核制度

股票发行审核是指证券监管机构对证券发行进行审查、控制和监督等行为。它是证券发行制度的重要组成部分。从各国证券市场的实践来看，股票发行审核制度可分为以下三种类型：审批制、核准制和注册制。《证券法》（2019 年修订）全面规定了证券发行注册制。

从历史上看，我国分别经历了这三种类型、三个阶段的股票发行审核制度，如图 2-1 所示。

图 2-1　我国股票发行审核制度演进

1. 审批制

审批制是一国在股票市场的发展初期，为了维护上市公司的稳定和平衡复杂的社会经济关系，采用行政和计划的办法分配股票发行的指标和额度，由地方政府或行业主管部门根据指标推荐企业发行股票的一种发行制度。由于在监管机构审核前已经经过了地方政府或行业主管部门的“选拔”，因而审批制对发行人的信息披露要求不高，发行人只需作一般性的信息披露；其发行定价也体现了很强的行政干预特征。

20 世纪 90 年代我国证券市场建立初期，鉴于我国市场经济相关制度尚未完善，我国采取了审批制的股票发行审核制度。在审批制下，股票发行由国务院证券监督管理机构根据经济发展和市场供求的具体情况，在宏观上制定一个当年股票发行总规模（额度或指标），经国务院批准后，下达给国家发展改革委，国家发展改革委再根据各个省级行政区域和行业在国民经济发展中的地位和需要进一步将总额度分配到各省、自治区、直辖市、计划单列市和国家有关部委。然而，随着我国资本市场的发展，审批制的弊端愈来愈明显：第一，在审批制下，上市企业往往是利益平衡的产物，担负着为地方或部门内其他企业脱贫解困的任务，这使它们难以满足投资者的要求，无法实现股东的愿望；第二，企业规模小，二级市场容易被操纵；第三，证券中介机构职能错位、责任不清，无法实现资本市场的规范发展；第四，一些非经济部门也获得额度，存在买卖额度的现象；第五，行政化的审批在制度上存在较大的寻租空间。

2. 核准制

核准制是介于注册制和审批制之间的形式。一方面，它取消了政府的指标和额度管理，并引进证券中介机构的责任，由中介机构判断企业是否符合发行股票的条件；另一方面，证券监管机构同时对股票发行的合规性和适销性条件进行实质性审查，并有权否决股票发行的申请。在核准制下，发行人在申请发行股票时，不仅要充分公开企业的真实情况，而且必须符合有关法律和证券监管机构规定的必要条件，证券监管机构有权否决不符合规定条件的股票发行申请。相对于审核制，核准制的优点在于实质性审查将不具备实质条件的发行人排除在资本市场的大门之外，有利于资本市场的稳定发展；缺点在于，一是监管机构批准审核的期限较长，程序复杂，发行人融资效率低；二是增加了监管机构承担的风险和责任。

证监会于2001年正式实施股票发行核准制下的“通道制”：取消了以行政手段分配指标的做法，改为按市场原则由主承销商推荐、发行审核委员会独立表决、证监会核准的办法。2003年12月，证监会制定了《证券发行上市保荐制度暂行办法》（已失效）等法规，其主要内容包括：建立保荐机构和保荐代表人的注册登记管理制度，明确保荐期限，厘定保荐责任，引进持续信用监管和“冷淡对待”的监管措施等四个方面。

核准制取代审批制，反映了证券市场的发展规律。一家企业能否上市，已经不再取决于这家企业能否从地方政府或行业主管部门手中拿到计划和指标，而是取决于企业自身的质量。这有助于提高发行企业的行业代表性、业绩成长性和质量真实性，进一步发挥证券市场优化资源配置的功能。

3. 注册制

“注册制”也称“形式审查制”“备案制”“申报制”“登记制”，是指法律并不限定证券发行的实质条件，发行人无须在财务状况、盈利能力等方面符合特定的条件，只要依规定申报及公开有关资料且主管机关在一定期间内未提出异议，发行人即可发行证券。注册制的优点表现在：将股票品质优劣的评判权交给市场，各市场主体享有平等的股票发行资格；前置程序简便，融资效率高。其缺点在于，对资本市场的发展程度以及投资者的分析能力都提出了较高的要求，无形中加大了资本市场的投资风险。对于资本市场发展不成熟、法制不健全的国家来说，采用注册制可能不利于资本市场的健康发展。

美国是股票发行注册制的代表。其实行联邦注册与州实质审核平行的双重注册制，即联邦实行以披露为基础的注册制，州实行以实质审核为基础的注册制。从联邦层次来看，美国SEC有权针对注册申请发出“拒绝令”，阻止注册的生效。各州对股票发行的实质审核则要求发行人对投资者必须秉承公平、公正、平等的原则。其核心要素是信息披露监管制度，主要体现在联邦只审不否，各州进行实质管控。

（二）我国股票发行审核制度向注册制度的改革

我国采取核准制的股票发行审核机制之后，审核效率较低，不能满足企业募集资金的需求。在目前越来越国际化的资本市场上，交易所之间竞争日趋激烈，而交易所最核心的竞争力是其上市公司的质量。而境外股票市场上具有更优质的上市公司，国内外资金可以在境外市场获得更大的收益，从而会有更多资金转移到境外，大量优质国有大型企业和颇具发展潜力的中小企业也因此到海外上市。这些可能降低我国上市公司的整体质量，也不利于国内投资者投资渠道和方式的多样化，进一步影响我国证券市场的长期、稳定、健康发展。

随着我国市场机制改革的深入以及我国市场机制的健全，股票发行审核制度的改革需求愈益迫切。2013 年 11 月发布的《中共中央关于全面深化改革若干重大问题的决定》指出："健全多层次资本市场体系，推进股票发行注册制改革，多渠道推动股权融资，发展并规范债券市场，提高直接融资比重。"由此，股票发行注册制成为我国证券市场法制建设中的一项全新制度安排。

2018 年 11 月，习近平总书记在上海宣布，在上海证券交易所设立科创板并试点注册制。2019 年 3 月 1 日，证监会发布《科创板首次公开发行股票注册管理办法（试行）》（已失效）和《科创板上市公司持续监管办法（试行）》。科创板根据板块定位和科创企业的特点，设置多元、包容的上市条件，允许符合科创板定位、尚未盈利或存在累计未弥补亏损的企业在科创板上市，允许符合相关要求的特殊股权结构企业和红筹企业在科创板上市。2019 年 6 月 13 日，科创板正式开板。2019 年 7 月 22 日，科创板首批企业（25 家）上市交易。

《证券法》（2019 年修订）将证券发行核准制改为证券发行注册制，后者的具体范围和实施步骤由国务院规定。

2020 年 4 月，中央全面深化改革委员会通过《创业板改革并试点注册制总体实施方案》。2020 年 8 月 24 日，深圳证券交易所创业板改革并试点注册制首批企业上市仪式举行，标志着深圳证券交易所创业板改革并试点注册制正式落地。

2021 年 9 月 2 日，中华人民共和国主席习近平在 2021 年中国国际服务贸易交易会全球服务贸易峰会上的致辞中宣布："我们将继续支持中小企业创新发展，深化新三板改革，设立北京证券交易所，打造服务创新型中小企业主阵地。"2021 年 9 月 3 日，北京证券交易所注册成立，这是经国务院批准设立的我国第一家公司制证券交易所。建设北京证券交易所的主要思路是，严格遵循《证券法》，按照分步实施、循序渐进的原则，总体平移新三板精选层各项基础制度，坚持北京证券交易所上市公司由新三板创新层公司产生，维持新三板基础层、创新层与北京证券交易所"层层递进"的市场结构，同步试点证券发行注册制。2021 年 11 月 15 日，北京证券交易所揭牌开市，同步试点注册制。

（三）全面实施注册制

我国注册制改革于 2018 年 11 月启动，采取了试点先行、先增量后存量、逐步推开的改革路径，先后在科创板、创业板和北京证券交易所试点，同步推进一揽子改革，打开了资本市场改革发展的新局面。

2020 年 10 月，党的十九届五中全会提出，全面实行股票发行注册制。2023 年 2 月 1 日，党中央、国务院批准了《全面实行股票发行注册制总体实施方案》。2023 年 2 月 17 日，中国证监会及交易所等发布全面实行股票发行注册制制度规则，自发布之日起施行。这标志着注册制的制度安排基本定型，注册制推广到全市场和各类公开发行股票行为，全面实行股票发行注册制。2023 年 4 月 10 日，伴随着沪深交易所主板注册制首批10家企业上市，全面实行股票发行注册制正式落地。

在完善审核注册程序方面，坚持证券交易所审核和证监会注册各有侧重、相互衔接的基本架构，进一步明晰证券交易所和证监会的职责分工，提高审核注册效率和可预期性。证券交易所审核过程中发现重大敏感事项、重大无先例情况、重大舆情、重大违法线索的，及时向证监会请示报告。证监会同步关注发行人是否符合国家产业政策和板块定位。同时，取消证监会发行审核委员会和上市公司并购重组审核委员会。在优化发行承销制度方面，对新股发行价格、规模等不设任何行政性限制，完善以机构投资者为参与主体的询价、定价、配售等机制。

二、股票发行条件及相关程序

（一）股票发行条件

我国《证券法》（2019年修订）对股票发行的条件在发行人本身经营情况和申请发行材料两方面作出了规定，对公开发行新股的发行人要求较严格，具体体现在《证券法》（2019年修订）第11、12、13条中。

我国《证券法》（2019年修订）第11条规定了我国设立股份有限公司公开发行股票的相关条件，指出：在我国发行股票应当符合《中华人民共和国公司法》规定的条件和经国务院批准的国务院证券监督管理机构规定的其他条件，向国务院证券监督管理机构报送募股申请和下列文件：（1）公司章程；（2）发起人协议；（3）发起人姓名或者名称，发起人认购的股份数、出资种类及验资证明；（4）招股说明书；（5）代收股款银行的名称及地址；（6）承销机构名称及有关的协议。此外，发行人聘请了保荐人的，应当报送保荐人出具的发行保荐书。

《证券法》（2019年修订）第12条规定了公司公开发行新股的相关条件，指出在我国首次公开发行新股需要符合以下条件：（1）具备健全且运行良好的组织机构；（2）具有持续经营能力；（3）最近三年财务会计报告被出具无保留意见审计报告；（4）发行人及其控股股东、实际控制人最近三年不存在贪污、贿赂、侵占财产、挪用财产或者破坏社会主义市场经济秩序的刑事犯罪；（5）经国务院批准的国务院证券监督管理机构规定的其他条件。上市公司发行新股，应当符合经国务院批准的国务院证券监督管理机构规定的条件，具体管理办法由国务院证券监督管理机构规定。公开发行存托凭证的，应当符合首次公开发行新股的条件以及国务院证券监督管理机构规定的其他条件。

《证券法》（2019年修订）第13条进一步规定，公司公开发行新股，应当向国务院证券监督管理机构报送募股申请和下列文件：（1）公司营业执照；（2）公司章程；（3）股东大会决议；（4）招股说明书或者其他公开发行募集文件；（5）财务会计报告；（6）代收股款银行的名称及地址。依法实行承销的，应当报送承销机构名称及有关的协议。依法聘请保荐人的，还应当报送保荐人出具的发行保荐书。

在核准制下，发行条件与上市条件是分别设定的，程序也是各自独立的。在注册制之下，由于发行审核与上市审核都由交易所进行，因此，发行条件与上市条件是相同的，程序也是前后相衔接的。企业在申报公开发行时，也同时选定了上市场所。选择在哪个证券交易所上市，就向哪个证券交易所提出公开发行申请。

1. 主板、中小板股票发行上市条件

根据上海证券交易所（以下简称上交所）和深圳证券交易所股票上市规则的规定，境内企业申请首次公开发行股票并在交易所上市，应当符合下列条件：(1) 符合《证券法》、证监会规定的发行条件。(2) 发行后股本总额不低于 5 000 万元。(3) 公开发行的股份达到公司股份总数的 25%以上；公司股本总额超过 4 亿元的，公开发行股份的比例为 10%以上。(4) 市值及财务指标符合交易所规定的标准。(5) 交易所要求的其他条件。交易所可以根据市场情况，经证监会批准，对上市条件和具体标准进行调整。

境内企业申请在交易所上市，市值及财务指标应当至少符合下列标准中的一项：(1) 最近三年净利润均为正，且最近三年净利润累计不低于 1.5 亿元，最近一年净利润不低于 6 000 万元，最近三年经营活动产生的现金流量净额累计不低于 1 亿元或者营业收入累计不低于 10 亿元；(2) 预计市值不低于 50 亿元，且最近一年净利润为正，最近一年营业收入不低于 6 亿元，最近三年经营活动产生的现金流量净额累计不低于 1.5 亿元；(3) 预计市值不低于 80 亿元，且最近一年净利润为正，最近一年营业收入不低于 8 亿元。

符合《国务院办公厅转发证监会关于开展创新企业境内发行股票或存托凭证试点若干意见的通知》(国办发〔2018〕21 号）等有关规定的红筹企业，可以申请发行股票或者存托凭证并在交易所上市。红筹企业申请首次公开发行股票或者存托凭证并在交易所上市，应当符合下列条件：(1) 符合《证券法》、证监会规定的发行条件。(2) 发行股票的，发行后股份总数不低于 5 000 万股；发行存托凭证的，发行后存托凭证总份数不低于 5 000 万份。(3) 发行股票的，公开发行（含已公开发行）的股份达到公司股份总数的 25%以上；公司股份总数超过 4 亿股的，公开发行（含已公开发行）股份的比例为 10%以上。发行存托凭证的，公开发行（含已公开发行）的存托凭证对应基础股份达到公司股份总数的 25%以上；发行后存托凭证总份数超过 4 亿份的，公开发行（含已公开发行）的存托凭证对应基础股份达到公司股份总数的 10%以上。(4) 市值及财务指标符合交易所规定的标准。(5) 交易所要求的其他条件。

已在境外上市的红筹企业，申请发行股票或者存托凭证并在交易所上市的，应当至少符合下列标准中的一项：(1) 市值不低于 2 000 亿元；(2) 市值 200 亿元以上，且拥有自主研发、国际领先技术，科技创新能力较强，在同行业竞争中处于相对优势地位。

未在境外上市的红筹企业，申请发行股票或者存托凭证并在交易所上市的，应当至少符合下列标准中的一项：(1) 预计市值不低于 200 亿元，且最近一年营业收入不低于 30 亿元；(2) 营业收入快速增长，拥有自主研发、国际领先技术，在同行业竞争中处于相对优势地位，且预计市值不低于 100 亿元；(3) 营业收入快速增长，拥有自主研发、国际领先技术，在同行业竞争中处于相对优势地位，且预计市值不低于 50 亿元，最近一年营业收入不低于 5 亿元。营业收入快速增长，应当符合下列标准之一：(1) 最近一年营业收入不低于 5 亿元的，最近三年营业收入复合增长率 10%以上；(2) 最近一年营业收入低于 5 亿元的，最近三年营业收入复合增长率 20%以上；(3) 受行业周期性波动等因素影响，行业整体处于下行周期的，发行人最近三年营业收入复合增长率高于同行业可比公司同期平均增长水平。处于研发阶段的红筹企业和对国家创新驱动发展战略有重要意义的红筹企业，不适用“营业收入快速增长”的上述要求。

发行人具有表决权差异安排的，市值及财务指标应当至少符合下列标准中的一项：（1）预计市值不低于 200 亿元，且最近一年净利润为正；（2）预计市值不低于 100 亿元，且最近一年净利润为正，最近一年营业收入不低于 10 亿元。

2. 创业板股票发行上市条件

发行人申请在深圳证券交易所（以下简称深交所）创业板上市，应当符合下列条件：（1）符合中国证监会 规定的创业板发行条件；（2）发行后股本总额不低于 3 000 万元；（3）公开发行的股份达到公司股份总数的 25%以上；公司股本总额超过 4 亿元的，公开发行股份的比例为 10%以上；（4）市值及财务指标符合深交所规定的标准；（5）交易所要求的其他上市条件。

红筹企业发行股票的，前述条件（2）调整为发行后的股份总数不低于 3 000 万股，第（3）项调整为公开发行的股份达到公司股总数的 25%以上；公司股份总数超过 4 亿股的，公开发行股份的比例为 10%以上。红筹企业发行存托凭证的，前述条件（2）调整 为发行后的存托凭证总份数不低于 3 000 万份，前述条件（3）调整为公开发行的存托凭证对应基础股份达到公司股份总数的 25%以上；发行后的存托凭证总份数超过 4 亿份的，公开发行存托凭证对应基础股份达到公司股份总数的 10%以上。交易所可以根据市场情况，经证监会批准，对上市条件和具体标准进行调整。

发行人为境内企业且不存在表决权差异安排的，市值及财务指标应当至少符合下列标准中的一项：（1）最近两年净利润均为正，且累计净利润不低于 5 000 万元；（2）预计市值不低于 10 亿元，最近一年净利润为正且营业收入不低于 1 亿元；（3）预计市值不低于 50 亿元，且最近一年营业收入不低于 3 亿元。

符合《国务院办公厅转发证监会关于开展创新企业境内发行股票或存托凭证试点若干意见的通知》（国办发〔2018〕21 号）等相关规定的红筹企业，可以申请其股票或存托凭证在创业板上市。营业收入快速增长，拥有自主研发、国际领先技术，同行业竞争中处于相对优势地位的尚未在境外上市红筹企业，申请在创业板上市的，市值及财务指标应当至少符合下列标准中的一项：（1）预计市值不低于 100 亿元；（2）预计市值不低于 50 亿元，且最近一年营业收入不低于 5 亿元。营业收入快速增长，指符合下列标准之一：（1）最近一年营业收入不低于 5 亿元的，最近三年营业收入复合增长率 10%以上；（2）最近一年营业收入低于 5 亿元的，最近三年营业收入复合增长率 20%以上；（3）受行业周期性波动等因素影响，行业整体处于下行周期的，发行人最近三年营业收入复合增长率高于同行业可比公司同期平均增长水平。处于研发阶段的红筹企业和对国家创新驱动发展战略有重要意义的红筹企业，不适用“营业收入快速增长”的规定。

发行人具有表决权差异安排的，市值及财务指标应当至少符合下列标准中的一项：（1）预计市值不低于 100 亿元；（2）预计市值不低于 50 亿元，且最近一年营业收入不低于 5 亿元。

3. 科创板股票发行上市条件

上交所科创板更加注重企业的科技创新能力，允许符合科创板定位、尚未盈利或存在累积未弥补亏损的企业在科创板上市，并综合考虑预计市值、收入、净利润、研发投入、现金流等因素，设置了多元包容的上市条件。

（1）符合证监会规定的发行条件。

（2）发行后股本总额不低于人民币 3 000 万元。

（3）公开发行的股份达到公司股份总数的 25%以上；公司股本总额超过人民币 4 亿元的，公开发行股份的比例为 10%以上。

（4）市值及财务指标符合应当至少符合下列标准中的一项：

1）预计市值不低于人民币 10 亿元，最近两年净利润均为正且累计净利润不低于人民币 5 000 万元，或者预计市值不低于人民币 10 亿元，最近一年净利润为正且营业收入不低于人民币 1 亿元。

2）预计市值不低于人民币 15 亿元，最近一年营业收入不低于人民币 2 亿元，且最近三年累计研发投入占最近三年累计营业收入的比例不低于 15%。

3）预计市值不低于人民币 20 亿元，最近一年营业收入不低于人民币 3 亿元，且最近三年经营活动产生的现金流量净额累计不低于人民币 1 亿元。

4）预计市值不低于人民币 30 亿元，且最近一年营业收入不低于人民币 3 亿元。

5）预计市值不低于人民币 40 亿元，主要业务或产品需经国家有关部门批准，市场空间大，目前已取得阶段性成果。医药行业企业需至少有一项核心产品获准开展二期临床试验，其他符合科创板定位的企业需具备明显的技术优势并满足相应条件。

（5）交易所规定的其他上市条件。

4. 北京证券交易所发行上市条件

发行人申请公开发行并在北京证券交易所上市，应当符合下列条件：

（1）发行人为在全国中小企业股份转让系统（以下简称全国股转系统）连续挂牌满 12 个月的创新层挂牌公司；

（2）符合中国证监会规定的发行条件；

（3）最近一年期末净资产不低于 5 000 万元；

（4）向不特定合格投资者公开发行（以下简称公开发行）的股份不少于 100 万股，发行对象不少于 100 人；

（5）公开发行后，公司股本总额不少于 3 000 万元；

（6）公开发行后，公司股东人数不少于 200 人，公众股东持股比例不低于公司股本总额的 25%；公司股本总额超过 4 亿元的，公众股东持股比例不低于公司股本总额的 10%；

（7）市值及财务指标符合本规则规定的标准；

（8）交易所规定的其他上市条件。

北京证券交易所可以根据市场情况，经证监会批准，对上市条件和具体标准进行调整。

发行人申请公开发行并在北京证券交易所上市，市值及财务指标应当至少符合下列标准中的一项：

（1）预计市值不低于 2 亿元，最近两年净利润均不低于 1 500 万元且加权平均净资产收益率平均不低于 8%，或者最近一年净利润不低于 2 500 万元且加权平均净资产收益率不低于8%；

（2）预计市值不低于4亿元，最近两年营业收入平均不低于1亿元，且最近一年营业收入增长率不低于30%，最近一年经营活动产生的现金流量净额为正；

（3）预计市值不低于8亿元，最近一年营业收入不低于2亿元，最近两年研发投入合计占最近两年营业收入合计比例不低于8%；

（4）预计市值不低于15亿元，最近两年研发投入合计不低于5 000万元。

预计市值是指以发行人公开发行价格计算的股票市值。

发行人申请公开发行并在北京证券交易所上市，不得存在下列情形：

（1）最近36个月内，发行人及其控股股东、实际控制人，存在贪污、贿赂、侵占财产、挪用财产或者破坏社会主义市场经济秩序的刑事犯罪，存在欺诈发行、重大信息披露违法或者其他涉及国家安全、公共安全、生态安全、生产安全、公众健康安全等领域的重大违法行为；

（2）最近12个月内，发行人及其控股股东、实际控制人、董事、监事、高级管理人员受到证监会及其派出机构行政处罚，或因证券市场违法违规行为受到全国股转公司、证券交易所等自律监管机构公开谴责；

（3）发行人及其控股股东、实际控制人、董事、监事、高级管理人员因涉嫌犯罪正被司法机关立案侦查或涉嫌违法违规正被证监会及其派出机构立案调查，尚未有明确结论意见；

（4）发行人及其控股股东、实际控制人被列入失信被执行人名单且情形尚未消除；

（5）最近36个月内，未按照《证券法》和证监会的相关规定在每个会计年度结束之日起4个月内编制并披露年度报告，或者未在每个会计年度的上半年结束之日起2个月内编制并披露中期报告；

（6）证监会和北京证券交易所规定的，对发行人经营稳定性、直接面向市场独立持续经营的能力具有重大不利影响，或者存在发行人利益受到损害等其他情形。

发行人具有表决权差异安排的，该安排应当平稳运行至少一个完整会计年度，且相关信息披露和公司治理应当符合证监会及全国股转公司相关规定。

（二）股票发行上市审核程序

在注册制下，各证券交易所的股票发行上市审核程序是基本上相同的。现以上海证券交易所主板为例，说明股票发行上市审核程序。

根据《上海证券交易所股票上市规则》（2023年2月第十六次修订）、《上海证券交易所股票发行上市审核规则》（2023年2月17日发布）的规定，股票发行上市程序为：

第一步，发行人提交申请。发行人申请股票首次发行上市，应当向上海证券交易所（以下简称交易所）提交发行上市申请文件。交易所发行上市审核实行电子化审核，申请、受理、问询、回复等事项通过交易所发行上市审核业务系统办理。

发行人申请股票首次发行上市，应当按照规定聘请保荐人进行保荐，并委托保荐人通过交易所发行上市审核业务系统报送下列发行上市申请文件：（1）证监会规定的招股说明书、发行保荐书、审计报告、法律意见书、公司章程、股东大会决议等注册申请文件；（2）上市保荐书；（3）交易所要求的其他文件。

第二步，交易所受理。交易所收到发行上市申请文件后5个工作日内，对文件进行核对，作出是否受理的决定，告知发行人及其保荐人，并在交易所网站公示。交易所受理发行上市申请文件当日，发行人应当在交易所网站预先披露招股说明书、发行保荐书、上市保荐书、审计报告和法律意见书等文件。交易所受理发行上市申请后至证监会作出注册决定前，发行人应当按照本规则的规定，对预先披露的招股说明书、发行保荐书、上市保荐书、审计报告和法律意见书等文件予以更新并披露。

第三步，发行上市审核机构的审核。交易所设立发行上市审核机构，对发行人的发行上市申请文件进行审核，出具审核报告。交易所在发行上市审核中，发现重大敏感事项、重大无先例情况、重大舆情、重大违法线索的，将及时向证监会请示报告。发行人、保荐人和证券服务机构在项目申报前、首轮审核问询发出后及上市委员会审议后，可以就发行上市审核相关业务问题或者事项向交易所发行上市审核机构进行咨询沟通。

第四步，上市审核委员会审核。交易所设立上市审核委员会（以下简称上市委员会），对发行上市审核机构出具的审核报告和发行上市申请文件进行审议，提出审议意见。每次审议会议由5名委员参加，其中会计、法律专家至少各一名。上市委员会进行审议时要求对发行人及其保荐人进行现场问询的，发行人代表及保荐代表人应当到会接受问询，回答委员提出的问题。

第五步，交易所决定。交易所结合上市委员会的审议意见，出具发行人符合发行条件、上市条件和信息披露要求的审核意见或者作出终止发行上市审核的决定。

交易所对发行人的发行上市申请文件进行审核（以下简称发行上市审核），认为发行人符合发行条件、上市条件和信息披露要求的，将审核意见、相关审核资料及发行人的发行上市申请文件报送证监会履行注册程序；认为发行人不符合发行条件、上市条件或者信息披露要求的，作出终止发行上市审核的决定。

交易所对发行上市申请文件的信息披露进行审核时，可以视情况在审核问询中对发行人、保荐人及证券服务机构，提出下列要求：（1）解释和说明相关问题及原因；（2）补充核查相关事项并发表意见；（3）补充提供新的证据或材料；（4）修改或更新信息披露内容。

交易所在发行上市审核中，可以根据需要，约见问询发行人的董事、监事、高级管理人员、控股股东、实际控制人以及保荐人、证券服务机构及其相关人员，调阅发行人、保荐人、证券服务机构与发行上市申请相关的资料。

交易所依照相关规定，从发行上市申请已被交易所受理的发行人中抽取一定比例，对其信息披露质量进行现场检查。

延伸阅读

交易所对股票发行上市审核时重点关注的内容

交易所对发行上市申请文件进行审核，通过提出问题、回答问题等多种方式，督促发行人及其保荐人、证券服务机构完善信息披露，真实、准确、完整地披露信息，提高信息披露的针对性、有效性和可读性，提升信息披露质量。

第一，重点关注发行人的信息披露是否达到真实、准确、完整的要求，是否符合招股说明书内容与格式准则的要求。

第二，重点关注发行上市申请文件及信息披露内容是否包含对投资者作出投资决策有重大影响的信息，披露程度是否达到投资者作出投资决策所必需的水平，包括但不限于是否充分、全面披露发行人业务、技术、财务、公司治理、投资者保护等方面的信息以及本次发行的情况，是否充分揭示可能对发行人经营状况、财务状况产生重大不利影响的所有因素。

第三，重点关注发行上市申请文件及信息披露内容是否一致、合理和具有内在逻辑性，包括但不限于财务数据是否勾稽合理，是否符合发行人实际情况，非财务信息与财务信息是否相互印证，保荐人、证券服务机构核查依据是否充分，能否对财务数据的变动或者与同行业公司存在的差异作出合理解释。

第四，重点关注发行上市申请文件披露的内容是否简明易懂，是否便于一般投资者阅读和理解，包括但不限于是否使用浅白语言，是否简明扼要、重点突出、逻辑清晰，是否结合企业自身特点进行有针对性的信息披露。

有的发行人可能会有“会后事项”。交易所受理发行上市申请后至股票上市交易前，发生重大事项的，发行人及其保荐人应当及时向交易所报告，并按要求更新发行上市申请文件。发行人的保荐人、证券服务机构应当持续履行尽职调查职责，并向交易所提交专项核查意见。上市委员会审议会议后至股票上市交易前，发生重大事项，对发行人是否符合发行条件、上市条件或者信息披露要求产生重大影响的，发行上市审核机构经重新审核后决定是否重新提交上市委员会审议。重新提交上市委员会审议的，应当向证监会报告，并按照本章的相关规定办理。证监会作出注册决定后至股票上市交易前，发生重大事项，可能导致发行人不符合发行条件、上市条件或者信息披露要求的，发行人应当暂停发行；已经发行的，暂缓上市。交易所发现发行人存在上述情形的，有权要求发行人暂缓上市。发行人及其保荐人应当将上述情况及时报告交易所并作出公告，说明重大事项相关情况及发行人将暂停发行、暂缓上市。交易所经审核认为相关重大事项导致发行人不符合发行条件、上市条件或者信息披露要求的，将出具明确意见并向证监会报告。

有的发行人可能会有复审。交易所对发行上市申请不予受理或者终止审核的，发行人可以在收到交易所相关文件后5个工作日内，向交易所申请复审。但因发行人撤回发行上市申请或者保荐人撤销保荐终止审核的，发行人不得申请复审。交易所收到复审申请后20个工作日内，召开上市委员会复审会议。上市委员会复审期间，原决定的效力不受影响。上市委员会复审会议认为申请复审理由成立的，交易所对发行上市申请予以受理或者重新审核，审核时限自受理之日或重新审核之日起算，交易所对审核时限另有规定的除外；复审会议认为申请复审理由不成立的，交易所维持原决定。

（三）我国股票发行注册程序

证监会2023年2月17日发布并实施的《首次公开发行股票注册管理办法》规定了首次公开发行股票的注册程序。

发行人申请首次公开发行股票并上市，应当按照证监会有关规定制作注册申请文件，依法由保荐人保荐并向交易所申报。交易所按照规定的条件和程序，形成发行人是否符合发行条件和信息披露要求的审核意见。认为发行人符合发行条件和信息披露要求的，将审核意见、发行人注册申请文件及相关审核资料报证监会注册；认为发行人不符合发行条件或者信息披露要求的，作出终止发行上市审核决定。

证监会在交易所收到注册申请文件之日起，同步关注发行人是否符合国家产业政策和板块定位。

证监会收到交易所审核意见及相关资料后，基于交易所审核意见，依法履行发行注册程序，在20个工作日内对发行人的注册申请作出予以注册或者不予注册的决定。在规定的注册期限内，证监会发现存在影响发行条件的新增事项的，可以要求交易所进一步问询并就新增事项形成审核意见。

证监会认为交易所对新增事项的审核意见依据明显不充分，可以退回交易所补充审核。交易所补充审核后，认为发行人符合发行条件和信息披露要求的，重新向证监会报送审核意见及相关资料，注册期限重新计算。

证监会的予以注册决定，自作出之日起1年内有效，发行人应当在注册决定有效期内发行股票，发行时点由发行人自主选择。

证监会作出予以注册决定后、发行人股票上市交易前，发行人应当持续符合发行条件，发现可能影响本次发行的重大事项的，证监会可以要求发行人暂缓发行、上市；相关重大事项导致发行人不符合发行条件的，应当撤销注册。证监会撤销注册后，股票尚未发行的，发行人应当停止发行；股票已经发行尚未上市的，发行人应当按照发行价并加算银行同期存款利息返还股票持有人。

交易所认为发行人不符合发行条件或者信息披露要求，作出终止发行上市审核决定，或者证监会作出不予注册决定的，自决定作出之日起6个月后，发行人可以再次提出公开发行股票并上市申请。

典型案例

恒安嘉新成为科创板第一家被证监会不予注册的公司

2019年7月11日，上交所召开科创板上市委员会2019年第14次审议会议，结果显示恒安嘉新（北京）科技股份公司科创板上市申请通过审核。

科创板企业经上交所审核通过后，证监会不同意注册，原因是发行人存在会计基础工作薄弱和内控缺失、未按招股说明书的要求对前期会计差错更正事项进行披露等情形。

（四）股票发行定价程序

发行人在取得证监会予以注册决定后，即可根据市场情况择机启动股票公开发行。公开发行前，应当在交易所网站和符合证监会规定条件的网站披露招股意向书。发行价格确定后5个工作日内，发行人应当在交易所网站和符合证监会规定条件的报刊依法开办的网站全文刊登招股说明书，同时在符合证监会规定条件的报刊刊登提示性公告，告知投资者网上刊登的地址及获取文件的途径。招股说明书的有效期为6个月，自公开发行前最后一次签署之日起计算。发行人应当使用有效期内的招股说明书完成本次发行。招股说明书中引用的财务报表在其最近一期截止日后6个月内有效，特殊情况下可以适当延长，但至多不超过3个月。财务报表应当以年度末、半年度末或者季度末为截止日。

股票发行定价程序制度是确定股票发行价格的制度，是股票发行程序的重要一环。股票发行价格是指股份有限公司公开发行股票的价格，股票发行价格可以按票面金额，也可以超过票面金额，但不得低于票面金额。

《证券发行与承销管理办法》（2023年2月17日修订）第5条规定，首次公开发行证券，可以通过询价的方式确定证券发行价格，也可以通过发行人与主承销商自主协商直接定价等其他合法可行的方式确定发行价格。发行人和主承销商应当在招股意向书（或招股说明书，下同）和发行公告中披露本次发行证券的定价方式。首次公开发行证券通过询价方式确定发行价格的，可以初步询价后确定发行价格，也可以在初步询价确定发行价格区间后，通过累计投标询价确定发行价格。首次公开发行证券发行数量2 000万股（份）以下且无老股转让计划的，发行人和主承销商可以通过直接定价的方式确定发行价格。发行人尚未盈利的，应当通过向网下投资者询价方式确定发行价格，不得直接定价。通过直接定价方式确定的发行价格对应市盈率不得超过同行业上市公司二级市场平均市盈率；已经或者同时境外发行的，通过直接定价方式确定的发行价格还不得超过发行人境外市场价格。

询价是指发行人及其保荐机构采取向询价对象累计投标询价的方式确定发行价格的股票发行定价方式。首次公开发行证券采用询价方式的，应当向证券公司、基金管理公司、期货公司、信托公司、保险公司、财务公司、合格境外投资者和私募基金管理人等专业机构投资者，以及经证监会批准的证券交易所规则规定的其他投资者询价。上述询价对象统称网下投资者。网下投资者应当具备丰富的投资经验、良好的定价能力和风险承受能力，向中国证券业协会注册，接受中国证券业协会的自律管理，遵守中国证券业协会的自律规则。

首次公开发行证券采用询价方式的，符合条件的网下投资者可以自主决定是否报价。符合条件的网下投资者报价的，主承销商无正当理由不得拒绝。网下投资者应当遵循独立、客观、诚信的原则合理报价，不得协商报价或者故意压低、抬高价格。

询价过程仅作为投资者的意向表示，而不代表最终的认购承诺。发行人和主承销商在通过初步询价确定发行价格或价格区间后，可以通过累计投标询价确定发行价格。首次公开发行证券采用询价方式的，网下投资者报价后，发行人和主承销商应当剔除拟申购总量中报价最高的部分，然后根据剩余报价及拟申购数量协商确定发行价格。剔除部分的配售对象不得参与网下申购。最高报价剔除的具体要求适用证券交易所相关规定。

公开发行证券数量在4亿股（份）以下的，有效报价投资者的数量不少于10家；公开发行证券数量超过4亿股（份）的，有效报价投资者的数量不少于20家。剔除最高报价部分后有效报价投资者数量不足的，应当中止发行。

询价方式是目前国际上应用最广的股票发行定价方式，有利于减少发行定价的主观随意性。让投资者参与发行定价过程改善了信息不对称的情况，有利于维护投资者的权益。

三、股票发行的承销制度

（一）股票承销的定义

股票承销是指股票发行人委托具有股票承销资格的金融机构代为向社会公众发行股票的行为。

股票承销一般可采取代销、助销和包销三种方式。证券承销机构可根据承销风险的大小，按承销总额的一定比例收取承销手续费。

（二）股票承销的分类

1. 包销和代销

根据证券公司承担发行失败的风险的大小可以将股票承销划分为包销和代销。股票代销也称代理发行，是指承销商代发行人发售股票，在承销期结束时，将未售出的股票全部退还给发行人的承销方式。采用代销的方式有效地规避了未售出股票的风险，将风险转嫁给发行人承担。

股票包销是指证券公司按照协议全部购入发行人的股票，或者在承销期结束时全部自行购入发行人剩余股票的承销方式。包销方式下证券公司承担发行失败的主要风险。包销包括全额包销和余额包销：（1）全额包销是指由承销商与发行人签订协议，由承销商按约定价格买下约定的全部股票，然后以稍高的价格向社会公众出售，即承销商低价买进高价售出，赚取的中间差额为承销商的利润。全额包销下如果股票销售不出去，风险由承销商自负，故包销风险较大，但是其收益要比代销的佣金高。（2）余额包销，是指承销商与发行人签订协议，在约定的期限内发行股票并收取佣金，到约定的销售期满，售后剩余的股票由承销商按协议价格全部认购。余额包销实际上是先代理后包销。

2. 单独承销和承销团承销

根据股票承销的证券公司数量的不同，承销可分为单独承销和承销团承销。独立承销也称为一般承销，是指由一家证券公司单独或者独立承担全部承销活动。承销团承销是指由多个证券公司组成承销团，共同完成股票的销售。在我国，当承销商所承销的股票超过一定金额时，一般采取组织承销团的方式承销。《证券法》（2019 年修订）第 30 条规定，向不特定对象发行证券聘请承销团承销的，承销团应当由主承销和参与承销的证券公司组成。

（三）我国的股票承销制度

发行人应当同证券公司签订承销协议。公开发行股票的发行人有权依法自主选择承销的证券公司。证券公司不得以不正当竞争手段招揽股票承销业务。

证券公司实施股票承销前，应当向证监会报送发行与承销方案。证券公司承销股票，应当对公开募集文件的真实性、准确性、完整行进行核查；发现有虚假记载、误导性陈述或者重大遗漏的，不得进行销售活动；已经销售的，必须立即停止销售活动，并采取纠正措施。

股票发行由两家以上证券公司联合主承销的，所有担任主承销商的证券公司应共同承担主承销责任，履行相关义务。承销团由 3 家以上承销商组成的，可以设副主承销商，协助主承销商组织承销活动。承销团成员应当按照承销团协议及承销协议的约定进行承销活动，不得进行虚假承销。

第三节　债券发行制度

一、概述

相比于股票发行制度，债券发行制度要复杂得多。这是因为债券的品种极为丰富，不同的债券品种有各自的发行模式。

（一）债券的品种

按照发行主体不同，我国债券可分为政府债券、金融债券、企业信用债券、中央银行票据等。不同发行主体发行的债券在信用水平、流动性、收益水平以及税收制度等方面存在不同。

（1）政府债券。

政府债券可进一步分为中央政府债券（国债）与地方政府债券（市政债）。中央政府债券又称为“金边债券”（gilt-edged bond），以国家信用作为还本付息的支撑，信用度极高。在我国具体负责国债发行的是财政部。按照记载凭证形式的不同，国债可分为传统凭证式国债和电子凭证式国债；按照债券的流通性、利率决定因素等的不同，电子凭证式国债又可以分为储蓄国债与记账式国债。储蓄国债需在发行期认购，不能上市流通，但可以按相关规定提前兑取，亦可通过质押贷款变现，且因其利率预先确定，不会产生资本利得；记账式国债可以上市流通，在二级市场上买卖，发行率由承销团确定，并在二级市场中产生波动，有可能产生资本利得与损失，具有一定投机性。地方政府债券方面，2015 年前，我国的地方政府债券是由中央代发和自行发债，且自行发债只在部分省市试点。随着 2014 年《预算法》的修改和 2015 年《地方政府一般债券发行管理暂行办法》（已失效）的发布，地方政府自行发债才进入实际可操作阶段。2020 年 12 月，财政部公布了《地方政府债券发行管理办法》，进一步规范了地方政府债券发行管理。在地方政府自行发债推行前，部分地区为了解决融资问题，发行了大量的城投债。城投债本质上是企业信用债券，但是其具有强烈的地方政府债券属性，部分城投债还由地方政府直接担保。这种地方政府变相举债背后隐含着一定的偿付风险。

（2）金融债券。

我国金融债券按照发行人不同进一步细分为政策性金融债券、商业银行金融债券、其他金融机构发行的金融债券。政策性金融债券主要由国家开发银行、中国进出口银行、农业发展银行发行。商业银行金融债券按照其功能不同可以分为次级债券、资本混合债券和一般性金融债券。

（3）企业信用类债券。

企业信用类债券主要包含企业债券、公司债券和非金融企业债务融资工具。在我国，企业债券是指由中央政府部门下属机构、国有独资企业或国有资产控股企业发行的债券，由国家发展改革委监管；而公司债券是指股份有限公司与有限责任公司依照《公司法》的相关规定发行的债券。2023 年 3 月，中共中央、国务院印发《党和国家机构改革方案》，明确提出“划入国家发展和改革委员会的企业债券发行审核职责，由中国证券监督管理委员会统一负责公司（企业）债券发行审核工作”。为贯彻党中央、国务院关于机构改革的决策部署，2023 年 4 月 21 日，证监会、国家发展改革委发布《关于企业债券发行审核职责划转过渡期工作安排的公告》，设置了 6 个月的过渡期。过渡期内企业债券受理审核、发行承销、登记托管等安排保持不变，中央结算公司、交易商协会已受理未注册的企业债券申请，报证监会履行发行注册程序。

（4）中央银行票据（Central Bank Bill）。

中央银行票据是中央银行为调节商业银行超额准备金而向商业银行发行的短期债务凭证，是中央银行调节基础货币的一种货币政策工具，目的是减少商业银行的可贷资金量。其实质是中央银行债券。中央银行票据由中国人民银行在银行间市场通过中国人民银行债券发行系统发行，其发行的对象是公开市场业务一级交易商。

除了上述典型的债券类型，我国债券市场还存在其他债券品种，主要包括政府支持机构债券、资产支持债券、可转换债券、绿色债券等。其中，政府支持机构债券是由中央汇金公司发行的以持股、增持国内金融机构为目的的债券。从逻辑上分析，该债券应属于企业信用类债券，但由于中央汇金公司作为国有资产出资人代表投资于国内重要金融机构，在性质上属于政府支持的特殊机构，故单独称其为政府支持机构债券。资产支持证券自 2005 年起在我国推行，其特殊性在于以基础资产及其产生的现金流作为还本付息的支撑。可转换债券的典型特征是带有附条件的选择权，持有人可以选择在条件满足时将债券转换为对应价值的股份。值得关注的是近年发展迅猛的绿色债券。在我国，绿色债券是指所募集资金主要用于支持节能减排技术改造、绿色城镇化、能源清洁高效利用、新能源开发利用、循环经济发展等绿色循环低碳发展项目的企业债券。2014 年至 2015 年间，国家发展改革委、中国人民银行先后发文，支持、规范绿色债券的发展。目前我国绿色债券已经扩展到金融债、公司债、企业债、非金融企业绿色债务融资工具等方面。

（二）债券的法律特性

尽管债券的品种繁杂多元，名称或有不同，发行主体和投资主体范围多有差异，但如果采取“实质重于形式”的分析方法，我们不难发现上述诸多“债券”实质上并无差别，均无一例外地具有债券的基本特征和法律结构：其主体为债权人与债务人，发行基础重在信用，到期需要还本付息，发行人与持券人之间的关系归根结底均为债权债务关系。各类债券的共性特征至少包括：（1）债券均为有价证券；（2）债券发行人还本付息；（3）债券双方的关系为契约关系；（4）偿债需历经一定期限。可以说，各种债券品种之间的不同主要是量的差别，而非质的差别。具言之，政府债券、金融债券与企业债券的差异主要是发行主体的不同，主体差异关系到债券偿债能力信用风险的高低，并不影响发行人与投资者之间的债权债务关系；公募债券与私募债券的划分则基于发行对象的差异，前者在市场公开发行，对象不特定，后者则私下发行，主要以与发行人有特定关系的少数投资者为募集对象，如此差异虽对投资人的范围有所影响，但对于特定双方之间的契约关系并无影响；实物债券、凭证式债券和记账式债券的不同在于债券形态的差异，这种外在表现形式的不同仅是债券载体的不同，对发行人与投资人之间的法律关系无所影响；短期、中期、长期债券的分类基于债券不同的偿还期限，此划分主要考虑了发行人偿还债务的日期和债券风险的高低，发行人与债务人之间的债权债务关系不会因此有所不同；至于贴现债券、零息债券和付息债券的区别，则主要是付息方式的差异，这种差异仅仅是债券利息支付方式的不同，并不会改变双方主体之间的具体法律关系。有学者就此指出，形态各异的债券均是债的证明书，是发债主体为满足资金需求向投资者发行且承诺按一定利率支付利息并按约定条件偿还本金的债权债务凭证。[①] 因此，尽管学理上债券的划分标准多种多样，但从债券所记载的权利义务关系来分析，其仍然恪守发行人与投资者之间当为债权债务关系这一根本准绳。这一共同本质的揭示，为打破碎片化的债券发行体制、构建整体统一的债券发行制度奠定了基础。

二、债券发行的制度模式

我国债券市场的发展有着鲜明的政府主导色彩，严格管制与相互割裂的特征时至今日依然存在。这反映在债券发行上，撇开政府债券和金融债券这两种特殊的债券品种，我国在历史上经历过三足鼎立的债券发行制度，对应着三套截然有别的债券发行规则，即以企业债券为代表的审批制、以公司债券为代表的核准制和以非金融企业债务融资工具为代表的注册制。

（一）审批制

企业债券以中央国企为发债主体，所募集的资金主要投向国家重点建设或者基础设施建设，从一开始就受到国家计划管理部门的严格审批。1993 年 8 月，国务院颁布《企业债券管理条例》（2011 年修订），对企业债券市场进行规范，严格企业发债的条件和资金用途。该条例是政府为避免 20 世纪 80 年代末市场中以企业债券为名乱集资的现象重演而制定的严格管制政策，其严格的风险管制体系具体体现在：其一，国家计委（后来的国家发展改革委）上收了企业债券的审批权，从而形成了企业债券由国家计委集中审批管理的格局；其二，发行规模与发行利率受到更加严格的限制，通过对债券市场规模的控制来控制风险；其三，对融资用途也进行了限制，企业发行企业债券所筹资金应当按照审批机关批准的用途，用于本企业的生产经营，不得用于房地产买卖、股票买卖和期货交易等与本企业的生产经营无关的风险性投资；其四，提出强制担保的要求，要求由“国有银行、中央级企业或者国家基金”进行担保。

在 2007 年公司债券兴起之前，企业债券一直是直接融资市场的主角，成为国家整体资金利用计划的一部分。这种路径依赖背景深刻影响了企业债券后来的制度设计和发展轨迹，如在审批制度上实行逐家申报、统一审批，再一次性公布的制度；在发行制度

① 冯果．证券法．武汉：武汉大学出版社，2014：10.

上，由监管机构核定募集资金的用途、核准债券发行的价格和利息，规定债券承销团的组成和确定相应的承销佣金。[①] 当然，随着市场化改革的推进，企业债券发行的行政管制有缓和的趋势，特别是《国家发展改革委关于推进企业债券市场发展、简化发行核准程序有关事项的通知》（已失效）于 2008 年发布后，企业债券发行的审批制逐步向核准制过渡。2020 年 3 月 1 日，在《证券法》（2019 年修订）实施的同时，国家发展改革委发布了《关于企业债券发行实施注册制有关本项的通知》，标志着企业债券发行从此进入了注册制时代。

（二）核准制

公司债券是根据《公司法》和《证券法》规定的法定程序发行、约定在一年以上期限内还本付息的有价证券。在《证券法》2019 年修订之前，我国对公司债券发行采取的是核准制。《证券法》（2014 年修正）第 10 条第 1 款规定："公开发行证券，必须符合法律、行政法规规定的条件，并依法报经国务院证券监督管理机构或者国务院授权的部门核准；未经依法核准，任何单位和个人不得公开发行证券。"与审核制相比，核准制的国家强制色彩有所淡化，但依然无法满足企业的融资需求，于是在实践演化中逐渐向注册制靠拢。2007 年的《公司债券发行试点办法》被 2015 年的《公司债券发行与交易管理办法》（以下简称《债券管理办法》）取代后，公司债券发行的核准制朝着更加灵活的方向发展，具体表现在：扩大债券发行人的范围到所有公司制法人，取消公开发行债券的条件，只保留禁止发债的负面规定；全面建立债券私募制度；取消债券公开发行的保荐制和发审委制度，简化审核流程；区分公开发行为面向公众投资者的和面向合格投资者的两类，完善投资者适当性管理安排；引入"一次核准，分期发行"即储架发行制度等。这些市场化改革举措，便利了公司债券的发行，为其蓬勃发展奠定了法律基础。《证券法》（2019 年修订）第 9 条第 1 款规定："公开发行证券，必须符合法律、行政法规规定的条件，并依法报经国务院证券监督管理机构或者国务院授权的部门注册。未经依法注册，任何单位和个人不得公开发行证券。证券发行注册制的具体范围、实施步骤，由国务院规定。"换言之，公司债券发行的注册制正式确立。

（三）注册制

银行间债券市场于 1997 年 6 月成立后，不断创造符合市场需求的产品，建立符合市场要求的运行机制，改善投资者结构，健全市场基础设施，取得了快速发展。在审批制和核准制之外，中国人民银行在银行间债券市场探索出了债券发行的第三种制度模式——注册制，即非金融企业债务融资工具（以下简称债务融资工具）通过中国银行间市场交易商协会（以下简称交易商协会）注册发行，该协会依据《银行间债券市场非金融企业债务融资工具管理办法》以及中国人民银行的相关规定对债务融资工具的发行和交易实施自律管理。

与核准制相比，债务融资工具发行的注册制无疑进一步契合了市场化改革的要求，更有助于市场主体的自我发展和自我约束，使银行间债券市场后来居上，在发行量、交易量以及托管量等方面远远超过了交易所债券市场。应该说，注册制彰显了债券发行制

① 洪艳蓉．公司债券的多头监管、路径依赖与未来发展框架．证券市场导报，2010（4）：13.

度的发展趋势。

三、债券发行的条件和程序

（一）债券发行的条件

由于债券品种繁多，其发行条件不可同日而语。其中，国债和地方政府债券的发行基本上是政策调控的产物，市场化程度低，未能实现法治化约束。诚如有学者所言：国债是集政府融资和宏观调控于一体的财政工具，以政府信用为担保，这决定了国债的发行和交易不可能走上真正的市场化之路。地方政府债券虽然不带有宏观调控的明显政策意图，但也不纯粹是政府的融资工具，其发行和交易均难以用市场化的逻辑加以解释。[①] 鉴于此，本书以公司债券和中期票据为中心，探究债券发行条件背后的法理与逻辑。

综观企业信用类债券的法律规范，它们多是从积极条件方面对债券发行加以限定。例如，关于公司债券的发行，《证券法》（2019 年修订）第 15 条和第 17 条分别设定了积极条件和消极条件，其中的积极条件包括：（1）具备健全且运行良好的组织机构；（2）最近三年平均可分配利润足以支付公司债券一年的利息；（3）国务院规定的其他条件。消极条件则是指存在下列情形之一的，不得再次公开发行公司债券：（1）对已公开发行的公司债券或者其他债务有违约或者延迟支付本息的事实，仍处于继续状态；（2）违反《证券法》规定，改变公开发行公司债券所募资金的用途。

（二）债券发行的程序

不同类型的企业信用类债券，发行程序不尽相同，但一般都会经历决议程序、债权人利益代表程序、报批程序、公告程序、招募与应募程序、所认购金额的交付与请求程序、债券的发行与交付以及存根的备置程序、主管机关一定情形下的撤销核准程序等。[②] 下面以公司债券为例，对债券发行程序中的几个重要问题予以阐述。

1. 决议程序

发行公司债券是公司的一项重大经营行为，一般应由公司董事会决议，决议的事项包括发行债券的数量、发行方式、债券期限、募集资金的用途、决议的有效期等。发行公司债券，如果对增信机制、偿债保障措施作出安排的，也应当在决议事项中载明。需要说明的是，如果发行的是可转换公司债，可能因涉及公司增资而变更公司章程，超越了董事会决议的事项范围，需要由公司股东大会作出决议。对此，《公司法》第 161 条第 1 款规定：上市公司经股东大会决议可以发行可转换为股票的公司债券，并在公司债券募集办法中规定具体的转换办法。上市公司发行可转换为股票的公司债券，应当报国务院证券监督管理机构核准。

2. 债权人利益代表程序

为了保护公司债券债权人的权益，《债券管理办法》设定了两种组织性保护制度，分别为公司债券受托管理人制度和债券持有人会议制度。公司债券受托管理人是指在公

---

① 李安安．债券市场风险防范机制的范式转型及其法律回应．华中科技大学学报（社会科学版），2019（1）：103．

② 陈界融．证券发行法论．北京：高等教育出版社，2008：141．

司债券发行过程中，受让债券有关财产权利并允诺代债券持有人进行管理、处分的人。《债券管理办法》第58条对债券受托管理人的资格条件进一步细化，并规定了发行人应当在债券受托管理协议、债券募集说明书、信息披露文件中对债券受托管理人履职过程中的利益冲突问题进行披露；第59条明确了受托管理人的职责。2015年6月，中国证券业协会又发布了《公司债券受托管理人执业行为准则》（2022年修订，以下简称《行为准则》），从受托管理人的资格、受托管理人的权利与义务、受托管理人的变更、自律管理等方面对债券受托管理人的执业规则进行了较为全面的规定。所谓债券持有人会议，是指由同次发行的公司债券债权人所组成，就有关公司债券债权人之共同利害关系事项而为决议，其决议对全体同次发行的公司债券债权人均能发生效力的临时法律团体。《债券管理办法》对债券持有人会议的组成、召集、议事规则、决议效力等进行了规定。债券受托管理人制度与债券持有人会议制度均有各自的制度优势，亦存在功能局限，应当合理搭配，形成优势互补。

3. 交易所审核程序

在注册制下，各证券交易所的公司债券发行上市审核程序是基本上相同的。现以上海证券交易所为例，说明公司债券发行上市审核程序。

根据《上海证券交易所公司债券发行上市审核规则》（2022年4月）的规定，公司发行上市审核程序为：

第一步，发行人提交申请。发行人申请公开发行公司债券并上市，应当委托主承销商通过申报系统向交易所提交下列发行上市申请文件：(1) 发行人关于本次公司债券公开发行并上市的申请报告；(2) 本次公司债券的募集说明书、主承销商核查意见、审计报告、法律意见书、资信评级报告（如有）等文件；(3) 交易所要求的其他文件。

发行人、主承销商、证券服务机构在提交发行上市申请文件前，对于重大疑难、无先例等涉及交易所业务规则理解与适用的事项，可以通过电话、电子邮件进行咨询或者预约现场咨询。

第二步，交易所受理。交易所收到发行上市申请文件后，在2个工作日内对申请文件是否齐备和是否符合规定形式要求进行核对。申请文件齐备且符合要求的，交易所予以受理，及时告知发行人、主承销商并在交易所网站公示；申请文件不齐备或者不符合要求的，交易所一次性告知需补正的事项。发行人、主承销商应当及时予以补正，补正时间最长不得超过30个工作日。发行人补正发行上市申请文件的，交易所收到发行上市申请文件的时间以发行人最终提交补正的时间为准。

交易所受理发行上市申请文件后，发行人应当及时在交易所网站预先披露募集说明书、主承销商核查意见、审计报告、法律意见书和资信评级报告（如有）等发行上市申请文件。

交易所受理发行上市申请文件后至证监会作出注册决定前，发行人、主承销商、证券服务机构按照相关规定修改募集说明书、主承销商核查意见、审计报告、法律意见书和资信评级报告（如有）等发行上市申请文件的，应当及时向交易所提交并更新披露。

第三步，交易所审核机构审核。交易所受理发行上市申请文件后，公司债券发行上市审核机构（以下简称审核机构）安排2名审核人员同时进行审核。审核机构根据审核情况，认为需要出具审核问询反馈意见的，应当一次性向发行人、主承销商、证券服务机构提出需要问询的全部重要问题及其答复要求；不需提出审核问询反馈意见的，审核机构出具审核报告并提交审核专家会议（以下简称专家会议）审议。审核机构应当自受理发行上市申请文件之日起10个工作日内，通过主承销商向发行人提出审核问询反馈意见，或者出具审核报告并提交专家会议审议。交易所在审核中，可以根据需要，约见问询发行人、主承销商、证券服务机构及其相关人员等，调阅发行人、主承销商、证券服务机构与发行上市相关的工作底稿等资料。发行人、主承销商、证券服务机构应当按照审核问询反馈意见要求，进行必要的补充调查或者核查，逐项解释说明相关情况，相应补充或者修改发行上市申请文件。

自发行上市申请文件受理至首次审核问询反馈意见发出期间，审核人员不接受发行人、主承销商、证券服务机构就本次公司债券审核事宜来访或者其他形式的沟通。首次审核问询反馈意见发出后，发行人、主承销商和证券服务机构对审核问询反馈意见存在疑问的，可以与交易所审核人员进行沟通；确需当面沟通的，可以向交易所预约，在交易所办公场所进行并有2名以上交易所工作人员同时在场。

第四步，交易所专家会议审议。审核机构收到发行人、主承销商、证券服务机构提交的审核问询反馈意见回复和经修改的发行上市申请文件，认为不需要进一步审核问询的，自收到相关文件之日起5个工作日内出具审核报告并提交专家会议审议。专家会议应当在收到审议申请后5个工作日内召开。每次专家会议由不少于5名审核专家组成，可以采取现场会议、通讯会议等方式进行审议。专家会议对审核机构出具的审核报告和发行上市申请文件进行审议，重点关注审核机构提出的审核意见、审核问询反馈意见及其回复和其他重大问题。

专家会议通过合议形成通过或者不通过的审议意见。交易所审核机构于专家会议形成审议意见后1个工作日内通知发行人和主承销商专家会议的审议意见。专家会议形成通过的审议意见但要求发行人补充披露有关信息的，审核机构告知发行人、主承销商组织落实，发行人、主承销商和证券服务机构应当及时更新披露发行上市申请文件。审核机构对发行人、主承销商、证券服务机构的落实情况予以核对，无须再次召开专家会议审议。因存在尚待核实的重大问题，无法形成审议意见的，专家会议可以暂缓审议。暂缓审议时间不超过1个月，发行人、主承销商、证券服务机构补充或者修改发行上市申请文件的时间不计算在内。对发行人的同一发行上市申请，专家会议只能暂缓审议一次。①

第五步，交易所出具审核意见。交易所结合专家会议审议意见，出具发行人符合发行上市条件和信息披露要求的审核意见或者终止发行上市审核并告知理由。自专家会议形成审议意见且相关要求（如有）已落实之日起10个工作日内，交易所向证监会报送发行人符合发行上市条件和信息披露要求的审核意见，或者向发行人出具终止发行上市审核的文件。交易所审核意见、更新的发行上市申请文件（如有）通过交易所网站披露。

第六步，交易所向证监会报送审核意见。交易所审核通过的，向证监会报送发行人符合发行上市条件和信息披露要求的审核意见、相关审核资料和发行人的发行上市申请

① 关于债券审核专家会议，详见《上海证券交易所公司债券发行上市审核规则适用指引第7号——审核会》。

文件。

4. 证监会注册程序

2020 年 2 月 29 日，国务院办公厅《关于贯彻实施修订后的证券法有关工作的通知》（国办发〔2020〕5 号）规定，依法由证监会负责作出注册决定的公开发行公司债券申请，由证监会指定的证券交易所负责受理、审核。证监会指定的证券交易所等机构按照规定受理、审核公开发行证券申请，主要通过审核问询、回答问题方式开展审核工作，督促发行人完善信息披露内容，并根据审核情况提出同意发行或终止审核的意见。证监会收到有关机构报送的审核意见、发行人注册申请文件及相关审核资料后，履行发行注册程序。

证监会在履行注册程序中，认为存在需要进一步说明或者落实的事项，要求交易所进一步问询的，交易所向发行人、主承销商、证券服务机构提出审核问询反馈意见。证监会认为交易所审核意见依据不充分，退回交易所补充审核的，交易所按照本规则的规定对补充审核的事项重新审核。交易所审核认为发行人符合发行上市条件和信息披露要求的，重新向证监会报送审核意见及相关资料；交易所审核认为发行人不符合发行上市条件或信息披露要求的，终止发行上市审核并告知理由。

公开发行公司债券的申请经证监会注册后，交易所通过申报系统向发行人发送证监会注册文件。

国务院证券监督管理机构对已作出的允许公司债券注册发行的决定，发现不符合法定条件或者法定程序，尚未发行的，应当予以撤销，停止发行；已经发行、尚未上市的，撤销注册发行决定，发行人应当按照发行价并加算银行同期存款利息返还证券持有人；保荐人应当与发行人承担连带责任，但是能够证明自己没有过错的除外；发行人的控股股东、实际控制人有过错的，应当与发行人承担连带责任。

5. 发行程序

发行人在取得证监会注册文件后，即可根据市场情况择机启动公司债券公开发行。启动公司债券公开发行前，应当在交易所网站和符合中国证监会规定条件的媒体披露募集说明书等发行上市申请文件、发行公告等交易所规定的公告文件。公司债券的发行方式包括“网下发行”“网上发行＋网下发行”两种方式。“网下发行”方式是指通过簿记建档或者协议认购的方式向专业投资者销售。“网上发行＋网下发行”方式目前仅适用于公开发行的公司债券（向普通投资者公开发行的公司债券必选，向专业投资者公开发行的公司债券可选），网上发行是指以确定的发行利率或利率区间通过竞价系统以场内挂牌的方式向普通投资者或专业投资者公开销售。

延伸阅读

公司债券审核重点关注事项

交易所在发行上市审核中，对发行条件具体审核标准等涉及证监会部门规章及规范性文件理解和适用的重大疑难问题、重大无先例情况以及其他需要证监会决定的事项，将及时请示证监会。

交易所对公司债券公开发行上市条件的审核，重点关注下列事项：（1）是否符合《证券法》、国务院办公厅《关于贯彻实施修订后的证券法有关工作的通知》和《债券管理办法》规定的公司债券发行条件；（2）是否符合《上海证券交易所公司债券上市规则》规定的上市条件；（3）主承销商和证券服务机构出具的专业意见是否就发行人符合相关发行上市条件发表明确意见，且具备充分的理由和依据。

交易所对发行上市申请文件信息披露的审核，重点关注下列事项：（1）发行上市申请文件的内容与格式是否符合证监会和交易所的相关规定；（2）发行上市申请文件是否充分披露对投资者作出价值判断和投资决策所必需的信息，特别是影响发行人偿付能力的重大事项和保护投资者权益的重要措施的信息；（3）发行上市申请文件前后、各项发行上市申请文件之间、本次发行上市申请文件与发行人之前证券信息披露文件之间的重要信息披露内容是否一致或者差异内容的合理性；（4）发行上市申请文件披露的内容是否简明清晰、通俗易懂、重点突出、针对性强，便于投资者阅读、理解并作出价值判断；（5）特定债券品种的发行上市申请文件，是否在相关债券要素及其实施安排等方面作出与该品种相适应的信息披露；（6）主承销商和证券服务机构出具的文件是否就发行人的重要信息披露发表明确意见，且具备充分的理由和依据。

发行人最近3年内已公开发行公司债券并再次申报的，交易所重点对发行人是否符合发行上市条件、募集说明书等发行上市申请文件中最近一次公开发行债券以来下列生产经营和财务状况等发生重大变化的信息披露内容进行审核：（1）发生可能对公司债券发行上市条件或者对投资者作出价值判断和投资决策有影响的重大事项；（2）主要财务数据或者指标发生重大变化，可能影响发行人偿付能力；（3）发生影响偿付能力的其他重大事项；（4）交易所认为需要审核的其他重大变化。

第四节　资产证券化法律制度

借助资产证券化（Asset Securitization）技术，未来可产生稳定现金流但流动性欠佳的资产，能够被转化成可流通的证券销售给投资者，融通资金，供人们循环使用。这项金融工具于20世纪70年代诞生于美国，因开创了利用资产信用融资的新途径而备受资本市场青睐。在经历2008年金融危机之后，我国的资产证券化市场重启，并在短期内获得蓬勃发展。尽管人们常说证券化的边界只受想象力限制，但作为一项高端而复杂的金融工具，资产证券化需要遵从资产信用融资的本质属性，并通过构建适当的法律制度明确参与方的权利、义务，如此才能形成一个可执行的证券化融资结构和发展一个安全、稳健而生机勃勃的证券化市场。

一、资产证券化概述

（一）资产证券化的含义

所谓资产证券化，通常是指发起人（主要指原始权益人）将缺乏流动性但能在未来产生可预见的稳定现金流的基础资产，出售给特殊目的载体（Special Purpose Vehicle，SPV），由其通过一定的结构安排，分离和重组资产的收益与风险并增强资产的信用，转化成主要由基础资产产生的现金流担保本息偿付的资产支持证券（Asset-backed Securities，ABS），销售给资本市场上的投资者。[①] 在这一过程中，SPV 以证券销售收入偿付发起人的资产销售价款，以资产产生的现金流偿付投资者的证券权益。

相比传统上基于主体信用的融资方式（例如银行贷款、股票融资、债券融资），资产证券化作为一种融资工具，其关注点在于能够产生现金流的基础资产，它被认为“是用更高级的关于特定资产预期财务表现的知识，并辅以结构设计使融资更有效率”[②] 的金融创新。

（二）资产证券化的主要特点

1. 资产证券化是一种资产信用融资

资产证券化是一种基于资产信用的融资方式，创造了有别于银行信用、商业主体信用的资产信用融资新途径，因而被誉为“点金术”。基于资产信用，拥有优质的可产生预期现金流资产的筹资者，能够摆脱自身信用不佳或者缺乏担保品的困境，利用证券化技术融通资金，提高资产的运用效益。

ABS 权益偿付的来源主要是基础资产及其产生的现金流，信用评级机构也主要根据证券化资产的质量和交易结构的安全性予以评级，从而将风险锁定于客观、稳定、可靠的资产信用之上而与发行人的信用无涉。这可以减轻投资者的监督成本，也能免除发起人的风险负担，投资者的追索权止步于基础资产及其信用增级措施。

在证券化条件下，投资者主要根据由基础资产担保决定的 ABS 的信用等级作出投资决策，筹资者与投资者之间不存在银行这一金融中介，实现了直接接触。这属于一种直接融资，能够更好地满足投资需求并提高资源配置效率。

2. 资产证券化是一种结构性融资（Structure Finance）

资产证券化的结构性，一方面体现在产品的结构性上。首先，证券化创造一个具有“破产隔离”（Bankruptcy Remoteness）功能的 SPV，将拟证券化资产通过“真实销售”（True Sale）的方式转移给 SPV，实现资产偿付能力与发起人破产风险的隔离，构造专用于偿付投资者本息的证券化“资产池”，奠定资产信用融资的物质基础。其次，在证券化过程中，发行人对基础资产进行收益和风险的分离与重组等“深加工”，并根据需要引入信用增级（Credit Enhancement）措施，在不改变资产总量的条件下达到分散风险和提高资产信用的效果。最后，发行人常常利用证券化现金流设计多样化的证券类型（例如常见的优先/次级证券）以满足不同投资需求，更利用次级证券（作为对价，投资者可获得证券化剩余权益）为优先证券提供吸收风险的安全垫，一举多得。

资产证券化的结构性另一方面体现在主体的结构性，也即证券化参与主体的精细化和专业化分工上。以银行贷款为例：证券化分解了银行在储蓄转化为投资的链条中作为

① 洪艳蓉．资产证券化法律问题研究．北京：北京大学出版社，2004：6-7.

② Jason H. P. Kravitt, “Introduction”, in Theodor Baums & Eddy Wymeersch ed., *Asset-backed Securitization in Europe*, Kluwer Law International Ltd., 1996, p. 1.

信用中介的传统角色，将银行一手承担的吸收存款、发放贷款、持有贷款和负责贷款本息回收的业务，分解成证券化市场上由众多参与者分别承担的活动（例如有的负责收集贷款，有的负责贷款风险管理，有的负责回收贷款，有的负责承销证券等），把传统的由“借款人——金融中介机构——储蓄人”组成的信用链条，延长为一个由储蓄人、借款人、中介机构、保险机构、投资机构和众多中小投资者组成的更长的信用链，带来竞争之下更低廉的服务价格和更专业的服务质量，加快金融深化。但由于融资链条拉长及主体增多，主体之间的信息不对称和可能产生的道德风险、利益冲突也随之增强，需要更有针对性的法律制度予以规制，防范风险。

3. 资产证券化是一种可以取得表外融资（Off-balance Sheet Financing）效果的融资

尽管为保护投资者的利益，证券化基础资产要与发起人自身资产相隔离，但出于法律或者税收等方面的考虑，基础资产通过一定的结构安排，可以移出，也可以保留在发起人的资产负债表上。如果发起人将基础资产转移给 SPV 且能满足一国会计准则规定的“真实销售”条件，那么可以从资产负债表中剔除该资产并确认收益和损失；反之则不能出表，应根据所保留的风险和报酬等情况，确认有关负债，此时证券化更多地被看作是“担保融资”。

在出表的情况下，发起人因出售资产取得的现金收入，反映在其资产负债表的左边（“资产”栏目）。这既不同于向银行贷款、发行债券等债权性融资，反映在资产负债表的右上角（“负债”栏目）；也不同于发行新股、配股等股权性融资，反映在资产负债表的右下角（“所有者权益”栏目），没有增加发起人资产负债表的规模，具有非负债型融资的优势。而且，由于 ABS 投资者只对已售出的资产享有权益，对发起人在特定的情况下才享有有限的追索权，甚至没有追索权，故资产证券化具有非产权融资的优势。

（三）参与主体、融资结构与操作流程

1. 参与主体与融资结构

资产证券化具有精巧的结构。从法学角度看，证券化过程由一系列合同法律行为推动，参与主体通过与 SPV 签订各种合同，奠定其在证券化交易中的地位并明确彼此之间的权利义务，故可以说证券化是一个以 SPV 为中心、稳定而复杂的法律关系组合。通常，一个完整的资产证券化融资结构如图 2-2 所示。

除了基础资产的原始债务人，以及资本市场常规的律师事务所、会计师事务所、信用评级机构，参与证券化的主体还有以下几类。

(1) 发起人。

发起人是指出售资产用于证券化的人。这可以是资产的原始权益人，例如贷款银行、租赁公司，也可以是从原始权益人处购买资产组成一个资产池并再次进行出售的人，例如资产管理公司。目前，国内的发起人大多是资产的原始权益人。通常，发起人要保证拟证券化资产的真实、有效，并对资产拥有合法的权利。

(2) 发行人（SPV）。

发行人是指从发起人处购买资产，借以发行 ABS 的人，一般由 SPV 充任。通常 SPV 应以“真实销售”的方式从发起人处购入资产，且本身应构建成“破产隔离”载

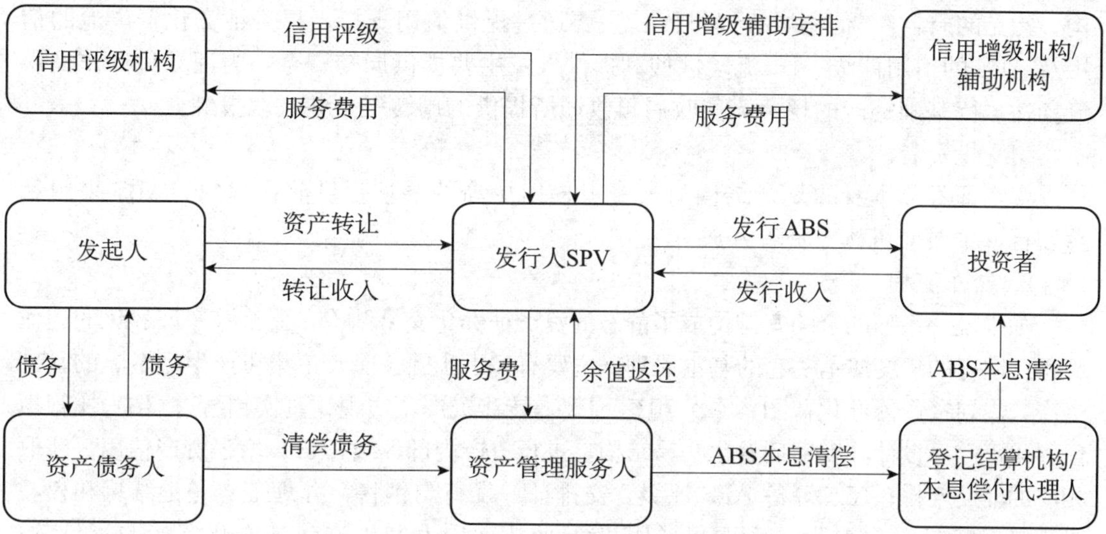

图 2-2　资产证券化融资结构

体（Bankruptcy-remote Entity）。SPV 可以采取公司、信托和合伙等多种形式。目前国内法律制度限制，主要采用信托模式或者资产支持专项计划模式，且因其不具有独立的法律地位而由信托受托人或计划管理人充当 ABS 名义上的发行人。

（3）服务人。

服务人是指在证券化操作中提供特定服务并获取相应服务报酬或提取服务费用的人，主要有以下几类。

1）资产管理服务人，主要负责资产的日常管理，定期收取资产产生的现金流，在必要的情况下采取强制措施追讨资产收益，同时向被服务人提供资产管理定期报告并接受其审核。考虑到发起人（原始权益人）对资产的熟悉程度或者本身需要（例如银行为维护客户关系等），通常由发起人担任资产管理服务人，但也可以聘请专业资产管理人进行管理。

2）资产托管服务人，主要负责开立专门账户，安全保管证券化资产及其产生的现金流，按照合同约定划付资金并监督发行人的运作。通常由具有资格的商业银行提供托管服务。

3）证券发行承销人，主要负责 ABS 发行时的销售，以建立发行人和投资者的有效联系。在国内，通常由 ABS 名义上的发行人——信托公司或者证券公司自己进行销售，也可以邀请其他具有良好销售网络的合规机构，例如商业银行、证券公司、基金公司等作为承销机构，共同销售。

4）证券登记结算服务人，主要负责 ABS 的登记、存管、清收与结算。目前国内主要由中国证券登记结算有限责任公司、中央国债登记结算有限责任公司、银行间市场清算所股份有限公司（简称上海清算所）等提供这一服务。

5）证券权益偿付代理人，主要负责按合同约定向投资者偿付 ABS 的本息。在国内为操作便利，通常由登记结算服务人担当此职。

6）资产风险管理提供人，主要是指提供风险管理措施，以应对证券化资产信用风险，或者平缓基础资产所生现金流与 ABS 本息偿付周期不匹配等情形，缓释风险的机构。常见的有：A. 信用增级提供人：主要通过提供信用支持，提升证券化资产池的信用及 ABS 的信用评级。B. 流动性便利提供人：主要提供周转资金，为证券化操作提供流动性，待基础资产的现金流回收后再收回所提供的周转资金并收取报酬。

（4）投资者。

资产证券化本身的复杂结构对投资者提出更高的要求。目前在国内，ABS 采用私募发行，主要向机构投资者开放。

2. 操作流程

如果说一系列的合同安排构成了静态的资产证券化交易结构，那么资产证券化的运作流程从动态的角度演示了它的基本原理。主要有如下步骤：（1）汇集可产生现金流的基础资产，规划资产证券化蓝图；（2）组建 SPV，转让资产，实现“真实销售”；（3）托管拟证券化资产，设计并完善证券化交易结构，进行资产内部评级；（4）增强资产信用，获取相应的辅助安排；（5）筹备 ABS 评级，安排证券发行与销售，办理证券登记结算和权益代理偿付事宜；（6）发行人取得 ABS 发行收入，向发起人支付证券化资产购买价款；（7）资产管理服务人根据约定管理证券化资产，到期偿付 ABS 投资本息；（8）支付各类服务机构的费用，按约定处理并分配证券化资产的收益余值。

（四）资产证券化的发展历史与国内的实践

1. 域外资产证券化的发展历程

资产证券化于 20 世纪 70 年代初在美国发源，最初被用于有政府信用支持的住房抵押贷款并取得巨大成功。之后可证券化的资产类型逐渐拓展到其他贷款和应收账款，常见的有商业不动产抵押贷款、汽车销售贷款等消费贷款、设备租赁应收账款、商业销售应收账款等，后续包括不良资产、保险单、知识产权等可产生预期现金流的各类资产。资产支持证券市场已成为美国固定收益市场的重要组成部分。美国市场之所以成功，除先进的计算机处理系统为证券化数据处理提供了技术支持，发达的资本市场为 ABS 的发行和流通提供了有利条件，以及强劲的联邦政府信用为证券化的最初启动提供了信用支持外，一个重要因素是美国具有较为完备且灵活的法律制度，包括但不限于《1933 年证券法》《1934 年证券交易法》等联邦证券法。

受到美国资产证券化成功经验的影响，欧洲的英国、法国、德国、意大利、荷兰、西班牙、葡萄牙、瑞典、瑞士、芬兰等国都开展了资产证券化实践，特别是通过专门立法推进资产证券化在本国的发展。亚洲的资产证券化进程，主要是在 1997 年亚洲金融危机之后，一些国家和地区希望借鉴美国利用资产证券化批量处置不良资产的成功做法，处置辖区内的不良资产。日本、韩国、印度尼西亚以及我国的香港、台湾地区等都进行了有益的尝试，后续逐步开辟了类型丰富的资产证券化市场，并大多制定了证券化相关规则。

因以向低收入人群发放的次级贷款作为证券化对象并多次进行证券化，最终因借款人无法还款而引爆 2008 年美国次贷危机，资产证券化技术一度在美国及主要资本市场国家遭遇信任危机。2010 年，美国通过《多德-弗兰克华尔街改革和消费者保护法》，并采取了一系列有效措施，包括改进资产证券化的信息披露、利益冲突约束，以及要求发起人进行一定比例的证券化风险自留（Risk Retention）等。[①] 欧亚地区等也纷纷效仿并强化了对资产证券化的监管。此后，资产证券化得以在更安全和稳固的基础上在境外资本市场重启，并再次成为市场青睐的融资工具。

2. 国内资产证券化的发展历程

我国早在20世纪90年代初就开始了资产证券化的探索，但囿于资本市场和法律制度等的不完善，一些具有实力的企业转而先用海外成熟的法律制度进行离岸证券化操作，例如，1996年8月珠海市通过设在开曼群岛的SPV完成2亿美元的机动车辆管理费证券化，1997年4月中国远洋运输总公司北美分公司完成3亿美元的航运收入证券化。

1997年亚洲金融危机之后，我国华融、信达等四家资产管理公司的业务经营范围中写入了“资产证券化”，但因配套法制的欠缺迟迟未能催生国内证券化实践。2001年10月《信托法》实施。华融资产管理公司于2003年6月利用“信托财产独立性”原理将132.5亿元不良资产设立信托，发行了10亿元的优先级信托受益权。这被称为国内最接近资产证券化的操作。但因所发行的信托受益权不具有证券属性，只能依合同法和信托法向投资者转让，加上有关信托的会计、税收等方面的处理规范付之阙如，这一操作模式无法被推广。

随着2004年国务院《关于推进资本市场改革开放和稳定发展的若干意见》（国发〔2004〕3号）（已失效）首次提出“积极探索并开发资产证券化品种”，我国开始由政府推动证券化立法和实践，之后形成证监会主导的企业资产证券化操作模式和中国人民银行、中国银行业监督管理委员会（以下简称银监会，2018年合并为银保监会，现为“国家金融监督管理总局”）主导的信贷资产证券化操作模式。他们都制定了相关规定，在所辖领域内进行试点。[②] 但受制于核准制等诸多因素，市场规模发展缓慢，更因受到2008年美国次贷危机和国内资本市场形势影响而一度停顿。

2012年我国重启资产证券化市场并迎来有利的发展环境。证监会根据2014年发布的《证券公司及基金管理公司子公司资产证券化业务管理规定》，拓展了可证券化的基础资产类型和发行人范围，授权中国证券投资基金业协会采用备案制管理企业资产证券化。在信贷资产证券化方面，中国人民银行、银保监会也开始采用备案制管理资产证券化，在引入美国的证券化风险自留措施的同时强化了证券化的信息披露要求，并不断扩大证券化产品的投资者范围。这些举措有力地推动了我国资产证券化业务的快速发展。此外，中国银行间市场交易商协会于2012年推出被称为“资产支持票据”的证券化操作模式，中国保险监督管理委员会于2015年推出资产支持计划业务，上海票据交易所股份有限公司于2019年创设了标准化票据等。短短几年间，我国资产证券化市场从原来多年不足1 000万元的规模，发展到截至2022年11月底的近4.7万亿元的存量规模。可见，资产证券化在我国正在走向常规化并日益受到市场的重视。

---

① 洪艳蓉．重启资产证券化市场与金融监管：兼谈我国的制度改革．证券法苑，2012（1）.

② 例如，2005年8月，证监会推出的第一个企业证券化试点项目——“中国联通CDMA网络租赁费收益权计划”；2005年，中国人民银行和银监会推出的国家开发银行的“2005第一期开元信贷资产支持证券”和中国建设银行的“建元2005-1个人住房抵押贷款支持证券”。

3. 目前国内三种主要的资产证券化模式及其立法

受到我国金融体制的影响，我国的资产证券化业务从一开始就在不同监管机构主导下由不同金融机构分别进行试点。与此相适应，主要形成了三种资产证券化操作模式和立法。

一是证监会主导的企业资产证券化模式，主要适用《证券公司及基金管理公司子公司资产证券化业务管理规定》，由中国证券投资基金业协会进行备案管理，采用资产支持专项计划作为SPV。其基础资产范围包括企业资产、信贷资产，且不属于负面清单的范畴；发行人范围主要包括证券公司、基金管理公司子公司，以及2019年之后获得企业资产证券化计划管理人试点资格的信托公司，交易场所主要包括证券交易所以及证监会认可的其他证券交易场所。

二是中国人民银行、国家金融监督管理总局主导的信贷资产证券化模式，主要适用《信贷资产证券化试点管理办法》《金融机构信贷资产证券化试点监督管理办法》等，目前同样施行备案登记管理证券化操作，采用信托作为SPV。其基础资产范围一般限于信贷资产，发起人主要是商业银行、小贷公司、金融租赁公司等金融机构，且要求5%的风险自留，交易场所为银行间债券市场。

三是在中国人民银行领导下，由中国银行间市场交易商协会主导的资产支持票据（Asset-backed Note，ABN）模式，以前主要适用《银行间债券市场非金融企业资产支持票据指引》（2017年版），2023年9月1日起主要适用2023年制定的取代前者的《银行间债券市场企业资产证券化业务规则》以及《银行间债券市场企业资产证券化业务信息披露指引》等。采用注册制管理ABN的发行，倡导各方参与者通过自律或者合同安排处理证券化问题，强制性规定不多且相对简单。采用信托或其他特定目的载体作为SPV，也可以由发起人充当发行人。其基础资产范围包括公共事业收费权、保障房住房租金收入等，发起人主要为非金融企业，交易场所为银行间债券市场。

二、资产证券化的基本法律原理

相比传统融资方式，资本证券化的创新之处在于通过精巧的结构设计，剥离原始权益人可产生预期现金流的基础资产，使之实现与原始权益人的“风险隔离”（risk remoteness），并以该资产为融资基础，发行证券融通资金。从法律角度看，这种融资操作其实复合了多项法律制度的优势：在汇集拟证券化的基础资产，并对它进行风险和重组的阶段，主要运用了确定资产权属和各方权利义务的债权制度；在对拟证券化的基础资产进行“风险隔离”，以便倚重其资产信用偿付投资者本息的阶段，主要运用了信托法律制度或者债权转让制度及破产制度；在对拟证券化的基础资产进行信用增级，以提升资产池整体信用的阶段，主要运用了担保法律制度；在以证券化资产池为融资基础，发行ABS进行筹资的阶段，主要运用了证券法律制度。下面以资产证券化操作阶段为序，分析这几项法律原理及制度在其中的运用。

（一）可证券化的资产（基础资产）类型

根据资产证券化原理，基础资产的信用构成了融资的基础并以此为限对投资者偿付证券本息，因此，经济效用上能够于未来产生可预期现金流的资产，理论上都可以充当证券化的基础资产。但更重要的是要确保基础资产合法合规、权属明确、可特定化和可转让，没有担保或者其他权利负担并能够有效地对抗第三人，以免存在法律瑕疵最终导致证券化失败。

从法律视角来看，可证券化的资产应具备如下共性：(1) 资产基于真实有效的交易而产生，权属明确，不存在权属纠纷，不涉及未决诉讼或者仲裁等争议。(2) 可特定化并具有相对的独立性，能够通过合法途径区隔于原始权益人和其他证券化操作参与方的资产，使之产生的现金流专门用于偿付证券化产品的权益。(3) 拟证券化的资产具有同质性，在权利属性、权利义务结构等核心要素上具有一致性或相似性，以便利操作，降低证券化的成本。但在要求同质性的基础上还应要求资产具有适当的风险分散度，以免风险过度集中造成系统性损失。(4) 具有可转让性，不属于法律法规的强制性规定限制进行转让或者处分的对象。当基础资产是合同债权类资产时，应遵守《民法典》第545条关于禁止转让的债权的规定，也即：根据债权性质不得转让；按照当事人约定不得转让；依照法律规定不得转让。当事人约定非金钱债权不得转让的，不得对抗善意第三人。当事人约定金钱债权不得转让的，不得对抗第三人。拟证券化的资产应当不属于上述第一、三种禁止转让的债权类型，如此才能实现证券化操作并在出现风险时通过处分基础资产来保护投资者的合法权益。如果是属于第二种中的当事人约定不得转让的金钱债权，基于《民法典》第545条第2款的规定，事实上可以进行转让，受让该金融债权的SPV管理人也可以向债务人主张债权，这无疑扩大了可证券化基础资产的范围，值得注意。(5) 不存在权利负担。在基础资产上没有附带抵押、质押等担保负担或者其他权利限制，或者这些负担可以在启动证券化时有效解除，以保证基础资产产生的现金流始终优先、专门用于偿付投资者所享有的权益。

基础资产的形态，既可以是财产，也可以是财产权利；既可以是单项财产或者财产权利，也可以是多项财产权利或者财产构成的资产组合。为防控风险，证监会要求拟证券化的资产不应属于中国证券投资基金业协会制定的《资产证券化业务基础资产负面清单指引》列举的情况。[①] 同时，监管机构要求资产证券化产品结构要简单明晰，禁止进行再证券化、合成证券化产品试点，以免发生类似美国2008年次贷危机的风险。

（二）证券化资产“风险隔离”的法律问题

“风险隔离”之所以必要且在整个证券化过程中占据核心地位，原因在于证券化本质上是一项以基础资产的信用为融资基础，主要以基础资产产生的现金流偿付ABS本息，具有自我清偿（self-liquidating）属性的融资工具。只有将基础资产产生的现金流通过“真实销售”的方式与发起人的破产风险相隔离，并且确保持有这些资产及其现金流的SPV本身是一个免于自身破产风险影响的“破产隔离”载体，才能实现证券化的资产信用融资功能。

① 例如，以地方政府为直接或间接债务人的基础资产；以地方融资平台公司为债务人的基础资产；矿产资源开采收益权、土地出让收益权等产生现金流的能力具有较大不确定性的资产；因空置等原因不能产生稳定现金流的不动产租金债权等与不动产相关的基础资产；不能直接产生现金流、仅依托处置资产才能产生现金流的基础资产，如提单、产权证书等；法律界定及业务形态属于不同类型且缺乏相关性的资产组合等。

1. SPV 作为“破产隔离”载体及其形式选择

所谓“破产隔离”载体，是指 SPV 可以避免受到其本身破产和发起人破产的有害影响，从而确保 SPV 借以发行 ABS 的资产不会成为破产财产，以为投资者提供充分保护。这一方面要求 SPV 自身避免破产风险，例如限制其主动申请破产的权利，以及限制其从事证券化以外的业务，以免因资不抵债被债权人申请破产；另一方面要求与发起人的破产风险相隔离，避免被视为发起人的从属机构，在发起人破产时被实体合并（substantive consolidation）到破产程序中视为同一个企业进行处理，从而破坏资产“真实销售”的法律效果。

从海外的证券化操作实践来看，SPV 可以采用公司、信托、合伙等形式。由于我国《公司法》《证券法》没有为专用于证券化的公司型 SPV 预留空间，因而目前这一法律形式的 SPV 未得到应用；2006 年修订的《合伙企业法》规定了有限合伙企业这种新的合伙形式，在某种程度上提供了将合伙形式运用于证券化的可能性。

目前，企业资产证券化模式下的“破产隔离”载体是《证券公司及基金管理公司子公司资产证券化业务管理规定》第 4 条规定的以资产支持专项计划形式出现的 SPV。该规定第 5 条明确规定和强调了专项计划资产独立于原始权益人、管理人、托管人及其他业务参与人的固有财产。在该模式下，具有资产管理业务资格的证券公司、基金管理公司子公司、证监会认可的信托公司发起设立资产支持专项计划并充当计划管理人，向投资者发售 ABS，取得相应的募集资金。之后，计划管理人使用募集资金向原始权益人购买基础资产并进行管理。原始权益人获得转让基础资产的对价，完成证券化融资。投资者通过持有 ABS，分享资产支持专项计划产生的收益，实现投资目的。

信贷资产证券化模式下的“破产隔离”载体是以信托形式建立的 SPV，也称为特定目的信托（Special Purpose Trust，SPT）。其主要利用了《信托法》关于“信托财产独立性”的规定。在这一信托关系中，委托人为银行业金融机构这一原始权益人（发起人），受托人为管理 SPT 的信托公司（受托人）；发起人将信贷资产作为基础资产委托给信托公司之后，基础资产就成为具有信托性质的财产，独立于委托人、受托人和其他各方的资产，其所产生的现金流将专门用于偿付投资者的本息；受益人为特定目的信托受益权的持有人，也即 ABS 的投资者。

资产支持票据模式可以采用由发起人（原始权益人）充当发行人，通过对基础资产设定权利质押的方式[①]（表内融资，资产仍保留在发起人的资产负债表上）来确保 ABS 投资者对这部分资产的优先权益，也可以采用类似信贷资产证券化模式下设立 SPT 的操作来完成证券化融资过程。

2. 资产“真实销售”的法律问题

所谓“真实销售”，是指各方当事人在合同中明确表示交易性质为资产（债权）销售，且与该资产（债权）相关的所有权益和风险全部按照公允价格转让给受让人的行为。资产信托和资产让与（assignment）是资产证券化中最常见的两种“真实销售”的

---

① 《民法典》第 440 条、第 445 条以及中国人民银行制定的《动产和权利担保统一登记办法》为这种操作提供了法律依据和实现机制。

实现方式。资产支持票据如采用表内操作模式，一般通过设置应收账款质押进行“风险隔离”。在这种法律安排下，基础资产仍保留在原始权益人的资产负债表内，实质上不存在基础资产“真实销售”的问题。

(1) 企业资产证券化模式下资产“真实销售”的实现。

该模式下主要通过基础资产的转让即资产支持专项计划向原始权益人购买基础资产的方式实现“真实销售”。需要注意的是，在基础资产为不同类型的财产或财产权利（例如既存的合同债权或者将来债权或资产权利）时，其方式可能有所不同。

是否构成一项有效的让与，一般要：1）审查资产生成的基础合同，以确保当中没有限制债权资产转让的条款。2）判断资产的性质，确定其是否属于法律允许让与的客体。我国《民法典》第440条允许将有的应收账款设定权利质押、第761条允许将有的应收账款进行转让，明确了将来债权转让的合法性，但这种让与何时生效，以及对当事人双方权责的约束如何，还需要更多探讨。3）考察让与应当遵循的法律手续和通知要求，以确保让与的法律效力和抗辩权。此外，监管机构要求资产在让与时应没有附带抵押、质押等担保负担，但即使有此类负担，如果可以在启动证券化后的一定时间内有效解除，则该转让也是允许的。

(2) 信贷资产证券化模式下资产“真实销售”的实现。

该模式下将信贷资产设立有效信托的过程就是基础资产实现“真实销售”的过程。根据我国《信托法》第7条、第8条及第10条等的规定，设立一个有效的信托，必须：1）有确定的信托财产，且该信托财产必须为委托人合法所有；2）具有合法的信托目的，委托人与受托人达成意思一致；3）采用书面形式；4）有关法律法规规定应当办理登记手续的，应当依法办理信托登记。而且，根据《信托法》第11条，有下列情形之一的，信托无效：1）信托目的违反法律、行政法规或者损害社会公共利益；2）信托财产不能确定；3）委托人以非法财产或者该法规定不得设立信托的财产设立信托；4）专以诉讼或者讨债为目的设立信托；5）受益人或者受益人范围不能确定；6）法律、行政法规规定的其他情形。

实践中我国信托登记基础设施不完备，尚无专门的针对财产设立信托进行登记的全国性信托登记机构，更没有相应的信托登记的统一操作规范。银行业金融机构将相关信贷资产设立信托时，涉及资产转移的，在法律未明确信托设立登记程序的情况下，通常将信贷资产登记到管理SPT的信托公司名下，并参照《民法典》中关于债权转让的做法，对原始债务人在必要情况下①进行通知，以更好地保障特定目的的信托的权益，维护投资者的利益。

此外，在拟证券化资产的“真实销售”过程中，还需要注意基础资产所附从权利的转让问题。根据《物权法》（已失效）和《担保法》（已失效）的规定，当主权利转移时，从权利随同转移，但从权利专属于原始权益人自身或者合同事先有约定的除外。未及时办理担保权变更手续不消灭担保权，但影响SPV对第三人的抗辩权。②《民法典》

① 为节约成本及提高操作效率，证券化操作中通常不采用事先通知原始债务人的做法，而在发生约定的通知事件时再以所谓“权利完善”的形式通知原始债务人。

② 最高人民法院（2015）民申字第2040号民事裁定书。

第 407 条等承继了《物权法》《担保法》的相关内容。如果基础资产是债权，《民法典》第 547 条第 1 款承继了已失效的《合同法》第 81 条的内容，规定“债权人转让债权的，受让人取得与债权有关的从权利，但是该从权利专属于债权人自身的除外”，更在第 2 款补充规定“受让人取得从权利不因该从权利未办理转移登记手续或者未转移占有而受到影响”，保障了受让人的利益，有助于资产证券化操作的高效开展。

3. 影响资产“风险隔离”的法律效果的主要因素

在资产证券化操作过程中，可能因某些因素或者基于一些融资需要的设计，上述“风险隔离”不被认为真实转移了原始权益人对基础资产的所有权，其仍被保留在原始权益人的资产负债表中，证券化被视为一种担保融资，该等资产在原始权益人破产时仍有可能被纳入破产财产，从而损害 ABS 投资者的利益。因而，需要审慎处理这些影响因素，降低资产证券化操作失败的风险。这些影响因素主要有以下几种。

（1）如果拟证券化基础资产低价转让或原始权益人在转让资产时为证券化提供超额担保，那么可能违反《企业破产法》第 31 条、第 37 条的规定，低价转让或被超额担保的资产可能被认为未实现“真实销售”。

（2）如果原始权益人对基础资产在转让之后仍然承担非瑕疵担保责任项下的资产替换、回购或损失补偿义务，那么证券化操作可能被认为是一项担保融资，而不是真正出售资产并获得相应的对价。

（3）如果原始权益人担任证券化资产管理服务人，不仅未按正常的商业服务标准行事，而且未对基础资产采取分账管理等隔离措施，那么可能发生基础资产的现金流与原始权益人的资产混同的风险，严重的还会被认为原始权益人没有放弃对基础资产的控制，或者对基础资产产生的现金流不足负有补充责任，从而落空基础资产“真实销售”的目的。

（4）如果原始权益人保留过多的证券化项目剩余权益或者持有大比例的风险自留份额（目前监管规则要求至少 5%），那么可能超越了上述举措“利益共享、风险共担”的制度初衷，反而需要根据原始权益人在交易中享有收益和承担风险的实质来判断是否真正实现了资产的“真实销售”。

（三）证券化资产的风险、收益重组与信用增级

所谓信用增级，是指在资产证券化交易结构中通过合同安排提供的信用保护。信用增级机构依约承诺相应的义务和责任，向资产证券化交易的投资者提供一定程度的信用保护，承担资产证券化业务活动中可能产生的信用风险。实践中，应注意区分资产证券化采取的措施在性质上是一种对冲信用风险的真正意义上的信用增级，还是只是为弥补资产证券化操作中基础资产所生现金流与 ABS 本息偿付周期不匹配而提供的流动性便利支持，以免对投资者的权益保护产生不良影响。

信用增级可以采用内部信用增级和/或外部信用增级。内部信用增级可以采取超额担保（over-collateralisation）、资产支持证券优先/次级分层结构、现金质押账户、差额补足、回购义务和设置利差账户（spread account）等方式。外部信用增级可以采取由担保公司提供担保、商业银行开具保函，或者购买中债信用增进投资公司推出的信用风险缓释工具（CRM）、证券交易所推出的信用保护合约/凭证、商业保险等方式。以下

择要介绍。

（1）优先/次级证券分层。在这种分级方法之下，由基础资产的现金流担保发行的ABS被分成优先级和次级两类，只有在优先级证券的本金和利息被偿付完毕之后次级证券的本息才能得到偿付，这实际上是用次级证券为优先级证券提供了信用担保。在现金流的偿付顺序上作优先/劣后的区分，在法律上是允许的，也是可操作的。应注意的是，次级证券对优先级证券的担保作用的大小，一方面取决于二者之间的比例，另一方面取决于现金流偿付顺序的合理规定。因此，在证券化结构中设计这一安排时，必须充分考虑这两方面的因素并将其可能产生的实际效果如实向投资者披露，否则很容易引起投资者误解，认为次级证券可能对全部损失进行兜底、优先级证券不仅保本还能保收益，从而发生投资纠纷。

（2）现金流账户措施，包括超额担保和利差账户等。前者是利用基础资产超过ABS账面总值的差额作为证券化的担保；后者是利用基础资产所生现金流与ABS本息偿付之间的差额作为证券化的担保。这类现金流账户的所有权归谁所有，在什么情况下才能启动，以及用于偿付的顺序如何，都可能会对其提供的信用增级效果产生影响，因此应在证券化文件中予以明确规定并进行信息披露与风险揭示。

（3）原始权益人的母公司/上市公司/其他第三方提供的信用增级。实务中，企业资产证券化产品的增级措施往往由原始权益人的母公司、与之关联的上市公司或者其他第三方提供担保，以达到外部信用增级的效果。母公司担保一般是无偿的，无须支付额外费用。但与差额补足义务不同，母公司担保一般会设立担保的上限。为确保该项担保措施的合法有效性，还应注意，公司尤其是上市公司对外提供担保是否符合《公司法》第16条关于公司对外提供担保的法定要求。

在企业资产证券化操作中，通过母公司为原始权益人提供担保来实现外部信用增级，往往是因为基础资产的信用以及原始权益人的自身信用均未达到一个优良的水平。这实际上是将资产信用转变为商业信用、利用商业信用发债的过程，可能在某种程度上背离了证券化之资产信用融资的本质，需要予以注意。

（四）资产支持证券的发行交易与信息披露

资产证券化的创新之处是实现了流动性不足的资产的流动化，其成功转换借用了证券这种高流动性的金融工具。从海外经验来看，大都确认以基础资产为信用基础发行的证券化产品是证券法规定的一类证券，因而可以充分利用关于证券发行、交易及信息披露的一系列制度推进证券化市场的发展。

就资产支持证券的种类而言，既有期限短于1年的商业票据，又有期限在1年以上的中长期债券；既有代表对证券化资产之不可分割权益（undivided interest）的股票形式，又有代表发行人债务责任的债券形式，还有借助信托发行的受益权证形式；既有证券本息偿付与基础资产现金流的产生同步的转递（pass-through）结构，也有证券本息偿付与基础资产现金流错开，允许发行人对闲置资金进行投资利用，再按照约定时间向投资者支付证券本息的转付（pay-through）结构。证券形式的选择，关系到证券的审批、发行交易、信息披露、登记结算等方面的问题，涉及一国的证券法、公司法、税法、信托法等法律制度，是资产证券化操作中的重要问题。

从我国的情况来看，立法规定证券化产品代表对被证券化的基础资产的不可分割的权益，其载体形式——资产支持证券或者资产支持票据便是这种权益的凭证和表征，具有类证券的属性。《证券法》（2019 年修订）第 2 条第 3 款规定，“资产支持证券、资产管理产品发行、交易的管理办法，由国务院依照本法的原则规定”。虽然该条第 1 款未明确将资产支持证券列为与股票、公司债券一样的“证券”而使之适用《证券法》的证券发行、证券交易、信息披露等章节的规定，却第一次在法律层面承认了法定证券的法律地位，并授权国务院未来以《证券法》的原则为指导，结合这类证券的特殊性对其发行与交易作出专门而统一的规范。如此，目前实践中由监管者分别立法，从而形成上述三套本质上相同而规则各异的 ABS 发行与交易制度安排的局面，将大为改善。

汲取 2008 年次贷危机的教训，信息披露成为美国资产证券化市场重启之后的制度改进和监管重点，美国因此制定了专门规则。我国在 2012 年重启资产证券化市场时也加强了资产证券化信息披露的法制建设，监管机构后续更根据基础资产的类型（例如个人住房抵押贷款、个人汽车贷款、个人消费贷款、不良贷款、企业应收账款、融资租赁债权等）出台了具体的信息披露指引/指南。例如，证监会于 2014 年 11 月 19 日公布并实施了《证券公司及基金管理公司子公司资产证券化业务信息披露指引》，上海证券交易所及深圳证券交易所后续都有相应的配套规则；中国银行间市场交易商协会于 2023 年 3 月制定了《银行间债券市场企业资产证券化业务信息披露指引》，并自 2023 年 9 月 1 日起施行，搭建起一套相对系统独立的企业资产证券化业务信息披露体系。需要注意的是，基于其资产信用融资的属性，资产证券化的信息披露不同于一般证券发行与交易的信息披露，更多地强调了对基础资产池的构成及履约情况、交易结构、信用增级措施、各方服务机构及其服务能力，以及如果涉及未来权益，其原始权益人的持续经营与履约能力的信息披露等。

第五节　投资性众筹制度

一、投资性众筹的概念与特征

（一）投资性众筹的概念

众筹作为一种直接向社会公众募集小额资金的融资方式有着源远流长的历史。随着科技的发展与进步，人类社会进入互联网时代，信息传递的成本变低、范围更广，这为资金盈余方与资金需求方的投融资需求提供了广阔的市场空间。根据投资者投资目的不同，众筹可以分为资助性众筹与投资性众筹。资助性众筹包括以实现特定社会公益或创意项目为目的的捐赠性众筹与奖励式众筹，其法律关系主要体现为赠与合同和买卖合同关系。由于其法律关系较为简单，因此，资助性众筹受到法律较少的干预。投资性众筹是指投资者采取投入资金的形式，以期未来获得利息、股权收益或利润分成回报，从而实现财富增长的投资行为。它可分为债权性众筹与股权众筹。债权性众筹是指融资者通过互联网融资平台向社会公众募集资金，以支付利息为代价，于期限届满时偿还本金的融资模式。股权众筹是指投资者通过股权众筹平台向特定实体（如公司或有限合伙企业）以资金换取相应股权，期望通过所投组织的持续经营、稳定成长，所持股权价值也相应提高的融资模式。其投资理念类似于传统的风险投资（Venture Capital）与私募股权投资（Private Equity）的理念。股权众筹与债权性众筹的主要区别在于：股权众筹中的融资方不承担固定的还本付息义务，而债权性众筹的融资方需要承担固定的还本付息义务。对于小微企业而言，由于没有足够的现金流，它们更需要像股本这样的长期资本投入。[①]

（二）投资性众筹的特征

与传统的银行贷款、股票市场等融资方式相比较而言，投资性众筹具有以下特征。

（1）投资性众筹是一种直接融资模式。根据金融中介机构在融资过程中作用的不同，可以将融资模式分为直接融资和间接融资。间接融资是指金融中介机构介入资金需求方与资金提供方，隔断二者之间的直接联系，以自身的信用背书代替资金需求方的信用，以此便利资金的流通。以商业银行为例：金融的本质在于信任，商业银行通过严格的市场准入门槛、审慎经营以及特殊的市场退出机制，取得社会公众的信任，然后广泛吸收社会的闲散资金，再以贷款的形式向资金需求者提供资金支持。在此过程中，资金需求方与资金提供方并未直接联系，而是商业银行与双方分别建立相应法律关系。直接融资则与之不同：金融中介机构不参与资金需求方与资金提供方之间的融资交易，其主要提供信息发布、信用审核等辅助性服务。就投资性众筹而言，互联网融资平台主要是提供信息撮合服务，融资者把融资需求发布在互联网融资平台以供资金提供方查阅，投资者以公开的信息为依据作出是否投资的决策，从而直接建立债权或者股权投资关系。这也使投资性众筹具有金融脱媒的属性。

（2）投资性众筹是小额公开融资模式。依据生命周期理论，企业从设立到最终衰亡期间会经历种子期、成长期、成熟期以及衰退期不同阶段，阶段发展的特殊性决定了企业在每个发展阶段的融资需求是不尽相同的。投资性众筹主要是针对风险投资、私募股权投资不能覆盖的空白区域——小微企业融资乃至个人信贷。股权众筹是以服务小微企业为主，其融资规模一般从几十万元到上百万元不等。而债权性众筹的投融资数额更小，如P2P网贷（peer to peer lending）在实际运作过程中，融资额度也主要集中在几万元到几十万元。这使投资性众筹具备普惠金融的特征。

（3）投资性众筹是“互联网＋”的金融模式。投资性众筹的运营基于互联网技术的发展，是金融与科技的典型结合。融资方通过互联网融资平台发布融资消息，再经第三方支付的方式实现资金的流通。这是过去传统金融模式所不具备的。鉴于互联网无远弗届的特性，“互联网＋”的运作思维降低了资金供求双方之间的信息匹配成本，大量缩减时间和人力。互联网帮助各方突破地域的限制，通过互联互通寻求所需的金融资源，使金融服务更为直接，服务范围更为广泛。

① 彭冰．投资性众筹的法律逻辑．北京：北京大学出版社，2017：16.

二、投资性众筹的法律关系

债权性众筹在我国主要有纯平台模式、债权转让模式以及收益权转让模式共三种运作模式。在纯平台模式下，互联网融资平台提供信息撮合服务，出借人根据平台发布的信息自主寻找借款对象，投、融资方在平台签订借款合同，平台提供信用审核、项目展示及招标等服务，不参与具体交易环节。在债权转让模式下，债的双方不直接签订借款合同，而是先通过第三方放款给资金需求者，然后将债权进行金额拆分与期限错配，通过平台再转让给投资者。在收益权转让模式下，投资人对企业或项目进行投资，但不占有股份，通过企业经营获得可能的分红。[①] 此种模式涉及的收益权是根据合同交易而创设的一种约定权利，不是一种法定权利。

债权性众筹涉及两个层面的法律关系，即融资平台与投、融资双方之间的法律关系以及投、融资双方之间的法律关系。在前一关系中，根据《民法典》第 961 条的规定，众筹平台向借款双方提供订立合同的媒介服务，向借款人收取服务费，这就与借款双方形成中介合同关系。在后一关系中，投、融资双方的法律关系因运作模式的不同而有所区别。在纯平台模式之下，投、融资双方在众筹平台上直接签订电子借款合同，借款方按期还本付息即可，二者之间形成借贷法律关系。在债权转让模式之下，根据《民法典》第 545 条和第 546 条关于债权转让的规定，第三人转让债权只需通知债务人即可，在第三人转让债权退出原法律关系后，投资者取代原债权人地位。这仍然属于一般借贷法律关系。但根据最高人民法院于 2010 年通过的《关于审理非法集资刑事案件具体应用法律若干问题的解释》（2022 年修改，以下简称《非法集资司法解释》）第 10 条的规定，向众多投资者转让股权的行为涉嫌“变相发行”证券。在收益权转让模式下，收益权人不占公司股份，与公司所有权不存在关系，其只是基于合同而为一种支付行为。收益权作为投资人不使用资金的一种对价，在法律性质上应被认定为法定孳息，根据《民法典》第 321 条关于法定孳息归属有约定按约定处理的规定，当投资人投入的资金产生收益时，该收益是可以转让给他人的。

股权众筹有直投和领投两种模式。在直投模式之下，投、融资双方形成股权投资关系，投资方投入资金换取相应比例的股权，平台主要是提供信息撮合服务，与双方形成的是居间合同关系。在领投模式下，领头人和跟投人先注册成立有限合伙企业，由领头人担任普通合伙人，跟投人作为有限合伙人，再以有限合伙企业的名义对所投企业进行增资扩股。这就形成了合伙关系与股权投资关系，存在合伙协议和投资协议两个法律合同。平台在整个过程中发挥不同的作用：融资完成前，平台主要为双方提供投、融资信息服务，这属于居间合同范畴；融资成功后，平台接受投资人的委托，以委托人的名义为设立的有限合伙企业提供服务，这属于委托合同关系。但从整个过程来看，平台都是起到一种居间的辅助作用，并未参与投、融资双方之间的融资交易。

---

① 袁毅，杨勇，陈亮．中国众筹行业发展报告．上海：上海人民出版社，2016：9.

三、投资性众筹的市场定位

（一）我国资本市场公开融资体系

我国资本市场的建设以上交所和深圳证券交易所的设立为标志性事件，至今经过将近30多年的发展，基本形成场内市场和场外市场两大部分，共同组成我国的多层次资本市场。其中，场内市场包括主板市场、创业板（二板市场）、科创板、北京证券交易所、全国中小企业股份转让系统（简称新三板）；场外市场包括区域性股权交易中心等。主板市场主要服务于规模较大、业绩稳定、经营良好的大中型企业；创业板和科创板市场服务于具有自主创新能力的企业，即成长性高、科技含量高、新经济的企业；新三板市场设立的初衷一方面是解决原STAQ、NET系统遗留的公司法人股流通问题，另一方面也是为退市上市公司的股份流动提供流通场所；区域性股权交易中心一般是以省级为单位，为特定区域内的企业提供股份、债权流通和融资服务的区域性市场；北京证券交易所则坚守服务创新型中小企业的定位。

（二）投资性众筹在我国多层次资本市场中的定位

我国小微企业面临较为突出的融资难问题，从主板市场到新三板市场，公开融资体系不能为存活率低、经营不稳定、财务状况不佳的小微企业提供有力的融资支持。而投资性众筹打开了面向社会公众直接融资的通道，扩大了小微企业的融资范围。通过投资性众筹的金融形式，发行人在融资平台上发布融资需求，面向广大的社会潜在投资者。只要对该项目感兴趣，任何人都有机会成为该项目的投资人，不受较高合格投资者门槛的限制。投资性众筹可以改变企业先成立发展，寻求创业投资，向银行申请担保贷款，发展壮大上市寻求融资的传统模式，使企业在创业初期，甚至尚未成立处于项目创意阶段，就可以通过互联网融资平台向社会筹集资金。在企业的成长过程中，投资性众筹可以弥补企业在获得机构投资之前的巨大融资缺口。

对企业风险进行分层次管理是资本市场本质之所在，其应满足市场主体多样化的投、融资需求，针对企业不同发展阶段的融资需求进行差异化的制度安排。投资性众筹更适合大众创业，对于促进小微企业融资与激活民间资本具有不可替代的作用。“成熟的资本市场是多层次、多元化、功能多样化的市场，不同层次市场之间拉开档次、分工协作，形成覆盖面广、风险分散、结构科学，而又互相连通的无缝市场体系。”[①] 加快投资性众筹建设无疑具有重要意义，其可以定位为我国的“五板市场”，作为多层次资本市场的有益补充，解决初创企业融资难、融资贵的问题。与此同时，我国应建立健全转板制度，为企业的升板、降板提供完善的机制，增强各层次资本市场之间的联系。

---

① 董安生，何以，等．多层次资本市场法律问题研究．北京：北京大学出版社，2013：236.

四、投资性众筹在我国的发展及法律展望

（一）投资性众筹在我国的发展

2007年债权性众筹首次登录中国，“拍拍贷”成为中国第一家P2P网贷公司。P2P网贷刚开始作为一种新鲜事物，在无市场准入标准、无监管的情况之下，获得爆发式的发展。

就股权众筹而言，2011年我国出现了第一批股权众筹网站，如“天使汇”“起点时间”等。2014年12月，中国证券业协会发布了《私募股权众筹融资管理办法（试行）》（征求意见稿），该征求意见稿对股权众筹的非公开发行性质、平台定位、投资者适当性管理以及融资者的义务等一系列问题作出了初步的规定。

2015年中国人民银行等十部委发布的《关于促进互联网金融健康发展的指导意见》（以下简称《指导意见》）明确提出由银监会负责监管P2P网贷行业。

至2016年，P2P网贷行业频发平台倒闭、实际控制人跑路等风险，监管机构不得不将其纳入监管议程。2016年4月，国务院办公厅《关于印发互联网金融风险专项整治工作实施方案的通知》（国办发〔2016〕21号）发布，要求：“股权众筹平台不得发布虚假标的，不得自筹，不得‘明股实债’或变相乱集资，应强化对融资者、股权众筹平台的信息披露义务和股东权益保护要求，不得进行虚假陈述和误导性宣传。”2016年8月17日，银监会等四部委正式发布《网络借贷信息中介机构业务活动管理暂行办法》，中国P2P网贷行业由野蛮生长时期进入合规发展阶段。

2018年8月，互联网金融风险专项整治工作领导小组办公室发布《关于开展P2P网络借贷机构合规检查工作的通知》以及《P2P合规检查问题清单》，这两份文件要求在全国范围内开展P2P合规检查备案工作。2022年，互联网金融风险专项整治工作顺利完成，近5 000家P2P网贷机构全部停业。

（二）投资性众筹的法律展望

投资性众筹有利于解决初创企业融资难的问题，完善我国多层次资本市场，扩展社会公众的投资渠道。投资性众筹属于证券发行范畴，要受到公司法、证券法、刑法等相关法律法规的规制。但在监管框架尚未完善之时，投资性众筹一直游走于法律监管的灰色地带，导致其发展面临信息不对称、非法公开发行证券、非法集资以及非法经营证券业务的困境。这在一定程度上会压缩投资性众筹的发展空间，也不利于保护投资者的合法权益。

为充分发挥投资性众筹的作用，各国从法律上创设支持其发展的豁免制度。美国于2012年颁布《工商初创企业推动法》（Jumpstart Our Business Startups Act，以下简称JOBS法案），创设众筹豁免制度，规定：只有众筹项目满足发行人融资额度限制、投资限额、网络平台要求以及信息披露要求，方可免于美国证券法下的证券发行注册。JOBS法案赋予众筹融资作为金融创新的合法性，明确规定众筹各方关系人的权利与义务，从而为众筹的发展提供法律层面的保障。在英国，2014年金融行为监管局颁布《关于网络众筹和通过其他方式发行不易变现证券的监管规则》，为股权众筹和债权性众筹提供监管标准。该法案对众筹的监管主要是围绕投资者保护、平台监管以及发行人限

制等几方面展开。2014 年 5 月，日本国会通过《金融商品交易法修正案》，正式赋予投资性众筹合法地位，从平台监管、投资者保护等方面对投资性众筹进行必要的规范。在我国，《证券法》（2014 年修正）只规定了私募发行豁免制度，故投资性众筹在没有其他豁免规则的情况下，由于不满足公开发行条件，只能选择非公开发行证券，走私募道路。2015 年《证券法（修订草案）》一审稿开创性地允许以互联网众筹的方式公开发行证券，且在满足法律规定条件下豁免注册或核准。这无疑为我国投资性众筹的合法提供法律上的可能性。随后的 2019 年《证券法（修订草案）》三审稿亦涉及小额发行豁免制度，其中第 11 条规定："公开发行证券，有下列情形之一的，可以豁免核准、注册：（一）通过国务院证券监督管理机构认可的互联网平台公开发行证券，募集资金数额和单一投资者认购的资金数额较小的；（二）通过证券公司公开发行证券的，募集资金数额较小，发行人符合规定条件的。依照前款规定公开发行证券的管理办法，由国务院证券监督管理机构制定，并报国务院批准。"但是最终通过的《证券法》（2019 年修订）并未规定小额发行豁免制度。有鉴于此，将来的证券立法仍应在保护投资者利益与企业融资之间寻求平衡，在保护投资者合法权益的前提下，为企业融资开通多种可供选择的便捷路径。

证券法实施核准制或注册制的思路主要通过对信息披露的规范以及对发行人条件的规定进行展开，在一定程度上保证了发行人的质量，避免发生证券欺诈发行。这是出于稳定金融秩序的考虑。但包括信息披露在内的过高发行成本以及发行条件将众多中小企业排除在外。对此，许多国家的法律基于成本和收益的考量制定小额豁免规则，以为企业融资提供便利。其核心理念在于：对小额发行而言，既然募集资金有限，企业不宜负担过高的发行成本，否则得不偿失，这就需要为小额发行另辟蹊径。由于小额发行募集资金较少，对社会公共利益的影响不大，监管机构可以对其简化信息披露要求，降低发行成本，相对放松监管。但一旦发生证券欺诈，投资者仍然会遭受实实在在的损失，所以在对小额发行放松监管的同时，对申请的审查仍然是必要的。同时，监管要顺应市场的发展趋势，及时对企业的融资需求作出反应。我国设计公募众筹豁免制度时可以借鉴美国投、融资双封顶理念，把风险控制在小范围之内，从我国实际情况出发对发行人、众筹平台以及投资者的权利与义务进行合理分配，将投资性众筹纳入合法化、规范化、透明化的轨道，使之健康发展。

典型案例

"美微传媒"众筹融资案

2012 年 10 月和 2013 年 1 月，北京美微文化传播有限责任公司（以下简称"美微传媒"）创始人朱某通过微博传播，在淘宝上为其创立的"美微传媒"公开出售公司股权。消费者只要购买该淘宝店的美微会员卡（单位凭证 1.2 元，最低认购 100 单位凭证），就不但享有"订阅电子杂志"的权益，而且拥有"美微传媒"的 100 股原始股份，并于年底按购买者所持股份进行分红。"美微传媒"通过两轮融资共募集到资金120.37万元人民币。但随后证监会紧急叫停"美微传媒"这种公开销售原始股份进行融资的行为。"美微传媒"通过淘宝电商平台销售会员卡向不特定消费者进行融资的行为，在法律性质上属于典型的证券公开发行行为。我国《证券法》（2005年修订）第10条规定公开发行证券需依法获得证券监督管理机构的核准，因此"美微传媒"未经依法批准进行融资的行为违反了《证券法》关于证券公开发行的规定。并且只有股份有限公司才能作为公开发行股票的主体，"美微传媒"作为有限责任公司并不能满足股票公开发行的主体资格要件。此外，根据最高人民法院于2010年颁布的《非法集资司法解释》第1条规定的非法集资行为的认定标准，"美微传媒"的行为存在构成非法集资的法律风险。

延伸阅读

我国公募投资性众筹豁免制度展望

投资性众筹本质上是一种公开、小额、大众的证券融资行为，在设计投资性众筹行为规范时应基于成本、收益的考量，放宽投资性众筹的市场准入门槛，降低证券发行成本以及注重投资者利益保护，制定符合投资性众筹特征的小额豁免规则。具体而言，我国设计公募众筹豁免制度时可以从如下方面考虑：（1）规定发行人的融资额度上限。确定众筹融资额度上限，是出于发行人主要为小微企业，企业融资数额不大，同时也要防止过度融资的考虑。[①] 例如，规定发行人每年通过众筹豁免融资不得超过200万元人民币，通过其他渠道融资的数额不计算在此数额之内，但发行人关联方通过众筹融资的额度应计算在内。为了便于监管，规定发行人每一次融资都只能在一个平台上进行。（2）设置投资人的资质要求。若众筹的发行对象为合格投资者，其投资额度不受限制，但发行对象若为公众投资者，其单次及一年所有众筹项目投资额度不得超过其净资产或年收入（两者中的较高者）的一定比例，如单次不得超过5%，所有投资额度不得超过20%。（3）规范平台管理。虽证券业务属于特许经营业务，但该业务并未被证券经营机构所垄断。根据平台从事证券业务的性质，对其进行牌照管理，降低其市场准入条件，将监管重心转移至事中和事后。（4）规范信息披露要求。信息披露包括发行阶段的信息披露和持续环节的信息披露，发行申请文件应当披露发行人的基本情况、管理团队背景、项目风险、市场前景等基本信息。在后续披露环节，除定期报告之外，发行人还有临时报告义务。

参考文献

1. 斯蒂文·L. 西瓦兹. 结构金融：资产证券化原理指南. 3版. 李传全，龚磊，杨明秋，译. 北京：清华大学出版社，2003.

① 钟洪明. 论股权众筹发行豁免注册的制度构建. 经济社会体制比较，2017（4）：139-148.

2. 塔玛·弗兰科．证券化：美国结构融资的法律制度．潘攀，译．北京：法律出版社，2009.

3. 陈界融．证券发行法论，北京：高等教育出版社，2008.

4. 董安生，何以，等．多层次资本市场法律问题研究．北京：北京大学出版社，2013.

5. 冯果．债券市场风险防范的法治逻辑，北京：法律出版社，2016.

6. 冯果．证券法．武汉：武汉大学出版社，2014.

7. 郭雳．美国证券私募发行法律问题研究．北京：北京大学出版社，2004.

8. 洪艳蓉．公司债券的多头监管、路径依赖与未来发展框架．证券市场导报，2010 (4).

9. 洪艳蓉．重启资产证券化市场与金融监管：兼谈我国的制度改革．证券法苑，2012 (1).

10. 洪艳蓉．资产证券化法律问题研究．北京：北京大学出版社，2004.

11. 胡喆，陈府坤．图解资产证券化：法律实务操作要点与难点．北京：法律出版社，2017.

12. 李安安．债券市场风险防范机制的范式转型及其法律回应．华中科技大学学报(社会科学版)，2019 (1).

13. 李飞．中华人民共和国证券法（修订）释义．北京：法律出版社，2005.

14. 彭冰．投资性众筹的法律逻辑．北京：北京大学出版社，2017.

15. 沈炳熙，曹媛媛．中国债券市场：30 年改革与发展．北京：北京大学出版社，2014.

16. 邢会强．资本之翼：企业资本市场操作指引．北京：中国法制出版社，2017.

17. 杨东，文城公．互联网＋金融＝众筹金融：众筹改变金融．北京：人民出版社，2016.

18. 袁毅，杨勇，陈亮．中国众筹行业发展报告．上海：上海人民出版社，2016.

19. 钟洪明．论股权众筹发行豁免注册的制度构建．经济社会体制比较，2017 (4).

课后习题

1. 如何渐进推进我国股票发行制度改革？
2. 如何推进我国债券监管体制改革？
3. 如何实现拟证券化资产的“风险隔离”（“真实销售”与“破产隔离”）？
4. 怎样运用信用增级提升资产证券化的信用？
5. 我国立法应如何具体设计投资性众筹豁免制度？

第三章

多层次资本市场制度

第一节　多层次资本市场概述

一、多层次资本市场的缘起与由来

“多层次资本市场”是一个中国概念，国外并没有对应的概念，也没有形成一套多层次资本市场理论。这是因为西方发达资本市场国家的资本市场的多层次性是自发形成的，而我国的多层次资本市场是建构而来的。

2003 年 10 月，中共十六届三中全会通过的《中共中央关于完善社会主义市场经济体制若干问题的决定》中，专门强调：“积极推进资本市场的改革开放和稳定发展，扩大直接融资。建立多层次资本市场体系，完善资本市场结构，丰富资本市场产品。规范和发展主板市场，推进风险投资和创业板市场建设。”这是政策层面关于“多层次资本市场体系”的第一次正式表述，表明了我国资本市场发展的政策导向。

二、场内市场与场外市场的划分

从主流观点来看，场内市场就是指由证券交易所组织的集中交易市场，一般有固定的交易场所和交易活动时间。在我国语境下场内市场就是指上交所和深圳证券交易所。场外市场，又称为 OTC 市场（Over-the-Counter Market），在国外多被称为柜台交易市场或店头市场，通常是在证券交易所外进行证券交易的市场。如我国台湾地区的“证券柜台买卖中心”。目前，绝大多数观点都认为场内市场和场外市场的划分仅为物理层面的划分。

场内市场（交易所集中交易市场）和场外市场是资本市场最早形成的分层。传统上，场内市场与场外市场的界限可以体现在以下几个方面：第一，场外交易是分散的，交易所交易是集中进行的。第二，场外市场是无形市场，而交易所市场是有形的，喧嚣的交易所大厅在交易所的传统形象中不可或缺。第三，在历史上，场外市场一般只提供交易的报价，不撮合交易，撮合是交易所的重要职能。这个区分主要是由技术条件的限制造成的，因为建立一个可集中交易的交易系统，需要付出巨大的开发成本和维护成本，为交易系统配套的集中统一结算、清算系统的运行成本也非常高昂。但是，在信息技术高度发达的今天，开发和维护一套可集中交易的交易系统和集中统一结算、清算系统的成本大幅下降，场外市场可以低成本地获得、实施这些系统。场外市场与场内市场的界限因技术的发展而模糊。①

在信息技术高度发达的新形势下，应该摒弃形式标准，采取实质标准作为场内市场与场外市场划分的标准，即以交易产品的标准化与否作为划分场内市场与场外市场的标准。在这一标准下，场内市场与场外市场的区别在于：场内市场交易的是标准化的产品，市场组织者提供的是标准化的服务；场外市场交易的是非标准化的产品，市场组织者提供的是个性化的服务。在这一新的划分标准下，主板市场、创业板市场、科创板市场和我国的新三板市场都属于场内市场，区域股权市场和投资性众筹市场都是场外市场。

三、我国多层次性资本市场的建构目标

我国的多层次资本市场体系大体上可以分为五个层次。

第一个层次是主板市场。在我国，上海证券交易所、深圳证券交易所构成了证券交易的主板市场（深圳证券交易所创业板除外）。主板市场对上市公司的营业期限、股权结构等条件以及审批、监管相对来说是要求最为严格的。只有符合法定条件的公司才能在主板市场进行证券交易并融资。就企业发展周期而言，主板市场上的公司相对最为成熟。深圳证券交易所的中小企业板上市条件与主板市场的完全相同，因此，中小企业板市场也属于主板市场。

第二个层次是深圳证券交易所创业板市场、上海证券交易所科创板市场以及北京证券交易所，它们都是专为中小企业和新兴企业提供融资途径的证券交易市场。2009 年，深圳证券交易所推出了创业板市场，定位于服务自主创新企业和其他成长型创业企业。2019 年，上交所推出了科创板市场。发行人申请首次公开发行股票并在科创板上市的，应当符合科创板的定位——面向世界科技前沿、面向经济主战场、面向国家重大需求。科创板优先支持符合国家战略、拥有关键核心技术、科技创新能力突出、主要依靠核心技术开展生产经营、具有稳定的商业模式、市场认可度高、社会形象良好、具有较强成长性的企业。2021 年 11 月 15 日，北京证券交易所开市。北京证券交易所将牢牢坚持服务创新型中小企业的市场定位，尊重创新型中小企业发展规律和成长阶段，提升制度包容性和精准性。

第三个层次即新三板。2013 年 12 月 13 日，国务院发布《关于全国中小企业股份转让系统有关问题的决定》（国发〔2013〕49 号），明确新三板主要为创新型、创业型、成长型中小微企业发展服务，境内符合条件的股份有限公司均可通过主办券商申请挂牌，公开转让股份，进行股权融资、债权融资、资产重组等。

第四个层次即区域性股权市场。《证券法》（2019 年修订）第 98 条规定：按照国务院规定设立的区域性股权市场为非公开发行证券的发行、转让提供场所和设施，具体管理办法由国务院规定。《区域性股权市场监督管理试行办法》［证监会令（第 132 号）］规定：区域性股权市场是为其所在省级行政区域内中小微企业证券非公开发行、转让及相关活动提供设施与服务的场所。区域性股权市场运营机构负责组织区域性股权市场的

① 阙紫康．多层次资本市场发展的理论与经验．上海：上海交通大学出版社，2007：18.

活动，对市场参与者进行自律管理。各省、自治区、直辖市、计划单列市行政区域内设立的区域性股权市场运营机构不得超过一家。省级人民政府依法对区域性股权市场进行监督管理，负责风险处置。省级人民政府指定地方金融监管机构承担对区域性股权市场的日常监督管理职责，依法查处违法违规行为，组织开展风险防范、处置工作。证监会及其派出机构对地方金融监管机构的区域性股权市场监督管理工作进行指导、协调和监督，对市场规范运作情况进行监督检查，对市场风险进行预警提示和处置督导。除区域性股权市场外，地方其他各类交易场所不得组织证券发行和转让活动。在区域性股权市场内的证券发行、转让及相关活动，应当遵守法律、行政法规和规章等的规定，遵循公平自愿、诚实信用、风险自担的原则。禁止欺诈、内幕交易、操纵市场、非法集资行为。

第五个层次是投资性众筹市场。详见本书第二章第五节。

四、多层次资本市场与交易制度

从境外证券法的形成经验来看，证券法的制度设计的逻辑起点是证券交易而不是公开发行。以证券交易为证券市场和证券法的制度设计的逻辑起点，可以发现，不同的交易制度对应不同的证券市场形态和证券法制。

（1）直接搜寻市场。在这种市场形态下，无中介、无平台，买卖双方互相寻找，见面后直接进行谈判、成交。这是最早的封闭公司股权转让的市场。

（2）经纪人市场。在证券交易的需求大量存在且日益增多以后，经纪人群体诞生。经纪人一方面对股票比较熟悉，另一方面对投资者的需求比较熟悉，其将双方连接起来，进而促成交易，并从中抽取佣金。经纪人驱动了市场交易，制定了交易规则，确定了交易佣金，甚至成立了会员制的证券交易所。

（3）做市商市场。经纪人在经纪的过程中发现，有一些质地优良的证券备受追捧，他们不甘于仅仅作为中介赚取佣金，而是开始以自己的账户买进这种证券，然后加价卖出，进而赚取价差。这就是做市商交易。

（4）集中竞价交易市场。当做市商发展到一定阶段时，信息对称、投资人多元、价格趋于稳定，不再需要经纪人的中介作用和做市商在交投清淡时的双向报价，而是按照统一的规则进行集中竞价交易，由交易撮合系统按照价格优先和时间优先的规则进行自动撮合。

以上四种交易形态和交易市场，呈现出由初级到高级、由简单到复杂的变化规律，分别对应不同的交易场所：直接搜寻市场对应的是最初的场外市场，适合那些交易很不活跃的小公司和质量很差的公司的证券的交易；经纪人市场和做市商市场对应的是中间层次的场外市场和场内市场，适合那些交易不够活跃、价格波动大的初创型公司的证券的交易；集中竞价交易市场对应的是最高级形态的场内市场，适合那些交易活跃的大型公司的证券和价格稳定的证券的交易。

当然，以上四种交易形态和交易市场只是理论上的划分，具体到实践中，可能出现两种或两种以上交易形态的混合，尤其是集中竞价与做市商的混合，被称为“混合做市商制度”，而仅实施做市交易的制度被称为“传统做市商制度”。

价格形成机制是证券交易制度的核心，证券交易制度关乎证券市场基本功能的发挥，所谓“无流动性则无市场”。交易制度主要解决的是证券的流动性和股价稳定性问题。发展多层次资本市场，就必须发展多种交易制度，以适应不同板块、不同交易品种、不同投资群体的需要。

从交易制度来看，流动性差、价格波动大的证券对应的是较低层次的市场（场外市场），流动性好、价格稳定的证券对应的是较高层次的市场（场内市场）。证券的流动性和股价的稳定性的衡量指标除换手率之外，还有公司证券市值、公司社会公众股东的人数以及其持有的市值、最低股价（如纳斯达克要求最低报价必须在 4 美元以上）等。公司的市值、最低的股价，做市商是否愿意做市，都是由市场决定的。由于公司在上市挂牌前不可能有换手率，因此，换手率往往不作为上市的标准。而公司市值、公司社会公众股东的人数（或其持有的市值）、最低股价，甚至做市商的数量（在实行做市交易的市场）等，往往成为上市的重要标准。不满足这些标准的股票，不得进入本市场，只能进入较低层次的市场。这些上市标准制定后，不再是政府为企业选择上市场所，而是企业根据自身的状况，选择上市与挂牌的场所。

第二节 证券交易所上市制度

一、证券交易所上市制度概述

（一）证券上市的含义

证券上市是指已经依法发行的股票、债权、基金、存托凭证等证券，经证券交易所审核通过后，在交易所公开挂牌交易的法律行为。经交易所审核通过后，证券上市主体应当依法与交易所签订上市协议，明确双方法定和约定的权利、义务。证券交易所是提供证券集中交易的场所，同时也是组织和监督证券交易，实行自律管理的法人机构，是我国多层次资本市场的重要组成部分。

证券上市与证券发行和证券交易具有密切联系，是连接两者的纽带与桥梁。从发行与上市的关系来看，证券发行是证券上市的前提，证券上市是充分实现证券发行目的的手段；从上市与交易的关系来看，证券上市是实现证券公开集中交易的前提，证券交易是证券上市的目的，通过证券上市，实现证券的自由流通，进而充分实现资本市场服务投、融资的基本功能。

（二）证券交易所上市制度的含义

证券交易所上市制度是指调整依法发行的证券在证券交易所上市交易的条件与程序以及证券上市的暂停与终止等一系列法律规范的总称。在我国，证券交易所上市制度是由《证券法》以及国务院相关行政法规、证监会相关部门规章以及证券交易所的自律性规则共同组成的多层次法律规范体系。

（三）证券上市的意义

1. 证券上市对证券发行人的意义

第一，证券上市是证券集中交易、自由流通的前提，因此，证券上市提高了证券的流通能力和变现能力，资本市场的价值识别、价值发现与价值实现功能得到充分发挥，解决了发行人追求资金的长期稳定与投资者希望证券的及时获利之间的矛盾，并为短期资金加入长期证券投资提供了可能。[①]

第二，证券上市对信息公开的要求提高了证券发行人的市场知名度和扩大了其影响力，为其产品营销和进一步的融资活动提供了更多的机会。

第三，证券上市的一系列法律制度，使证券发行人被置于监管机构及社会公众的监督之下，有利于规范证券发行人的各种行为，提升发行人的治理水平。

2. 证券上市对投资者的意义

第一，证券上市为投资者提供了一个连续的、可选择的自由交易证券的市场，从而既方便了投资者投资的变现，又为投资者分散投资风险创造了便利条件。

第二，证券上市及以后持续、严格、不断完善的信息披露制度为投资者的投资决策提供了依据，在一定程度上降低了投资者的投资风险。

3. 证券上市对监管者的意义

证券上市涉及社会公众利益和资本市场的健康、有序发展，故其对证券市场监管机构及其工作人员的监管能力提出了更高的要求。同时，证券上市提升了市场的透明度，也便于监管机构获得相关信息和数据，从而为监管制度的完善以及市场的健康发展提供支持。

二、公司股票及存托凭证上市条件与程序

无论从发行数量还是从市值角度来看，股份有限公司发行的股票都是最为重要的可上市交易的证券品种。股票上市交易将影响潜在不特定投资者的利益，进而影响整个资本市场的交易秩序与安全，因此，申请股票上市的公司在财务及经营活动中必须遵守相关法律法规，同时应当依照《证券法》的要求，遵守交易所的自律性规则。

在注册制之下，由于发行审核与上市审核都由交易所负责，因此，发行条件与上市条件是相同的，详见本书第二章第二节相关内容。

发行人首次公开发行股票或者存托凭证在交易所上市的，应当在上市前与交易所签订上市协议，明确双方的权利、义务和其他事项。

首次公开发行的股票上市申请获得交易所同意后，发行人应当于其股票上市前5个交易日内，在符合条件的媒体披露下列文件：(1) 上市公告书；(2) 公司章程；(3) 交易所要求的其他文件。上述文件应当置备于公司住所，供公众查阅。

在预定的上市日期，发行人首次公开发行的股票正式上市交易。

三、债券上市条件与程序

（一）公司债券上市的条件

债券与股票不同，是一种具有固定存续期限、到期后按照约定还本付息的有价证

① 施天涛．商法学．3版．北京：法律出版社，2006：324.

券，因此，公司债券上市的条件与股票的有所不同，侧重对公司债券的期限、发行数额、偿还能力，以及是否仍然维持公司债券发行时的条件进行规定。

我国《证券法》（2019年修订）对公司债券上市的立法态度与股票上市改革的方向一致，不再从《证券法》层面对公司债券上市的条件、报送材料及公告等内容进行规定，而是由证券交易所进行规定。

以上海证券交易所为例，《上海证券交易所公司债券上市规则》规定，发行人申请债券上市，应当符合下列条件：（1）符合《证券法》等法律、行政法规规定的公开发行条件；（2）经有权部门注册并依法完成发行；（3）债券持有人符合本所投资者适当性管理规定；（4）本所规定的其他条件。

（二）公司债券上市的程序

以上海证券交易所为例，《上海证券交易所公司债券上市规则》规定，债券发行后，发行人应当及时向交易所提交发行结果公告、债券实际募集数额的证明文件等上市申请所需材料。企业债券发行人还应当向交易所提交下列文件：（1）债券上市申请书；（2）有权部门同意债券发行的文件；（3）债券募集说明书等债券发行文件；（4）交易所要求的其他文件。承销机构应当协助发行人申请债券上市，确保债券上市符合交易所相关规定。

交易所收到完备的上市申请有关文件后，及时决定是否同意上市。同意上市的，交易所按照相关规定办理债券上市，并与上市发行人签订证券上市协议，明确双方的权利义务和自律管理等有关事项。发行人对交易所作出的不予上市决定不服的，可以按照交易所相关规定申请复核。

交易所同意上市后，发行人在承销商的协助下办理具体的代码申请、上市登记、上市信息披露和正式上市等事宜。①

（三）政府债券的上市

政府债券，是指政府为筹集资金而向债券购买者出具的，承诺在一定期限内还本付息的债权债务凭证。它通常包括：国家债券即中央政府债券、地方政府债券和政府担保债券等。政府债券信用度高、安全性好，通常由中央或地方财政进行担保，而且其发行由专门的行政法规予以规范调整，因此，政府债券在交易所或指定的交易市场进行上市交易时，可豁免交易所的审核，由交易所根据国务院授权部门的决定安排政府债券上市交易。

四、证券投资基金上市的条件与程序

（一）证券投资基金上市的条件

证券投资基金，是指以发售基金份额的方式募集资金，形成基金财产，并由基金管理人管理、基金托管人托管，以资产组合方式进行证券投资活动，基金份额持有人按其所持份额享受收益和承担风险的证券产品。在我国，证券投资基金份额的上市交易受

① 详见《上海证券交易所公司债券和资产支持证券发行上市挂牌业务指南》（2023年1月）。

《证券法》《证券投资基金法》的调整。

《证券投资基金法》第62条规定，基金份额上市交易，应当符合下列条件：（1）基金的募集符合本法规定；（2）基金合同期限为5年以上；（3）基金募集金额不低于2亿元人民币；（4）基金份额持有人不少于1 000人；（5）基金份额上市交易规则规定的其他条件。

在我国，证券交易所通过本所制定并报证监会批准的证券投资基金上市规则，对证券投资基金上市交易的条件可以进行具体规定。

（二）证券投资基金上市的程序

申请基金份额上市交易，基金管理人应当向证券交易所提出申请，证券交易所依法审核同意的，双方应当签订上市协议。因此，证券投资基金份额的上市同样要经过申请、审核、签订上市协议以及上市公告等步骤。

依据证券交易所的证券投资基金份额上市规则，申请证券投资基金份额上市，基金管理人应当向交易所提交以下资料和文件：（1）上市申请书；（2）证监会核准基金募集的文件；（3）基金合同；（4）基金招募说明书；（5）基金托管协议；（6）经具有从事证券相关业务资格的会计师事务所出具的基金最近三年的财务报告（新募集基金除外）；（7）证监会对基金备案的确认文件；（8）上市交易公告书；（9）基金份额已全部托管的证明文件；（10）基金管理人的联系方式及该基金的基金经理的姓名和联系方式、信息披露负责人及经办人的姓名和联系方式；（11）交易所要求的其他文件。基金管理人申请交易型开放式指数基金在交易所上市的，除提交上述文件和资料外，还应向交易所提供代办基金份额申购、赎回的证券公司名单及代办委托协议。

经证券交易所审核后，基金符合上市条件的，由交易所向基金管理人出具“上市通知书”，并与基金管理人签订上市协议。基金管理人应当在规定的时间内向社会公开基金上市交易公告书。

第三节　新三板市场挂牌制度

一、新三板市场挂牌制度概述

（一）新三板市场挂牌的概念

新三板市场挂牌是指，境内符合条件的股份有限公司通过主办券商申请，经全国股转公司审核同意，在新三板挂牌，公开转让股份，进行股权融资、债权融资、资产重组的证券市场行为。

与公司在证券交易所挂牌上市不同，公开发行股票不是公司在新三板挂牌的必要条件。股东人数超过200人的公司、股票向特定对象转让导致股东超过200人的股份有限公司申请其股票公开转让，应当按照证监会有关规定申请注册；股东人数未超过200人的股份有限公司申请在新三板挂牌，证监会豁免注册。也就是说，公司挂牌公开转让的股票可以是未经公开发行的公司存量股票。这一制度特点极大地降低了股份有限公司进入资本市场发展的门槛。

（二）新三板市场挂牌的法律效力

从挂牌后的法律效力来看，挂牌公司与上市公司也存在一定的共性和差异。根据国务院《关于全国中小企业股份转让系统有关问题的决定》（以下简称《国务院决定》）及《非上市公众公司监督管理办法》（以下简称《公众公司监管办法》）的规定，股票公开转让且未在证券交易所上市的股份有限公司为非上市公众公司，被依法纳入非上市公众公司监管体系，股东人数可以超过200人。公司挂牌后在公司治理、信息披露、监督管理、法律责任等方面，与对上市公司的监管要求基本一致。

挂牌后在股票转让和股票发行方面挂牌公司与上市公司存在一定的差异，具体来说，一是在新三板市场挂牌后股票公开转让的方式更加灵活。除可以采取竞价交易方式外，挂牌公司还可以采取做市交易方式；盘后因特定事项还可以采取协议转让方式。灵活的股票转让方式更加符合中小微企业的股票交易需求。二是在新三板市场挂牌后股票发行更加便捷。目前，挂牌公司可采取定向发行股票方式向投资者募集资金。挂牌公司向特定对象发行股票导致股东累计超过200人的，需向证监会申请注册；挂牌公司向特定对象发行股票后股东累计不超过200人的，证监会豁免注册。高效、便捷的发行方式能够满足中小微企业小额、快速的融资需求。

二、新三板市场挂牌制度体系

（一）新三板市场挂牌制度的组成

新三板市场挂牌制度体系目前主要包括两个方面：一是由《国务院决定》及证监会系列部门规章组成的行政规范，二是由全国股转公司制定的业务规则文件。

1. 新三板市场挂牌制度之行政规范部分

《国务院决定》明确规定，股东人数未超过200人的股份有限公司申请在新三板挂牌，证监会豁免核准（现已调整为注册）。据此制定的《公众公司监管办法》和《全国中小企业股份转让系统有限责任公司管理暂行办法》（以下简称《全国股转公司管理办法》）等进一步就非上市公众公司的行政许可事项、行政许可豁免事项以及全国股转公司的自律监管职能进行了规范。

《公众公司监管办法》主要围绕股份有限公司申请股票公开转让的行政许可事项进行了规定：股东人数超过200人的公司以及股票向特定对象转让导致股东超过200人的股份有限公司申请其股票公开转让，应当按照证监会有关规定申请注册；股东人数未超过200人的股份有限公司申请在新三板挂牌，证监会豁免注册，由全国股转系统进行审核。《公众公司监管办法》及相关指引文件进一步明确规定了股东人数超过200人的公司以及股票向特定对象转让导致股东超过200人的股份有限公司申请其股票公开转让的行政许可申请条件、信息披露要求、申请文件要求、公司章程规范以及相应的审核工作指引，并制定了公开转让说明书的内容与格式指引等信息披露内容与格式准则。

《全国股转公司管理办法》则围绕全国股转公司的股票挂牌审核相关职能安排进行了规范，其中明确规定：全国股转公司依法对股份有限公司的挂牌申请及主办券商的推荐文件进行审核，出具审核意见，安排符合条件的公司股票挂牌。

2. 新三板市场挂牌制度之自律规则部分

根据《全国股转公司管理办法》的规定，全国股转公司依法制定了基本业务规则、业务细则及各类业务指引、操作指南。相关业务规则涵盖了综合受理、挂牌审核、公司监管、融资并购、交易监察、机构管理、投资者服务、信息管理、两网公司及退市公司管理等一系列市场自律监管事项。全国股转公司的具体业务规则构成了新三板市场自律监管的主要制度基础。

涉及新三板市场挂牌事项的，有关业务规则的内容主要涵盖以下四个方面：一是通过《全国中小企业股份转让系统股票挂牌规则》基本业务规则全面规范公司股票公开转让并在全国中小企业股份转让系统挂牌相关事项；二是通过《全国中小企业股份转让系统挂牌委员会管理细则》进一步细化规范全国中小企业股份转让系统挂牌委员会工作；三是通过一系列指引性规则，明晰公司股票挂牌条件，规范主办券商推荐挂牌业务工作，特殊行业信息披露要求以及区域性股权市场创新型企业申报与审核工作安排机制；四是通过审核业务指南、挂牌业务指南等操作指南文件，明确公司挂牌的具体操作流程和相关注意事项。

（二）新三板市场挂牌准入机制

按照股东人数（含股票向特定对象转让后）是否超过 200 人，股份有限公司申请股票公开转让是否需要履行行政核准程序不同，相应的挂牌准入机制也有区别。

1. 股东人数未超过 200 人的公司挂牌（含挂牌同时定向发行股票）审核流程

按照规定，股东人数未超过 200 人（含挂牌同时定向发行股票后累计股东不超过 200 人）的股份有限公司申请到新三板市场挂牌公开转让股票的，证监会豁免注册，由全国股转公司自律审核。相关流程如下。

（1）全国股转公司接受申请材料。

全国股转公司设接收申请材料的服务窗口。申请挂牌公开转让股票的股份有限公司通过电子化业务支持平台（BPM 系统）向全国股转公司提交挂牌申请材料。全国股转公司对申请材料的齐备性、完整性进行检查：需要申请人补正申请材料的，按规定提出补正要求；申请材料形式要件齐备，符合条件的，全国股转公司出具受理通知。

（2）全国股转公司审核反馈。

对于审核中需要申请人补充披露、解释说明或中介机构进一步核查落实的主要问题，审核人员撰写书面反馈意见，并通过业务支持平台送达申请人及主办券商。申请人应当在反馈意见要求的时间内通过业务支持平台提交反馈回复意见；全国股转公司收到申请挂牌公司及其主办券商、证券服务机构问询回复后，可以根据需要继续提出审核问询。

（3）全国股转公司出具审查意见。

全国股转公司经审核认为申请挂牌公司符合公开转让条件、挂牌条件、信息披露要求，不需要进一步提出审核问询的，出具同意公开转让并挂牌的审核意见或审核决定。全国股转公司经审核认为申请挂牌公司不符合公开转让条件、挂牌条件或信息披露要求的，作出终止审核决定。

申请人对全国股转公司出具的终止审核决定可以按照相关规定提请复核委员会

复核。

2. 股东人数超过 200 人的公司挂牌（含挂牌同时定向发行股票）审核流程

股东人数超过 200 人（含挂牌同时定向发行股票后累计股东超过 200 人）的公司、股票向特定对象转让导致股东超过 200 人的股份有限公司申请其股票公开转让的，申请公司、主办券商和其他相关中介机构应当按照证监会规定制作申请文件，并提交全国股转公司进行自律审核。

全国股转公司出具同意公开转让并挂牌审核意见后，将审核意见、注册申请文件及相关审核资料报送中国证监会。中国证监会要求全国股转公司进一步问询的，全国股转公司向申请挂牌公司及其主办券商、证券服务机构提出反馈问题。

全国股转公司审核不同意的，作出终止审核的决定。申请人对全国股转公司作出的终止审核决定可以按照相关规定申请复核。

3. 挂牌时的分层管理

新三板对挂牌公司实行分层管理，现阶段包括基础层、创新层和精选层。不同层次挂牌公司的投资者管理制度、股票交易机制和相应的监管安排存在差异。

申请挂牌公司满足一定条件的，可以申请在挂牌同时进入创新层。进入创新层挂牌之前，挂牌公司需要通过审核系统上传并披露发行情况报告书，并披露股东大会制度、董事会制度、监事会制度、对外投资管理制度、对外担保管理制度、关联交易管理制度、投资者关系管理制度、利润分配管理制度和承诺管理制度等制度。

申请挂牌公司符合挂牌条件，但未进入创新层的，自挂牌之日起进入基础层。

（三）新三板市场挂牌制度的特点

从股份有限公司申请股票公开转让的制度安排来看，新三板市场挂牌制度与交易所上市制度具有一定的相似性，即由证监会负责股票公开发行或公开转让的行政许可注册审核，证券交易场所负责对公司上市、挂牌进行预先审核，并安排公司股票挂牌、上市交易（转让）。

与公司股票上市制度相比，新三板市场的挂牌审核程序更加简化。股东人数未超过 200 人的股份有限公司申请股票挂牌公开转让的，证监会豁免注册，由全国股转公司审核决定；股东人数超 200 人的股份有限公司申请股票挂牌转让，审核程序与上市审核程序保持一致。

三、新三板市场的挂牌条件

根据全国股转公司业务规则的规定，股份有限公司申请股票在全国股转系统挂牌，不受股东所有制性质的限制，不限于高新技术企业，申请挂牌公司应当是依法设立且合法存续的股份有限公司，股本总额不低于 500 万元，同时符合下列条件：（1）股权明晰，股票发行和转让行为合法合规；（2）公司治理健全，合法规范经营；（3）业务明确，具有持续经营能力；（4）主办券商推荐并持续督导；（5）全国股转公司要求的其他条件。

（一）股权明晰，股票发行和转让行为合法合规

股权明晰，是指公司的股权结构清晰，权属分明，真实确定，特别是控股股东、实

际控制人持有或控制的股份不存在可能导致控制权变更的重大权属纠纷。

股票发行和转让合法合规，是指申请挂牌公司注册资本已足额缴纳，股东的出资资产、出资方式、出资程序等符合相关法律法规的规定，股东不存在依法不得投资公司的情形。申请挂牌公司及其重要控股子公司的股票发行和转让行为应当合法合规，履行了必要的内部决议、外部审批程序，不存在擅自公开或变相公开发行证券且仍未依法规范或还原的情形。

（二）公司治理健全，合法规范经营

公司治理健全，是指公司按《公司法》《公众公司管理办法》等规定建立了由股东大会、董事会、监事会和高级管理层组成的公司治理架构，制定相应的公司治理制度，并能证明其有效运行，从而充分保护股东权益。申请挂牌公司董事、监事、高级管理人员应当具备法律法规、部门规章或规范性文件、全国股转系统业务规则和公司章程等规定的任职资格。

合法规范经营，是指公司及其控股股东、实际控制人、下属子公司（下属子公司是指公司的全资、控股子公司或通过其他方式纳入合并报表的公司或其他法人，下同）依法依规开展生产经营活动，具备开展业务所必需的资质、许可或特许经营权等，且挂牌公司及其控股股东、实际控制人、重要控股子公司等主体不存在重大违法违规行为。

此外，申请挂牌公司应当设立独立的财务机构，能够独立开展会计核算、作出财务决策。内部控制制度健全且得到有效执行，能够合理保证公司运行效率、合法合规和财务报表的可靠性。

（三）业务明确，具有持续经营能力

业务明确，是指公司能够明确、具体地阐述其经营的业务、产品或服务以及其用途、商业模式等。公司可同时经营一种或多种业务，每种业务应具有相应的关键资源要素，该要素组成应具有投入、处理和产出能力，能够与商业合同、收入或成本费用等相匹配。

具有持续经营能力，是指公司不存在《公司法》第 180 条规定的解散情形，或法院依法受理其重整、和解或者破产申请的情形，并且基于报告期内的生产经营状况，在可预见的将来，具有直接面向市场独立持续经营的能力。

（四）主办券商推荐并持续督导

公司申请在新三板市场挂牌须经主办券商推荐，双方应当签署“推荐挂牌并持续督导协议”。主办券商应完成尽职调查和内核程序，就公司是否符合挂牌条件发表独立意见并出具推荐报告。

在新三板市场挂牌阶段，主办券商主要承担推荐职责。由主办券商自主遴选和推荐公司挂牌，以提供挂牌、融资、并购、做市等全链条服务为目标遴选企业，按照切实保护投资者权益的要求，帮助企业规范治理结构、提升企业价值，提供持续的督导和服务，形成了证券公司选择企业的市场化激励、约束机制。除此之外，推荐主办券商还承担长期持续督导公司规范治理、履行信息披露义务的责任。

（五）全国股转公司要求的其他条件

除以上基本条件外，全国股转公司进一步要求，申请挂牌公司原则上应当持续经营不少于两个完整的会计年度；公司业务、资产、人员、财务、机构应当完整、独立，与其控股股东、实际控制人及其控制的其他企业分开；申请挂牌公司不得存在资金、资产或其他资源被其控股股东、实际控制人及其控制的企业占用的情形。

此外，公司所属行业或所从事业务不符合国家产业政策或者属于法规政策明确禁止进入资本市场融资的行业、业务的，不得申请其股票公开转让并挂牌。

新三板市场挂牌审核以信息披露为核心，重点关注公司经营的规范性以及信息披露合规情况，强调突出业务亮点、核心竞争力，并充分、客观揭示风险；挂牌审核不对企业的质量和投资价值作实质性判断，投资者自主作出投资决策、自负盈亏。上述条件设置降低了市场准入门槛，为新三板市场更好地服务创新型、创业型、成长型中小微企业创造了空间。

延伸阅读

公司在新三板市场挂牌的一般流程（以股东人数未超过200人公司为例）

公司申请在新三板市场挂牌并公开转让股票，一般历经股份制改造、中介机构尽职调查、申请文件制作、主办券商推荐、全国股转公司（或证监会）审核、股票登记、签署协议、正式挂牌等环节。

（1）挂牌准备阶段。

申请挂牌的法律主体需为股份有限公司，其他形式的工商企业首先需要按照《公司法》相关规定改制设立为股份有限公司，同时建立"三会一层"的公司治理结构，制定公司章程、"三会"议事规则等公司规章制度，并向市场监督管理部门申请登记。

公司申请挂牌须经主办券商推荐。主办券商需就公司是否符合挂牌条件进行尽职调查，对公司编制的"公开转让说明书"进行审核，对于公司是否符合挂牌条件发表独立意见并出具主办券商推荐报告。公司需要聘请会计师事务所对公司的财务状况进行审计，并出具相应的审计报告。公司还需要聘请律师事务所为其提供法律服务，就相关法律问题提供咨询意见，为公司改制起草法律文件，为公司挂牌事宜出具法律意见书。

（2）挂牌申请审核阶段。

公司按照业务规则要求编制好申请文件，即可在主办券商的推荐下向全国股转公司提出挂牌申请。

全国股转公司依法对公司的挂牌申请文件予以审核，通过向公司及主办券商提出审核问题的方式对公司的挂牌申请文件进行审核，公司和其他中介机构就相关问题进行答复，直至符合公司转让条件、挂牌条件以及信息披露要求。经审核同意的，公司取得同意挂牌的函、证券简称和证券代码，并在指定信息披露平台公开披露相关文件。

（3）股票登记及挂牌阶段。

公司股票挂牌前应当在中国证券登记结算有限责任公司（以下简称中国结算）集中登记存管。公司应当与中国结算签订证券登记及服务协议，办理全部股票的集中登记存管。

公司在正式挂牌前，还应当与全国股转公司签订挂牌协议。挂牌协议是全国股转公司与挂牌公司之间的权利义务关系的基础法律文件，是双方共同的行为准则。根据挂牌协议，全国股转公司应当为挂牌公司开展证券交易、证券发行、并购重组、信息披露等活动提供平台及相关设施、接受咨询并提供指导等服务；挂牌公司有义务遵守全国股转公司的业务规则并接受其自律管理。

公司完成上述挂牌手续后，并且在办理相关手续期间未发生新的违反挂牌条件等事项的，全国股转公司安排公司股票正式在新三板市场挂牌公开转让。

第四节　转板制度

一、转板的概念和分类

转板是指根据信息披露质量、财务规模、股份构成等情况，公司可以在不同证券市场或同一证券市场不同层次市场之间转换上市或挂牌进行股份交易或转让。

转板机制既包括外部转板，也包括内部转板。不同证券交易（场）所之间的转板，称为外部转板，如纳斯达克上市公司转到纽约证券交易所上市，上交所上市公司的 B 股转到香港联交所上市。同一证券交易（场）所不同板块之间的转板，称为内部转板，例如，香港联交所创业板上市公司转到香港联交所主板上市，纳斯达克市场不同板块之间的转板，等等。

从低层次市场向高层次市场转板，称为升级转板。从高层次市场向低层次市场转板，称为降级转板。在同一层次市场之间进行转板，则称为平级转板。

二、实施转板制度的原因和意义

在资本市场发达国家和地区，不同板块之间的直接转板机制是畅通的。比如在美国，企业上市场所是可以随时移动的：美国所有交易所的挂牌条件完全透明，当某个企业愿从一个交易所移到另一交易所挂牌时，企业可以随时向期望的交易所申请。

之所以要在不同交易市场之间建立转板机制，最根本的原因还在于企业的发行自由、上市自由，以及交易（场）所之间的竞争自由。在发行与上市彻底脱钩的情况下，交易（场）所之间竞争自由，它们会推出不同的市场板块来满足发行人差异化的上市需求和挂牌需求；由于上市和挂牌自由，监管机构也不必剥夺达不到上市门槛的企业的发行自由，因为它们可以在发行之后挂牌，或者在证券公司柜台买卖，或者也既不上市交易，也不挂牌，也不在证券公司柜台买卖，只要发行人愿卖、投资者愿买，监管者没有干预的必要。这样，能最大限度地实现风险错配，解决中小企业的融资难问题。

转板机制的推出，一方面，从企业的角度讲，企业在发展到一定阶段，符合进入高层次资本市场的条件时可选择转板，这样，可以扩大投资者的基础，并能吸引机构投资者和提高股票资本流通量；当企业经营不善和严重亏损时，实行降板或退市制度有利于保护市场的信誉，培育市场的竞争机制，提高投资者投资的效率。另一方面，从资本市场建设的角度看，转板机制的设计，可以使多层次资本市场成为有机的同一整体，有利于淘汰落后企业，从而提高整个社会资本资源配置效率。

三、内部转板机制

在我国，新三板有内部转板机制，上交所和深圳证券交易所内部目前还未实现能上能下、相互贯通的内部转板制度。深圳证券交易所内部的主板、中小企业板和创业板，不能彼此转板。上交所内部的主板和科创板之间也不能彼此转板。

2016年5月27日，全国股转公司发布了《全国中小企业股份转让系统挂牌公司分层管理办法（试行）》（已失效），正式对挂牌公司实施分层管理。之后，全国股转公司对该办法进行了多次修订，现行有效的是《全国中小企业股份转让系统分层管理办法》（2022年修订），设置了“基础层—创新层”的市场结构，符合不同条件的挂牌公司分别被纳入不同市场层级进行管理。

1. 新三板各市场层级的进入条件

申请挂牌公司符合挂牌条件，但未进入创新层的，应当自挂牌之日起进入基础层。挂牌公司未进入创新层的，应当进入基础层。

挂牌公司进入创新层，应当符合下列条件之一：（1）最近两年净利润均不低于1 000万元，最近两年加权平均净资产收益率平均不低于6%，截至进层启动日的股本总额不少于2 000万元；（2）最近两年营业收入平均不低于8 000万元，且持续增长，年均复合增长率不低于30%，截至进层启动日的股本总额不少于2 000万元；（3）最近两年研发投入累计不低于2 500万元，截至进层启动日的24个月内，定向发行普通股融资金额累计不低于4 000万元（不含以非现金资产认购的部分），且每次发行完成后以该次发行价格计算的股票市值均不低于3亿元；（4）截至进层启动日的120个交易日内，最近有成交的60个交易日的平均股票市值不低于3亿元；采取做市交易方式的，截至进层启动日做市商家数不少于4家；采取集合竞价交易方式的，前述60个交易日通过集合竞价交易方式实现的股票累计成交量不低于100万股；截至进层启动日的股本总额不少于5 000万元。

挂牌公司进入创新层，同时还应当符合下列条件：（1）挂牌同时或挂牌后已完成定向发行普通股、优先股或可转换公司债券（以下简称可转债），且截至进层启动日完成的发行融资金额累计不低于1 000万元（不含以非现金资产认购的部分）；（2）最近一年期末净资产不为负值；（3）公司治理健全，截至进层启动日，已制定并披露经董事会审议通过的股东大会、董事会和监事会制度、对外投资管理制度、对外担保管理制度、关联交易管理制度、投资者关系管理制度、利润分配管理制度和承诺管理制度，已设董事会秘书作为信息披露事务负责人并公开披露；（4）证监会和全国股转公司规定的其他条件。

以每年8月的最后一个交易日为进层启动日的挂牌公司，还应当同时符合以下条件：（1）当年所披露中期报告的财务会计报告应当经符合《证券法》规定的会计师事务所审计，审计意见应当为标准无保留意见；（2）中期报告载明的营业收入和净利润均不低于上年同期水平。

挂牌公司或其他相关主体在截至进层启动日的12个月内或进层实施期间出现下列情形之一的，挂牌公司不得进入创新层：（1）挂牌公司或其控股股东、实际控制人因贪污、贿赂、侵占财产、挪用财产或者破坏社会主义市场经济秩序的行为被司法机关作出有罪判决，或刑事处罚未执行完毕；（2）挂牌公司或其控股股东、实际控制人因欺诈发行、重大信息披露违法或者其他涉及国家安全、公共安全、生态安全、生产安全、公众健康安全等领域的重大违法行为被处以罚款等处罚且情节严重，或者导致严重环境污染、重大人员伤亡、社会影响恶劣等情形；（3）挂牌公司或其控股股东、实际控制人、董事、监事、高级管理人员被中国证监会及其派出机构采取行政处罚；或因证券市场违法违规行为受到全国股转公司等自律监管机构公开谴责；（4）挂牌公司或其控股股东、实际控制人、董事、监事、高级管理人员因涉嫌犯罪正被司法机关立案侦查或涉嫌违法违规正被中国证监会及其派出机构立案调查，尚未有明确结论意见；（5）挂牌公司或其控股股东、实际控制人被列入失信被执行人名单且情形尚未消除；（6）未按照全国股转公司规定在每个会计年度结束之日起4个月内编制并披露年度报告，或者未在每个会计年度的上半年结束之日起2个月内编制并披露中期报告，因不可抗力等特殊原因导致未按期披露的除外；（7）最近两年财务会计报告被会计师事务所出具非标准审计意见的审计报告；仅根据"最近两年营业收入平均不低于8 000万元，且持续增长，年均复合增长率不低于30%，截至进层启动日的股本总额不少于2 000万元"的条件进入创新层的，最近三年财务会计报告被会计师事务所出具非标准审计意见的审计报告；（8）中国证监会和全国股转公司规定的其他情形。

全国股转公司自进层启动日起开展进层实施工作。基础层挂牌公司披露最近一个会计年度的财务报告后，符合创新层进层条件的，通过主办券商提交进入创新层的材料。挂牌公司正式进入创新层前，全国股转公司在全国股转系统网站公示拟进层的公司名单。挂牌公司在名单公示后的2个交易日内，可以事实认定有误为由申请异议。全国股转公司履行相应程序后，作出进层决定并公告。挂牌公司进入创新层按规定应当由全国股转系统挂牌委员会（以下简称挂牌委）审议的，全国股转公司结合挂牌委审议意见，作出进层决定。挂牌公司对进层决定存在异议的，可以自决定公告之日起5个交易日内申请复核。复核期间，全国股转公司作出的进层决定不停止执行。

2. 新三板各市场层级的退出情形（降层）

创新层挂牌公司出现下列情形之一的，全国股转公司将其调整至基础层：（1）最近两年净利润均为负值，且营业收入均低于5 000万元，或者最近三年净利润均为负值，且最近两年营业收入持续下降。（2）最近一年期末净资产为负值。（3）最近一年财务会计报告被会计师事务所出具否定意见或无法表示意见的审计报告，或者最近一年财务会计报告被会计师事务所出具保留意见的审计报告且净利润为负值。（4）半数以上董事无法保证年度报告或者中期报告内容的真实性、准确性、完整性或者提出异议。（5）因更正年度报告导致进层时不符合创新层进层条件，或者出现前述第（1）项至第（4）项规定情形。（6）不符合创新层进层条件，但依据虚假材料进入的。（7）未按照全国股转公司规定在每个会计年度结束之日起4个月内编制并披露年度报告，或者未在每个会计年度的上半年结束之日起2个月内编制并披露中期报告，因不可抗力等特殊原因导致未按期披露的除外。(8) 进入创新层后，最近 24 个月内因不同事项受到中国证监会及其派出机构行政处罚或全国股转公司公开谴责的次数累计达到 2 次，或者因资金占用、违规对外担保受到中国证监会及其派出机构行政处罚或全国股转公司公开谴责，或者受到刑事处罚。(9) 连续 60 个交易日，股票每日收盘价均低于每股面值。(10) 仅根据“最近两年研发投入累计不低于 2 500 万元，截至进层启动日的 24 个月内，定向发行普通股融资金额累计不低于 4 000 万元（不含以非现金资产认购的部分），且每次发行完成后以该次发行价格计算的股票市值均不低于 3 亿元”或“截至进层启动日的 120 个交易日内，最近有成交的 60 个交易日的平均股票市值不低于 3 亿元；采取做市交易方式的，截至进层启动日做市商家数不少于 4 家；采取集合竞价交易方式的，前述 60 个交易日通过集合竞价交易方式实现的股票累计成交量不低于 100 万股；截至进层启动日的股本总额不少于 5 000 万元”的条件，或者“最近两年研发投入不低于 2 500 万元，完成挂牌同时定向发行普通股后，融资金额不低于 4 000 万元（不含以非现金资产认购的部分），且公司股票市值不低于 3 亿元”或“在挂牌时即采取做市交易方式，完成挂牌同时定向发行普通股后，公司股票市值不低于 3 亿元，股本总额不少于 5 000 万元，做市商家数不少于 4 家，且做市商做市库存股均通过本次定向发行取得”的条件进入创新层的挂牌公司，连续 60 个交易日，股票交易市值均低于 1 亿元的。(11) 中国证监会和全国股转公司规定的其他情形。

创新层挂牌公司出现规定的降层情形的，全国股转公司自该情形认定之日起 5 个交易日内启动降层调整工作。全国股转公司履行相应程序后，作出降层调整决定并公告。创新层挂牌公司调整至基础层按规定应当由挂牌委审议的，全国股转公司结合挂牌委审议意见，作出降层调整决定。挂牌公司对降层调整决定存在异议的，可以自决定公告之日起 5 个交易日内申请复核。复核期间，全国股转公司作出的降层调整决定暂不执行。

四、外部转板机制

2019 年 10 月 25 日，新三板深化改革启动，其中一项改革是建立挂牌公司转板上市机制。根据党中央、国务院关于深化新三板改革、设立北京证券交易所（以下简称北交所）的统一部署，2022 年 1 月，证监会发布了《中国证监会关于北京证券交易所上市公司转板的指导意见》，初期在上交所、深交所各选择一个板块试点转板。试点一段时间后，评估完善转板机制。试点期间，符合条件的北交所上市公司可以申请转板至上交所科创板或深交所创业板。

1. 转板条件

北交所上市公司申请转板，应当已在北交所连续上市满一年，且符合转入板块的上市条件。公司在北交所上市前，曾在全国股转系统原精选层挂牌的，精选层挂牌时间与北交所上市时间合并计算。转板条件应当与首次公开发行并在上交所、深交所上市的条件保持基本一致，上交所、深交所可以根据监管需要提出差异化要求。

2. 转板程序

北交所上市公司筹划转板相关事宜，应当做好保密工作，控制知情人范围。上市公司控股股东、实际控制人、董事、监事、高级管理人员及其他内幕信息知情人在相关信息披露前，不得买卖公司证券，不得泄露内幕信息，不得建议他人买卖公司证券。

北交所上市公司董事会应当就公司拟申请转板相关事宜作出决议，并提请股东大会批准。上市公司股东大会就公司拟申请转板相关事宜作出决议，至少应当包括下列事项：（1）转板板块；（2）转板的证券种类和数量；（3）以获得转板同意为生效条件的股票终止上市事项；（4）决议有效期；（5）对董事会办理本次转板具体事宜的授权；（6）其他应当明确的事项。上市公司首次披露拟申请转板相关信息至提交转板申请期间，应当每10个交易日披露一次进展公告，相关事项取得重要进展或重大变化的，应当及时披露。北交所上市公司收到上交所、深交所受理或者不受理、中止或者终止审核、同意转板申请相关文书后，应当及时予以披露。

转板属于股票上市地的变更，不涉及股票公开发行，依法无须经证监会核准或注册，由上交所、深交所依据上市规则进行审核并作出决定。北交所上市公司履行内部决策程序后提出转板申请，上交所、深交所审核并作出是否同意上市的决定。上交所、深交所转板审核重点关注并判断转板公司是否符合本所规定的转板条件和信息披露要求，督促转板公司完善信息披露内容。上交所、深交所在作出转板审核决定后，应当及时报证监会备案。证监会对上交所、深交所审核工作进行监督，定期或不定期对交易所审核工作进行现场检查或非现场检查。上交所、深交所同意上市的决定自作出之日起6个月有效，转板公司应当在决定有效期内完成上市的所有准备工作并向上交所、深交所申请股票在科创板上市交易，暂缓上市不计算在决定有效期内。

北交所上市公司收到上交所、深交所同意公司转板相关文书后，应当根据北交所股票终止上市有关规定，申请股票终止上市。北交所上市公司收到北交所同意股票终止上市相关文书后，应当及时披露，说明后续转板安排。

北交所上市公司在北交所终止上市后，在上交所或深交所上市交易。转板公司应当在上交所、深交所上市前，按照中国结算的相关规定，办理转板证券登记相关业务。

3. 转板保荐

提出转板申请的北交所上市公司，按照上交所、深交所有关规定聘请证券公司担任上市保荐人。转板公司应当按照保荐人、证券服务机构要求，依法向其提供真实、准确、完整的业务运营、财务会计以及其他资料，配合相关机构开展尽职调查和其他相关工作。保荐人及保荐代表人应当诚实守信、勤勉尽责，保证转板报告书、上市保荐书等文件的真实、准确、完整。

保荐人应当严格遵守依法制定的业务规则和行业自律规范的要求，严格执行内部控制制度，充分了解转板公司经营情况和风险，对转板公司转板申请文件和信息披露文件进行全面核查验证，对转板公司是否符合转板条件和信息披露要求独立作出专业判断，审慎作出推荐决定。鉴于企业公开发行股票并在北交所上市时，已经保荐机构核查，并在上市后接受保荐机构持续督导，对北交所上市公司转板的保荐要求和程序可以适当调整完善。

4. 股份限售安排

北交所上市公司转板的，股份限售应当遵守法律法规及上交所、深交所业务规则的规定。在计算北交所上市公司转板后的股份限售期时，原则上可以扣除在全国股转系统原精选层和北交所已经限售的时间。上交所、深交所对转板公司的控股股东、实际控制人、董监高等所持股份的限售期作出规定。

第五节　退市退板制度

一、退市制度概述

（一）退市制度的概念及类型

退市制度是指上市公司股票在证券交易所终止交易。退市制度是多层次资本市场有效发挥资源配置作用的基础制度，有利于健全多层次资本市场功能，降低市场经营成本，增强市场主体活力，提高市场竞争能力，实现优胜劣汰，承接重大违法行为，避免扭曲市场价值体系的“壳资源”炒作，树立价值投资理念，优化上市公司内部治理结构，保护投资者特别是中小投资者合法权益。

退市制度总体可分为两大类型：第一类是主动退市，即上市公司基于发展战略转变、维持控制权、维护合理估值、私有化等考虑，从而主动向证券交易所申请其股票终止交易。第二类是强制退市，是指上市公司因为其经营状况不佳或者出现重大违法等行为被证券交易所摘牌导致上市公司退市的情形。强制退市又分为交易类强制退市、财务类强制退市、规范类强制退市和重大违法退市四大类。证券交易所对存在严重违法违规行为的公司股票，依法强制其退出市场交易；或为维护股票的总体质量和市场信心，根据股票交投活跃程度、股权分布、市值、净利润、净资产、营业收入、审计意见等指标，要求股票终止交易。PT 水仙是我国证券市场第一个被强制退市的上市公司，退市原因是连续 3 年亏损。

（二）退市风险警示

上市公司出现财务状况异常情况或者其他异常情况，导致其股票存在被强制终止上市的风险，或者投资者难以判断公司前景，投资者权益可能受到损害，存在其他重大风险的，证券交易所对该公司股票实施风险警示。风险警示分为警示存在强制终止上市风险的风险警示（以下简称退市风险警示）和警示存在其他重大风险的其他风险警示。上市公司股票被实施退市风险警示的，在公司股票简称前冠以“*ST”字样；上市公司股票被实施其他风险警示的，在公司股票简称前冠以“ST”字样。公司股票同时被实施退市风险警示和其他风险警示的，在公司股票简称前冠以“*ST”字样。

证券交易所设立风险警示板，上市公司股票被实施风险警示或者处于退市整理期的，进入该板进行交易。

典型案例

*ST 博元重大违法行为强制退市案①

作为A股首家因重大信息披露违法被强制退市的公司，*ST博元的重大违法行为主要体现在：

第一，李某某和余某某共同出资注册并共同控制的华信泰公司通过司法拍卖取得博元投资的控制权，余某某为董事长，李某某负责重大经营决策，但年度报告、半年度报告仅披露余某某为实际控制人，未按规定对另一实际控制人李某某进行披露。

第二，为履行股改业绩承诺，博元投资向其他公司借款，通过循环转账，虚构收到履行股改业绩承诺补偿款后，原借款转回其他公司账户。故公告所称的股改业绩承诺补偿款并未真实履行到位，年度报告、半年度报告未真实披露公司部分股改业绩承诺履行情况。

第三，为掩盖股改业绩承诺补偿款未真实履行到位的情况，经李某某和余某某提议，通过伪造银行承兑汇票并进行虚假背书，虚构银行承兑汇票购入、置换、贴现交易，虚构以银行承兑汇票支付合同预付款，年度报告、半年度报告中虚增资产、负债、营业收入和利润。余某某、李某某、董事蒋某某、独立董事万某某、监事周某某等均作出“保证本报告所载资料不存在任何虚假记载、误导性陈述或者重大遗漏，并对其内容的真实性、准确性和完整性承担个别及连带责任”的承诺。据此，博元投资存在定期报告财务数据虚假的事实。

博元投资的违法行为构成重大违法行为，经过第一阶段的调查，第二阶段的风险警示期和重组期，第三阶段的退市整理期，被依法强制退市。

二、退市决策和退市程序的发展历程

（一）强制退市制度的发展历程

《上海证券交易所股票上市规则（2014年修订）》《深圳证券交易所股票上市规则（2014年修订）》《深圳证券交易所创业板股票上市规则（2014年修订）》（均已失效）第一次确立“重大违法公司强制退市制度”，对存在欺诈发行、信息披露等重大伟大行为公司严格实施强制退市制度；严格执行市场交易类、财务类强制退市股票，并且要求交易所及时完善现行退市指标体系。

2018年，上海证券交易所发布实施《上海证券交易所上市公司重大违法强制退市实施办法》（上证发〔2018〕98号，已失效）和《深圳证券交易所上市公司重大违法强制退市实施办法》（深证上〔2018〕556号，已失效）规定，对重大违法强制退市情形进行了相对类型化、具体化的规范，明确了证券重大违法和社会公众安全重大违法两类强制退市情形，进一步将证券重大违法类型化为四种情形，将社会公众安全重大违法类

① 案例来源：证监会行政处罚决定书〔2017〕73号。

型化为三种情形。并规定重大违法的公司被暂停上市后，不再考虑公司整改、补偿等情况，6 个月期满后将直接予以终止上市，不得恢复上市。

2019 年 3 月，证监会发布《科创板上市公司持续监管办法（试行）》，建立了严格的退市制度，取消了暂停上市、恢复上市和重新上市环节。与此同时，《上海证券交易所科创板股票上市规则》（已废止）及《上海证券交易所科创板股票上市规则（2020 年 12 月修订）》对此进行了细化。

《证券法》（2019 年修订）取消了暂停上市制度，包括删除《证券法》（2014 年修正）第 55 条关于暂停股票上市交易的规定和第 60 条关于暂停债券上市交易的规定。《证券法》（2019 年修订）第 48 条第 1 款将股票退市和债券退市的规则统一交由证券交易所予以规定："上市交易的证券，有证券交易所规定的终止上市情形的，由证券交易所按照业务规则终止其上市交易。"第 48 条第 2 款规定了终止上市的公告和备案制度："证券交易所决定终止证券上市交易的，应当及时公告，并报国务院证券监督管理机构备案。"第 49 条规定了救济程序，即对证券交易所作出的终止上市交易决定不服的，可以向证券交易所设立的复核机构申请复核。《证券法》（2019 年修订）第 74 条规定，收购期限届满，被收购公司股权分布不符合证券交易所规定的上市交易要求的，该上市公司的股票应当由证券交易所依法终止上市交易；其余仍持有被收购公司股票的股东，有权向收购人以收购要约的同等条件出售其股票，收购人应当收购。

《上海证券交易所股票上市规则（2023 年 2 月修订）》第九章将强制退市分为交易类强制退市、财务类强制退市、规范类强制退市和重大违法类强制退市等四类情形。交易类强制退市包含在交易所仅发行 A 股股票的上市公司，连续 120 个交易日通过本所交易系统实现的累计股票成交量低于 500 万股，或者连续 20 个交易日的每日股票收盘价均低于人民币 1 元等情形；财务类强制退市包含公司未在法定期限内披露最近一年年度报告等情形；规范类强制退市包含公司股票因财务会计报告存在重大会计差错或者虚假记载，被中国证监会责令改正但公司未在规定期限内改正，公司股票及其衍生品种自前述期限届满的次一交易日起停牌，此后公司在股票及其衍生品种停牌 2 个月内仍未改正的情形被实施退市风险警示之日后 2 个月内，仍未披露经改正的财务会计报告等情形；重大违法类强制退市包含上市公司存在欺诈发行、重大信息披露违法或者其他严重损害证券市场秩序的重大违法行为，以及存在涉及国家安全、公共安全、生态安全、生产安全和公众健康安全等领域的违法行为，情节恶劣，严重损害国家利益、社会公共利益，或者严重影响上市地位，其股票应当被终止上市的情形。

《深圳证券交易所退市公司重新上市实施办法（2018 年修订）》（深证上〔2018〕556 号，已废止）在"重大违法强制退市"的定义和情形列举中涉及"五大安全"的重大违法行为，其股票应当被退市，并设置了比较严谨规范的退市决策和实施程序。《深圳证券交易所股票上市规则（2023 年修订）》第十章将强制退市分为交易类强制退市、财务类强制退市、规范类强制退市和重大违法类强制退市等四类情形，与《上海证券交易所股票上市规则》的有关规定基本相同。

（二）主动退市制度的发展历程

2014 年证监会颁布《关于改革完善并严格实施上市公司退市制度的若干意见》

（2018 年修正，现已废止）列举了七种引发上市公司主动退市的情形，包括因为收购、回购、吸收合并以及其他市场活动等，并且根据主动退市的特殊性，在实施程序、后续安排等方面作出主动退市制度的专门安排，着重强调主动退市的异议股东权益保护等。2022 年，立足于落实《证券法》基本要求，证监会发布《关于完善上市公司退市后监管工作的指导意见》，主要包括引导不具备持续经营能力的企业通过市场化途径退出市场，促进风险收敛和逐步出清等内容。

《上海证券交易所股票上市规则（2014 年修订）》和《深圳证券交易所股票上市规则（2014 年修订）》均规定了健全上市公司的主动退市制度建设。2018 年修订的《深圳证券交易所退市公司重新上市实施办法》（已废止）进一步明确主动退市制度与强制退市制度共同组成一个完整的退市体系，主动退市为退市制度的发展趋势。《上海证券交易所股票上市规则（2023 年 2 月修订）》第九章第七节专门对主动退市制度进行了规定，上市公司可以向交易所申请主动终止上市的情形包括：（1）公司股东大会决议主动撤回其股票在本所的交易，并决定不再在交易所交易；（2）公司股东大会决议主动撤回其股票在本所的交易，并转而申请在其他交易场所交易或转让；（3）公司向所有股东发出回购全部股份或部分股份的要约，导致公司股本总额、股权分布等发生变化不再具备上市条件；（4）公司股东向所有其他股东发出收购全部股份或部分股份的要约，导致公司股本总额、股权分布等发生变化不再具备上市条件；（5）除公司股东外的其他收购人向所有股东发出收购全部股份或部分股份的要约，导致公司股本总额、股权分布等发生变化不再具备上市条件；（6）公司因新设合并或者吸收合并，不再具有独立主体资格并被注销；（7）公司股东大会决议公司解散；（8）证监会和本所认可的其他主动终止上市情形。

《深圳证券交易所股票上市规则（2023 年修订）》第十章第八节对主动终止上市进行了明确的规定，与《上海证券交易所股票上市规则》的规定基本相同。

相对常见的主动退市情形有主动私有化退市和主动规避上市公司成本退市两大类。主动私有化退市是指通过收购上市公司的流通股使得上市公司的股权结构不再符合上市条件而退市，由于这种退市方法将直接导致作为公众公司的上市公司股票直接为少数人所持有，所以又称私有化退市。私有化退市又有两种分类：一是公司原大股东收购，二是由第三人并购中小股东持有的股票。主动规避上市公司成本退市是指为了规避上市公司必须履行的上市义务而主动选择退市。上市公司享有上市权利与便利的同时亦需履行一定的义务，例如信息披露、定期召开股东大会等，这些是必须履行的合规成本，上市公司认为履行成本过高，就可能会选择主动退市。主动退市制度的实行应当以保障中小投资者为前提，符合一定的条件，满足一定的程序方能退出证券市场。

（三）重新上市制度的发展历程

2012 年《上海证券交易所退市公司重新上市实施办法》（已失效）规定与上海证券交易所签署股份转让服务协议的，其股份进入退市公司股份转让系统挂牌转让；明确上市公司被终止上市后，符合规定条件的，可以申请其股票重新上市。2018 年，《上海证券交易所上市公司重大违法强制退市实施办法》和《深圳证券交易所上市公司重大违法强制退市实施办法》（均已失效）规定重大违法的公司被暂停上市后，不再考虑公司整改、补偿等情况，6 个月期满后将直接予以终止上市，不得恢复上市；除欺诈发行外的其他重大违法退市的公司申请重新上市，时间间隔由 1 年延长为 5 年；因欺诈发行而退市的公司不得重新上市，一退到底。《深圳证券交易所退市整理期业务特别规定（2015 年修订）》（已废止）、《深圳证券交易所退市公司重新上市实施办法（2020 年修订）》（深证上〔2020〕1293 号，已废止）规定在审核重新上市申请时，增加对公司在退市整理期及退市后公司是否因涉嫌内幕交易、市场操纵等被证监会立案调查或司法机关立案侦查等予以关注的内容，以及公司因重大违法被终止上市后申请重新上市的，保荐机构还须就公司已全面纠正违法行为、撤换有关责任人员、对民事赔偿责任承担作出妥善安排进行逐项说明。

《上海证券交易所股票上市规则（2023 年 2 月修订）》以及《深圳证券交易所股票上市规则（2023 年修订）》都专章规定了重新上市的相关制度，以概括列举的方式，明确申请重新上市的条件，规定主动退市公司可以随时向交易所提出重新上市申请，强制退市公司可在符合规定的申请时间内向交易所申请重新上市。在重新上市的一般规定的基础上，按照重新上市的重新上市申请、重新上市审核、重新上市安排的逻辑排序进行规定。因欺诈发行被实施重大违法类强制退市的公司，其股票被终止上市后，不得向交易所申请重新上市，一退到底。因欺诈发行之外的其他违法行为被实施重大违法类强制退市的公司，除强制退市认定依据的行政处罚决定、司法裁判被依法撤销等情形外，自其股票进入全国中小企业股份转让系统等证券交易场所转让之日起满 5 个完整会计年度方能申请重新上市。

三、科创板上市公司退市制度

2019 年证监会公布实施《科创板上市公司持续监管办法（试行）》优化完善财务类、交易类、规范类等退市标准，取消暂停上市、恢复上市和重新上市环节，从严执行退市指标和缩短退市周期，设计了严格的退市制度。

为进一步完善退市标准，优化退市程序，保护投资者权益，落实《证券法》关于退市的规定，在证监会的统一部署下，上交所《上海证券交易所科创板股票上市规则（2020 年 12 月修订）》［上证发〔2020〕101 号，以下简称《上交所科创板股票上市规则》（2020 年修订）］对退市相关内容进行了修订，修订集中于退市指标和退市整理期安排的完善，以及明确退市风险警示股票交易限制。

（一）科创板强制退市制度

1. 退市指标

科创板丰富和设立多维度、全方位的强制退市指标。

第一，重大违法类指标。

为进一步发挥重大违法强制退市的震慑作用，在重大违法类退市情形信息披露重大违法和公共安全重大违法的基础上，新增财务造假量化退市指标，连续两年营业收入、净利润、利润总额、资产负债表等指标虚假记载金额达到规定规模和规定比例的公司，将予以退市。此举是对原有财务造假强制退市的补充，完善了重大违法退市指标体系，旨在严厉打击恶性财务造假行为。

第二，交易类指标。

在成交量、股票价格、股东人数和市值构建退市情形的基础上，优化面值退市指标，将“连续20个交易日股票收盘价均低于股票面值”调整为“连续20个交易日每日股票收盘价均低于1元”，提升规则适用的公平性和统一性；并根据上交所《关于红筹企业申报科创板发行上市有关事项的通知》补充存托凭证的退市指标调整适用条款。

第三，财务类指标。

在设置四类主业“空心化”定性标准和扣除非经常性损益前后净利润为负值且主营收入未达到一定规模、净资产为负值等定量标准以明确丧失持续经营能力企业的经营和财务特征的基础上，对财务类指标进一步进行完善，主要表现为：一是将审计意见与其他财务类指标交叉适用。为防止公司通过调节财务会计报告的会计处理规避退市，将财务会计报告被出具无法表示意见或者否定意见的审计报告从“规范类”指标调整为“财务类”指标，与“营业收入＋净利润”“净资产”等退市指标交叉使用，明确被实施退市风险警示的公司，此后最近一个会计年度存在财务会计报告被出具保留意见、无法表示意见或者否定意见的审计报告、未在法定期限内披露年度报告或者半数以上董事无法保证公司所披露年度报告的真实性、准确性和完整性且未在法定期限内改正等情形的，其股票也将被终止上市。二是新增行政处罚决定书认定财务造假触及相关财务指标的退市情形。证监会行政处罚决定书表明公司已披露的最近一个会计年度经审计的年度报告存在虚假记载、误导性陈述或者重大遗漏，导致该年度相关财务指标实际已触及“营业收入＋净利润”“净资产”指标，公司股票将被实施退市风险警示。三是进一步优化营业收入扣除机制。在原有扣除机制上进一步明确扣除与主营业务无关的业务收入和不具备商业实质的收入，并要求扣除非经常性损益净利润为负值的公司披露扣除情况，会计师事务所出具专项核查意见。同时完善监管要求，明确未按规定扣除相关收入的，交易所可以要求公司扣除。

第四，规范类指标。

在现有未按期披露财务报告等退市指标，信息披露或者规范运作存在重大缺陷等合规性退市指标的基础上，结合监管实践，增加半数以上董事对所披露半年度报告和年度报告不保真且拒不改正的退市情形。同时细化信息披露或者规范运作存在重大缺陷且拒不改正的具体情形，进一步严肃市场纪律。

2. 退市程序

科创板简化了退市程序，取消了暂停上市、恢复上市环节，退市程序更加快捷、简明；并衔接注册制安排，不再设置专门的重新上市环节，已退市企业符合科创板上市条件的，可以按照股票发行上市注册程序和要求提出申请、接受审核。具体包括：(1) 终止上市决定。科创板股票上市委员会（以下简称上市委）负责对上市公司股票实施重大违法强制退市进行审议，作出独立的专业判断并形成审核意见。上海证券交易所根据上市委的审核意见，在5个交易日内作出是否终止公司股票上市的决定。(2) 退市风险警示期。上市公司出现下列情形之一的，上交所对其股票实施退市风险警示：因财务会计报告存在重大会计差错或者虚假记载，被证监会责令改正但公司未在规定期限内改正，此后公司在股票停牌2个月内仍未改正；未在法定期限内披露年度报告或者半年度报告，此后公司在股票停牌2个月内仍未披露；公司在信息披露或者规范运作方面存在重大缺陷，被上交所责令改正但未在规定期限内改正，此后公司在股票停牌2个月内仍未改正；因公司股本总额或股权分布发生变化，导致连续20个交易日不再具备上市条件，此后公司在股票停牌1个月内仍未解决；最近一个会计年度的财务会计报告被会计师事务所出具无法表示意见或者否定意见的审计报告；公司可能被依法强制解散；法院依法受理公司重整、和解和破产清算申请。上市公司触及规定的退市情形，导致其股票存在被终止上市风险的，由上交所对该公司股票启动退市程序。上市公司股票被实施退市风险警示的，在公司股票简称前冠以“*ST”字样，以区别于其他股票。上市公司股票被实施退市风险警示期间，不进入风险警示板交易，不适用风险警示板交易的相关规定。(3) 听证与复核。上市公司在收到终止上市事先告知书后，可以在5个交易日内以书面形式提出听证要求，并在10个交易日内提交书面陈述和申辩，由上市委组织召开听证会。上市公司收到上交所作出的终止上市决定后，可以在5个交易日内，以书面形式向上海证券交易所申请复核，由复核委员会进行审议复核。交易所依据复核委员会的审核意见，作出是否维持终止上市的决定。(4) 退市整理期。科创板保留了退市整理期，对于各类退市情形，均给予投资者15个交易日的退出窗口期。上市公司股票在被作出终止上市决定后，自公告终止上市决定之日后5个交易日届满的次一交易日复牌，进入退市整理期交易。退市整理股票的简称前冠以“退市”标识，不进入上交所风险警示板交易，不适用上交所风险警示板股票交易的相关规定。退市整理期的交易期限为15个交易日。退市整理期届满后5个交易日内，对公司股票予以摘牌，公司股票终止上市，并转入全国股转系统等证券交易场所转让。

(二) 科创板主动退市制度

上交所在收到上市公司提交的主动终止上市申请文件之日后5个交易日内，作出是否受理的决定并通知公司。在受理上市公司主动终止上市申请之日后的15个交易日内，由上市委员会对上市公司股票主动终止上市事宜进行审议，重点从保护投资者特别是中小投资者权益的角度，在审查上市公司决策程序合规性的基础上，作出独立的专业判断并形成审核意见。上交所根据上市委员会的审核意见，作出是否终止股票上市的决定。上市公司主动终止上市的，上交所在公司公告股票终止上市决定之日起5个交易日内对其予以摘牌，公司股票终止上市。公司股票不进入退市整理期交易。

四、新三板挂牌公司退板制度

新三板挂牌公司退板制度主要分为主动申请退板与强制退板两大类型。一方面，全国股转系统坚持开放包容的理念，充分尊重挂牌公司基于其意思自治作出的摘牌决定，允许挂牌公司主动申请终止挂牌；另一方面，为健全市场自净功能，实现市场优胜劣汰，同时贯彻落实依法从严全面监管要求，对于不符合挂牌维持条件，以及存在重大违法违规行为的挂牌公司，全国股转公司依法强制终止其股票挂牌。

全国股转公司《全国中小企业股份转让系统业务规则（试行）》（股转系统公告〔2013〕40号，以下简称《业务规则》）第四章第五节规定了终止与重新挂牌。全国股转公司终止挂牌公司股票挂牌的情形包含证监会核准其公开发行股票并在证券交易所上市；终止挂牌申请获得全国股转系统同意；未在规定期限内披露年度报告；挂牌公司未能按时与其他主办券商签署持续督导协议；挂牌公司正处清算等情形。并规定导致公司终止挂牌的情形消除后，经公司申请、主办券商推荐及全国股份转让系统公司同意，公司股票可以重新挂牌。

为做好深化新三板改革、设立北京证券交易所相关工作，建立常态化、市场化的退出机制，保护投资者合法权益，根据《证券法》《业务规则》等有关规定，《全国中小企业股份转让系统挂牌公司股票终止挂牌实施细则》（2021 年 11 月、2023 年 2 月修订，以下简称《实施细则》）正式发布，对挂牌公司股票终止挂牌的情形和程序予以明确。

《实施细则》第二章规定了主动终止挂牌的情形、条件、程序、复牌、终止挂牌公告内容等。应当主动终止挂牌的情形包含挂牌公司股东大会决议解散公司；挂牌公司因新设合并或者吸收合并，将不再具有独立主体资格并被注销；以及全国股转公司认定的其他申请终止挂牌的情形。终止挂牌决策程序、信息披露和股票停复牌安排应符合《业务规则》和《实施细则》等相关规定。

《实施细则》第三章规定了强制终止挂牌的情形、风险提示公告内容、停牌时点、程序等。强制终止挂牌的情形包含：（1）未在法定期限内披露年度报告或中期报告，或者披露的年度报告或中期报告未经挂牌公司董事会审议通过，或者半数以上董事无法完全保证公司所披露年度报告或中期报告的真实性、准确性和完整性，或者年度报告中的财务报告未经符合《证券法》规定的会计师事务所审计，且前述情形自法定期限届满之日起 2 个月内仍未披露或改正；（2）最近 2 个会计年度的财务报告均被注册会计师出具否定意见或者无法表示意见的审计报告；（3）最近 3 个会计年度经审计的期末净资产均为负值；（4）涉及国家安全、公共安全、生态安全、生产安全和公众健康安全等领域的重大违法行为被追究法律责任，导致挂牌公司或其主要子公司依法被吊销营业执照、责令关闭或者被撤销，依法被吊销主营业务生产经营许可证，或存在丧失继续生产经营法律资格的其他情形；（5）存在欺诈发行、信息披露违法、擅自公开或变相公开发行证券等行为，挂牌公司或相关责任人员被人民法院依据《刑法》第 160 条、第 161 条或第 179 条作出有罪生效判决；（6）因在公告的股票挂牌公开转让、证券发行文件中隐瞒重要事实或者编造重大虚假内容，受到证监会及其派出机构行政处罚；（7）不符合挂牌条件，骗取全国股转公司同意挂牌函并受到公开谴责；（8）除上述第（6）项、第（7）项规定的情形外，最近 24 个月内因不同事项受到证监会及其派出机构行政处罚或全国股转公司公开谴责的次数累计达到 3 次；（9）存在会计准则规定的影响其持续经营能力的事项，被主办券商出具不具有持续经营能力的专项意见，且 3 个月后主办券商经核查出具专项意见，认为该情形仍未消除；（10）不能依法召开股东大会、股东大会无法形成有效决议，或者挂牌公司已经失去信息披露联系渠道、拒不披露应当披露的重大信息或严重扰乱信息披露秩序等，被主办券商出具公司治理机制不健全或者信息披露存在重大缺陷的专项意见，且 6 个月后主办券商经核查出具专项意见，认为该情形仍未消除；（11）与主办券商解除持续督导协议，且未能在 3 个月内与其他主办券商签署持续督导协议的；（12）被依法强制解散；（13）被法院宣告破产；（14）全国股转公司认定的其他情形。同时规定了挂牌公司的救济权利：被全国股转公司作出强制终止挂牌决定的，可以根据《全国中小企业股份转让系统复核实施细则》相关规定申请复核。

建立常态化、市场化的退出机制是全国股转系统完善市场建设的重要内容，是实现市场进退有序、健康发展的重要保障。

课后习题

1. 我国的多层次资本市场的建构目标是什么？
2. 新三板市场股票挂牌制度与科创板股票发行上市制度之间有何异同？
3. 谈谈你对我国证券市场不同板块股票上市条件的共性指标与差异性指标的认识。
4. 新三板市场挂牌公司到主板、创业板或科创板市场的转板机制应该如何构建？
5. 退市制度中是否应该取消 ST 缓冲程序？

第四章 证券交易结算制度

第一节　证券市场基础设施

证券的交易除了需要投资者的参与，还依赖一些特殊经济组织所提供的登记、结算、清算等服务，这些作为金融交易桥梁的经济组织被形象地称为“基础设施”。基础设施自身的性质特殊，而且其普遍制定了对市场有约束力的内部规则。在某种程度上，这些内部规则才是证券交易、结算的基础。

一、基础设施的概念

“基础设施”（infrastructure）作为一个法律概念出现，是在席卷全球的次贷危机之后：美国2010年《多德—弗兰克华尔街改革和消费者保护法》将其界定为“为金融机构之间或金融机构与其自身之间的证券及其他金融交易管理或者运营转让、结算、清算之多边系统的主体”[①]；国际支付结算体系委员会（CPSS）和国际证监会组织（IOSCO）于2012年联合发布的《金融市场基础设施原则》（Principles for Financial Market Infrastructure，以下简称《FMI原则》），将“基础设施”定义为“各参与机构（包括系统运营者）之间用于证券、衍生品或其他金融交易之清算、结算或支付记录的多边系统”，包括支付系统（SIPSs）、中央证券存管系统（CSDs）、证券结算系统（SSSs）、中央对手方（CCPs）和交易数据库（TRs）。[②] 和大多数国家的金融主管当局一样，我国的金融主管当局基本认可并援引《FMI原则》中关于“基础设施”的定义。[③] 在此基础上，结合我国金融市场的发展现状，本书所谓之“证券市场基础设施”是指为有组织、成规模的合法证券交易提供登记、存管、支付、清算、结算等服务的机

---

① Dodd-Frank Wall Street Reform and Consumer Protection Act，Section 803（6）. 值得注意的是，法条原文对“基础设施”的表述方式为Financial Market Utilities（FMU），而在后来的各种文本中多称为Financial Market Infrastructure（FMI）。

② CPSS-IOSCO，Principles for Financial Market Infrastructure，1.8，1.9.

③ 我国国务院或金融协调监管的层面都没有对“金融市场基础设施”进行界定，只有《中国人民银行办公厅关于实施〈金融市场基础设施原则〉有关事项的通知》（银办发〔2013〕187号）和证监会办公厅《关于实施〈金融市场基础设施原则〉有关事项的通知》（证监办发〔2013〕42号）直接援引《FMI原则》，对“基础设施”的定义和分类进行规定。

构、组织。

如果对“证券”采广义的认识，我国现阶段已经出现并发展相对成熟的证券市场基础设施至少包括（沪、深）证券交易所、中国结算、中央国债登记结算有限责任公司、中国金融期货交易所股份有限公司、银行间市场清算所股份有限公司等。

当今社会，证券市场基础设施对于金融稳定的重要性被广泛承认，因为任何基础设施运行的缺陷或者失败都将导致金融市场的灾难性后果，因此，基础设施的稳定性和法律保护已经上升到防止金融市场系统性风险的高度。① 比如，以中央对手方（CCP）为标志的结算系统有效地控制了特定交易方履约不能所引发的违约传导风险，将流动性风险控制在中央对手方前期的风险压力测试之中，而不是事后进行“灭火式”金融援助。正如世界银行经济学家博索内（Bossone）教授在其研究中所指出的：金融市场基础设施的发展与一国经济发展、技术进步以及金融体制的变迁息息相关。市场基础设施的发展能够促进规模更大、效率更高的产业资本的积累，而且市场基础设施越发达，其承受外部冲击的能力就越强。②

证券市场基础设施、金融稳定性与经济增长三者是密切联系的：一方面，证券市场基础设施是服务市场、增强稳定性的重要基础，证券市场基础设施提供高效、有序、透明的交易流程，能够保证交易参与人对交易结果有明确的预期，确保监管当局对交易规模和交易资金的流向有清晰的把握；另一方面，安全、高效的证券市场基础设施便利了证券、衍生品交易的清算、结算以及记录，在一定程度上推动了金融交易的繁荣发展，进而促进国家经济增长。

证券市场基础设施已经成为支撑我国国民经济发展的重要组成部分。世界各国对2008年次贷危机的反思结论同样充分证明了证券市场基础设施的重要性：在金融动荡时期，基础设施的平稳运行给了市场极大的信心，而场外衍生品市场由于缺乏基础设施的支撑，其透明度和风险管理方面的问题被充分暴露出来。正如纽约联邦储蓄银行总裁兼首席执行官杜德利所言，“强大有效的金融市场基础设施有助于确保市场即使在危机时期也仍能够有效运作，它们是危机时期的力量之源，成功地履行了为交易者及时结算的义务，稳定了市场参与者继续参与交易的信心，因为参与者知道他们的交易一定会被清算和结算”③。虽然改革开放四十多年来，我国金融市场在整体上呈现稳健发展的态势，没有出现像1997年亚洲金融风暴和2008年全球次贷危机这样影响金融系统稳定的重大危机，但在金融市场近年来高速发展的背景下，如何确保证券市场基础设施在产品创新、交易、定价和清算中的重要作用依然是非常重要的议题。

---

① Serafin Martinez-Jaramillo, etc.,“The Role of Financial Market Infrastructures in Financial Stability: An Overview”, in Martin Diehl, etc., editorial, *Analyzing the Economics of Financial Market Infrastructures*, *Business Science Reference*, 2016, p. 20.

② Biagio Bossone, et al.,“Financial Infrastructure, Group Interests, and Capital Accumulation: Theory, Evidence, and Policy”, IMF working paper, No. 03/24, pp. 1 - 35, 2003.

③ William C. Dudley,“Reforming the OTC Derivatives Market”, at the Harvard Law School's Symposium on Building the Financial System of the 21st Century, Armonk, New York, 19 March 2012. Viewed at 17th April 2019, https://www.bis.org/review/r120323b.pdf.

二、基础设施的特殊法律性质

基础设施为了规范相关市场的运行秩序，都会制定一些具有约束力的内部规则。这种权力的来源以及该等内部规范的效力都与基础设施自身的性质定位紧密相关。目前国内的各类证券市场基础设施分为会员制与公司制两类。会员制的基础设施主要是指证券交易所和上海期货交易所（中国金融期货交易所为公司制），会员大会是其最高权力机构，制定内部规则实施自律管理源于《证券法》《证券交易所管理办法》《期货交易管理条例》的授权。[①] 相比之下，公司制基础设施的数量更多且法律地位模糊。这些“公司”是依据主管机关的批复而设立的企业法人，在法理上面临着企业法人如何对外行使管理职责的问题。除非特别法另有规定（比如中国结算的职能在《证券法》中有明确规定），公司作为一种非公益性的营利性组织，未经法律的授权只能与其他主体建立平等的民事关系，何以有权制定内部规则约束市场是必须澄清的。

为获得法律效力，公司制基础设施无外乎采取以下两种路径。其一，以形式上的公司制、实质上的会员制获得“会员”的权利让渡。由于无法通过公司章程形成对市场参与人的约束，这类基础设施一般通过“自愿申请——审批同意”的契约方式确立会员之间的关系，并依照会员管理办法要求会员遵守本公司及附属机构的管理规范和相关业务规则，甚至直接要求市场参与人接受本公司的“自律管理”。这种“准会员制”在某种程度上可以确保内部规则在缔约参与主体之间的执行，但内部规则依旧无法产生普遍的对抗力。其二，以行政主管机关的规章、规范性文件或者批复作为制定内部规则的依据。由于不具备会员制基础设施的特殊属性，规则要产生效力还需主管机关的批准或备案。但从学理上讲，在内部规则与一般民商事法律有不同规定时，行政机关的授权、批复不可能令内部规则取得优先效力。因此，准确厘定基础设施的法律性质，进而证成其有制定规则的权力，对于基础设施能否发挥稳定金融体系的功能影响巨大。

会员制与公司制的组织形式差异事实上并不是基础设施之法律性质的决定性因素。以证券交易所为例：为了取得自律管理的权限，我国的法律文本多次使用“会员”的表述方式，并暗示当前的交易所是实行会员制的。[②] 然而当前“会员制”的交易所的组织方式并非真正意义上的会员制。首先，交易所与每个券商分别形成一一对应的合同关系，一方是服务提供者，另一方是服务接受者；券商之间并未缔结合同，只有利益彼此对立的交易当事人群体，而不存在一个受共同利益驱动的互惠联合体。其次，交易所的治理结构是排斥会员制的，且带有强烈的行政色彩，比如交易所的理事分为成员理事和非成员理事，非成员理事可达到理事总人数的一半；成员理事由成员选举产生，非成员理事由证监会直接委派；成员理事既不能提名理事长、副理事长，也没有足够的信息、

① 《证券法》（2019 年修订）第 115 条、《证券交易所管理办法》第 7 条、《期货交易管理条例》第 13 条。

② 《证券法》（2019 年修订）第 101 条第 2 款规定，实行会员制的证券交易所的财产积累归会员所有，其权益由会员共同享有，在其存续期间，不得将其财产积累分配给会员。《证券交易所管理办法》第 18 条第 1 款第一句规定，会员大会为会员制证券交易所的最高权力机构。该条文表明了会员在交易所的运营中享有决策的权力，也符合会员制交易所由会员控制的基本特征。此外，《证券法》和《证券交易所管理办法》中多次使用“会员”的提法，而会员的提法通常仅用于会员制交易所。

权威去判断证监会提名的人选是否称职，对理事长、副理事长的任免表决缺乏实效。最后，根据法经济学的理论，决定交易所最优组织方式的两个变量是竞争环境和成员规模。在竞争激烈的条件下，或者在成员众多而集体决策成本高的条件下，公司制是理想的选择。我国的交易所不存在竞争（沪、深两交易所的分工明晰），似乎应当选择会员制，却又因为公权力的强力介入而不存在会员制的"一人一票"必然引发的集体决策成本。这也佐证了我国的证券交易所并非一个市场化的会员组织或公司法人。我国的证券市场一开始就是在政府推动之下建立起来的，拘泥于形式上的会员制或公司制来理解基础设施的法律性质，反映了一种思维和表达上试图"与国际惯例接轨"的路径依赖。[①]中国式证券交易所既不是民法意义上的公司法人，也不是会员制社团，而是政府创设、政府管理之下的一个承担证券市场组织、营运职能的"准公共组织"。

以交易所为代表的基础设施具备如下重要特征：(1) 基础设施与市场参与人之间存在协议，各市场参与人相互之间不存在互助式的协议；(2) 由行政机关发起或推动设立，甚至直接由国有投资主体控股；(3) 管理层的选任受制于监管机构，经营行为接受监管机构的行政指令，不采用市场化的决策机制；(4) 不存在有竞争关系的其他基础设施；(5) 运用现代信息技术摆脱了场所、容量、时空等的物理束缚。这样的组织即便以公司方式存在，也显然不以营利为目的。这在各种公司制基础设施的章程或者监督管理办法中都有明确体现。它们在客观上承担着与所谓"会员制"基础设施的功能相仿的社会经济管理职能，应当被认定为"准公共组织"。也正是基于这样的法律属性，基础设施才可能获得权力来制定规则实施"自律管理"。

三、基础设施内部规则的效力争议

基础设施不仅为证券交易提供全流程的服务，还创设与修改交易规则。但是，一些基础设施制定的规则可能与传统的民事法律存在冲突，以下借助典型例证加以说明。

在大多数的证券交易中，交易撮合成功后至产品交收完成前有一段时间窗口，称为清算交收期。表面上客户买卖的成交结果在系统上可实时确认，但证券所有权的转移并不是实时交易、即时过户的，交易标的在交收期内仅是处于交易所规则自行设定的"过户担保"状态，真正的所有权转移要在交收完成后实现。依据民事规则，被"确认交易"而尚未过户的证券依旧可以作为出卖人的财产被冻结、划扣，进而破坏金融系统稳定所需要的交易不可逆性。在基础设施像证券交易所那样承担中央对手方的职责时，更容易引发中央对手方交易体制的隐患。虽然，《证券法》（2019 年修订）第 158 条第 3 款规定，"在交收完成之前，任何人不得动用用于交收的证券、资金和担保物"，但"任何人"是否包括司法机关在内，尚存争议。同时还有人认为此条规定只限定二级结算[②]机制中一级净额结算过程中的券商交付责任，并没有明确在二级结算过程中客户托管于券商处的证券是否处于"担保状态"。实践中已经出现不少司法机关对基础设施所"保

① 方流芳．证券交易所的法律地位：反思"与国际惯例接轨"，政法论坛，2007 (1).

② 所谓"二级结算"是指券商通过结算登记机构与其他券商之间就各自自营和经纪的交易量总和所进行的结算（"一级结算"）和券商与其客户之间就当天交易所进行的结算（"二级结算"）。

管”备付的证券或资金的强制执行。交易所的规则试图改变这一困境，却因与民法上的所有权规则冲突，面临着对其自身效力的质疑。

在发生违约情形时，基础设施普遍通过内部规则对结算参与人的质押物采用快速处置方式。比如，中央国债登记结算有限责任公司对已人工终止扣款的已融资业务，可以对质押债券进行清偿处理并生成“债券清偿过户通知单”①。这种快速处置的特点是通过事先的协议与出质人进行约定，要求出质人同意基础设施按照其颁布、实施的业务操作规则对质押证券直接进行处置，或者要求出质人承诺认可基础设施快速处置的后果。质押权的实现也无须通过拍卖、变卖的途径。基础设施的快速处置依据只是同相关结算参与人的事先约定，故在司法实践中会受到有关“禁止流质”的司法审查，《担保法》（已失效）第66条、《物权法》（已失效）第211条和《民法典》第428条都禁止直接流质，不允许质权人就担保物事先约定所有权的转移归属。事实上，除了《证券法》（2019年修订）第158条第4款授权证券登记结算机构按照业务规则处理交收财产，再无法律直接、明确地对基础设施为维护市场的稳定、高效而采取的快速处置进行赋权。用基础设施的内部规则对抗一般的担保权制度显然力有不逮。

基础设施是证券登记、交易、结算的保障，对金融稳定的意义重大；内部规则的有效运行则是基础设施发挥功能的依托。然而，一方面，内部规则可能与既有的所有权制度、担保权制度等民事规则有冲突，甚至同破产法等商事制度有不协调之处；另一方面，内部规则只能约束利用该设施的市场参与人，无法产生普遍约束力，因此无法对抗市场参与人的债权人等第三方主体，避免强制执行。我国应将基础设施明确界定为“准公共组织”，适时制定“金融市场基础设施条例”，借由行政法规的路径赋予内部规则对世的普遍拘束力；同时，还需要运用司法技术，通过说理将同基础设施相关的纠纷排除在一般民事规范的适用范围之外，再将内部规则认定为《民法典》第10条所指的“习惯”，在客观效果上实现内部规则的优先适用力。只有借助立法与司法协同的中国式路径，基础设施对证券市场的自律管理才能产生良好的实效。②

第二节　证券交易制度

一、证券交易制度概述

（一）证券交易的概念和法律特征

证券交易，是指证券持有人按照证券交易规则将证券转让给其他投资者的行为。证券交易与证券发行紧密相连，广义的证券交易包括一级市场的证券发行和二级市场的证券交易，认为投资人在发行市场从发行人处购买证券的行为也是交易行为；狭义的证券交易仅指投资人在交易市场的买卖行为③，包括集中交易、协议交易、场外交易等多种

① 《中央国债登记结算有限责任公司自动质押融资业务实施细则》（2017年）第32条。

② 季奎明．金融市场基础设施自律管理规范的效力形成机制．中外法学，2019（2）．

③ 周友苏．新证券法论．北京：法律出版社，2007：224．

交易方式，其中集中交易主要包括竞价交易、大宗交易、做市商买卖等。本书所讨论的证券交易，是指狭义的证券交易。

活跃的证券交易为证券市场提供了流动性，证券持有者通过活跃的证券市场，可在较短时间内以合理价格将持有的证券变现，提高了证券投资者参与证券交易的积极性。

证券交易是市场对证券价值进行定价的过程。在证券转让、买卖与流通的过程中，投资者之间互相博弈，证券价格不断变化，体现市场对证券价值的判断。证券交易的法律特征从以下几个方面展开：

第一，证券交易的主体。证券交易的主体是指参与证券交易活动的各类主体，既有证券市场的投资者，也有为买卖提供经纪服务的中介机构。证券市场的投资者分为个人投资者与机构投资者，机构投资者一般包括企业、金融机构、基金、政府机构等。据中国结算的数据，截至2023年7月底，我国的证券投资者数量已经超过2.2亿。[①] 另外，证券经纪机构作为受托从事证券买卖的经纪人，在证券交易中有着重要的作用，对于场内证券交易，公众投资者不能直接进入交易所进行证券买卖，而是在具备资质的证券经纪商即证券公司在交易所取得交易资格后，投资者通过委托证券公司代理买卖的方式来完成交易。投资人与证券公司之间是委托代理关系，当投资者进行证券买卖时，需向证券公司发出委托指令，证券公司按照委托的内容通过其在交易所开设的交易业务单元进行交易。证券公司具有忠实执行投资者委托、维护投资者资产安全、及时报告交易数据等义务。相应地，证券公司作为代理人，在完成证券交易服务后有权向投资者收取佣金作为报酬。

第二，证券交易的客体。证券交易的客体即各种形式的证券，交易的证券是法定的证券品种。《证券法》列举的证券范围，包括股票、公司债券、存托凭证、政府债券、上市交易的证券投资基金份额和国务院依法认定的其他证券等。根据《证券法》的要求，证券发行程序的合法是证券交易的前提，当事人依法买卖的证券，必须是依法发行并交付的证券。非依法发行的证券，不得买卖。我国公开发行证券必须依法经过批准，按照法定程序发行。非公开发行证券，也须按照相关规定的程序展开。公开发行的证券，在依法设立的证券交易所上市交易或者在国务院批准的其他全国性证券交易场所交易。而非公开发行的证券，可以在证券交易所、国务院批准的其他全国性证券交易场所、按照国务院规定设立的区域性股权市场转让。

第三，证券交易行为的性质与特殊性。证券交易是当事人之间买卖证券的行为，其法律关系的本质是合同关系，遵循合同法的基本原理。但证券作为特殊的交易标的，其价值体现为证券所代表的权益，其交易行为的性质与方式有一定的特殊性。在当前电子化交易的时代，证券交付是通过改变电子记载的证券持有人而实现的，证券的转让和权利的转移是通过登记变更实现的。例如，竞价交易中当事人在法定的交易场所通过集合竞价、连续竞价等方式达成交易，当事人不知道交易对方是谁，电子成交系统仅以委托价格和委托时间自动撮合合同成立。因此，需要制定专门的委托规则、成交规则和结算规则等来规范证券交易活动。

---

① 数据来源：www.chinaclear.cn。

（二）证券交易的类型

1. 证券现货交易

证券现货交易，是指证券交易双方以持有的证券与资金进行交易，在成交后交割证券与资金的交易方式。这是最传统的证券交易方式，一手交钱一手交货，交割风险低，安全性高，是我国证券交易的主要方式。目前，中国A股市场采用的“T＋1”的交易制度，当日买入的股票，到下一个交易日才能卖出；对资金仍实行“T＋0”的交易制度，当日回笼的资金马上可以使用。

2. 证券期货交易

证券期货交易，是一种远期交易的形式。交易双方通过买卖期货合约，按照合约条款的约定，在未来的某一特定时间和地点，以约定的价格买卖标准化的证券期货合约。其交易的标的物是标准化的证券期货合约，一般只要求投资者缴纳一定比例的保证金，并不要求投资者实际持有足额的现金与证券。我国证券期货交易的发展历程较为曲折，1992年试点运行国债期货，在“327国债期货事件”等恶性事件发生后被暂停，直至2013年后，5年期国债期货合约等品种才在中国金融期货交易所重新挂牌上市，股指期货合约于2010年挂牌上市。

3. 证券期权交易

证券期权交易，又称“选择权交易”。期权通过支付期权费，获得在未来的某一时刻，以事前确定的价格，购买或者出售特定证券的权利。期权的持有人可以在到期前随时转卖这种权利，欧式期权持有人可以在到期时选择行使或者放弃这种权利，美式期权持有人可以在到期前约定的任意时间内行使或放弃这种权利。期权的卖方收取期权费后，必须无条件服从买方的选择。2013年我国中金所推出沪深300股指期权仿真交易合约，2015年50ETF期权于上交所上市。股指期权是一种成熟的衍生工具，我国在股指期货已经平稳运行较长时间的情况下推出股指期权交易，将期权和期货作为场内市场的基础产品，有利于形成品种丰富的衍生金融市场。

4. 证券回购交易

证券回购交易是指证券买卖双方在成交同时与对方约定在未来某一时期再进行反向交易的行为。证券回购交易可以视为现货交易与远期交易的结合，包括买卖双方两个交易主体在成交时与回购期满时实施的两次交易行为。在我国证券交易实践中，回购交易包括债券买断式回购、债券质押式回购、股票质押式回购等。

债券买断式回购是指在债券持有人将债券卖给债券购买方时，交易双方约定在未来某一日期，由卖方以约定价格从买方购回对应债券的交易行为。在买断式回购中，债券所有权随着交易的发生而转移，在回购期内债券购买方可以对相关债券进行自由支配。

债券质押式回购指正回购方将债券质押给逆回购方融入资金，同时双方约定在将来某一日期由正回购方按照约定回购利率向逆回购方支付本息，逆回购方返还标的证券的行为。债券质押式回购的准入门槛低，公众投资者可将其作为短期的理财方式。

股票质押式回购业务是上市公司股东常用的一种融资方式，其以持有的股票进行质押融资，使股东在保持控制权的同时又能筹集资金。但2017年以来，质押业务风险事件频发，股价大幅下跌引发了质押股份触及平仓线或被动平仓事件。为了降低股权质押业务风险，规范业务运作，2018 年 3 月沪、深证券交易所与中国结算公司共同发布《股票质押式回购交易及登记结算业务办法》，明确规定融入资金应用于实体经济生产经营，股票质押率上限不得超过 60%，单只 A 股股票市场整体质押比例不得超过 50%。

二、证券集中交易

（一）集中交易

证券集中交易是指证券通过集中竞价成交的方式，集中竞价是指众多的买卖方依据价格优先、时间优先的原则竞价成交，是证券交易的主要方式。以下结合沪、深证券交易所的交易规则，介绍证券交易的主要程序。

1. 开户

投资者买卖证券，应当开立证券账户和资金账户。证券账户是证券登记结算机构为投资者设立的，用于准确记载投资者所持有的证券种类、名称、数量及相应变动权益和变动情况的账册。资金账户是证券公司为投资者设立的，用于存取投资者进行证券交易所需的保证资金、领取股息红利，并记载证券交易资金的币种、数量与变动情况的账册。投资者完成证券账户和资金账户开户手续后，存入足够的资金，即可进行委托买卖交易。需要注意的是，在我国证券交易制度尚未规范时期，存在部分证券公司挪用客户资金与证券，以谋私利的行为。为了防止与纠正证券公司在管理客户账户时存在的种种违规行为，证监会就投资者投资资金管理作出了专门的规定，投资者资金必须在其开户银行进行“第三方托管”，证券公司不得直接管理投资者资金。

2. 委托

委托是指投资者向事先指定的证券公司发出的，以某种价格买进或卖出一定数量的特定证券的意思表示。根据委托价格，委托指令可以分为市价委托和限价委托两种方式。委托指令应当反映客户买卖证券的基本要求或具体内容，包括证券账户号码、证券代码、买卖方向、委托数量和委托价格等。

3. 申报

申报是指交易所会员根据投资者的委托，向交易所主机发送证券买卖指令的行为。证券经纪商接受客户委托后应按“时间优先、客户优先”的原则进行申报竞价。时间优先是指证券经纪商应按受托时间的先后次序为委托人申报。客户优先是指当证券公司自营买卖申报与客户委托买卖申报在时间上相冲突时，应让客户委托买卖优先申报。

4. 竞价

竞价是指证券经纪商在接受客户的委托指令后，在证券交易所通过集中竞价的方式，就买卖证券的价格、数量达成一致，从而完成证券买卖的行为。证券交易所内的证券交易按“价格优先、时间优先”的原则竞价成交。在我国沪、深证券交易所上市的股票主要采取集中竞价的方式，其中包括集合竞价和连续竞价两种形式。新三板采用竞价成交与做市商制度并行，科创板目前采用的是竞价成交制度，但在交易规则上与主板有差异化安排，以增强对创新企业的包容性和流动性的提升。

（1）集合竞价，是指证券交易所在一段时间内接受的全部有效买卖申报进行一次性集中撮合处理的竞价方式。沪、深证券交易所的交易时间是周一到周五，法定节假日和公告的休市日休市，集合竞价的时间是上午 9：15－9：25 和下午 14：57－15：00。在集中撮合处理时，所有买方的有效委托按委托限价由高到低排列，限价相同者按进入撮合主机的先后顺序排列；所有卖方的有效委托按委托限价由低到高排列，限价相同者按进入撮合主机的先后顺序排列。撮合主机按上述顺序使买卖双方配对成交，所有成交都以同一价格进行。通过集合竞价确定交易日当天的开盘价和收盘价。

（2）连续竞价，是指对买卖申报逐笔连续撮合的竞价方式。连续竞价的特点是每一笔买卖委托输入交易自动撮合系统后，进行不同的处理。上交所和深交所的连续竞价时间，上午为 9：30－11：30，下午为 13：00－14：57。连续竞价时，成交价格的确定原则为：最高买入申报与最低卖出申报价格相同时，以该价格为成交价；买入申报价格高于即时揭示的最低卖出申报价格时，以即时揭示的最低卖出申报价格为成交价；卖出申报价格低于即时揭示的最高买入申报价格时，以即时揭示的最高买入申报价格为成交价。

科创板的交易规则，引入了盘后固定价格交易制度，其指在竞价交易结束后，投资者通过收盘定价委托，按照收盘价买卖股票的交易方式。这是连续交易的有效补充，可以满足投资者在竞价撮合时段之外以确定性价格成交的交易需求，也有利于减少被动跟踪收盘价的大额交易对盘中交易价格的冲击。

《证券法》在 2019 年修订中还增加了对程序化交易的规定：“通过计算机程序自动生成或者下达交易指令进行程序化交易的，应当符合国务院证券监督管理机构的规定，并向证券交易所报告，不得影响证券交易所系统安全或者正常交易秩序。”（第 45 条）该条授权监管部门制定实施细则和进行监管的权力，监管细则仍有待进一步完善。

延伸阅读

程序化交易与高频交易

随着计算机技术的不断发展，新兴科技手段推动金融市场不断创新。在证券交易市场中，程序化交易、高频交易等新型交易方式是计算机技术与金融深度结合的产物之一。程序化交易是指通过既定程序或特定软件，自动生成或执行交易指令的交易行为。在程序化交易蓬勃发展的过程中，又不断衍生出了算法交易、高频交易等新型交易方式。其中，高频交易的应用在国内外证券市场上比较广泛，也备受关注。

高频交易是一种采用高速度和高频率的自动化证券交易方法或策略，具有如下四个方面的特征：一是通过算法程序进行决策、生成委托单、执行成交程序等；二是延时很短，目的在于最小化反应时间；三是指令进入系统的速度快、高速连接市场；四是信息量大，即不断有报单和撤单的交易行为。自出现以来，高频交易一直饱受争议。一方面，高频交易公司善于捕捉市场中价格的微小变动，能够迅速地将其掌握的信息注入其报价和订单中，优化了证券市场中的价格发现机制且为证券市场创造了流动性。另一方面，高频交易为证券市场带来了新的风险，一旦交易机器或程序出现故障，这种技术风险在高速下单、巨量交易的高频交易模式下就会被剧烈放大，对证券市场的安全与稳定造成威胁。同时，高频交易模式便利了“幌骗”和“塞单”等操纵市场行为。高频交易公司可以通过快速且巨量地发出和撤回申报信息，干扰正常市场交易秩序从而为自己赢取利润。

高频交易在我国证券市场中起步较晚，在商品期货、金融期货、ETF（交易型开放式指数基金）等实行T+0交易制度的市场比较常见，相关的技术应用仍处于不断探索阶段。2015年伊世顿公司利用高频交易操纵股指期货市场案①后，监管部门始终对高频交易保持着一种比较谨慎的态度。为及时对程序化交易、高频交易等新型交易方式进行规范，2019年修订的《证券法》授予监管部门制定实施细则和进行监管的权力。

（二）涨跌幅限制

涨跌幅限制又叫每日价格最大波动幅度限制，不同的交易场所设置的比例不同，沪、深证券交易所对股票和基金交易设置的涨跌幅比例限制为10%，科创板为20%，涨跌幅价格的计算公式为：涨跌幅价格=前收盘价×（1±涨跌幅比例）。但在下述情形下，其首个交易日无价格涨跌幅限制：（1）首次公开发行上市的股票和封闭式基金；（2）增发上市的股票；（3）暂停上市后恢复上市的股票；（4）退市后重新上市的股票；（5）交易所认定的其他情形。需要注意的是，涨跌幅限制在股价达到涨跌停板后，不是完全停止交易，而是在涨跌停价位或价格内的交易仍可继续进行，直到当日收市为止。涨跌幅限制的目的在于防止交易价格的暴涨暴跌，抑制过度投机现象，但对其效果，实践中还有较大的争议。有市场人士认为，其并不能遏制股价的大涨大跌，只是改变了节奏而已。

延伸阅读

熔断制度

熔断制度，是指当市场价格的参考指数超过预定的启动水平时交易系统自动暂停整个市场或者特定证券的交易，其目的是让市场参与者在市场剧烈上涨或下跌时，有机会评估异动期间的市场状况和潜在的系统风险。依据熔断方式不同，可以分为“熔而断”和“熔而不断”两种表现形式。前者是指当价格触及熔断点后，在随后的一段时间内停止交易；后者是指当价格触及熔断点后，在随后的一段时间内继续交易，但报价限制在熔断点之内。在国外，该制度发展得比较成熟，美国自1987年股灾爆发后，交易所引入了熔断机制，主要为“熔而断”的形式，以标普500为基准指数，同时设置了7%、13%、20%三档单项跌幅值，取得了不错的实施效果。英国、日本等国的交易所也有类似的制度。我国在2016年1月试行过熔断制度，以沪深300指数为基准指数，当其触

① 2015年伊世顿公司通过滥用高频交易手段进行非法牟利。其通过高频程序化软件自动批量下单、快速下单，平均下单速度达每0.03秒一笔，一秒内最多下单31笔，其交易过程有“幌骗”交易的特征，申报价格明显偏离市场最新价格，非法获利高达20多亿元。2017年6月上海市第一中级人民法院对伊世顿公司以操纵期货市场罪判处罚没金6.9亿元，并追究相关责任人的刑事责任。

发5%熔断值时，交易所将暂停交易15分钟，而如果尾盘阶段触发5%或全天任何时候触发7%，则暂停交易直至收市。但其在实施过程中，频繁遭遇一天两次熔断，后熔断制度暂停实施。该制度在我国“水土不服”，可能与以下几方面有关。第一，我国的散户投资者比重较高，容易出现群体金融行为，触发熔断后，投资者易盲目同向操作，加速市场的不稳定。第二，中国已有涨跌停板制度，同时实施熔断机制，难免过度限制股市的交易自由度。第三，5%和7%的阈值设置，会导致阈值经常被触发，且间隔过近，反而会促使提前交易，使价格加速下跌。第四，中国的熔断机制是针对沪深300指数制定的，不能体现中小市值股票的走势，一定程度上不能实现市场价格发现的功能。①

（三）ST制度与PT制度

1. ST制度

1998年3月，证监会发布《关于上市公司状况异常期间的股票特别处理方式的通知》，我国开始实施ST制度。上市公司出现财务状况异常或其他状况异常，导致投资者难于判断公司前景，权益可能受到损害的，沪、深证券交易所对公司股票实行特别处理（Special Treatment）。ST制度的特别处理措施包括在公司股票简称前冠以“ST”字样，股票报价的日涨跌幅限制为5%，独立公布ST类股票每日行情等。

随着我国证券市场的发展，ST制度在历经多次修订后演变为退市风险警示（在股票简称前冠以“*ST”）和其他风险警示（在股票简称前冠以“ST”）两类，是我国股票市场上重要的风险警告与缓冲制度。

但ST制度在实施的过程中，其效果远远不及预期。由于我国上市资源的稀缺性和退市机制较不完善，上市公司正式退市的情况极为少见。在被实施退市风险警示后，*ST公司实施重大资产重组，借壳上市的可能性更高，反而成为二级市场热衷炒作的题材。

为落实创业板改革并试点注册制相关工作，切实维护投资者合法权益，2020年12月发布的《深圳证券交易所创业板股票上市规则（2020年12月修订）》增设风险警示制度，ST制度也迈入了注册制。同时，《上海证券交易所股票上市规则（2023年2月修订）》与《深圳证券交易所股票上市规则（2023年2月修订）》，取消了暂停上市和恢复上市环节，简化退市流程、提高退市效率，对风险警示制度进行了完善。

以退市风险警示制度为例，当上市公司触动相关条件被实施退市风险警示后，证券交易所将对该上市公司股票终止上市事宜进行审议，并将其纳入风险警示板。被实施退市风险警示的上市公司只能申请撤销警示，并向交易所提供风险警示情形已消灭的证明材料。这种制度既是对上市公司的警告，督促上市公司采取积极措施以改善公司经营情况，减少漫长的暂停上市期间公司借壳上市的可能性；同时风险警示板的设立也能对投资者起到风险提示的作用，提醒投资者谨慎投资。

2. PT制度

1999年，为维护证券市场的交易秩序，保护投资者的合法权益，沪、深证券交易所制定了PT制度，即当上市公司出现最近三年连续亏损的情况后由交易所决定暂停其

① 胡俞越．中国版熔断机制水土不服的主要成因，上海证券报，2016-01-08（A02）．

股票上市，且在公司股票暂停上市期间由交易所为其提供特别转让（Particular Transfer）服务。PT 制度的内容包括在股票简称前冠以“PT”，在每周五为投资者提供转让服务，统一以集合竞价产生的唯一价格成交等措施。

PT 制度的目的在于为投资者提供流动性，便利其进行股份转让，释放市场风险。但实际上，由于原应依法退出市场的股票仍然可以交易，PT 制度不仅不能起到完善退市机制、优化上市公司质量的作用，还引发了二级市场爆炒“PT 股壳资源”的恶性现象。证监会 2001 年 11 月 30 日发布，自 2002 年 1 月 1 日起施行的《亏损上市公司暂停上市和终止上市实施办法（修订）》，取消了 PT 制度。公司暂停上市后，股票即停止交易，证券交易所不再提供转让服务。终止上市的公司可以委托中国证券业协会批准的证券商为其代办股份转让服务，以保障股东依法转让股份的权利。

三、证券非集中交易

（一）协议转让

协议转让，是指协议双方就上市公司股份达成转让合意，且不经过证券交易所交易系统而直接在登记结算机构过户交割的转让。协议转让一般适用于以下情形：与上市公司收购及股东权益变动相关的股份转让；交易双方存在实际控制关系、或均受同一控制人控制；外国投资者战略投资上市公司所涉及的股份转让。

作为一种非交易性的证券转让形式，协议转让方式下单个受让方的受让比例不低于公司股份总数的 5%，对上市公司权益变动的影响程度大。因此，沪、深证券交易所均规定协议转让主体在交易前需要获得交易所的确认。在对转让价格的限制上，沪、深证券交易所规定股份转让价格不低于转让协议签署日（当日为非交易日的顺延至次一交易日）公司股份大宗交易价格范围的下限。一般来说大宗交易价格在当日涨跌幅限制范围内确定，即前一交易日收盘价的-10%（ST 股票为-5%）。因此，协议转让价格虽然为双方协商合议确定，但不得低于前一交易日收盘价的 90%，上限则没有明确约束。

（二）大宗交易

大宗交易是指买卖双方对达到规定的最低限额的单笔买卖申报达成一致意见，并经证券交易所确定成交的证券交易。我国沪、深证券交易所均规定了大宗交易制度，并先后建立了专门的大宗交易平台，如 A 股单笔申报数量不低于 30 万股，或者交易金额不低于 200 万元人民币的，可以采用大宗交易方式，另外对 B 股、基金和债券都有所规定。大宗交易是机构投资者常用的交易方式，对机构投资者而言，通过集中竞价方式进行大宗股票转让的交易成本高，价格不稳定。大宗交易的成交价格由买卖双方协商确定，经交易所确认后成交，对场内交易的影响较弱。但协商价格仍需在当日价格涨跌幅限制范围内。通过大宗交易的方式，能降低短时间内证券供给的大量增长给市场带来的冲击。

（三）做市商制度

做市商（market maker）制度，是指在金融市场上由具备一定实力和信誉的经营法人作为特许交易商，不断地向公众投资者报出某些特定金融产品的买卖价格（双向报价），并在该价位上接受公众投资者的买卖要求，以其自有资金和金融产品与投资者进行交易的制度。

做市商的出现源于买卖供需的不平衡，在缺乏流动性的市场里，买方和卖方不一定会同时出现或交易同样数量的产品，这种时空差异导致交易难以实现。做市商使不同时间到达的买卖需求具备了成交的可能。该制度是早期欧美在柜台市场为了促成交易或者降低交易成本而引入的制度，现在已经广泛地被外汇、证券及衍生品等各类市场采用。做市商主要有如下功能：一是价值发现，做市商通过专业估值促使股票价格更趋近于其实际价值。二是增强流动性，做市商以自有资金进行股票交易，为市场提供流动性。三是稳定市场，做市商通过股票双向报价和交易平抑价格波动，增强市场稳定性。[①]

做市商制度可以分为垄断性做市商制度和竞争性做市商制度。在垄断性做市商制度下，证券市场上每只股票的做市商只有一个，该做市商垄断某只股票的双边报价并从中赚取差价。这对做市商的能力要求相当高，要求其具备雄厚的资金实力、良好的库存管理能力、专业的预测和分析能力，以合理预估所做市的证券的价格，美国纽约证券交易所的专家制度是其典型代表。在竞争性做市商制度下，每只股票的做市商不止一个，多个做市商形成竞争关系，可能会有利于股票的价值发现。目前美国纳斯达克（NASDAQ）、香港期货交易所、我国银行间债券市场和外汇市场，以及我国新三板和科创板都采取竞争性做市商制度。

需要注意的是，做市商与市场操纵者有重大的区别。做市商制度是合法制度，而操纵市场行为则是违法违规行为。理论上，做市商交易的目的在于维持股票的流动性和股价的稳定性，为避免有行无市的现象发生，在股价上扬时，若一般持股者不愿售股，做市商需出让股票，而在股价下跌时，若一般投资者不愿购股，则做市商需买入股票；而操纵市场的目的则在于获取巨额收益。此外，做市商的做市行为依据已公开的信息，是透明的，所获取的差价利润符合法律规定和道德标准；而操纵市场者主要以非正当方式进行，对其操纵行为严格保密并掩饰。当然，在实践中，由于做市商有进行操纵市场的条件，需要严格其行为标准，防止市场操纵。

我国新三板的交易规则中，采用竞价转让与做市商制度并用的方式。北交所开市后，吸引了大量新三板股票前往排队上市，其中有较多股票在新三板时即采用做市交易方式，这一批优质股票的离开减少了新三板做市股票的数量。而从实践来看，我国做市商的积极性并不高。对照域外成熟市场的做市商制度经验，其做市商往往有一些优先权来保证利益实现，如纳斯达克（NASDAQ）允许做市商在市场行情低迷时进行自营交易，并赋予其优先获得融资融券的权利、一定程度的交易税费减免等。我国现行的实践下，做市商并未享有特别的优先权利，反而要在交易中承担较高的风险；且做市转让的交易成本相对较高，影响了做市商的积极性。因此，如何完善做市商激励措施，提高做市商的参与度和竞争力，值得在实践中进一步探索。

2022 年 5 月，证监会发布《证券公司科创板股票做市交易业务试点规定》，科创板推出“竞价制度为主，做市制度为辅”的混合交易，10 月 31 日，首批科创板做市商正

---

① 邢会强．新三板市场的做市商制度．国际融资，2016（3）：54－56.

式开展科创板股票做市交易业务。该做市商制度属于竞争性做市制度，首批做市交易涉及14家做市商、42只科创板股票。作为配套措施之一，10月28日，上海证券交易所与中国证券金融股份有限公司（以下简称中证金融）、中国结算联合发布《科创板做市借券业务细则》，明确了证券公司从中证金融借入科创板股票用于做市交易业务的有关操作和要求：在账户管理方面规定了账户分管、记载操作明细；在结算及保证金方面规定了借券约定申报与非约定申报证券划转的流程；在信息披露与风险控制方面规定了暂停做市借券业务的风险比例。科创板做市借券业务旨在促进做市商机制充分发挥市场功能，积极拓展做市业务券源，保障科创板股票做市交易业务顺利开展。此次科创板推出做市商制度不仅有望极大提高科创板股票流动性，也是对做市商制度在我国资本市场发挥更大效用的有益探索。

四、证券信用交易：融资融券和场外配资

证券信用交易指证券投资人通过交付保证金取得经纪人的信用，在买入证券时由经纪人贷给资金，在卖出证券时由经纪人贷给证券的一种证券交易方式。在我国证券交易实践中，信用交易主要体现为以证券公司根据融资融券制度开展的场内配资和依托交易软件开展的场外配资，场内融券交易体量较小。根据《证券公司融资融券业务管理办法》规定，交易所公布允许开展融资融券业务标的证券名单后，由证券公司向符合准入条件的客户提供信用，投资者可以向证券公司借入资金用于买入证券或借入证券用于卖出。而根据沪、深证券交易所交易细则规定，在交易过程中投资者维持担保比例不得低于130%，当证券账户中担保财产低于要求时，证券公司要求投资者追加保证金。投资者未能按期交足担保物或者到期未偿还债务的，证券公司可据约定采取强制平仓措施，处分担保物，不足部分向客户追偿。另一种信用交易是场外配资，由交易软件对证券账户分仓并对分仓账户进行结算，由出资人在控制母证券账户的情况下，将资金分配至数十个子账户为实际交易者提供配资服务。

证券信用交易具有放大交易的作用，有助涨助跌效应。当投资者以数倍的资金进行买入交易时，买盘的增加将造成证券价格的快速上升，但证券价格的下降将引发投资者数倍亏损，触发强制平仓，造成卖盘堆积甚至引发崩盘。2015年我国A股快速上升到五千多点后又迅速下跌到两千多点，信用交易对市场大幅波动有较大影响。融资融券业务可以为投资者提供1：1.3的杠杆，而场外配资可以提供1：5甚至1：10的杠杆，资金的快速流入推动了证券市场的不断上涨，但当开始对场外配资实行管控和清理时，强制平仓引发证券卖盘增多，价格快速下跌，形成强平——暴跌——更多强平——再暴跌的循环。

延伸阅读

场外配资

场外配资业务，是非证券公司开设的融资业务，相较于融资融券，其进入门槛更

低，交易标的不受限制，杠杆率不受限制，且利用配资软件开设的账户属于非实名制账户，交易信息不透明，是一种非正规的信用交易。但在我国实践中，具有配资需求的资金需求方与希望获得高收益的资金供给方的客观大量存在，使得配资行为具有极大的市场。2015 年 6 月开始，证监会通过证券账户实名制要求和证券公司外部信息系统接入管理对场外配资进行了规制。2016 年 11 月，证监会对恒生网络、铭创软件、同花顺等第三方交易软件非法经营证券业务作出处罚决定，同时对华泰证券、海通证券、广发证券、方正证券四家券商未按照《证券登记结算管理办法》等规定对客户的身份信息进行审查和了解，多家资产管理公司利用信托计划募集资金、通过第三方交易终端软件为客户提供证券服务的行为实施顶格处罚。对于证监会的处罚决定，有学者认为，证券账户实名制作为我国证券监管制度的基石之一，对维护证券市场秩序、保护投资者合法权益具有重要作用，需要监管落实。但是在对交易系统的信息技术服务商的处罚上，由于相关机构提供的信息系统接入服务实际上是对券商经纪流程的延伸而非替代，其“非法经营证券业务”处罚理由有待商榷。[①] 另外，在场外配资关系被监管机构认定无效的背景下，当事人之间配资及强制平仓的约定是否有效，也是司法中有争议的法律问题。有学者认为，从私法的角度，场外配资关系反映了市场博弈形成的公平交易模式，不构成违法借贷或违法承诺最低收益的委托理财，并无明确的效力性强制规定足以认定其合同关系无效。而强制平仓可以视为双方约定由一方在特定条件成就时终止合同履行的一种方式，是配资双方平衡其权利义务的重要手段，强制平仓之约定应予尊重。[②]

五、合格投资人制度及其改革

证券市场的投资人可分为一般投资人和合格投资人，在证券市场上没有门槛就可以开户交易的是一般投资人，对投资人设置一定条件限制的是合格投资人。合格投资者制度，来源于美国证券法上的“获许投资者”（accredited investors）制度。根据美国证券法的注册与豁免二分法，美国对私募证券进行豁免注册，但前提是投资者有自我保护能力。该理念从 1953 年 SEC v. Ralston Purina Co. 案的解释开始，逐步演变为 SEC 的 1982 年发布的“D 规章”中的 501 规则，其中提出了“获许投资者”的概念，兼采“财产标准”和“关系标准”。在此定义下，资产超过一定金额的机构，资产净值或收入超过一定金额的自然人，以及发行人的董事、执行经理（executive officer）和普通合伙人，都属于“获许投资者”，只要是向“获许投资者”进行的证券发行，无论获许投资者的人数有多少，都可以豁免注册，即私募发行豁免。该规则的逻辑是通过界定那些具有财力和能力承担投资风险和损失或有能力自我保护的投资者，使证券法规定的注册程序的保护不再必要。

我国的创业板、新三板、科创板与北交所等市场有合格投资人制度的相关规定，投资人只有满足准入门槛，符合一定条件后才能开户进行交易。（1）创业板。根据《创业板市场投资者适当性管理实施办法》（2020 年修订），对个人投资者的要求为，申请权

① 缪因知．证券交易场外配资清理整顿活动之反思．法学，2016（1）：48－57．

② 缪因知．证券交易场外配资合同及其强平约定的效力认定．法学，2017（5）：97－106．

限开通前 20 个交易日证券账户及资金账户内的资产日均不低于人民币 10 万元（不包括该投资者通过融资融券融入的资金和证券），且参与证券交易 24 个月以上。普通投资者首次参与创业板交易的，还应当以纸面或电子方式签署“创业板投资风险揭示书”。(2) 新三板。根据《全国中小企业股份转让系统投资者适当性管理办法》①，新三板市场对投资者适当性标准依据市场分层进行差异化设置。其中，在北交所开市前，投资者参与精选层股票交易的，参照创新层投资者准入标准的要求办理。对参与创新层股票发行和交易的机构投资者的要求为，实收资本或实收股本总额 100 万元人民币以上的法人机构或实缴出资总额 100 万元人民币以上的合伙企业；对个人投资者则在个人财务状况和证券投资经验方面都进行限制，不仅要求个人投资者在申请权限开通前 10 个交易日的证券账户和资金账户内的资产达日均 100 万元人民币以上（不含该投资者通过融资融券融入的资金和证券），还要求其具有 2 年以上证券、基金、期货投资经历，或者具有 2 年以上相关工作经历或相关金融机构的高级管理人员任职经历。对参与基础层股票发行和交易的投资者则就资本（资产）要求进行了差异化规定，为 200 万元人民币。(3) 科创板。根据《上海证券交易所科创板股票交易特别规定》，科创板市场对于个人投资者要求申请权限开通前 20 个交易日证券账户及资金账户内的资产日均不低于人民币 50 万元（不包括该投资者通过融资融券融入的资金和证券），且参与证券交易 24 个月以上。(4) 北交所。根据《北京证券交易所投资者适当性管理办法（试行）》，个人投资者参与北交所市场股票交易的要求为，申请权限开通前 20 个交易日证券账户和资金账户内的资产日均不低于人民币 50 万元（不包括该投资者通过融资融券融入的资金和证券），并且参与证券交易 24 个月以上。根据《北京证券交易所投资者适当性管理业务指南》，具有全国股转系统一类和二类交易权限的投资者，可以参与北交所股票交易；具有全国股转系统四类交易权限的投资者，可以参与北交所定向发行优先股转让。

在我国新三板 2019 年 12 月改革之前，其对合格投资人标准很高，如对个人投资者要求其在签署协议之日前本人名下最近 10 个转让日的日均金融资产在 500 万元人民币以上。这样设计的初衷，一是保护普通投资者，通过限制普通投资者进入高风险的新三板市场，从而避免其非理性地投资于不适合自身风险承受能力的资产。二是希望建立一个以高门槛的、基因更优良的新市场。但从实施的情况来看，新三板较高的投资者门槛致使只有少量投资者可以参与交易，从而导致新三板市场长期处于交投不活跃状态，影响新三板市场定价功能、价值发现功能和财富效应功能的正常发挥，甚至可能导致新三板市场创新的失败。有学者认为，“理性投资人”可以作为改革的参考，在美国的判例中，理性投资人的标准是：具备投资所需的知识；认真阅读信息披露文件，了解公司经营状况；具备理性人的思维能力，能够理性地认知、推理和判断，是非情绪化的投资者。可以结合理性投资人标准与获许投资者标准，将风险承受能力与风险识别能力作为

① 本办法由全国股转公司于 2019 年 12 月 27 日发布实施，对之前《全国中小企业股份转让系统投资者适当性管理细则》中规定的投资者准入门槛进行了相应的改革。2021 年 9 月 17 日，为统筹北交所和新三板整体协同发展，全国股转公司发布《关于修改〈全国中小企业股份转让系统投资者适当性管理办法〉的公告》（股转系统公告〔2021〕937 号），明确自该公告发布之日起至北交所开市前，投资者参与精选层股票交易的，参照创新层投资者准入标准的要求办理。

考核标准，识别出理性的投资者，将其引入新三板市场。[①] 新三板此次关于合格投资人制度的改革，除克服流动性障碍之外，还建立在挂牌公司内部治理和信息披露相对更规范，以及投资者逐步趋于理性、风险意识和投资能力有所增强的基础之上。[②] 此次改革除调整完善投资者准入资产要求之外，还优化了投资者适当性的持续管理，即明确主办券商结合投资者信息及其参与挂牌公司股票交易情况，及时更新评估数据库，主动调整投资者适当性匹配意见。[③] 新三板针对投资者适当性制度的改革，一方面，优化板块自身的流动性，在风险匹配的前提下提高挂牌公司融资效率；另一方面，为北交所的推动建设提供了重要的经验和制度基础。

六、证券交易的限制性规则

证券交易不仅关涉当事人双方的利益，还涉及其他当事人的利益和交易秩序的公平公正，为了避免不公平的交易和维护证券市场的稳定性，证券法对交易主体有一定的身份和时间限制。

（一）证券转让期限的限制

1. 对董监高[④]与持有 5%以上股份的股东等主体的限制

根据《证券法》（2019 年修订）第 36 条第 2 款的规定，持有 5%以上股份的股东、实际控制人、董监高等及其他持有发行人首次公开发行前发行的股份或者上市公司向特定对象发行的股份的股东，其转让其持有的本公司股份的，不得违反法律、行政法规和国务院证券监督管理机构关于持有期限、卖出时间、卖出数量、卖出方式、信息披露等规定，并应当遵守证券交易所的业务规则。具体而言，《公司法》第 141 条明确规定了董监高等人员在限定期间内不得转让其所任职公司的股票。作为公司的内部人员，董监高对公司的日常经营活动具有重大影响。对董监高和持有 5%以上股份的股东转让公司股票的行为进行合理限制，可以使他们的个人利益与公司利益更长久地挂钩，激励董监高以公司利益最大化行事，尽职尽责履行职责。

2. 对收购者的限制

投资者通过证券交易所的证券交易等行为，控制同一上市公司的股份比例达到 5%后，可能会假借收购之名进行操纵证券交易市场。因此，《证券法》（2019 年修订）第 63 条规定，投资者持有上市公司已发行的有表决权股份达到 5%时，应及时报告并予公告，且在该期限内不得再行买卖相关证券，此后其所持股份比例每增减变动达到 5%，都应当及时报告和公告在该本案发生之日起至公告后 3 日内不得再行买卖相关证券，以防止操纵市场。

3. 对证券服务机构和相关人员的限制

证券服务机构及相关人员在为证券发行、交易提供服务的过程中，属于重要的内幕

---

① 邢会强．新三板市场的合格投资者制度及相关制度改革．环球法律评论，2018（6）：60－78.

② 全国股转公司就新三板改革有关业务规则发布实施答记者问.（2019－12－27）[2022－12－19]. http：//www. neeq. com. cn/important _ news/200007017. html.

③ 具体规则见《全国中小企业股份转让系统投资者适当性管理办法（2021 年修改）》第 14 条、第 15 条。

④ “董事、监事、高级管理人员”的简称。

信息知情人员。为了防止证券服务机构及相关人员利用其业务和信息优势进行股票交易，证券法对证券服务机构及相关人员所持股票转让有明确的限制。《证券法》（2019年修订）第42条规定，为证券发行出具审计报告或者法律意见书等文件的证券服务机构和人员，在该证券承销期内和期满后6个月内，不得买卖该证券。为发行人及其控股股东、实际控制人，或者收购人、重大资产交易方出具审计报告、资产评估报告或者法律意见书等文件的证券服务机构和人员，自接受委托之日起至上述文件公开后5日内，不得买卖该证券。实际开展上述有关工作之日早于接受委托之日的，自实际开展上述有关工作之日起至上述文件公开后5日内，不得买卖该证券。

4. 首发上市前股份转让限制的豁免情形

根据2020年《上海证券交易所股票上市规则》第5.1.5条，发行人向本所申请其首次公开发行股票上市时，控股股东和实际控制人应当承诺：自发行人股票上市之日起36个月内，不转让或者委托他人管理其直接和间接持有的发行人首次公开发行股票前已发行股份，也不由发行人回购该部分股份。但转让双方存在控制关系，或者均受同一实际控制人控制的，自发行人股票上市之日起一年后，经控股股东和实际控制人申请并经交易所同意，可豁免遵守前述承诺。发行人应当在上市公告书中披露该承诺。2023年2月修订后的《上海证券交易所股票上市规则》增加了首发上市前股份限售承诺的豁免情形，新规第3.1.10条将“因上市公司陷入危机或者面临严重财务困难，受让人提出挽救公司的方案获得该公司股东大会审议通过和有关部门批准，且受让人承诺继续遵守上述承诺”及交易所认定的其他情形纳入豁免事由，同时规定，如果发行人没有或难以认定控股股东、实际控制人的，作出限售承诺的股东在发行人股票上市之日起一年后，可以申请将其持有的首发上市前股份转让给存在实际控制关系或同一控制关系、且承继不转让股份义务的主体。

（二）对特定身份人员持股与交易的限制

除了限制相关人员在一定期限内的证券买卖行为，我国证券法还存在禁止相关人员持有、买卖证券的规定。被禁止持有、买卖证券的人员包括证券交易场所、证券公司和证券登记结算机构的从业人员、证券监督管理机构的工作人员以及法律、行政法规禁止参与股票交易的其他人员等，上述人员在任期或者法定限期内，不得直接或者以化名、借他人名义持有、买卖股票或者其他具有股权性质的证券，也不得收受他人赠送的股票或者其他具有股权性质的证券。任何人在成为前述所列人员时，其原已持有的股票或者其他具有股权性质的证券，必须依法转让。但是，实施股权激励计划或者员工持股计划的证券公司的从业人员取得了一定程度的豁免，其可以按照国务院证券监督管理机构的规定持有、卖出本公司股票或者其他具有股权性质的证券。证券从业人员具有业务上的优势与获得信息的便利性，如果允许其参与证券交易活动，将导致对其他投资者的严重不公。同时，监管人士作为规则制定者、监督管理者，如果允许其参加证券交易活动，将与其职责发生严重的利益冲突。

（三）短线交易的限制

短线交易是指在较短的时间内，将本公司股票买入后又卖出或者卖出后又买入的行为。短线交易的目的在于短时间内最大化限度利用资金，获取利润。公司的董监高利用信息优势和对公司的控制力或影响力，频繁地买卖本公司股票为自身谋取利益，是不公平的交易行为。因此，证券法对短线交易进行规范，公司对短线交易的收入有归入权。我国《证券法》规定，公司有权归入董监高、5%以上的股东等人员及其亲属（配偶、父母、子女）在6个月内进行买入卖出反向操作短线交易行为的所得利益，董事会代表公司行使归入权。当董事会怠于行使其职权时，股东有权要求董事会在30日内行使，董事会未在期限内执行的，股东有权以自己的名义直接向法院提起诉讼。例外情形是证券公司因包销购入售后剩余股票而持有5%以上股份的，卖出该股票时不受6个月时间限制。

（四）禁止损害客户利益

在证券交易活动过程中，证券公司受客户委托代理客户进行证券买卖。作为受托方，在证券买卖的过程中证券公司应当诚实信用地履行受托义务，不得存在违背客户委托为其买卖证券、挪用客户账户或资金、假借客户名义买卖证券等违背客户真实意愿，损害客户利益的违法行为。同时，证券交易场所、证券公司、证券登记结算机构、证券服务机构及其工作人员需承担保密义务，不得非法买卖、提供或者公开投资者的信息。

七、证券交易异常情况的处置制度

证券交易异常情况是指证券交易中的非正常状态，根据《证券法》和沪、深证券交易所的规则，异常交易包括交易无法正常开始、交易无法连续进行、交易结果异常、交易无法正常结束等情形，引发交易异常情况的主要原因有不可抗力、意外事件、重大技术故障和重大人为差错等突发性事件等，如汶川大地震导致的部分公司股票停牌，“9·11”事件导致的欧美股市休市，技术故障引发的恒生指数中断等事件。另外，还有因重大差错而产生的交易异常情形，如交易者因为粗心、手笨，或因为交易系统的错误指令或缺陷等原因而输错了交易对象的品种、价格、数量、买卖方向等，2013年8月上交所发生的“光大乌龙指”事件[①]就是这种情形。国际证监会组织（IOSCO）技术委员会将错误交易定义为“因市场参与者行为或交易系统故障而导致被错误执行的交易”。IOSCO技术委员会意识到错误交易会对市场的公正性以及公众对市场的信心产生影响，对错误交易的处理和监督对发现和防止市场滥用也很重要。于是IOSCO对28个成员进行调研，就错误交易的处理和监管政策于2005年公布了《错误交易政策研究报告》。[②]结合各国的实践，目前通用的针对证券交易异常情况的处置措施包括限制价格、临时停牌、临时停市、暂停交易、限制交易、暂缓交收、取消交易等。

（1）限制价格。由于异常交易引起的证券突然大规模操作，将导致价格的大幅度波动，极易产生“恶性炒作”“闪电崩盘”等事件。为了维持证券价格的稳定性，大部分新兴证券市场都有关于证券价格涨跌幅限制的规定。（2）临时停牌与停市。通过临时暂

① 2013年8月，光大证券自营的策略交易系统中程序调用错误、额度控制失效等设计缺陷被连锁触发，导致生成巨量市价委托订单，直接发送至上交所，累计申报买入234亿元，实际成交72.7亿元。光大证券的错误操作致使当天上证综指突然上涨5.96%，多只权重股票触及涨停。

② 肖宇．国际证监会如何防范“乌龙指”．法制日报，2013-09-24（10）．

停证券交易，稳定市场情绪，维护市场交易秩序的通用处置措施，其中针对证券交易异常情况临时停牌称为“技术性停牌”。临时停市是因不可抗力的突发性事件或者为维护证券交易的正常秩序，证券交易所对上市交易的所有产品停止交易的情形。一般而言，临时停牌适用单只或多只证券出现无法正常交易、异常暴涨暴跌的情形。而临时停市适用于交易系统出现技术故障、证券市场整体难以正常运转的情形。(3) 暂缓交收。暂缓交收指在证券交易异常时，使相关交易不进入交收结算程序的措施。这种措施不能最终解决问题，只是为解决争议提供了缓冲时间。(4) 口头或书面警示、暂停交易与限制交易。通过口头或书面警示、盘中暂停相关账户当日交易、限制相关证券账户交易等针对部分投资者进行的处置措施。这一措施主要针对的是市场中出现的虚假申报、大额申报、密集申报、虚假交易等操纵市场的情形。(5) 取消交易。取消交易是指对已达成的交易确认无效，包括交易所主动取消或根据当事人申请取消交易两种情形。[①] 证券交易一旦被取消，交易对手方乃至整个证券市场都可能遭受影响。因此全球各大交易所对取消交易普遍持谨慎态度，只有在市场情况极其异常，交易秩序遭受严重破坏，投资者与公共利益受损严重的情况下，交易所才会决定采取这种“强硬”的处理措施。2012 年，美国骑士资本高频交易系统故障后发出天量错误订单，致使部分股票价格离奇波动。当天收市后纽交所宣布查验了 140 只受到事件影响的非正常股票交易，最终决定仅取消 6 只股票的交易。证券交易异常情况引发的法律责任是对交易异常情况出现后相关主体间的责任分配，对于不可抗力、意外事件、重大差错引起的损失，责任制度亦应有所区别，需在具体情景下去判断法律责任的性质与举证责任的配置。[②] 我国《证券法》(2019 年修订) 第 111 条规定，证券交易所对其依照法律规定采取措施造成的损失，不承担民事赔偿责任，但存在重大过错的除外。

第三节　证券结算制度

投资者通过证券经纪商发出买卖证券的指令，在交易所的交易系统集中竞价成交，只是完成了证券买卖的一个环节。[③] 投资者相应持有证券数额的变化以及其资金账户的变化，必须经过证券结算环节，也被称为证券交割。证券结算（证券交割）就是指股票交易达成后，买卖双方通过登记结算系统，全面履行证券买卖合同约定的义务，实现钱货两清。投资者在委托买进证券并成交后，必须交纳所需款项，才能获取买进的股票。同样，投资者在委托卖出股票并成交后，必须交付卖出的股票，才能获取应得的价款。

严格来说，证券结算是证券登记制度的一部分。投资人持有证券、证券登记结算机构保管证券以及证券交易的结算都会通过证券账户的变动显示出来，而且必须履行法定的登记程序。因此，在制度规定上通常称之为证券登记结算制度，而不是将二者割裂开来。我国《证券法》有关证券登记结算制度的规定只涉及证券登记结算机构，具体的证

① 陈亦聪，卢文道．证券交易异常情况妥善处置的法律透视．证券市场导报，2012 (9)：59-64.

② 顾功耘．证券交易异常情况处置的制度完善．中国法学，2012 (2)：131-145.

③ 彭冰．中国证券法学．北京：高等教育出版社，2005：293.

券登记结算运行机制主要散见于《客户交易结算资金管理办法》《证券登记结算管理办法》等部门规章之中。证券交易分为场内与场外两部分。一般而言，证券交易结算仅指场内结算，一般分为三类：股票交易的结算、基金交易的结算与债券交易的结算。证券登记结算活动涉及登记、托管、清算和交收等一系列环节，涉及证券登记结算机构、发行人、投资者、证券公司等多方参与主体。这些参与主体在登记结算业务中的权利义务关系，是证券登记结算业务中的基本法律问题。

一、证券持有模式

以是否登记作为证券持有模式的标准判断，证券持有模式可分为直接持有模式与间接持有模式。也即看投资者的名义是否直接体现在发行人或代理人保存和维护的证券持有人名册上：是，则为直接持有模式；反之，则为间接持有模式。在直接持有模式下，证券持有人的证券权益是完全的、可溯源的权利，证券经纪人或其他中介机构破产清盘时，不会直接影响到投资者的利益；同时，证券的质押也较为便利。在直接持有模式下，投资者可以直接注册在发行人的名册上或者发行人委托的代理人处，并行使相关的股东权利；投资者还可以借由相关系统直接进行投票。[①] 《证券登记结算管理办法》（2022 年 5 月修订）第 83 条规定："登记，是指证券登记结算机构接受证券登记申请人的委托，通过设立和维护证券持有人名册确认证券持有人持有证券事实的行为。"

股票作为公司发行的股权凭证，以是否记载权利人为标准，可分为记名股票和无记名股票。持有记名股票的公示公信方法是股东的姓名或名称在股东名册中记载，是为股票登记。《公司法》第 130 条第 1 款规定："公司发行记名股票的，应当置备股东名册，记载下列事项：（一）股东的姓名或者名称及住所；（二）各股东所持股份数；（三）各股东所持股票的编号；（四）各股东取得股份的日期。"

在股票与股东名册以纸质方式存在的时代，公司股东的变动需要交付股票和变更股东名册。这种方式不能适用于高频证券交易。在电子化时代，股票以无纸化的方式存在，股票的持有和变动均可以通过计算机系统、互联网技术低成本、高效率地实现登记。我国资本市场早在 1991 年就开始尝试创建无纸化交易与结算制度，并于同年 7 月中旬正式开始实施股票账户制度，成交后电脑完成自动过户。

我国证券市场采取的是股票持有人的姓名或名称登记在股东名册的直接持有模式，上市公司委托证券登记结算机构代为办理股票登记事项。《证券法》（2019 年修订）第 151 条规定：证券登记结算机构应当向证券发行人提供证券持有人名册及有关资料。证券登记结算机构应当根据证券登记结算的结果，确认证券持有人持有证券的事实，提供证券持有人登记资料。证券登记结算机构应当保证证券持有人名册和登记过户记录真实、准确、完整，不得隐匿、伪造、篡改或者毁损。

总体来说，我国的证券持有模式以直接持有为主，以间接持有为辅：A 股股份、基金、大部分国债、可转债以及部分 B 股直接登记在实际持有人名下，属于直接持有模式；以代理人名义持有的部分 B 股、企业债、国债回购以及 QFII 持有的证券，并不直

① 董安生，等．证券持有模式及不同持有模式下持有人权利．中国证券报，2005－12－27（C05）.

接登记在实际持有人名下，属于间接持有模式。

二、证券托管与存管制度

目前，每天的证券交易量是海量的，仅凭投资者与上市公司之间进行传统的股票登记手续，是不可能完成的。为此，只能通过证券托管与存管制度实现正常交易。《证券登记结算管理办法》第36条规定："投资者应当委托证券公司托管其持有的证券，证券公司应当将其自有证券和所托管的客户证券交由证券登记结算机构存管，但法律、行政法规和中国证监会另有规定的除外。"据此，我国目前采取的是"中央存管、二级托管"的体制，即由证券公司托管投资者账户，所有账户在中央登记结算机构统一存管。

（一）证券托管

在证券直接持有模式下，证券直接登记在投资人名下，投资人的证券交易必须通过代理人或者经纪人完成。所谓证券托管，是指证券投资者委托特定机构，对其证券资产的所有、变动以及与此相关的受益权进行保存管理和权益监护。一般而言，在我国这里的特定机构是指承担经纪功能的证券公司。《证券登记结算管理办法》（2022年5月修订）第83条规定："托管，是指证券公司接受客户委托，代其保管证券并提供代收红利等权益维护服务的行为。"从证券托管的角度来看，证券投资者与其委托的证券公司之间建立的是合同关系，属于《民法典》合同编规定的保管合同范畴。

同时，证券投资人从事证券买卖还必须委托证券公司进行交易。从这个角度来看，其与证券公司之间的法律关系比较符合行纪合同的特征：（1）证券公司须为具有经营资格和交易席位的交易所会员，而非一般的社会公众；（2）证券公司接受投资人的委托指令，即与投资人签订了委托协议（协议的主要条款由开户约定、委托章程和委托指令共同构成）；（3）证券公司是以自己的名义从事证券买卖活动，其后果也由证券公司自己首先承担，在交易过程中由大户直接报单进场的做法和投资人可直接将委托输入交易系统内均不意味着买卖关系的直接主体是投资人本人；（4）证券公司在以自己的名义与登记结算机构履行清算和过户手续后，再与投资人进行清算和过户（投资人在交割单上签字为履行过户的法定手续）；（5）对于交易过程中所发生的一切证券纠纷，投资人只能向其所委托的证券公司提出请求，而不能直接向交易的第三者提出，即便其了解交易对手也是如此；（6）证券公司有权按交易所核定标准收取佣金。①

（二）证券存管

证券投资人把证券交付给证券公司托管后，证券公司再把投资人交付的证券连同自有证券交付给证券登记结算机构集中保管，这一过程被称为证券存管。《证券登记结算管理办法》（2022年5月修订）第83条规定："存管，是指证券登记结算机构接受证券公司委托，集中保管证券公司的客户证券和自有证券，维护证券余额和持有状态的变动，并提供代收红利等权益维护服务的行为。"

证券登记结算机构通过电子簿记形式记录证券的归属及变动，并提供权益维护服

① 中国证券登记结算公司重大法律课题摘要（五）"证券公司与投资者登记结算法律问题".（2007-04-18）[2019-01-30]. http://www.chinaclear.cn/old_files/1176857675200.pdf.

务，实现了证券的“非移动化”。证券集中存管后，市场逐步向“证券无纸化”方向发展，即不再发行实物证券，仅由中央证券存管机构（Central Securities Depository，CSD）设立证券账户对证券进行记账，以提高证券结算的效率。我国证券市场在建立后的很短时间内，即实现了实物证券向“证券无纸化”的过渡，中国结算履行证券存管的职能。证券持有人持有的证券，在上市交易时，应当全部存管在中国结算。

投资者参与中国的证券市场，需要先与证券公司建立托管关系，证券公司代投资人保管证券并提供代收红利等权益维护服务。中国结算向证券公司提供证券存管服务，受托集中保管证券公司交存的客户证券和自有证券，并提供权益维护服务。其具体业务包括：开立和管理证券账户；通过簿记系统维护证券公司交存的客户证券和自有证券余额；提供查询和代收红利等服务；记录证券公司和客户的托管关系的产生、变更和终止等。

在上海和深圳市场，证券公司和投资人的托管关系存在一定差异：在上海市场，投资人只能选定一家证券公司作为托管机构买卖证券，即采取“指定交易”制度；在深圳市场，投资人可以选择多家证券公司作为托管机构买卖证券，在哪家证券公司买入证券成功后，便与该证券公司自动建立了托管关系。在深圳市场，已建立托管关系的投资人可以通过证券转托管制度，将托管在某一家证券公司的证券转移到另一家证券公司托管，但前提是在原托管证券公司处已履行了清算交收责任且不存在违约的情况。在上海市场，不存在证券转托管问题，托管关系的解除需要撤销指定交易。

此外，我国证券市场还存在一些跨市场转托管的业务，包括企业债券的上市转托管、国债的跨市场转托管、上市开放式基金的跨系统转托管等。

（三）证券交易中的信用机制

在我国现行证券托管与存管体系下，证券交易的信用机制并不是建立在投资人之间的。以A股市场为例：股票买卖中交易的担保共同对手方是中国结算，投资人开户的证券公司、其他投资者等主体都不是股票交易的对手方。各个证券公司只是结算参与人，并不保证交易的实现。所有投资人的股票账户均存管在中国结算，投资人发出买卖股票的指令后，只要其账户的资金或者股票额度足够，交易就自动完成。股票和资金账户余额的变动背后的结算与清算要稍后由中国结算处理。在这个过程中，中国结算是交易的担保方。

三、证券交割

广义的证券交割就是证券交易达成后，卖方向买方交付证券而买方向卖方支付价款的行为和过程。狭义的证券交割仅指卖方向买方交付证券。本书所指证券交割是广义上的，包括证券交付与资金结算两部分。我国证券市场自1992年开始实行“无纸化”交易，实物股票不再流通，投资人所持证券体现为其证券账户中的电子数据记录，证券交割只是投资人证券账户中证券数据和资金账户中资金数据的账面记加记减。

（一）“货银对付”（Delivery Versus Payment，DVP）

一般而言，证券交易中的交割应该坚持“货银对付”原则，也就是说尽量做到一手交钱、一手交货，即时完成交易，以确保交易安全。货银对付是证券行业的结算程序，其中买方的证券支付义务在交付时到期。同时，货银对付也是一种结算系统，充当资金转移系统和证券转移系统之间的连接，规定现金支付必须在交付证券之前或同时进行。在货银对付的机制下，一旦结算参与人发生资金或证券交收违约，证券登记结算机构可以暂不向违约参与人交付其买入的证券或应收的资金，并在必要时对暂不交付的资金或证券进行处置，从而控制和化解结算机构本金损失的风险，保护履约参与人的合法权益。

根据我国的证券托管与存管机制，《证券登记结算管理办法》（2022 年 5 月修订）第 83 条规定："货银对付，是指证券登记结算机构与结算参与人在交收过程中，证券和资金的交收互为条件，当且仅当结算参与人履行资金交收义务的。"如前文所述，所有股票交易的对手方并非其他参与人，而是中国结算，因此，货银对付也是发生在该公司与股票买方或者卖方之间的，由此而产生的权利义务关系以及责任分担也是存在于上述主体之间的。

（二）证券交付

根据《证券登记结算管理办法》（2022 年 5 月修订）的规定，证券公司根据客户的委托，按照证券交易规则提出交易申报，根据成交结果完成其与客户的证券和资金的交收，并承担相应的交收责任；客户应当同意在集中交易结束后，由证券公司委托证券登记结算机构办理其证券账户与证券公司证券交收账户之间的证券划付。

在我国目前的证券托管和存管机制下，由中国结算统一对证券进行登记结算管理。股票交易完成后，中国结算根据证券公司提供的数据，对投资者的账户数额进行变更登记。由于资金账户和证券账户是分别设立的，证券交付和资金结算并不是同步的。A 股市场证券交付实行"T＋1"（交易日第二日才能自由买卖）制度，即在交易日当日买入的股票当日不能卖出，只能在第二个交易日卖出。证券交付在交易当日交易时间结束后，由中国结算根据交易数据，在投资者的证券账户进行增减记载。不过，实施"T＋1"的制度主要不是基于技术层面的考虑，而是为了保护中小投资者的权益与保证市场的稳定。

实践中的当日回转交易是在持有股票的前提下，在同一交易日内以低价增持、以高价卖出原本持有股票的行为。实质上交易的并非当日购入的股票而是原来持有的股票，故在严格意义上这不能算作"T＋0"。

（三）资金结算

证券交易中的资金结算涉及的参与人较多，程序较为烦琐，法律关系也相应更为复杂。

1. 第三方存管制度

为了规范证券交易结算资金的管理，保护投资者的利益，证监会于 2001 年 5 月 16 日公布《客户交易结算资金管理办法》（"3 号令"，2021 年修正），确立了第三方存管制度。第三方存管是指将客户资金存管在客户和证券公司之外的第三方——商业银行，以避免客户资金被证券公司挪用。《客户交易结算资金管理办法》第 2 条规定："客户交易结算资金必须全额存入指定的从事证券交易结算资金存管业务的商业银行，单独立户管理。严禁挪用客户交易结算资金。"开立账户的商业银行负有监管投资者资金的来源和去处的职责。

证券公司在指定商业银行同时开立结算资金专用账户和清算备付金账户。中国结算必须将证券公司存入的清算备付金全额存入清算备付金专用存款账户。资金收付与证券交割只能在成交日的下一个营业日进行，卖方不能在当日从账户中提取现金。每个交易日的17：00以后，中国结算根据交易数据从清算备付金账户进行结算。在交易日的第二日，股票的卖方才可以从其资金账户中取现，即可以从股票资金账户划拨资金到其普通银行账户。

2. 资金结算流程要点[①]

（1）T日收市后，中国结算根据证券交易成交结果及其他业务处理数据，计算出各结算参与人结算备付金账户“T+1”日的应收应付资金净额，并向结算参与人发送清算数据文件。

（2）“T+1”日16：00前，结算参与人根据T日清算数据及结算备付金账户余额情况，做好相关资金划拨工作。若结算备付金余额不足，结算参与人需从其存管银行划付资金到中国结算的备付金银行账户，并通过中国结算的专用系统查询资金到账情况。若结算备付金账户余额足以完成当日交收，结算参与人可通过中国结算的专用系统发送划款指令，将多余资金划回其指定的收款银行账户。

（3）按证监会对银行第三方存管模式的要求，证券公司的客户资金均直接存在存管银行，并且证券公司与中国结算的资金往来一般只能通过主办银行划付，因此，部分资金的存入需要从协办银行到主办银行，再到中国结算的结算银行；部分资金的划出需要从中国结算的结算银行到主办银行，再到协办银行。

延伸阅读

澳大利亚证券交易所的区块链结算系统

澳大利亚现行证券登记结算制度是典型的中央存管模式。澳大利亚证券交易所［以下简称澳交所（ASX）］在《公司法》（Corporations Act 2001）的框架下制定了《ASX结算和转让私人有限公司（ASTC）结算规则》，详细规定了澳交所市场的结算流程。澳交所清算公司（ASX Clearing）作为中央对手方（CCP），成为每个卖方的买方和每个买方的卖方，处理澳交所的所有证券交易的清算事宜。澳交所结算公司（ASX Settlement）通过运行CHESS（Clearing House Electronic Subregister System）系统进行证券结算。结算授权经纪人、托管人、机构投资者以及结算代理人等结算参与者通过CHESS系统结算自己或其客户进行的证券交易。通常在买方和卖方达成交易后的3个工作日内，实现货银对付。[②]

经过二十多年的完善，CHESS系统已经成为世界上较为先进的证券交易结算系统，

① 周波．国内证券市场资金结算模式改革探讨．（2008-04-14）［2019-01-31］. http://www.chinaclear.cn/old_files/1208164649178.pdf.

② https://www.asx.com.au/documents/research/chess_brochure.pdf, Feb. 25, 2019.

为澳交所主要业务的效率提高和交易安全提供了强有力的保障。不过，虽然几经改进，但CHESS系统在交易效率上仍然有很大的提升空间，例如，CHESS原有证券结算周期为“T+5”，2016年3月提高到“T+2”。CHESS较为复杂的程序设计以及硬件要求，也使其运营成本比较高。因此，澳交所于2015年开始评估CHESS的替代选择。2016年1月，澳交所选择Digital Asset作为技术合作伙伴，使用分布式账本技术（DLT）和区块链技术开发新的证券结算系统。2017年12月，澳交所完成了对该技术的分析和评估。

替代CHESS的新系统建立在经过许可的分布式账本上，直接参与节点的所有用户都需要接受由澳交所管理和控制的业务流程。节点允许用户实时查看与其相关的结构化数据，包括客户端和参与者位置数据，存储在分布式分类账自己的账本上。用户可以根据需要复制和查询这些数据，以确认其他系统可依赖数据的真实性，从而消除来自不同来源的外部数据的协调过程。当然，该系统还有很多复杂的技术细节无从得知。不过，其在设计原理上就是DLT在证券结算上的应用，可以使证券结算流程更简便、更快速和更经济。采用分布式账本技术将使和解流程变得多余，参与者可以实时访问正确的数据，而无须咨询证券交易所。此外，基于DLT的系统将降低风险和成本以及复杂性。澳交所估计，该系统可以为上市公司和投资者节约大概5%的成本，节约的总成本高达230亿美元。

参考文献

1. 陈亦聪，卢文道．证券交易异常情况妥善处置的法律透视．证券市场导报，2012（9）.

2. 董安生，等．证券持有模式及不同持有模式下持有人权利．中国证券报，2005-12-27（C05）.

3. 方流芳．证券交易所的法律地位：反思“与国际惯例接轨”．政法论坛，2007（1）.

4. 顾功耘．证券交易异常情况处置的制度完善．中国法学，2012（2）.

5. 季奎明．金融市场基础设施自律管理规范的效力形成机制．中外法学，2019（2）.

6. 缪因知．证券交易场外配资清理整顿活动之反思．法学，2016（1）.

7. 彭冰．中国证券法学．北京：高等教育出版社，2005.

8. 邢会强．证券期货市场高频交易的法律监管框架研究．中国法学，2016（5）.

9. 周友苏．新证券法论．北京：法律出版社，2007.

课后习题

1. 如何理解证券市场基础设施的自律管理功能？该种权力在我国是如何形成的？被纪律处分的人有何救济措施？

2. 股票涨跌幅限制的优势和弊端各有哪些？我国是否有必要取消涨/跌停板制度？如果取消，该如何防范中小投资者的风险？

3. 简述中央存管机构对证券登记结算的意义。

第五章

证券信息披露制度

第一节　积极信息披露制度

较之普通商品的买卖，证券发行和交易中的一个重要制度是信息披露。披露分为向公众的公开披露和个别、私下披露，法律调整的重心是公开披露。个别、私下披露重大非公开信息，可能构成泄露内幕信息。狭义的披露指特定主体的积极的披露行为，即知悉证券相关的重大信息的发行人及其关联人对投资者发布信息的行为。广义的披露包括任何主体发布与证券相关的重大信息的行为。狭义披露主体具有真实、准确、完整、简明清晰、通俗易懂、及时披露的法定义务，非狭义披露主体其实具有不披露的义务即消极披露义务。

证券公开发行时，发行人需要披露以招股说明书为核心的一系列文件；非公开发行时，发行人实际上同样要做大量披露，只不过披露信息不公开，披露的形式、内容可能更灵活、更定制化。在证券发行体制从审核制向注册制转变后，发行人所需要做的披露工作实际上会变得更多、更重要。

证券持续挂牌交易时，发行人亦需要披露定期报告和临时公告。证券同时在境内、境外公开发行、交易的，其信息披露义务人在境外披露的信息，应当在境内同时披露。

一、证券市场强制信息披露制度的设立原因与意义

证券与较为确实的有体物不同，只是对未来现金流的一种权利凭证。对投资者而言，判断证券的交易价值的基础完全在于相关信息披露的内容。从另一个方面而言，证券发行人也需要通过披露来取信于人。若没有翔实可信的披露，投资者就不会有意愿购买证券。从这个角度看，披露似乎无须强制，发行人会自愿披露。成熟的证券投资者会与发行人通过双边、多边的契约性安排，实现相当程度的自我治理，包括事前披露要求和事后责任追究机制。他们也能够经由声誉机制来惩罚不当市场行为的作出者。事实上，不少经济学家如斯蒂格勒（Stigler）、本斯顿（Benston）指出，在最早规定了强制信息披露制度的美国《1933 年证券法》《1934 年证券交易法》实施前，市场上就已经有了相当多的信息披露了，强制信息披露制度对纽约交易所的投资者没有明显的正面价值。上述理论可以解释非公开的私募发行实践存在的原因。但对于公开的证券发行而

言，单纯依赖市场主体的自愿披露，并不是一种有效率的办法。

信息披露需要强制的第一个理由是公开市场的很多投资者实力弱小，心智也不成熟，他们并不会自发集合起来督促发行人作出有效的披露，而是会盲目跟风，轻易追逐实施虚假宣传的证券，反而导致市场上的“劣币驱逐良币”，即作虚假披露的发行人胜出。

信息披露需要强制的第二个理由是不少发行人并不试图成为证券市场的反复博弈者，并不在意事后的声誉惩罚机制。当司法进路的追责机制也缺乏效率时，发行人的自愿披露会存在道德风险。

自愿信息披露的缺陷是投资者与发行人之间的博弈是一个长期的互动过程，而且不一定能成功。纽约股票交易场所早期的自愿披露实践是因缘际会的结果，包括纽约证券交易所在其中的引导。纽约证券交易所本身是证券交易所竞争的历史进程中的胜出者，它的成功不易复制。对后发的交易所和国家而言，汲取先行的成功者的经验并将之强制化、法律化，意味着可以一步到位地获得其他交易所或国家在长期的自愿披露博弈中获得的成果。如果任由市场主体自行探索自愿披露的方式，市场可能在自愿披露的博弈成功前就已经丧失信誉。

强制信息披露在“量”方面的优点是可以统一不同发行人的披露尺度。当它们有可比的格式和内容时，投资者就更容易对之展开比较，节省了信息的接受成本。与此相关的是，强制信息披露通常会指定有限的信息披露渠道，以便投资者集中查阅。《证券法》（2019 年修订）第 86 条规定：依法披露的信息，应当在证券交易场所的网站和符合国务院证券监督管理机构规定条件的媒体发布，同时将其置备于公司住所、证券交易场所，供社会公众查阅。

所以，推行强制信息披露有助于约束证券发行人，促进发行人之间的竞争，吸引更多投资者，扩大证券发行的规模，并实现投资者和发行人之间的良性博弈。和已然实行较严格的强制信息披露制度的证券市场能形成对照组的，就是以网络借贷 P2P 为典型的我国互联网金融市场。该市场缺乏信息规范，充斥欺诈，投资者无法获得，也无意追求有效的信息披露，而只是单纯比较收益率的高低，或自欺欺人地把互联网金融企业的宣传当作真话来接受，以至于市场整体陷入声名狼藉、濒临崩溃的状态（当然，这也和某些互联网金融商业模式缺乏内在的经济合理性有关）。

二、我国证券信息披露制度的主要内容

（一）发行时的信息披露

《证券法》（2019 年修订）要求公司公开发行新股应当报送下列文件：募股申请和公司营业执照、公司章程、股东大会决议、招股说明书或者其他公开发行募集文件，财务会计报告，代收股款银行的名称及地址。聘请保荐人的，还应当报送保荐人出具的发行保荐书。实行承销的，还应当报送承销机构名称及有关的协议。

申请公开发行公司债券，应当向国务院授权的部门或者国务院证券监督管理机构报送公司营业执照、公司章程、公司债券募集办法、国务院授权的部门或者国务院证券监督管理机构规定的其他文件。聘请保荐人的，还应当报送保荐人出具的发行保荐书。

发行人报送的证券发行申请文件，应当充分披露投资者作出价值判断和投资决策所必需的信息，内容应当真实、准确、完整。为证券发行出具有关文件的证券服务机构和人员，必须严格履行法定职责，保证所出具文件的真实性、准确性和完整性。

发行人申请首次公开发行（IPO）股票的，在提交申请文件后，应当按照国务院证券监督管理机构的规定预先披露有关申请文件。在首次公开发行前，作为市场“新人”，发行人应当披露的信息要多于再次公开发行（SPO）时应当披露的。

证券发行申请经注册后，发行人应当依照法律、行政法规的规定，在证券公开发行前公告公开发行募集文件，并将该文件置备于指定场所供公众查阅。发行证券的信息依法公开前，任何知情人不得公开或者泄露该信息。发行人不得在公告公开发行募集文件前发行证券。

发行获得注册后、申请证券上市交易，发行人应当按照证券交易所的规定编制上市公告书，并经证券交易所审核同意后公告。除加盖发行人公章外，发行人的董事、监事、高级管理人员，同样应当对上市公告书签署书面确认意见，保证所披露的信息真实、准确、完整。

招股说明书、上市公告书引用保荐人、证券服务机构的专业意见或者报告的，相关内容应当与保荐人、证券服务机构出具的文件内容一致，确保引用保荐人、证券服务机构的意见不会产生误导。

上市公司非公开发行新股不需要作上述公开披露，但发行成功后，应当依法披露发行情况报告书。

发行辅助机构如保荐人、发行人财务报告的审计师、发行人的律师，也有义务就各自制作的文件承担披露义务。

（二）持续交易时的信息披露

发行时的信息披露要求虽然繁多，但属于一次性的“打天下”。相比之下，证券持续上市交易时的披露虽然内容略少，却属于长期性的“守天下”，要做到始终合规，更为不易。发行时即有不实披露的发行人为了“圆谎”，往往不得不在后续披露中继续作出不实披露。

1. 定期报告

《证券法》（2019 年修订）要求上市公司、公司债券上市交易的公司、股票在国务院批准的其他全国性证券交易场所交易的公司在每一会计年度的上半年结束之日起 2 个月内，向国务院证券监督管理机构和证券交易所报送中期报告，并予公告。

上市公司、公司债券上市交易的公司、股票在国务院批准的其他全国性证券交易场所交易的公司应当在每一会计年度结束之日起 4 个月内，向国务院证券监督管理机构和证券交易所报送年度报告，并予公告。

2007 年证监会《上市公司信息披露管理办法》曾要求每个会计年度第三个月、第九个月结束后的 1 个月内编制完成季度报告并披露。该办法于 2021 年修订后，取消了这一要求。

定期报告内容应当经上市公司董事会审议通过。未经董事会审议通过的定期报告不得披露。公司董事、高级管理人员应当对定期报告签署书面确认意见，说明董事会的编制和审议程序是否符合法律、行政法规和中国证监会的规定，报告的内容是否能够真实、准确、完整地反映上市公司的实际情况。

监事会应当对董事会编制的定期报告进行审核并提出书面审核意见。监事应当签署书面确认意见。监事会对定期报告出具的书面审核意见，应当说明董事会的编制和审议程序是否符合法律、行政法规和中国证监会的规定，报告的内容是否能够真实、准确、完整地反映上市公司的实际情况。

董事、监事无法保证定期报告内容的真实性、准确性、完整性或者有异议的，应当在董事会或者监事会审议、审核定期报告时投反对票或者弃权票。董事、监事和高级管理人员无法保证定期报告内容的真实性、准确性、完整性或者有异议的，应当在书面确认意见中发表

意见并陈述理由，上市公司应当披露。上市公司不予披露的，董事、监事和高级管理人员可以直接申请披露。董事、监事和高级管理人员按照前述规定发表意见，应当遵循审慎原则，其保证定期报告内容的真实性、准确性、完整性的责任不仅因发表意见而当然免除。

上市公司预计经营业绩发生亏损或者发生大幅变动的，应当及时进行业绩预告。定期报告披露前出现业绩泄露，或者出现业绩传闻且公司证券及其衍生品种交易出现异常波动的，上市公司应当及时披露本报告期相关财务数据。

定期报告中财务会计报告被出具非标准审计意见的，上市公司董事会应当针对该审计意见涉及事项作出专项说明。定期报告中财务会计报告被出具非标准审计意见，证券交易所认为涉嫌违法的，应当提请中国证监会立案调查。

上市公司未在规定期限内披露年度报告和中期报告的，中国证监会应当立即立案调查，证券交易所应当按照股票上市规则予以处理。

2. 临时报告

发生可能对上市公司、股票在国务院批准的其他全国性证券交易场所交易的公司的股票及上市交易公司债券的交易价格产生较大影响的重大事件，投资者尚未得知时，上市公司应当立即将有关该重大事件的情况向国务院证券监督管理机构和证券交易所报送临时报告，并予公告，说明事件的起因、目前的状态和可能产生的法律后果。

上市公司应当在最先发生的以下任一时点，及时履行重大事件的信息披露义务：董事会或者监事会就该重大事件形成决议时；有关各方就该重大事件签署意向书或者协议时；董事、监事或者高级管理人员知悉该重大事件发生并报告时。

在前述时点之前出现下列情形之一的，上市公司应当及时披露相关事项的现状、可能影响事件进展的风险因素：该重大事件难以保密；该重大事件已经泄露或者市场出现传闻；公司证券及其衍生品种出现异常交易情况。

上市公司控股子公司、参股公司发生重大事件，可能对上市公司证券及其衍生品种交易价格产生较大影响的，上市公司也应当履行信息披露义务。

涉及上市公司的收购、合并、分立、发行股份、回购股份等行为导致上市公司股本总额、股东、实际控制人等发生重大变化时，除上市公司外，其他相关主体也可能构成信息披露义务人，而需自行依法履行报告、公告义务，披露权益变动情况。特别是上市

公司控股股东、实际控制人及其一致行动人应当及时、准确地告知上市公司是否存在拟发生的股权转让、资产重组或者其他重大事件，并配合上市公司做好信息披露工作。

上市公司披露重大事件后，已披露的重大事件出现可能对上市公司证券及其衍生品种交易价格产生较大影响的进展或者变化的，上市公司应当及时披露进展或者变化情况、可能产生的影响。

证监会还要求：上市公司应当关注本公司证券及其衍生品种的异常交易情况及媒体关于本公司的报道，可能对公司证券及其衍生品种的交易产生重大影响时，上市公司应当及时向相关各方了解真实情况，必要时应当以书面方式问询。公司证券及其衍生品种交易被证监会或者证券交易所认定为异常交易的，上市公司还应当及时了解造成证券及其衍生品种交易异常波动的影响因素，并及时披露。

可见，根据证监会的要求，重大事件的披露不仅是一个“内生性”的活动，也是一个“外生性”的活动，即公司外在情形的变化也会触发上市公司的披露义务。

三、信息重大性和信息披露的原则

信息披露需要权衡多方面的利益，例如投资者的知情权和国家秘密、商业秘密。信息应被披露的基本标准是信息具有重大性。信息披露行为的原则是披露真实、准确、完整的重大信息。

（一）信息重大性

信息之所以需要被披露，是因为信息具有重大性。是否具有重大性是决定有关信息是否应当被披露、不披露是否会造成法律责任的标准。但重大性的判定标准为何？

1. 判断信息是否具有重大性的主观与客观标准

在公认证券法最发达的美国，1968 年联邦第二巡回区上诉法院在 Texas Gulf Sulphur 案的判决中确立了判断能够影响理性投资者之决策的信息所需要的重大性的两大要素：一是事实发生的可能性，二是事实本身的重要性，综合考虑即“取决于任何特定时间下事件发生的预期可能性和事件在公司整体活动中的预期影响力的权衡”。

1988 年美国联邦最高法院在 Basic 案中也确立了这一标准，并进一步指出，即便是对于并购这样涉及公司存亡的“最重要之事”，由于必须同时衡量发生的可能性，故法院也不能简单判断该信息是否具有重大性，而需要经过审理、结合具体事实来决定，故随后将争议案件发回重审。

我国《证券法》（2019 年修订）第 80 条、第 81 条和第 52 条在界定重大事件和内幕信息时，采用的是客观标准，其典型表述为：凡对上市公司证券的交易价格产生较大影响的信息，上市公司均应披露。

但证监会的其他一些规章采用的是影响投资者决策的主观标准，其典型表述为：凡对投资者投资决策有重大影响的信息，上市公司均应披露。

有观点认为：影响投资者决策标准适用于所有信息的正面披露，影响市场价格标准则适用于判断是否需发布临时报告。[①] 换言之，在日常交易中，信息披露的目的是为投

---

① 曾洋．证券法学．南京：南京大学出版社，2008：219.

资者提供决策依据，故信息的重大性应取决于其对投资者买卖判断的作用力。但在市场交易受到特殊事件影响时，内幕信息的知情人等公司内部人在决定是否及时公布信息或戒绝交易时，不必考虑如果自身是理性投资者投资决策是否会被影响，而是应当考虑外部市场价格是否会在此等信息公开时受到重大影响（包括非理性投资者的恐慌性抛盘造成的影响）。在此，法条的重点是消除内、外部人的信息不对称。在判定内幕交易者等的违法所得时，采用市场价格标准也更方便计算。

不过，主观标准和客观标准的差异不必被绝对化。相对来说，由于我国的证券市场尚不够成熟，市场价格信号并不准确，故我们更赞同采用主观标准。

但是，“对投资者作出投资决策有重大影响”标准的含义需要明确。对此至少可以有两种解释：一种解释是普通、理性的外部投资者根据公开的对证券发行人和行业的一般理解而认为的对投资决策有重大影响的信息。美国联邦最高法院 1976 年在 TSC 案的判决中已明确了正确的标准：就一个“理性的投资者”看来，“该信息的存在极有可能将会对市场上已有的总体公开信息带来重大改变”。此规则也已经成为主流共识。另一种解释是特定投资者结合自身知识水平、心态而认为的对投资决策有重大影响的信息。为了避免非理性投资者据此条来“维权”生事，似宜采用更清楚的表述。

2. 重大性意味着信息披露不应追求越多越细越严

由于信息的搜集、准备与核实有成本，而人的信息分析、消化的能力也是有限的，故而信息披露并非越多越细越严就越好。冗余的信息反而会使人难以聚焦到有用的信息。故被披露的信息应当具有重大性，重大性具有双面性：一方面，有重大性的信息应当被披露；另一方面，不符合重大性的信息不必被披露。重大性信息的典型体现就是临时报告制度中的重大事件，这些事件其实是有门槛的。

在实践中，我国的信息披露制度存在膨胀化的总体趋势。披露规则层层堆积、增多减少。披露项目越来越多，规范日益繁复、语义近似但又不同。而证券交易所会全部接受证监会提出的披露规则，同时又增加具有本所甚至本板块特色的披露规则。这些本来是为了增加投资者的有效信息获得量，但在一些环节上反而导致过度披露、过犹不及，给发行人的信息提供和投资者的信息接收都带来了更多的成本。

而且，过多的披露规则其实削弱了强制披露的一个重要优点，即统一披露尺度以便比较。我国实践中，常有对同一事项的规定分散各处、称谓不一、强制性规范和任意性规范（包括名义上的任意性规范、实际上的强制性规范）定性不确定的问题。这给上市公司实施披露和投资者查阅信息都造成了困难。

（二）信息披露的原则

重大性是被披露信息的属性，那具有重大性的信息如何被披露？法律要求是真实、准确、完整。《证券法》（2019 年修订）第 78 条第 2 款规定：“信息披露义务人披露的信息，应当真实、准确、完整，简明清晰，通俗易懂，不得有虚假记载、误导性陈述或者重大遗漏。”但被披露的信息本身无所谓准确、完整与否，这是需要结合整体披露的语境来理解的。故从根本上而言，“三性”是对披露信息的行为方式的要求。

真实就是披露的信息与事实一致。

准确就是披露的信息恰当地描述了事实，不会引人误解。准确包含了简明的要求。一是不要用模糊的语言来披露，而要尽量用具体数据等信息“干货”来说明；二是不要用复杂晦涩的术语来披露，以免增加信息接收方的使用难度。

完整就是披露的信息能够反映事实的全貌，不存在重大遗漏。如果信息披露得不完整，也可以说是披露得不准确。不过，若涉及国家秘密、商业秘密，对相关信息可以做适当的保留。

除此之外，“及时”也可以被视为信息披露的原则，即在事实发生时后很快予以披露。若在事实发生后，只披露了一部分事实，另一部分事实被拖延披露，那可能构成披露不准确、不完整。若整个事实被拖延披露，那可能用披露不及时来描述更为确切。当然，由于披露义务主体会在较短时期内做不同的披露，对甲事项的披露不及时，可能使同时被披露的、内容相冲突的乙事项变得不真实。与事实不符的“辟谣”本身也会构成不真实披露。

信息披露义务人应当同时向所有投资者披露信息，不得提前向任何单位和个人泄露，法律、行政法规另有规定的除外。任何单位和个人不得非法要求信息披露义务人提供依法需要披露但尚未披露的信息。任何单位和个人提前获知前述信息的，在依法披露前应当保密。

除依法需要披露的信息之外，信息披露义务人可以自愿披露与投资者作出价值判断和投资决策有关的信息，但不得与依法披露的信息相冲突，不得误导投资者。

发行人及其控股股东、实际控制人、董事、监事、高级管理人员等作出公开承诺的，应当披露。不履行承诺给投资者造成损失的，相应人员应当依法承担赔偿责任。

通俗地说，信息的真实性要求不能把黑的说成白的，准确性要求不能把纯黑的说成灰黑的，完整性要求不能只说 90％的黑、遗漏 10％的灰，及时性要求不能在黑的变成灰的之后仍然不更正之前的说法。

四、信息披露不实的法律责任

（一）民事责任

《证券法》（2019 年修订）第 85 条规定：信息披露义务人未按照规定披露信息，或者公告的证券发行文件、定期报告、临时报告及其他信息披露资料存在虚假记载、误导性陈述或者重大遗漏，致使投资者在证券交易中遭受损失的，信息披露义务人应当承担赔偿责任；发行人的控股股东、实际控制人、董事、监事、高级管理人员和其他直接责任人员以及保荐人、承销的证券公司及其直接责任人员，应当与发行人承担连带赔偿责任，但是能够证明自己没有过错的除外。第 163 条规定：证券服务机构为证券的发行、上市、交易等证券业务活动制作、出具审计报告及其他鉴证报告、资产评估报告、财务顾问报告、资信评级报告或者法律意见书等文件，应当勤勉尽责，对所依据的文件资料内容的真实性、准确性、完整性进行核查和验证。其制作、出具的文件有虚假记载、误导性陈述或者重大遗漏，给他人造成损失的，应当与委托人承担连带赔偿责任，但是能够证明自己没有过错的除外。

这是关于民事责任的规定，分为两个层次。其层次性也应当适用于行政责任等其他责任。

一是关于发行人的严格责任，即只要存在虚假记载、误导性陈述或者重大遗漏，致使投资者在证券交易中遭受损失的，发行人就应该承担赔偿责任，无论其有无主观过错。即便不实披露是在基础数据采集、打字输入、排版印刷时发生的无心之失，亦会产生赔偿责任（当然需要达到信息披露重大性的门槛）。值得注意的是，虚假记载、误导性陈述或者重大遗漏分别对应了信息披露的真实、准确、完整要求。

二是发行人的控股股东、实际控制人、董事、监事、高级管理人员和其他直接责任人员，保荐人、承销的证券公司及其直接责任人员，以及制作、出具审计报告及其他鉴证报告、资产评估报告或者法律意见书等文件的证券服务机构的过错推定责任。这些主体中的董事、监事、高级管理人员、保荐人、承销的证券公司、律师、会计师、资产评估师等负有勤勉尽责义务即注意义务，应当就信息披露文件的真实性、准确性、完整性进行核查和验证。如果出现虚假记载、误导性陈述或者重大遗漏，则首先推定他们存在过错，并让他们承担连带赔偿责任。但他们可能没有过错，如他们能够举证证明他们经过合理调查仍未发现虚假记载或者重大遗漏等，应该免除他们的责任。

需要强调的是，《证券法》2019 年修订后，上市公司的控股股东、实际控制人的过错责任变成了推定责任。以前的法律立场是：上市公司毕竟是独立的法人，要认为控股股东、实际控制人对信息披露不实承担责任，不应通过事实推定来认定，而应通过事实举证来证明，所以他们的责任建立在对过错的证明之上，而现在则推定他们有过错，实现了举证责任的倒置。但问题是：控股股东、实际控制人没有勤勉尽责义务即调查义务，他们如何证明自己没有过错？这有待监管机构或司法解释的明确。

（二）行政责任

《证券法》（2019 年修订）大幅增加了信息披露的行政责任，主要有：

发行人在其公告的证券发行文件中隐瞒重要事实或者编造重大虚假内容，尚未发行证券的，处以 200 万元以上 2 000 万元以下的罚款；已经发行证券的，处以非法所募资金金额 10%以上 1 倍以下的罚款。对直接负责的主管人员和其他直接责任人员，处以 100 万元以上 1 000 万元以下的罚款。

发行人的控股股东、实际控制人组织、指使从事前述违法行为的，没收违法所得，并处以违法所得 10%以上 1 倍以下的罚款；没有违法所得或者违法所得不足 2 000 万元的，处以 200 万元以上 2 000 万元以下的罚款。对直接负责的主管人员和其他直接责任人员，处以 100 万元以上 1 000 万元以下的罚款。

保荐人出具有虚假记载、误导性陈述或者重大遗漏的保荐书，或者不履行其他法定职责的，责令改正，给予警告，没收业务收入，并处以业务收入 1 倍以上 10 倍以下的罚款；没有业务收入或者业务收入不足 100 万元的，处以 100 万元以上 1 000 万元以下的罚款；情节严重的，并处暂停或者撤销保荐业务许可。对直接负责的主管人员和其他直接责任人员给予警告，并处以 50 万元以上 500 万元以下的罚款。

在行政责任增加后，更需要注意避免披露不实的行政责任的执法过度情形，特别是把过错推定责任滥化为无过错责任。

典型案例

知名艺人赵薇等信息披露违法案

证监会处罚书〔2018〕32号认定：龙薇传媒公司在拟收购上市公司万家文化的股份期间，在通过万家文化对上交所的问询函发布回复公告时，公告的信息存在虚假记载、误导性陈述、重大遗漏及披露不及时。

黄某作为龙薇传媒公司的代表，组织、策划、指派相关人员具体实施本次控股权转让事项，实际与万家集团实际控制人孔某进行控股权转让谈判，决策收购万家文化的控股权，并指派人员进行融资安排、信息披露。龙薇传媒公司法定代表人赵薇，在配偶黄某告知其收购万家文化的控股权事项后，表示同意，知晓并支持收购控股权事项，在股份转让协议等文件上签字，在公告发布前看过信息披露的内容。赵某受黄某指派，代表龙薇传媒公司负责本次控股权收购事项，参与收购谈判、寻找资金、组织回复上交所的问询函，并实际进行后续股份转让比例变更和解除协议的谈判。

综上，对龙薇传媒公司上述行为直接负责的主管人员为黄某、赵薇，其他直接责任人员为赵某。故证监会对万家文化、龙薇传媒公司责令改正，给予警告，并分别处以60万元罚款；对孔某、黄某、赵薇、赵某给予警告，并分别处以30万元罚款。

第二节　消极信息披露义务

一、消极信息披露义务与证券虚假信息规制

消极信息披露义务是指不具有积极信息披露义务的主体所承担的不编造、传播证券虚假信息的义务。在法理上，一般主体均为义务人，但在实践中，只有特定主体编造传播的虚假信息才可能扰乱市场而应被纳入执法范围。

法定证券信息披露主体应当作出关于证券的真实、准确、完整的陈述，若作出不真实、不准确、不完整的陈述，就构成了虚假陈述；非法定证券信息披露主体不得作出关于证券的不真实、不准确、不完整的陈述，而若作出关于证券的真实、准确、完整的陈述的话，要么是对已披露信息的重述，要么可能构成泄露未经法定披露的信息。所以，法定披露主体的义务是“该说就说，不该说就不说”，而非法定披露主体的义务是“最好别说”，因为他们本来就没有披露义务。为了与《证券法》的文义保持一致，本书同时采用了证券虚假信息的提法。

然而，对传播媒介而言，它们无法像普通的非法定披露主体一样不对外发表言论，传媒存在的社会价值就是向公众提示值得关注和重视的事由。同时，传媒是真相的探求者、调查者，而非真相的裁决者，因此它们在报道时也不能保证像法定披露主体一样，一步到位地提供真实、准确、完整的信息。所以，证券虚假信息规制涉及传媒时，应该区别对待，不能过分限制和追责它们在作出报道时的猜测甚至猜错的行为。

当前有一个重要的现象是信息传播的互联网化。新媒体的技术属性和社会属性使互联网信息发布者具有广泛性、低准入门槛的特征，以至于出现了“自媒体”的提法；而且信息传播具有快速性、易复制增删修改性、片段化的特征。而为了在信息的汪洋中获取注意，即便是正式媒体通过互联网发布信息时，也更多地会在标题设置中采用夸大、以偏概全的手法。网络媒体自行转载摘编、发布信息时，常用此类手法，以激发更大的传播效果。移动互联网的兴起，进一步催生了短小化、片段化的信息阅读习惯和信息发布模式；增强了信息受众的焦躁性和对严肃、完整的信息的吸收低效性。故互联网言论在总体上具有非正式、非权威、非系统、片段化的特征。

近年来，证监会强化了对消极信息披露义务和虚假信息的监管，互联网信息又是监管的重点。尽管我国《证券法》（2014 年修正）规定的积极和消极信息披露义务主体均为对市场有影响力的特定人，但证监会在规则制定和执法时将之做了扩张理解，《证券法》2019 年修订时也将消极信息披露义务主体扩张到了所有人。消极信息披露义务当然需要被遵守，证券虚假信息需要被治理和消除，但简单强化监管执法的公法责任，并不符合证券信息规制的基本法理。

非法定信息披露主体在非法定披露渠道编造或传播证券虚假信息（特别是非常低级、在形式上就令理性投资者感到怀疑的表述）所能引发的后果，应当与法定信息披露主体在法定披露渠道作出的虚假陈述所能引发的后果相区别。投资者只应对后一类言论产生合理信赖。对虚假信息责任的追究，应在主体上坚守有市场影响力的特殊主体标准，同时在客体上坚守事实性信息虚假且具有重大性的标准。这样方符合《证券法》的本意，也与对积极信息披露义务人的虚假陈述责任制度相匹配。

二、证券信息规制的基本法理和法制

证券是没有实体价值的金融商品，其价格会随着证券发行人披露的信息而变动，故而对证券市场有必要实施较为严格的信息规制，但规制必须符合信息流通的科学规律。

（一）法定披露渠道中的信息才可以被合理信赖

证券信息规制的基本思路是在形式上区分有意义和无意义的信息，从而减少公众的信息真伪的辨识成本和接收成本。

所谓有意义的信息是指发布者的身份、途径和时限具有限定性的信息。例如，即使在上市公司内部，也不是任何董事或高级管理人员都能代表公司对外发布信息，上市公司必须在证监会指定的媒体上披露信息；其他更权威、传播量更大的媒体（如中央电视台）也不能代替成为证券信息披露渠道；信息披露须以特定的格式作出，以便查阅、检索。在此基础上，现代证券法已经发展出了更多精细化的披露规则，如对预测性信息、管理层分析报告意见等软信息如何披露。

在一定程度上可以讲，证券信息的流通就像证券的流通一样，具有“场内化”的特质。场外的证券和证券交易都具有非正式性甚至非合法性的特质。非法定披露渠道披露的信息在法律上应当是无意义的，无论内容是否碰巧为真，在形式上都可被视为“谣言”。

这样的区别比日常言论中“真话”与“谣言”的区别更为明确。在日常言论中，由于不存在单一的法定信息披露平台，所以“真话”与“谣言”的区别需要依赖实质标准。而证券市场中，不仅对“真话”需要坚持法定标准，对能产生法律责任后果的虚假陈述也需要坚持法定标准，即只有法定信息披露义务人通过法定渠道作出的披露存在虚假之处时，才能令其他投资者产生合理信赖，在虚假陈述与投资者的交易行为和损失之间产生可推定的因果关系，才会产生证券法律责任。任何主体在非法定渠道中作出的表述，都不应被理性的证券市场主体视为判断证券价值的参考，除非另行符合操纵市场的判定标准，否则既不会产生证券虚假陈述的民事责任，也不应产生证券虚假陈述的行政责任。

尽管现实中，诸多互联网产品有较强的信息传播能力，但这不能改变它们作为信息传播平台的非正式性、非权威性。证券交易是具有复杂性的专业活动，证券信息披露有法定平台。任何主体包括法定信息披露义务人不能在非法定平台发布有效信息，是投资者应当知道的常识。在股吧、微博等平台以缺乏公信力的账号主体发布信息，包括无凭无据地转载以证券经营机构名义发布的信息，不应让人产生合理信赖。这些信息如果是证券评价类信息，更是只能被视为发布者的“观点”而非“事实”，在理论上不具有误导性，而其中蕴含的自由言论也不宜被不当遏制。

诚然，囿于人性的弱点，法律无须完全期待普通投资者面对非法定渠道以外的信息不作出反应，所以证券法同样为法定信息披露主体以外的人设定了不得披露的消极义务，但这仍然应当是有主、客体方面的限定性的。

（二）《证券法》下消极信息披露义务的限定性

1. 我国消极信息披露规制的基本框架

消极信息披露义务的基本规则是《证券法》（2019 年修订）第 56 条第 1～3 款：禁止任何单位和个人编造、传播虚假信息或者误导性信息，扰乱证券市场。禁止证券交易场所、证券公司、证券登记结算机构、证券服务机构及其从业人员，证券业协会、证券监督管理机构及其工作人员，在证券交易活动中作出虚假陈述或者信息误导。各种传播媒介传播证券市场信息必须真实、客观，禁止误导。传播媒介及其从事证券市场信息报道的工作人员不得从事与其工作职责发生利益冲突的证券买卖。

消极信息披露义务不涉及重大遗漏问题。这是因为积极信息披露义务的内容包括了信息的完整性，故而缺乏完整性的信息构成了重大遗漏。而消极信息披露义务的内容是“不要乱说”，本来就不涉及完整披露信息的义务，故而即便说了残缺的事实，也最多构成误导，而不会构成遗漏。

该条第 2 款对证券业机构及其人员只限定在证券交易活动中作出虚假陈述或者信息误导。可能此举本意是防止直接诱导交易，但这种限缩没有必要。如在 2016 年的一起案件中，当事人微博注明自己是证券公司高级员工，并发布了“创业板将实施注册制”的不实信息，但因为该陈述不是在交易活动中作出的，证监会只能不太正确地适用第 56 条第 1 款予以处罚。

2.《证券法》（2019 年修订）对主体要件的废弃

《证券法》（2019 年修订）第 56 条对《证券法》（2014 年修正）的一个重要修改是把第 1 款的特殊主体——“国家工作人员、传播媒介从业人员和有关人员”改为一般主体——“任何单位和个人”。

这一扩张也是证监会努力的结果。早在2007年证监会《上市公司信息披露管理办法》就禁止“任何机构和个人编制、传播虚假信息扰乱证券市场”。2015年以来，证监会对非披露义务人编造或传播证券虚假信息行为的处罚，处于一种较为扩张的状态。在主体上，不少无特殊身份的人发布信息的行为受到了处罚。

然而，客观而言之，并不是“任何单位和个人”编造、传播虚假信息或者误导性信息，都能扰乱市场，这其中仍然有一个事实层面的因果关系判定问题。

对此，我们可以对比《证券法》（2019年修订）第78条第2款的规定：“信息披露义务人披露的信息，应当真实、准确、完整，简明清晰，通俗易懂，不得有虚假记载、误导性陈述或者重大遗漏。”积极信息披露义务人之所以会产生信息披露不实的虚假陈述责任，本质上是因为他们具有形式上的权威信息发布者的法律地位，法律要求他们“披露的信息，应当真实、准确、完整”，那投资者也就有权推定他们披露的内容没有虚假记载、误导性陈述或者重大遗漏，并信赖之而据之交易。

而对于无此披露义务的主体而言，市场参与人不应该轻易相信他们编造、传播的虚假信息，市场不应该被轻易扰乱。故而对于此类主体的行为，若放弃从主体角度予以限缩，就必须从客体角度加强约束，即必须是形式上有较强的真实性（尽管实质上虚假）的信息造成了扰乱市场的后果。

换言之，《证券法》2019年修订前，证监会适用《证券法》（2014年修正）第78条处罚编造传播证券虚假信息的行为已经出现了扩张到一般主体的趋势，并引发了争议，而《证券法》2019年修订后，虽然名义上适用虚假信息责任可以不限主体，但不等于说责任认定门槛就自动大大降低了。相反，从法治的角度而言，责任认定应该更难，因为《证券法》（2014年修正）下可以推定信息受众对特殊主体——国家工作人员、传播媒介从业人员和有关人员制造、传播的信息产生信赖，而《证券法》（2019年修订）下施加责任追究时，需要增加证明涉案主体的身份或言行能令人产生信赖、从而导致误导。

受法律规制的证券虚假信息行为主体即违反消极披露义务的行为人应当具有编造虚假或误导性信息或者传播明知或应知该信息为虚假或误导性信息的故意或放任心态。行为人基于过失，错误地发布或传播内容虚假或误导性的证券信息，特别是传播其他具有表面公信力的主体发布的虚假或误导性信息的，不应被视为违法，即不应适用客观归责原则。在这一点上，虚假证券信息披露规则无须和积极信息披露规则一样严格。

3. 虚假信息行为的内容应为故意或重大过失地编造内容虚假的信息

证券虚假信息的内容是对证券市场相关重大事实作虚假性陈述，即形式上为真、实质上为伪的陈述。

受法律规制的证券虚假信息在形式上当具有重大性，就其具体判断标准而言，可参照积极披露义务人的虚假陈述之成立标准，即信息需要指向《证券法》规定的重大事件（也可扩展至《证券法》所规定的内幕信息的涵盖范围），而不是指向无关紧要的事情；同时，虚假信息的内容在形式上具有一定的发生概率即确定性，故而虚假信息内容的事件规模与发生概率结合起来可能造成虚假的重大性，从而影响市场价格或理性投资者决策，否则就不可能实现扰乱市场的后果。

虚假信息不包括对真实的事实信息的曲解、误解，即观点表达的错误应当与事实讲述的虚假相区别。市场信息是一个丰富的生态系统。投资者对证券投资价值的理解，不仅有赖于法定信息披露，还有赖于各方对宏观政治、经济和微观经营者的各类分析，对信息的整合与解读。这些信息的反馈有利于投资者对信息的重大性和真实性的辨识。

虚假信息也不包括对虚假信息或传言本身存在的陈述。在涉及市场传言时，应注意“市场传言”和“指出市场传言之存在”的区别，前者为假，不等于后者为假。这特别适用于涉及新闻媒体的情形。媒体对市场信息包括传言等作出的报道、分析，对于正常的市场信息澄清、过滤机制具有积极意义。在此尤其需要强调的是，不能对所谓敏感类信息，特别是看空性信息予以格外的打压，否则会妨碍市场信息的必要流通和反馈。

受法律规制的证券虚假信息的行为主体即违反消极披露义务的行为人应当具有编造虚假信息，或传播明知或应知为虚假的信息的故意或重大过失。行为人基于一般过失，错误地发布或传播内容虚假的证券信息，不应被视为违法，即不应适用客观归责原则。在这一点上，虚假证券信息披露规则无须和积极信息披露规则一样严格。

4. 虚假或误导性信息行为应有可归因于特定主体的市场扰乱后果

这一是需要证券价量变动等客观指标佐证，二是在市场同一类型信息存在多个，有“多因一果”的可能时，需要辨别特定主体的影响。在主体不具有明显的公信力、客体信息行为的内容不具有明显的虚假性、误导性时，不应高估其对扰乱市场的影响力。

目前的金融与法律理论研究和执法水平都无法在定量的层面对虚假信息的内容失真度、表面可信度、传播度等方面与扰乱市场、误导投资者方面建立精确的联系（这也是操纵市场法乃至整个侵权责任法面临的困境），而只能在定性层面建立关系。故而在定性层面的把握就更需要坚持、坚守有市场影响力的特殊主体标准，同时坚守事实性信息虚假且具有重大性的标准。这样方符合《证券法》的本意，也与法定信息披露义务人的虚假陈述责任制度相匹配。

坚持对主体和客体作上述限定，可提高证券执法的公平度，降低执法难度和执法成本。在认定责任时，特定主体的虚假信息行为和责任后果之间的因果关系推定，也会更具有逻辑性。

《证券法》（2019年修订）第56条还新增一款规定：“编造、传播虚假信息或者误导性信息，扰乱证券市场，给投资者造成损失的，应当依法承担赔偿责任。”这一民事责任应当适用侵权责任的一般原理，而且没有，也不应该实施举证责任倒置。故而主张赔偿者要自行证明特定主体编造、传播了虚假信息或者误导性信息，要证明该信息具有一定的重大性、使人产生信赖、与自身交易行为之间具有因果关系，还要证明这与自身具体数额的损失之间的因果关系，证明难度很大。对媒体报道而言，也不应简单以事后得到验证的事实来倒推之前的报道不够真实或存在误导。

典型案例

《每日经济新闻》报社被行政处罚案①

经证监会查明，2016年2月24日中午，微博、微信等互联网平台开始流传“3月1日起创业板全面停止审核”相关信息，主要内容为：“自3月1日起创业板将全面停止审核，后续按注册制实施；主板和中小板暂时未定，择期再做安排。”《每日经济新闻》于2月25日00：02在每经网（域名www.nbd.com.cn）发布了《注册制改革授权下周实施A股市场步入敏感期》的报道，报道内容称：“伴随着3月1日这一时点的临近，A股市场也变得敏感起来。正是在这一背景下，2月24日下午出现的一则传闻引发不少业内人士的关注。该传闻的内容是‘知情人士透露，自3月1日起创业板将全面停止审核，后续按注册制实施；主板和中小板暂时未定，择期再做安排。’不过，当记者向一位大型券商投行负责人求证这一消息时，其明确表示没有听说。而后，记者又向多位中介机构人士求证，均未能确认这一传闻的真实性。”报道还称：“‘这个传闻有点可怕，还有那么多创业板（公司排队等待上市）’。其中一位中介机构人士表示，如果按照这个传闻的说法，要在注册制实施后才安排创业板拟上市公司上会，那岂不是意味着未来几个月，都可能没有创业板企业上会？上述中介机构人士指出，随着注册制改革授权日期的到来，市场上也出现了各种各样的信息，而这背后是市场对注册制改革的高度关注。”

经查，该篇报道由李某采写。李某为《成都商报》记者，外派至《每日经济新闻》证券部工作，由《每日经济新闻》负责管理和考核，并发放薪酬。根据对李某的询问笔录及其提供的相关截图文件，2月24日14时36分左右其手机微信群“天天涨停板”中的好友“彭某征”发布了创业板全面停止审核的相关信息，后经其搜索，多个微博、股吧均在传播。李某还向两位中介机构人士和一位上市公司下属企业负责投资的人士进行了初步核实。然而，上述三人均回复李某并未听说该信息。李某撰写完成该报道后，按照《每日经济新闻》内部有关原创稿件的发布流程经《每日经济新闻》内部审核后发布。

《每日经济新闻》2016年2月25日发布《注册制改革授权下周实施A股市场步入敏感期》，之后被多个主流财经网站转载，包括同花顺财经、搜狐证券、新浪财经、凤凰财经、网易财经、中证网等，造成了广泛传播。

《每日经济新闻》“采编手册”第三章“采编规范”第四节“新闻编辑”规定，“对于新闻事实存疑无法核实的稿件，坚决不发”。《每日经济新闻关于严防虚假新闻报道的规定》第3条规定，“来自互联网的信息原则上只能作为采访的‘线索’，不能随意采信、直接写入报道”；第4条规定，“采访时，记者搜集到的信息应具有多个消息来源相互佐证，而不应该依靠单一消息来源做报道”；“新闻越重要、敏感、复杂，越需要采访核实更多的信息源”；第19条规定，“编辑对于外来稿件的选用（特别是

① 案例来源：证监会行政处罚决定书〔2016〕114号（成都每日经济新闻报社有限公司、李某）。

网络报道），必须保持高度警惕，事先必须核实，确保新闻事实准确无误后方可转载、选用……”

证监会认为：第一，涉案报道不仅描述了一则虚假信息在市场传播的事实，而且对这一信息进行了解读，是一篇围绕敏感题材、以虚假信息为主要内容的新闻报道。第二，新闻媒体的报道在涉及证券市场改革的重要政策时，要严格以监管机构正式发布的信息为依据；新闻媒体要审慎报道可能影响投资者预期和市场稳定的新闻题材，严禁依据道听途说制造或编造新闻，不得凭借猜测想象炮制或歪曲新闻事实，避免误导性陈述。涉案报道在引用关于证券市场重大政策变化的传闻时，当事人未向监管机构求证，媒体内部未严格审核。当事人从撰写报道到内部审核到网上发布，每一环节均缺乏必要的审慎，致使虚假信息在市场广泛传播，严重扰乱了市场秩序，其行为已经构成《证券法》规定的传播虚假信息。第三，证监会对当事人进行行政处罚以《证券法》相关规定为依据。第四，涉案虚假信息的广泛传播严重扰乱了市场秩序，致使证监会通过新闻发布会辟谣。

综上，证监会认为，《每日经济新闻》的行为违反了《证券法》（2014 年修正）第 78 条第 3 款关于“各种传播媒介传播证券市场信息必须真实、客观，禁止误导”的规定[①]，构成《证券法》（2014 年修正）第 206 条[②]所述“扰乱证券市场”的行为。李某的行为违反了《证券法》（2014 年修正）第 78 条第 1 款关于“禁止国家工作人员、传播媒介从业人员和有关人员编造、传播虚假信息，扰乱证券市场”的规定，构成《证券法》第 206 条所述“扰乱证券市场”的行为。证监会决定：责令《每日经济新闻》改正，并处以 20 万元罚款；责令李某改正，并处以 20 万元罚款。

延伸阅读

证券虚假信息应依赖社会综合治理，而非强化公法责任

过度强调一般主体的证券消极信息披露义务，并予以公法责任追究，会产生一定的消极后果。

---

① 《证券法》（2014 年修正）第 78 条已被修改为《证券法》（2019 年修订）第 56 条：禁止任何单位和个人编造、传播虚假信息或者误导性信息，扰乱证券市场。禁止证券交易场所、证券公司、证券登记结算机构、证券服务机构及其从业人员，证券业协会、证券监督管理机构及其工作人员，在证券交易活动中作出虚假陈述或者信息误导。各种传播媒介传播证券市场信息必须真实、客观，禁止误导。传播媒介及其从事证券市场信息报道的工作人员不得从事与其工作职责发生利益冲突的证券买卖。编造、传播虚假信息或者误导性信息，扰乱证券市场，给投资者造成损失的，应当依法承担赔偿责任。

② 《证券法》（2014 年修正）第 206 条和第 207 条合并，被修改为《证券法》（2019 年修订）第 193 条：“违反本法第五十六条第一款、第三款的规定，编造、传播虚假信息或者误导性信息，扰乱证券市场的，没收违法所得，并处以违法所得一倍以上十倍以下的罚款；没有违法所得或者违法所得不足二十万元的，处以二十万元以上二百万元以下的罚款。”“违反本法第五十六条第二款的规定，在证券交易活动中作出虚假陈述或者信息误导的，责令改正，处以二十万元以上二百万元以下的罚款；属于国家工作人员的，还应当依法给予处分。”“传播媒介及其从事证券市场信息报道的工作人员违反本法第五十六条第三款的规定，从事与其工作职责发生利益冲突的证券买卖的，没收违法所得，并处以买卖证券等值以下的罚款。”

首先，这会导致法网过紧。我国证券市场发展还不成熟，一向以“政策市”“消息市”著称，投资者散户化、跟风化现象严重，打探、分享小道信息的氛围浓厚。不少投资者缺乏理性分析的习惯，却具有“好赌性”，即便明知是未必靠谱的信息，也愿意“赌一把”。股市谣言盛行，和微信等平台上盛行的各种无根据的、自欺欺人的养生保健信息本质相同。法难责众，不少被处罚案件所涉信息的影响力并不突出，使执法具有了随机性色彩，增强了不公平性。

其次，强化不实信息的公法责任，实际上推定了投资者对非正式、非权威、非系统、片段化的信息的信赖合理性，显著抬高了其法律意义，和证券信息披露的法定化、“场内化”努力背道而驰。个别性地就非法定渠道的虚假信息予以重罚，会令人错误地认为：网络中大量别的没有被处罚的信息具有真实性、重大性。这不利于培养投资者鉴别股市虚假信息的意识和能力。投资者只有在“真实度”深浅不一的多空信息环境中反复磨炼才会成长。

再次，这会妨碍市场信息的必要流通和反馈。虚假信息泛滥，和我国证券信息披露法制发展滞后有关。正式的信息披露不能充分满足投资者的信息需求，投资者就会转而寻求非正式的信息渠道。

最后，市场监管者应当尊重媒体。媒体的主要社会功能是通过信息集散，推动公众关注。媒体只能从外部进行观察，不可能掌握报道对象的所有真实、准确的信息，故媒体报道无法100%准确。新闻的真实就像诉讼中的法律真实一样，只应当是受到已有证据材料支持的真实，而非全能上帝之眼下的“客观真实”。即便媒体报道与日后确认的事实存在出入，媒体只要已经尽到核查的程序义务、不具有编造虚假信息的故意或放任心态，就不应该承担责任。媒体报道的改进、向客观真实的逼近，应当通过媒体间竞争和自律程度的加强而不是管制部门的增多来实现。

总之，规制证券虚假信息的正道，是更鲜明地凸显法定渠道的信息披露的价值，强化投资者教育，将非法定渠道的事实性信息“垃圾化”。通过让投资者学会“更识货”“货比货”的社会综合治理来解决问题。执法者对市场中非正式信息的流通应当适度容忍。只有在具有重大性的事实类虚假信息明显扰乱证券市场价格或理性投资者决策时，才予以处罚。

参考文献

1. 中国证券监督管理委员会行政处罚委员会．证券期货行政处罚案例解析：第1辑．北京：法律出版社，2017.

2. 缪因知．证券虚假信息规制的原理反思与实证评价．北方法学，2018 (4).

课后习题

1. 一家上市公司的董事长与当地政府某部门串通，该董事长先将个人自有资金300万元打到该政府部门的账户上，然后该政府部门将这300万元作为“奖励”奖给了该上市公司，导致该上市公司的营业外收入和净利润虚增。请问：该政府部门是否可以依据

《证券法》追究其虚假陈述的责任？该上市公司的其他董事、监事和高级管理人员是否应承担虚假陈述的责任？如果你是这家上市公司的董事会秘书，你应该如何做才能避免承担法律责任？如果你是这家上市公司的独立董事，你又应该如何做才能避免承担法律责任？

2. 某日股市收盘后，一普通市民看到微信朋友圈有“证监会暂停新股发行”的截图，便使用当日新注册的账号在某讨论楼市的论坛中发布了帖子，内容包括上述截图。该截图系伪造的证监会官网截图，但普通人很难辨识为假。当日下午，有关部门已经对此辟谣。该行为是否应根据《证券法》关于证券虚假信息的规定予以处罚？

第六章
上市挂牌公司并购重组制度

第一节　上市挂牌公司收购制度

一、上市挂牌公司收购制度概述

（一）上市挂牌公司收购的基本概念

上市挂牌公司收购是指收购人采取一定方式或通过一定途径取得上市公司或挂牌公司（简称上市挂牌公司、目标公司）控制权的行为，如采取取得股份的方式成为一个目标公司的控股股东，或者通过投资关系、协议、其他安排的途径成为一个目标公司的实际控制人。从法律的角度来看，上市挂牌公司收购的对象通常有两类：一是公司股权，二是公司资产。一般而言，目标公司往往仍具有实体法律地位，收购方也不必然承担目标公司的债务。

综合来看，上市挂牌公司收购主要具有以下几个方面的特征：第一，在目的方面，收购方往往是为了取得对目标公司的控制权；第二，在主体方面，收购方包括投资者及与其一致行动的他人；第三，在对象方面，目标公司是上市挂牌公司；第四，在客体方面，收购既可针对目标公司的股权，也可针对目标公司的资产；第五，在监管方面，重点在于如何设置收购方的信息披露义务；等等。

（二）收购的分类

根据不同的标准，至少可以将上市挂牌公司收购分为以下几种类型。

1. 股权收购与资产收购

按照收购交易标的的不同，收购可分为股权收购与资产收购。股权收购是指收购方通过取得目标公司部分或全部股权的方式实施的收购行为。资产收购是指收购方通过取得目标公司部分或全部资产的方式实施的收购行为。这两种收购方式主要存在以下区别：一是收购交易的标的不同，即股份或资产；二是收购交易的相对人不同，股权收购的交易相对人是目标公司的股东，而资产收购的交易相对人是目标公司本身；三是收购方承担的责任不同，股权收购的效果是收购方成为目标公司的股东，因此收购方在实施收购以后需要以其认购的股份为限对目标公司承担责任，而资产收购的实施方在收购后通常会成立新的公司，目标公司的债权债务与该新公司并无关系。

2. 直接收购与间接收购

按照收购方是否直接对目标公司实施收购进行分类，可将收购分为直接收购与间接收购。直接收购是指收购方直接向目标公司提出收购意向，双方通过一定的程序进行谈判，共同磋商收购的各项条件，最后根据双方订立的收购协议进行收购。间接收购是指收购方虽不是上市挂牌公司的股东，但通过投资关系、协议、其他安排取得对目标公司的控制的收购活动。换言之，收购方并不直接对目标公司进行收购，而是通过其他方式，例如通过投资关系取得目标公司控制股东的控制权等，以实现收购目的。我国《上市公司收购管理办法》设专门一章对间接收购进行了规定。

3. 友好收购与敌意收购

按照收购双方的关系及被收购方（主要是其管理层）对收购的主观意愿，可将收购分为友好收购与敌意收购。友好收购是指收购方与目标公司之间已经经过充分沟通和协商并往往达成了双方比较满意的条件的收购活动。因此，目标公司通常是欢迎收购方对其实施收购的，故而整个收购过程往往比较顺畅。敌意收购是指收购方在未经目标公司管理层允许，甚至无视其意愿的情形下所实施的收购活动。敌意收购方常与"白衣骑士"（后文详述）相对应而被称作"黑衣骑士"，或更通俗一些，被称作"门口的野蛮人"。敌意收购方往往在实现收购后重组公司管理层，也可能改变公司的经营方针、计划，甚至会根据自身发展需求大量解雇及重新聘用员工。实践中，收购方往往会以高价迅速地在公开市场上收购足以取得目标公司控制权的比例股份，这也凸显了权益披露及一致行动人规则的重要性。

4. 横向收购、纵向收购与混合收购

按照收购所涉行业以及公司之间是否存在竞争或业务关系进行分类，收购可分为横向收购、纵向收购与混合收购。横向收购是指两个以上经营领域相同或相似的且往往相互存在竞争关系的公司之间实施的收购活动。横向收购有助于整合同一行业的优势资源，能扩大公司的生产规模，增加公司的市场份额，提升公司的市场竞争力。横向收购的主要风险在于其可能会减损市场竞争，形成垄断局面。这也是监管机构在收购领域中高度关注的问题。纵向收购是指两个以上处于同一产业链的上下游公司之间实施的收购活动。纵向收购是公司拓展产业链、降低原材料成本的重要途径。但纵向收购的风险在于，同一产业链的上下游公司合为一体，将共同承受市场经济周期性因素的影响，一旦出现资金链断裂等问题，将可能危及整个公司集团，可谓一荣俱荣、一损俱损。混合收购是指两个以上分属不同产业领域且存在竞争关系的公司之间实施的收购活动。混合收购能从不同行业领域扩大公司的经营范围与规模，通过资源互补、优化组合等实现公司集团的多元化发展，以提升自身适应和应对市场风险的能力。混合收购的问题也是显而易见的：公司因为收购可能会涉足本身并不熟悉的行业领域，倘若在经营管理方面没有足够的人员与资源支撑，就很容易引发风险。

5. 杠杆收购与非杠杆收购

根据收购方用以收购的资金来源进行分类，收购可分为杠杆收购与非杠杆收购。杠杆收购是指收购方在金融信贷支持下只需少量的自有资金即可进行的收购活动。所谓金融信贷支持，主要包括银行贷款、资管计划、融资融券、垃圾债券等。在我国实践中，诸多收购方都是以自身持有的目标公司股份或者直接以目标公司的资产和未来收益作为质押向银行借款，继而实施收购的。因此，融资是杠杆收购的基本特征。非杠杆收购刚好相反，是指收购方并未借助外部融资手段而主要是通过自有资金进行的收购活动。非杠杆收购主要包括现金收购、换股收购、增发收购等形式。

二、上市公司的收购

我国上市公司收购法律制度主要体现在《证券法》以及《上市公司收购管理办法》等规范性文件当中。对上市公司收购的法律调整主要以权益披露规则为中心展开。

（一）权益披露

所谓权益披露，是指根据法律规定，任何投资人收购一个上市公司的股份达到一定比例时必须进行披露，以便利益相关者能对此种持股情况有所了解，并采取相应对策。

我国《证券法》（2019 年修订）第 63 条第 1～3 款规定：通过证券交易所的证券交易，投资者持有或者通过协议、其他安排与他人共同持有一个上市公司已发行的有表决权股份达到 5%时，应当在该事实发生之日起 3 日内，向国务院证券监督管理机构、证券交易所作出书面报告，通知该上市公司，并予公告；在上述期限内，不得再行买卖该上市公司的股票，但国务院证券监督管理机构规定的情形除外。投资者持有或者通过协议、其他安排与他人共同持有一个上市公司已发行的有表决权股份达到 5%后，其所持该上市公司已发行的有表决权股份比例每增加或者减少 5%，应当依照前款规定进行报告和公告，在该事实发生之日起至公告后 3 日内，不得再行买卖该上市公司的股票，但国务院证券监督管理机构规定的情形除外；其所持该上市公司已发行的有表决权股份比例每增加或者减少 1%，也应当在该事实发生的次日通知该上市公司，并予公告。业界通常所称之“举牌”，指的就是收购人持股权益的披露义务。而这种每增加一定持股比例即需通知及公告且期限内不得再行买卖该上市公司股票的规定，也被称为“慢走规则”。

延伸阅读

如何看待权益披露制度的“慢走规则”

一是 5%临界值的设定是否合理的问题。临界值的设定需要考虑一国之上市公司的整体股权结构。倘若大多数上市公司的股权结构都是高度分散的，那么持股比例为 1%就可能已经是第一大股东，此时收购人根本不需要获得超过 5%的股份就可以控制公司，临界值设置为 5%就失去了监管的意义。反之，倘若大多数上市公司的股权结构仍相对集中，那么这个临界值就需要相应提高。考虑到我国上市公司股权结构的整体情况，我们认为 5%临界值的设定是符合当前监管需要的。随着上市公司股权结构的变化，对临界值也将因应作出调整。而《证券法》（2019 年修订）在原来 5%的基础上增加了增减 1%需要通知和公告的义务条款，也使得权益披露规则得以进一步完善。

二是如何理解触发临界值的收购方式问题。实践中，收购人除通过协议收购的方式从持股比例较高的股东那里取得上市公司的股份以外，还可能通过大量收购公开市场上的小股东所持股份来不断提升在上市公司的持股比例。这种收购属于公开收购。然而，要约收购也属于公开收购，为便于区分，我们可将持股未达目标公司发行股份总数30%的公开收购称为非要约公开收购。

三是如何理解这个比例的增减变化问题。所谓增加或减少5%，是不是百分数每到5的倍数就需要举牌呢？例如，倘若收购人原本持有目标公司8%的股份，后经协议收购使自身持股比例跃升至13%并“举牌”，若其继续进行收购，那么下一次“举牌”是在其持股比例达到15%还是18%之时呢？根据对《证券法》（2019年修订）第63条的文义理解，答案应为18%。

四是如何理解违反权益披露义务的法律责任问题。《证券法》（2019年修订）第63条第4款规定，倘若投资者在持股达5%时，或者在此之后每增减5%时，未履行相关报告和公告义务即买入上市公司有表决权的股份的，在买入后的36个月内，对该超过规定比例部分的股份不得行使表决权。此外，《上市公司收购管理办法》第76条规定，上市公司的收购及相关股份权益变动活动中的信息披露义务人在报告、公告等文件中有虚假记载、误导性陈述或者重大遗漏的，证监会责令改正，采取监管谈话、出具警示函、责令暂停或者停止收购等监管措施。在改正前，收购人对其持有或实际支配的股份不得行使表决权。

《上市公司收购管理办法》第16、17条还有关于简式权益变动报告书与详式权益变动报告书的规定：投资者及其一致行动人不是上市公司的第一大股东或者实际控制人，其拥有权益的股份达到或者超过该公司已发行股份的5%，但未达到20%的，应当编制简式权益变动报告书；若投资者及其一致行动人是上市公司的第一大股东或者实际控制人，其拥有权益的股份达到或超过一个上市公司已发行股份的5%，但未达到20%的，又或是投资者及其一致行动人拥有权益的股份达到或者超过一个上市公司已发行股份的20%但未超过30%的，皆应当编制详式权益变动报告书。

（二）一致行动人

根据《上市公司收购管理办法》第83条的规定，一致行动是指投资者通过协议、其他安排，与其他投资者共同扩大其所能够支配的一个上市公司股份表决权数量的行为或者事实。在上市公司的收购及相关股份权益变动活动中有一致行动情形的投资者，互为一致行动人。如无相反证据，投资者有下列情形之一的，为一致行动人：（1）投资者之间有股权控制关系；（2）投资者受同一主体控制；（3）投资者的董事、监事或者高级管理人员中的主要成员，同时在另一个投资者担任董事、监事或者高级管理人员；（4）投资者参股另一投资者，可以对参股公司的重大决策产生重大影响；（5）银行以外的法人、非法人组织和自然人为投资者取得相关股份提供融资安排；（6）投资者之间存在合伙、合作、联营等其他经济利益关系；（7）持有投资者30%以上股份的自然人，与投资者持有同一上市公司股份；（8）在投资者任职的董事、监事及高级管理人员，与投资者持有同一上市公司股份；（9）持有投资者30%以上股份的自然人和在投资者任职的董事、监事及高级管理人员，其父母、配偶、子女及其配偶、配偶的父母、兄弟姐妹及其配偶、配偶的兄弟姐妹及其配偶等亲属，与投资者持有同一上市公司股份；（10）在上市公司任职的董事、监事、高级管理人员及其前项所述亲属同时持有本公司股份的，或者与其自己或者其前项所述亲属直接或者间接控制的企业同时持有本公司股份；（11）上市公司董事、监事、高级管理人员和员工与其所控制或者委托的法人或者非法人组织持有本公司股份；（12）投资者之间具有其他关联关系。

所谓“如无相反证据”，即表明投资者若认为不存在一致行动人关系，则应承担举证责任。此外，根据以上规定，即便当事人之间并未订立协议，又或者他/它们并不承认互为一致行动人，监管机构也可根据实际情况对其予以认定。从这一规定来看，一致行动制度的设置初衷更多的是迎合监管的需要，其主要应用于收购监管，防止收购人借助不同“马甲”来分散持股，掩盖收购意图或规避其他收购监管措施。① 进而，通过合并计算一致行动人所持有的股份，信息披露义务的主体也得到明确。可见，一致行动制度作为一种监管策略，是为了防止控制股东滥用权利，其要义不在于关注一致行动协议本身的效力问题，而在于关注这种关系究竟会对市场产生何种负面效应。换言之，一致行动制度不是为了维护乃至扩张一致行动人的权益范围，恰恰相反，它是为了划定其行为边界并明确其信息披露义务。

（三）要约收购

要约收购，准确来讲应称为要约公开收购，是指收购人向目标公司所有股东发出收购股份的要约，继而收购部分或全部股份，以取得目标公司控制权的行为。② 所谓所有股东，既包括持有上市股份的股东，也包括持有未上市股份的股东。

1. 要约收购的分类

根据我国《证券法》和《上市公司收购管理办法》的规定，要约收购主要有两种分类：一种是根据收购人采取要约收购方式是否出于自愿，将其分为自愿收购和强制收购。另一种是根据收购人向目标公司所有股东所发出的是收购其所持有的全部股份还是部分股份的要约，将其分为全面要约和部分要约。

2. 要约收购的特征

第一，全面性。收购要约必须向所有股东发出，其中所提出的各项收购条件适用于目标公司的所有股东。所有股东皆可承诺或拒绝接受该要约，在收购要约确定的承诺期限内，收购人不得撤销其收购要约。收购人需要变更收购要约的，必须及时公告，载明具体变更事项。这其中存在一项要约收购的预受制度。所谓预受，是指目标公司股东同意接受要约收购的初步意思表示，在要约收购期限内、不可撤回之前，不构成承诺。

第二，公平性。收购人应当公平对待被收购公司的所有股东，持有同一种类股份的股东应当得到同等对待；同时，收购人对同一种类股票的要约价格，不得低于要约收购提示性公告日前 6 个月内收购人取得该种股票所支付的最高价格。

第三，期限性。收购要约约定的收购期限不得少于 30 日，并不得超过 60 日。

---

① 刘燕，楼建波．企业收购中的资管计划：以 SPV 为中心的法律分析框架．清华法学，2016（6）：77－78.

② 所谓要约公开收购，在英国被称为 take-over bid，在美国被称为 tender offer，翻译为要约收购是不大正确的。甘培忠，周淳，周游．企业与公司法学．北京：北京大学出版社，2018：314.

3. 强制要约收购

（1）定义。根据我国《证券法》（2019 年修订）第 65 条第 1 款的规定，通过证券交易所的证券交易，投资者持有或者通过协议、其他安排与他人共同持有一个上市公司已发行的有表决权股份达到 30%时，继续进行收购的，应当依法向该上市公司所有股东发出收购上市公司全部或者部分股份的要约。这就是所谓的强制要约收购。

（2）上市公司收购报告书。在强制要约收购情形下，收购人应当编制并公告上市公司收购报告书，并载明下列事项：1）收购人的名称、住所；2）收购人关于收购的决定；3）被收购的上市公司名称；4）收购目的；5）收购股份的详细名称和预定收购的股份数额；6）收购期限、收购价格；7）收购所需资金额及资金保证；8）公告上市公司收购报告书时持有被收购公司股份数占该公司已发行的股份总数的比例。

（3）免除发出要约。根据《上市公司收购管理办法》第 61～63 条的规定，投资者及其一致行动人在符合相关条件的情形下可以免于以要约收购方式增持股份，或存在主体资格、股份种类限制或者法律、行政法规、证监会规定的特殊情形的，免于向被收购公司的所有股东发出收购要约。归结起来，这些免除发出要约的情形主要有以下几种：第一，上市公司实际控制人未发生变化；第二，为解决上市公司面临的严重财务困难而进行的经股东大会批准的重组，且收购人承诺 3 年内不转让其在该公司中所拥有权益；第三，经批准的国有资产无偿划转、变更、合并导致投资者在一个上市公司中拥有权益的股份占该公司已发行股份的比例超过 30%；第四，上市公司回购股份而减少股本，导致投资者在该公司中拥有权益的股份超过该公司已发行股份的 30%；第五，经上市公司非关联股东批准，投资者取得上市公司向其发行新股，导致其在该公司拥有权益的股份超过该公司已发行股份的 30%，投资者承诺 3 年内不转让本次向其发行的新股，且经公司股东大会同意；第六，在一个上市公司中拥有权益的股份达到或超过该公司已发行股份的 30%的，自上述事实发生之日起 1 年后，每 12 个月内增持不超过该公司已发行的 2%的股份；第七，在一个上市公司中拥有权益的股份达到或超过该公司已发行股份的 50%的，继续增加其在该公司拥有的权益不影响该公司上市地位；第八，金融机构在其经营范围内依法从事承销、贷款等业务导致其持有一个上市公司已发行股份超过 30%，没有实际控制该公司的行为或意图，并且提出在合理期限内向非关联方转让相关股份的解决方案；第九，因继承导致在一个上市公司中拥有权益的股份超过该公司已发行股份的 30%；第十，因履行约定购回式证券交易协议购回上市公司股份导致投资者在一个上市公司中拥有权益的股份超过该公司已发行股份的 30%，并且能证明标的股份的表决权在协议期间未发生转移；第十一，因所持优先股表决权依法恢复导致投资者在一个上市公司中拥有权益的股份超过该公司已发行股份的 30%。除此之外，证监会可为了适应证券市场发展变化和保护投资者合法权益的需要而依职权认定其他豁免情形。此外，《上市公司收购管理办法》还规定了自动豁免制度。

4. 目标公司管理层的信义义务

《上市公司收购管理办法》第 8 条规定，被收购公司的董事、监事、高级管理人员对公司负有忠实义务和勤勉义务，应当公平对待收购本公司的所有收购人。被收购公司董事会针对收购所作出的决策及采取的措施，应当有利于维护公司及其股东的利益，不得滥用职权对收购设置不适当的障碍，不得利用公司资源向收购人提供任何形式的财务资助，不得损害公司及其股东的合法权益。

此外，与我国《公司法》对勤勉义务仅有原则性规定不同的是，《上市公司收购管理办法》明确规定了目标公司董事在应对收购时应尽的勤勉义务：其一，在要约收购期间，目标公司的董事不得辞职。其二，目标公司董事会应当对收购人的主体资格、资信情况及收购意图进行调查，对要约条件进行分析，对股东是否接受要约提出建议，并聘请独立财务顾问提出专业意见。在收购人公告要约收购报告书后 20 日内，被收购公司董事会应当公告被收购公司董事会报告书与独立财务顾问的专业意见。其三，收购人作出提示性公告后至要约收购完成前，被收购公司除继续从事正常的经营活动或者执行股东大会已经作出的决议外，未经股东大会批准，被收购公司董事会不得通过处置公司资产、对外投资、调整公司主要业务、担保、贷款等方式，对公司的资产、负债、权益或者经营成果造成重大影响。

（四）协议收购

上市公司的协议收购，是指收购人与目标公司在证券交易所以外与目标公司持股比例较高的大股东，就股票价格、数量等进行协商，达成收购协议，并最终购买目标公司的股权，以获得目标公司控制权的行为。

根据我国《证券法》（2019 年修订）第 71 条第 1 款的规定，采取协议收购方式的，收购人可以依照法律、行政法规的规定同被收购公司的股东以协议方式进行股份转让。协议收购是收购人与特定股东之间的交易行为，故而不具备要约收购那样的全面性。同时，协议具有相对性，收购人究竟以何种条件进行收购，都是其与特定股东之间私下磋商的结果，故而也就不存在如要约收购那样的期限制度。也正因为如此，协议收购的条件并不适用于目标公司所有股东，收购人完全可以和目标公司不同的股东商定不同的收购条件。

但协议收购同样需要遵守强制要约收购规则，有关强制要约收购的豁免在协议收购场合也同样适用。此外，基于监管需要，协议收购场合收购人同样需要承担报告及公告义务，在公告前不得履行收购协议。

与要约收购场合目标公司管理层负有勤勉义务类似，在协议收购场合，上市公司控股股东向收购人协议转让其所持有的上市公司股份的，应当对收购人的主体资格、诚信情况及收购意图进行调查，并在其权益变动报告书中披露有关调查情况。

（五）反收购措施在我国的适用

收购往往就是为了争夺上市公司的控制权。自 20 世纪中后期以来，控制权的争夺愈演愈烈，上市公司的管理层、控制股东或实际控制人都想方设法抵御不受欢迎的收购行为，力图保有或稳固其在公司当中的控制地位。

应该说，我国《公司法》《证券法》的相关规则并没有为上市公司采取反收购措施很好地提供制度支持。这主要是因为我国《公司法》《证券法》等没有对反收购措施加以明确，上市公司在运用相关策略时必然会顾虑是否存在制度风险，从而谨小慎微、缩手缩脚。同时，《上市公司收购管理办法》第 8 条和第 33 条的规定都体现出证监会对于公司采取收购防御措施的一种审慎态度，从而导致公司董事会能够采取的措施极为有限。归结起来，当前我国公司可采用的反收购措施主要有以下几种。

1. 员工持股计划

根据我国《公司法》第 142 条的规定，用于员工持股计划是公司可收购本公司股份的情形之一。员工持股计划对于提升公司团队的凝聚力、增强员工对公司的归属感乃至塑造及稳固企业文化等都能起到积极作用。如此一来，员工通常也不会轻易出售自己手中的本公司股份。例如在万科股权之争当中，万科管理层也曾推出员工持股计划，但员工持有股权比例较低，力量微弱。通常而言，只有当员工持股达到相当比例时，才足以对敌意收购产生阻力。

2. 一致行动

通过订立一致行动人协议，上市公司的大股东或管理层能够进一步巩固其控制权，这对敌意收购能起到非常良好的预防作用。对股权比较分散的上市公司而言，一致行动人协议的作用就更为明显。例如在阿里巴巴集团，马云等“合伙人”与前两大股东日本软银公司及美国雅虎公司即订立了一致行动人协议；此外，自万科股权之争爆发后，越来越多的上市公司都采取了签订一致行动协议的方式来抵御敌意收购。

3. 白衣骑士

所谓白衣骑士，就是目标公司在遭遇敌意收购时，寻找符合自身利益需要的友好公司，友好公司参与竞争购买目标公司的股份，以抗衡敌意收购方。在这样的竞争中，敌意收购方的持股比例会受到影响，目标公司的股价往往会上涨，从而增加了收购的难度。白衣骑士策略需要留意以下两方面的内容：其一，白衣骑士往往会与锁定期权策略并用，即给予白衣骑士优惠购买目标公司资产或股份的条件；其二，由于白衣骑士也可能来者不善，所以最好的结果当然是约定白衣骑士收购无法取得目标公司的控制权但又足以震慑敌意收购方的股权比例，同时配之以一致行动人协议，进一步稳固公司控制权。

4. 股份回购

根据我国《公司法》第 142 条的规定，上市公司为维护公司价值及股东权益，可收购本公司股份，但公司合计持有的本公司股份数不得超过本公司已发行股份总额的 10%，并应当在 3 年内转让或者注销。大规模回购本公司在公开市场上发行的股份可以迅速地改变公司的股权结构，此外，由于流通股减少而引起股价上升，无疑会增加收购方收购本公司股份的成本和难度，从而形成对敌意收购的有效防御。

5. 交错董事会

交错董事会，又称类别董事会、分级董事会，通常做法是将董事会分为几个类别，不同类别的董事由不同年度的选举产生，故而董事的任期届满年限也不同，从而实现每次改选都只能改选一部分董事的效果。当然，在我国实践中，该措施往往体现为公司在章程中直接规定董事会每次改选不得超过某一比例，如 1/3 或 1/4 等。这样一来，即便公司遭受敌意收购，收购方也无法在短时间内达到控制目标公司董事会的目的。之后，目标公司董事会有充分时间进行反击，例如以提议增资等方法稀释收购方的持股比例等。

6. 举报

商业组织运作复杂、烦琐，难免百密一疏，故而通过调查、搜索发现敌意收购方在收购过程中存在的违法违规问题，并据此向监管机构举报，是反收购过程中的惯常举措之一。例如在万科股权之争当中，万科管理层就曾举报宝能系资管计划存在违法违规行为。从事后来看，这一举报行为的确引起了监管机构的注意，也影响了宝能系后续的收购计划。与举报类似的还有向法院提起诉讼的方式。

延伸阅读

域外典型的其他反收购措施

1. 毒丸计划

毒丸计划主要是指目标公司向股东发行可转换优先股或者赋予股东购股权，一旦公司遇到敌意收购，即触发转换条件，从而股东可将优先股转换为普通股，或直接以低价购得普通股。其结果是敌意收购方所持有的目标公司的普通股股权被稀释，其对目标公司的影响力降低。之后，毒丸计划出现了不少新型变种，也渐次成为美国最流行及最有效的反收购武器。毒丸计划的预防性质是显而易见的：倘若没有出现敌意收购，毒丸计划内的优先股就不会转换为普通股，购股权也不会实现，而在相反情形下，收购方必须吞下毒丸，从而使其必须重新考虑是否实施收购的问题。客观来看，毒丸计划最大的问题是违反了股东平等原则，因为收购方在收购了目标公司的股份之后，也就成为目标公司的股东，但却无法和既存股东一样享有购股权。而且，毒丸计划一旦被触发，对目标公司而言也可能产生极大的负面影响，资产质量和财务状况都可能恶化。故而，尽管这一措施在美国被广泛使用，但却在英国遭到禁止。我国A股市场目前仍严守所谓的“一股一权”规则，按照前述《上市公司收购管理办法》的相关规定，毒丸计划的运用在我国也存在相当大的制度障碍。除此之外，公司还可在章程中设置其他相关条款，给收购者的收购制造障碍。由于收购人常被比喻为鲨鱼，所以这些条款也可形象地被称作驱鲨剂。

2. 金降落伞

金降落伞是指目标公司管理层与目标公司订立协议，约定管理层在公司被收购后被解聘的情形下，可一次性获得巨额的解聘费或其他额外补偿。如此一来，收购方收购目标公司的成本与负担就变相增加了，从而在一定程度上提升了收购的阻力。金降落伞的问题主要是存在瓜分公司资产的风险，尤其是在中国，倘若允许高管跟国有企业订立金降落伞协议，那可能会存在变相瓜分国有资产的巨大风险，故此种措施在当前的我国不宜推广。

3. 特殊表决权

所谓特殊表决权，是针对传统的一股一权规则而言的，即上市公司通过提升或降低特定股份的表决权来抵御敌意收购。域外的实践中，主要有两种策略：第一种策略是通过章程提升创始人、控制股东或管理层的表决权，从而形成“同股不同权”的双层股权结构。如今，从全球主要证券交易所之实况来看，尽管对双层股权结构表示认可的越来越多，但真正采用该结构的公司数量相对较少。即便是在美国，该类公司也不占多数。[①] 这与美国以董事会乃至经理层为核心的公司治理模式、极度分散的股权结构等因

① Onur Arugaslan, Douglas O. Cook, Robert Kieschnick, “On the Decision to Go Public with Dual Class Stock”, SSRN (May 4, 2009), at http://ssrn.com/abstract=1402756.

素存在关联。[①] 然而，诸如百度、京东等在美国纳斯达克上市的中国公司都采用了该结构，并且都以实现集中控制为目的。[②] 双层股权结构实际上非常迎合中国人投资与管理的需求，也符合当前中国公司发展的实际状况。当然，双层股权结构可能存在压迫普通股股东、加重监管机构负担等问题，这在制度设置上也需要有所注意。第二种策略是通过章程限制新股东的表决权，比如设置行使表决权的等待期，或者收购股份达至一定比例时其超出临界值部分的股份的表决权将受到一定限制等。但这在实践中的确也遭遇是否违反股东平等原则的质疑。

4. 派克曼防御[③]

通俗地说，派克曼防御是一种以攻为守的策略，主要是指在敌意收购人大量收购目标公司发行在外的股份时，目标公司也大量购买敌意收购人的股份，其结果就是收购方与目标公司之间形成交叉持股，甚至都取得了对方公司的控制权的局面。当然，派克曼防御在实践中的运用存在一定的难度，一是因为敌意收购方为取得目标公司的控制权往往已经做好了充分准备，而目标公司一时之间可能无法具备收购对方公司股份的能力和条件；二是因为敌意收购方不一定是上市公司，亦即根本不存在可大量收购的发行在外的股份。

5. 焦土政策

顾名思义，这是一种目标公司通过自我价值减损的方式来降低敌意收购方之收购意欲的策略。从具体实践来看，目标公司采取的焦土政策主要有以下几种情形：一是向他人转让目标公司自身最具价值的或者敌意收购方最希望通过收购而取得的特定资产或营业；二是通过举债或增加其他支出来使目标公司自身的负债率显著提升；三是拓宽自身经营范围，而所拓宽的领域可能不是目标公司自身的真实需求，但恰恰是收购方不希望涉足的。我国《上市公司收购管理办法》明确设置了目标公司董事的勤勉义务条款，因此，焦土政策在我国的采用几乎不存在现实可能性。

实际上，反收购措施是纷繁多样的，远不止以上提及的形式。应当注意到，无论目标公司采取何种反收购措施，都有可能适得其反。这既对立法及相关制度设置提出了要求，也考究公司管理层的能力与水平，同时还与当时的市场环境、政治氛围等紧密相连。

三、挂牌公司收购的特殊问题

为了规范挂牌公司的收购及相关股份权益变动活动，保护挂牌公司和投资者的合法

① 也有学者认为，美国公司之所以不倾向于选择双层股权结构是因为其在抵御收购时并不能起到很好的作用。Michael Klausner, "Fact and Fiction in Corporate Law and Governance", 65 *Stanford Law Review* 1325, 1353-1355, 2013.

② 例如在各自的IPO招股说明书中，百度表明，这种集中控制可以有效遏制潜在的兼并、收购或其他控制权交易之变数；京东则认为公司发展依赖创始人刘强东的专业与经验，有必要采用双层股权结构实现持续有效的集中控制。http://www.nasdaq.com/markets/ipos/filing.ashx? filingid=3607949#D424B4_HTM_TOC，第32页；http://www.nasdaq.com/markets/ipos/filing.ashx? filingid=9301427，第22页。

③ 英文为Pac Man，源于一种计算机游戏，有学者将其翻译为“小精灵”“吃豆人”。施天涛．公司法论．北京：法律出版社，2018：516.

权益，维护证券市场秩序和社会公共利益，促进证券市场资源的优化配置，证监会于2014年发布了《非上市公众公司收购管理办法》（后于2020年修订）。对挂牌公司收购的监管坚持的是“鼓励收购、降低成本、强化信披、提高效率”的原则，以建立适度的制度安排。相关规则的制定在参考上市公司监管制度的基础上，充分结合了挂牌公司和新三板的特点。《非上市公众公司收购管理办法》分为总则、权益披露、控制权变动披露、要约收购、监管措施与法律责任、附则等六章，下面就其中与上市公司收购存在较大区别的规定予以阐述。

（一）提高权益披露的触发比例

挂牌公司大部分以个人直接持股为主，股权结构相对集中且简单。基于挂牌公司的股权结构高度集中、股东人数少、股权流动性差等特点，《非上市公众公司收购管理办法》将触发权益变动的披露标准从5%提高到10%，对于持股10%以上的权益拥有人，增减触及5%的倍数披露权益变动报告书，使披露时点更加明确，有利于市场执行。同时，该办法将公司控制权是否变更作为披露的重要依据：控制权未发生变更的，每增减5%，披露权益变动报告书；控制权发生变更且拥有权益10%以上的，披露收购报告书。此外，该办法在权益变动和控制权变更披露中涵盖了协议收购和间接收购的相关内容，不再另行规定。

为进一步简化披露内容，上述办法规定，除要约收购或者收购活动导致第一大股东或实际控制人发生变更的以外，其他收购只需要披露权益变动报告书，简要披露收购人的基本情况、持股数量和比例、持股性质、权益取得方式等信息，不需要披露持股目的、前6个月买卖公众公司股份的情况、持有达到或超过5%的其他公众公司和上市公司股份情况等。收购报告书和要约收购报告书也大幅减少披露内容，重点强化客观性事实披露，如收购人的基本情况、财务资料、前6个月买卖公司股份的情况、前24个月与公司及关联方之间的重大交易等；弱化主观性分析信息，如对公司的影响分析等。收购报告书和要约收购报告书的规定不足20项，较上市公司的相关要求减少了一半多。

（二）不实施强制全面要约收购

国务院《关于进一步优化企业兼并重组市场环境的意见》（国发〔2014〕14号）中明确了非上市公众公司收购不实施强制全面要约收购制度。《非上市公众公司收购管理办法》根据这一顶层设计，把收购人是否需要实施全面要约收购交由公司自行决定，由公司采取自治的方式在公司章程中约定，在公司被收购时收购人是否需要向公司全体股东发出全面要约收购。公司章程中约定收购人需要发出全面收购要约的，应明确全面要约收购的触发条件、要约价格的确定标准以及相应制度安排，同时对要约价格提出原则性规定——如果收购人在要约收购书披露日前6个月内取得过该股票的，对同一种类股票的要约价格不得低于前6个月内收购人取得该种股票所支付的最高价格——以体现公平对待所有股东的原则。

此外，对于自愿要约收购，《非上市公众公司收购管理办法》不严格限制收购价格——这是考虑到新三板的投资者具有一定的投资经验和较强的风险识别能力，而仅要求公平对待其他股东。同时，该办法不强制要求被收购公司聘请独立财务顾问。另外，收购支付方式也不局限于现金，可采用证券、现金与证券相结合等合法方式支付收购价款，从而为创新留下空间。

（三）新三板的自律监管

新三板实行了较为严格的投资者适当性制度，其未来发展方向是一个以合格投资者为主的市场。投资者具备投资决策能力，具有较强的风险识别和承受能力，具备一定的维护自身权利的意识和手段。新三板交易不活跃，尚未形成连续的交易，收购行为对市场等造成的影响可能较上市公司收购产生的影响略轻。因此，《非上市公众公司收购管理办法》不设行政许可，以充分发挥市场约束机制的作用。对挂牌公司收购的监管专注于构建以信息披露为核心的监管体系，推动并实现收购活动市场化。在行政监管“往后退”的同时，新三板的自律监管职责得到加强：新三板对相关证券转让活动进行实时监控，监督挂牌公司收购及相关股份权益变动活动的信息披露义务人切实履行信息披露义务。

新三板应对收购人履行公开承诺行为进行监督和约束，对于未能履行承诺的，及时采取自律监管措施；同时加强责任主体的自我约束和市场自律监管，减少行政监管的介入。

第二节　上市公司与挂牌公司重组制度

一、上市公司重大资产重组

（一）重大资产重组的定义及标准

上市公司重大资产重组是指上市公司及其控股或者控制的公司在日常经营活动之外购买、出售资产或者通过其他方式进行资产交易达到规定的比例，导致上市公司的主营业务、资产、收入发生重大变化的资产交易行为。这里所谓的“通过其他方式进行资产交易”，根据《上市公司重大资产重组管理办法》第 15 条的规定主要是指：与他人新设企业、对已设立的企业增资或者减资；受托经营、租赁其他企业资产或者将经营性资产委托他人经营、租赁；接受附义务的资产赠与或者对外捐赠资产；证监会根据审慎监管原则认定的其他情形。

延伸阅读

我国上市公司重大资产重组规制的历史变迁

证监会对上市公司重大资产重组的规制有一个历史过程。最早的规范性文件是 1998 年的《关于上市公司置换资产变更主营业务若干问题的通知》（已失效），该通知主要强调了上市公司通过置换资产变更主营业务，导致上市公司上市主体资格发生变化的，必须报证监会按新股发行程序重新审批。何为“上市主体资格发生变化”，不无疑问。此后，证监会于 2000 年发布《关于规范上市公司重大购买或出售资产行为的通知》（已失效），其规定了一个 50%的临界值，以作为上市公司购买、出售或置换资产是否达到“重大”的标准，即收购或出售的资产总额/净额/相关利润占上市公司最近经审计后总资产/净资产/利润的50%以上。该通知的问题主要在于第5条的规定：上市公司实施重大购买或出售资产的行为后，应当保证上市公司的持续经营能力，保证上市公司与控股股东在人员、资产、财务上分开。在资产重组完成后6个月内，上市公司应当按照证监会《关于对拟发行上市企业改制情况进行调查的通知》（已失效）第2至4项的要求，向证监会及上市公司所在地派出机构报送规范运作情况的报告。该条规定事实上取消了对重大资产购买与出售的事前审批程序，而且所谓的报告义务有6个月的履行期限，这就当时证券市场的发展状况而言，着实有点匪夷所思。故而，证监会很快在2001年发布的《关于上市公司重大购买、出售、置换资产若干问题的通知》（已失效）中恢复了事前审批程序。直到2008年，《上市公司重大资产重组管理办法》在前述制度构建与实践基础上制定和公布。之后，该办法又得到了数次修订，其中最重要的是构建及完善了借壳上市制度。目前最新一次修订是在2023年。现行办法共七章，主要包括重大资产重组的原则和标准、重大资产重组的程序、重大资产重组的信息管理、发行股份购买资产、监督管理和法律责任等部分。

关于重大资产重组的含义，从相关规定的文义来看其实并不是特别容易理解。此外，为何在收购法律制度以外，设置重大资产重组制度，也存在需要解释的空间。理顺《上市公司重大资产重组管理办法》和《上市公司收购管理办法》这两个规范性文件之间的关系，有助于回应以上两个问题。《上市公司收购管理办法》颁布在前，尽管其将收购人定义为“投资者及与其一致行动的他人”，但其后续规定主要是针对上市公司收购其他上市公司股份之情形进行设置的。然而，上市公司收购并不局限于上市公司之间，实践中还可能有非上市公司收购上市公司，即借壳上市；同时，收购也不仅仅是股权收购，也有可能是资产收购。故而，颁布在后的《上市公司重大资产重组管理办法》旨在处理后两个问题，即上市公司的资产收购以及借壳上市。当然，这一制度定位也不是一步到位的，而是经过了数次修订。从这个角度而言，《上市公司重大资产重组管理办法》是《上市公司收购管理办法》的重要补充，都是我国上市公司收购法律制度的重要组成部分。因此，投资者为了取得上市公司控制权，无论是否采用收购的方式，一旦构成重大资产重组，就应适用《上市公司重大资产重组管理办法》的相关规定。《上市公司重大资产重组管理办法》并不局限于处理资产收购，而是也对股权收购进行了回应。

对于上市公司进行的资产购买与出售，究竟以何种标准来衡量是否已经构成重大资产重组呢？《上市公司重大资产重组管理办法》第12条第1款规定了三项指标：第一，购买、出售的资产总额占上市公司最近一个会计年度经审计的合并财务会计报告期末资产总额的比例达到50%以上；第二，购买、出售的资产在最近一个会计年度所产生的营业收入占上市公司同期经审计的合并财务会计报告营业收入的比例达到50%以上，且超过5 000万元人民币；第三，购买、出售的资产净额占上市公司最近一个会计年度经审计的合并财务会计报告期末净资产额的比例达到50%以上，且超过5 000万元人民币。同时，为防止挂一漏万，该办法还明确了证监会的一项职权：即便购买、出售资产未达到以上三项标准，但证监会发现涉嫌违反国家产业政策、违反法律的行政法规、违反证监会规定、可能损害上市公司或者投资者合法权益等重大问题的，可以根据审慎监管原则，责令上市公司暂停交易、按照该办法的规定补充披露相关信息、聘请独立财务顾问或者其他证券服务机构补充核查并披露专业意见。此外，证监会《科创板上市公司重大资产重组特别规定》明确，前述三项指标也适用于科创公司，但其中营业收入指标执行下列标准：购买、出售的资产在最近一个会计年度所产生的营业收入占科创公司同期经审计的合并财务会计报告营业收入的比例达到50%以上，且超过5 000万元人民币。

当然，以上三个量化标准还不足以囊括所有重大资产重组的情形，上市公司在控制权发生变更后向收购人及其关联人购买资产而导致上市公司发生根本变化的情形同样可能构成重大资产重组，这实际上是借壳上市的问题。

（二）重大资产重组的程序

重大资产重组的程序极其烦琐，根据《上市公司重大资产重组管理办法》第三章的规定，可将其主要内容归纳为以下几点。

1. 初步的保密磋商

进行重大资产重组首先需要上市公司与交易对方进行初步磋商。上市公司在与交易对方就重大资产重组事宜进行初步磋商时，应立即采取必要且充分的保密措施，制定严格有效的保密制度，限定相关敏感信息的知悉范围。而一旦在有关重大资产重组的董事会决议公告前即遭遇重大舆情或公司股票交易异常波动，上市公司应当立即将有关计划、方案或者相关事项的现状以及相关进展情况和风险因素等予以公告，并按照有关信息披露规则办理其他相关事宜。

2. 相关证券服务机构出具意见

上市公司应当聘请独立财务顾问、律师事务所以及具有相关证券业务资格的会计师事务所等证券服务机构就重大资产重组出具意见。独立财务顾问和律师事务所应当审慎核查重大资产重组是否构成关联交易，并依据核查确认的相关事实发表明确意见。重大资产重组涉及关联交易的，独立财务顾问应当就本次重组对上市公司非关联股东的影响发表明确意见。资产交易定价以资产评估结果为依据的，上市公司应当聘请具有相关证券业务资格的资产评估机构出具资产评估报告。

3. 董事会决议

上市公司进行重大资产重组，应当由董事会依法作出决议，并提交股东大会批准。上市公司独立董事应当在充分了解相关信息的基础上，就重大资产重组发表独立意见。是否存在关联交易是重大资产重组制度关注的重要问题，因此，上市公司董事会应当就重大资产重组是否构成关联交易作出明确判断，并作为董事会决议事项予以披露。重大资产重组构成关联交易的，独立董事可以另行聘请独立财务顾问就本次交易对上市公司非关联股东的影响发表意见。上市公司应在董事会作出相关决议后的次一工作日至少披露董事会决议及独立董事的意见、上市公司重大资产重组预案等文件，并至少至迟应与召开股东大会的通知同时公告本次重组的重大资产重组报告书、独立财务顾问报告、法律意见书以及重组涉及的审计报告、资产评估报告或者估值报告。

4. 股东大会决议

上市公司股东大会就重大资产重组事项作出决议，必须经出席会议的股东所持表决权的 2/3 以上通过。同时，决议至少应包括下列事项：第一，本次重大资产重组的方式、交易标的和交易对方；第二，交易价格或者价格区间；第三，定价方式或者定价依据；第四，相关资产自定价基准日至交割日期间损益的归属；第五，相关资产办理权属转移的合同义务和违约责任；第六，决议的有效期；第七，对董事会办理本次重大资产重组事宜的具体授权；第八，其他需要明确的事项。上市公司应当在股东大会作出重大资产重组决议后的次一工作日公告该决议，以及律师事务所对本次会议的召集程序、召集人和出席人员的资格、表决程序以及表决结果等事项出具的法律意见书。

5. 证券交易所审议与证监会注册

证券交易所设立并购重组委员会（以下简称并购重组委）依法审议上市公司发行股份购买资产申请，提出审议意见。证券交易所应当在规定的时限内基于并购重组委的审议意见，形成本次交易是否符合重组条件和信息披露要求的审核意见。证券交易所认为符合相关条件和要求的，将审核意见、上市公司注册申请文件及相关审核资料报证监会注册；认为不符合相关条件和要求的，作出终止审核决定。

证监会收到证券交易所报送的审核意见等相关文件后，依照法定条件和程序，在 15 个工作日内对上市公司的注册申请作出予以注册或者不予注册的决定，按规定应当扣除的时间不计算在该规定的时限内。证监会基于证券交易所的审核意见依法履行注册程序，发现存在影响重组条件的新增事项，可以要求证券交易所问询并就新增事项形成审核意见。证监会认为证券交易所对前述规定的新增事项审核意见依据明显不充分的，可以退回补充审核。证券交易所补充审核后，认为符合重组条件和信息披露要求的，重新向证监会报送审核意见等相关文件，注册期限按规定重新计算。

6. 上市公司公告

上市公司收到证监会就其申请作出的予以注册或者不予注册的决定后，应当在次一工作日予以公告。证监会予以注册的，上市公司应当在公告注册决定的同时，按照相关信息披露准则的规定补充披露相关文件。

上市公司重大资产重组不涉及发行股份的，应当根据证监会的规定聘请独立财务顾问和其他证券服务机构，按照《上市公司重大资产重组管理办法》和证券交易所的要求履行相关程序、披露相关信息。

7. 重组方案的实施及实施情况报告书公告

上市公司重大资产重组完成相关批准程序后，应当及时实施重组方案，并于实施完毕之日起 3 个工作日内编制实施情况报告书，向证券交易所提交书面报告，并予以公告。上市公司聘请的独立财务顾问和律师事务所应当对重大资产重组的实施过程、资产过户事宜和相关后续事项的合规性及风险进行核查，发表明确的结论性意见。独立财务顾问和律师事务所出具的意见应当与实施情况报告书同时报告、公告。

8. 实时进展情况报告

自完成相关批准程序之日起 60 日内，本次重大资产重组未实施完毕的，上市公司应当于期满后次一工作日将实施进展情况予以报告，并予以公告；此后每 30 日应当公告一次，直至实施完毕。

9. 独立财务顾问的持续督导

独立财务顾问应当按照证监会的相关规定，对实施重大资产重组的上市公司履行持续督导职责。持续督导的期限自重大资产重组实施完毕之日起，应当不少于1个会计年度。而对于实施下文将讲述的其他重大资产重组，持续督导的期限自证监会核准该次重大资产重组之日起，应当不少于3个会计年度。

（三）其他重大资产重组

1. 定义

反向收购，属于其他重大资产重组，即业界俗称的“借壳上市”。在实践中，借壳上市常被认为是一种简化快捷的上市方式，相较于一般的首次公开发行股票而言具有成本低、时间短及成功率高等优点。当然，借壳上市也可能成为规避证券发行规则的手段，近年来逐渐受到监管机构的关注。

对借壳上市的规制不仅仅在《上市公司重大资产重组管理办法》中有所呈现，其实证监会早在2013年就发布《关于在借壳上市审核中严格执行首次公开发行股票上市标准的通知》，以期严格规制借壳上市的行为。《上市公司重大资产重组管理办法》并未明确使用“借壳上市”一词，而是将其表述为上市公司在控制权发生变更后向收购人及其关联人购买资产而导致上市公司发生根本变化的情形，故本书将其称为其他重大资产重组。

故而，借壳上市是指一家非上市公司取得一家上市公司的控制权，并将自己的资产转变为上市公司资产的交易行为。根据《上市公司重大资产重组管理办法》的规定，这一行为构成重大资产重组，故而需要遵守重大资产重组的相关规则。除此之外，该办法还就此作出了若干特别规定。

2. 认定标准

《上市公司重大资产重组管理办法》（2023年修订）第13条规定，上市公司自控制权发生变更之日起36个月内，向收购人及其关联人购买资产，导致上市公司发生以下根本变化情形之一的，构成重大资产重组，应当依照本办法的规定履行相关义务和程序：（1）购买的资产总额占上市公司控制权发生变更的前一个会计年度经审计的合并财务会计报告期末资产总额的比例达到100%以上；（2）购买的资产在最近一个会计年度所产生的营业收入占上市公司控制权发生变更的前一个会计年度经审计的合并财务会计报告营业收入的比例达到100%以上；（3）购买的资产净额占上市公司控制权发生变更的前一个会计年度经审计的合并财务会计报告期末净资产额的比例达到100%以上；（4）为购买资产发行的股份占上市公司首次向收购人及其关联人购买资产的董事会决议前一个交易日的股份的比例达到100%以上；（5）上市公司向收购人及其关联人购买资产虽未达到本款第1至第4项标准，但可能导致上市公司主营业务发生根本变化；（6）证监会认定的可能导致上市公司发生根本变化的其他情形。

以上规定较为复杂烦琐，我们可从以下几点来理解。

（1）执行累计首次原则。该规定在2016年修订时将所谓的执行累计首次原则确定为60个月，2019年修订时则开始将其缩短为36个月。这是考虑到，倘若不设置一个必要的期限，一旦上市公司控制发生变更，后续发生的资产重组都需要合并计算，从而使借壳上市的认定过于宽泛，不利于提升监管质效，也在一定程度上妨碍了上市公司通过资产重组实现转型升级。故而，设置36个月的期限是非常必要的。

(2) 界定指标。该规定在2016年修订时将原来单一的资产总额指标进行细化，2019年修订时又删除了净利润指标，目前指标为资产总额、营业收入、净资产额、股份比例等，只要这些指标当中有一项比例达到100%，即构成重大资产重组。如此一来，收购人意图通过会计处理来规避监管就存在极大难度。此外，为防止挂一漏万，该规定还设置了一项主营业务发生根本变化的指标，同时还通过兜底条款赋予证监会认定其他可能导致上市公司发生根本变化之情形的权限。

归结起来，构成其他重大资产重组需满足两个条件：其一，上市公司控制权发生变更；其二，收购人注入上市公司的资产达到任一界定指标。

3. 重要监管措施

上市公司购买的资产对应的经营实体应当是股份有限公司或者有限责任公司，且符合《首次公开发行股票注册管理办法》规定的其他发行条件、相关板块定位，以及证券交易所规定的具体条件。证监会对证券交易所相关板块上市公司重大资产重组另有规定的，从其规定，关于注册时限的规定适用本办法。

上市公司实施重大资产重组，涉及发行股份的，适用《证券法》和证监会的相关规定，应当报经证监会注册。上市公司发行股份购买资产，应当符合下列规定：(1) 充分说明并披露本次交易有利于提高上市公司资产质量、改善财务状况和增强持续经营能力，有利于上市公司减少关联交易、避免同业竞争、增强独立性。(2) 上市公司最近一年及一期财务会计报告被会计师事务所出具无保留意见审计报告；被出具保留意见、否定意见或者无法表示意见的审计报告的，须经会计师事务所专项核查确认，该保留意见、否定意见或者无法表示意见所涉及事项的重大影响已经消除或者将通过本次交易予以消除。(3) 上市公司及其现任董事、高级管理人员不存在因涉嫌犯罪正被司法机关立案侦查或涉嫌违法违规正被证监会立案调查的情形。但是，涉嫌犯罪或违法违规的行为已经终止满3年，交易方案有助于消除该行为可能造成的不良后果，且不影响对相关行为人追究责任的除外。(4) 充分说明并披露上市公司发行股份所购买的资产为权属清晰的经营性资产，并能在约定期限内办理完毕权属转移手续。(5) 证监会规定的其他条件。

上市公司为促进行业的整合、转型升级，在其控制权不发生变更的情况下，可以向控股股东、实际控制人或者其控制的关联人之外的特定对象发行股份购买资产。所购买资产与现有主营业务没有显著协同效应的，应当充分说明并披露本次交易后的经营发展战略和业务管理模式，以及业务转型升级可能面临的风险和应对措施。特定对象以现金或者资产认购上市公司发行的股份后，上市公司用同一次发行所募集的资金向该特定对象购买资产的，视同上市公司发行股份购买资产。

证监会对上市公司发行股份购买资产的申请作出予以注册的决定后，上市公司应当及时实施。向特定对象购买的相关资产过户至上市公司后，上市公司聘请的独立财务顾问和律师事务所应当对资产过户事宜和相关后续事项的合规性及风险进行核查，并发表明确意见。上市公司应当在相关资产过户完成后3个工作日内就过户情况作出公告，公告中应当包括独立财务顾问和律师事务所的结论性意见。

上市公司发行股份购买资产，在其公告的有关文件中隐瞒重要事实或者编造重大虚假内容的，证监会依照《证券法》第181条予以处罚。上市公司的控股股东、实际控制人组织、指使从事前述违法行为的，证监会依照《证券法》第181条予以处罚。

二、挂牌公司重大资产重组

为了规范挂牌公司的重大资产重组行为，保护公众公司和投资者的合法权益，促进公众公司质量不断提高，维护证券市场秩序和社会公共利益，证监会于2014年发布了《非上市公众公司重大资产重组管理办法》（2023年最近一次修订）。该办法在借鉴上市公司重大资产重组相关规定的同时，也充分兼顾挂牌公司的特点，主要对挂牌公司重大资产重组的原则和标准、信息管理、程序、监督管理与法律责任等作出了相应规定。下面就《非上市公众公司重大资产重组管理办法》与《上市公司重大资产重组管理办法》存在较大区别的规定予以阐述。

（一）重大资产重组的判断指标

判定挂牌公司的重大资产重组行为时，相较于《上市公司重大资产重组管理办法》，《非上市公众公司重大资产重组管理办法》主要有以下两点规定值得注意：一是取消了营业收入指标；二是对触及净资产的指标进行调整，将重大资产重组的标准定义为超过净资产的50%且同时超过总资产的30%。

（二）分类监管

与《上市公司重大资产重组管理办法》不同，《非上市公众公司重大资产重组管理办法》实行分层次、分类别的监管方式：一是对于不涉及股份发行的重大资产重组行为，无须经过行政许可，而是根据公司、股东的意愿，只要履行了董事会、股东大会的决策程序并且取得了其他相关部门的批准，向全国股转系统报送信息披露文件并由后者对信息披露文件的完备性进行审查后，即可实施；二是对于发行股票购买资产后股东累计不超过200人的重大资产重组行为，参照定向发行股票的规定，证监会豁免注册，由全国股转系统自律管理；三是对于发行股份购买资产后股东累计超过200人的重大资产重组行为，需要向全国股转系统申报，并由后者同步报送证监会注册。

参考文献

1. Michael Klausner, "Fact and Fiction in Corporate Law and Governance", 65 *Stanford Law Review*, 2013.

2. Onur Arugaslan, Douglas O. Cook, Robert Kieschnick, "On the Decision to Go Public with Dual Class Stock", SSRN (May 4, 2009), at http://ssrn.com/abstract=1402756.

3. 甘培忠，周淳，周游．企业与公司法学．北京：北京大学出版社，2018.

4. 刘燕，楼建波．企业收购中的资管计划：以SPV为中心的法律分析框架．清华法学，2016（6）.

5. 施天涛．公司法论．北京：法律出版社，2018.

课后习题

1. 简述上市公司收购的权益披露制度。
2. 简述上市公司与挂牌公司在重大资产重组方面的规则异同。

第七章 证券反欺诈制度

第一节　反虚假陈述制度

证券市场虚假陈述，是指信息披露义务人违反法律、行政法规、监管部门制定的规章和规范性文件关于信息披露的规定，在披露的信息中存在虚假记载、误导性陈述或者重大遗漏的行为。虚假陈述行为使证券价格无法真实地反映发行人或上市公司的价值，致使投资者无法在信息充分的基础上，作出正确的投资决策。虚假陈述行为是我国证券市场上常见的违法行为，它严重扰乱了市场秩序，侵害了广大投资者的利益。对此，信息披露义务人应当承担相应的法律责任。

关于虚假陈述的民事责任，《证券法》（2019 年修订）第 85 条规定：信息披露义务人未按照规定披露信息，或者公告的证券发行文件、定期报告、临时报告及其他信息披露资料存在虚假记载、误导性陈述或者重大遗漏，致使投资者在证券交易中遭受损失的，信息披露义务人应当承担赔偿责任；发行人的控股股东、实际控制人、董事、监事、高级管理人员和其他直接责任人员以及保荐人、承销的证券公司及其直接责任人员，应当与发行人承担连带赔偿责任，但是能够证明自己没有过错的除外。同时，《证券法》（2019 年修订）第 163 条规定了证券服务机构的虚假陈述民事责任：证券服务机构为证券的发行、上市、交易等证券业务活动制作、出具审计报告及其他鉴证报告、资产评估报告、财务顾问报告、资信评级报告或者法律意见书等文件，应当勤勉尽责，对所依据的文件资料内容的真实性、准确性、完整性进行核查和验证。其制作、出具的文件有虚假记载、误导性陈述或者重大遗漏，给他人造成损失的，应当与委托人承担连带赔偿责任，但是能够证明自己没有过错的除外。这些条文规定还稍显简略，例如对于适格原告如何确定、如何计算投资者损失等，都没有给出具体的规定，因此最高人民法院于 2003 年制定了《关于审理证券市场因虚假陈述引发的民事赔偿案件的若干规定》（已失效，简称“2003 年《虚假陈述司法解释》”或“旧《虚假陈述司法解释》”），就虚假陈述民事赔偿案件的前置程序、管辖法院、诉讼形式、适格原告、因果关系、损失计算以及责任分担等作出了明确规定，有利于投资者索赔。在此基础上，最高人民法院又在 2022 年全面修订了该司法解释，出台了《关于审理证券市场虚假陈述侵权民事赔偿案件的若干规定》（简称“新《虚假陈述司法解释》”），取消了前置程序、统一了管辖法院、明确区分了交易因果关系和损失因果关系、优化了基准日的确定、目的性限缩了被告的主观过错以及扩大了责任主体范围等，在更加有效地保护中小投资者利益同时，又适当地平衡了被告的利益，使得我国虚假陈述民事赔偿制度上升到了新的高度，体现出了较为明显的中国特色。本部分就《新虚假陈述司法解释》中的重要条文，结合我国司法实践和学者研究进行简要分析。

一、前置程序的取消

在新《虚假陈述司法解释》的诸多条款中，取消证券虚假陈述民事诉讼的前置程序被誉为最大的亮点之一。按照新《虚假陈述司法解释》第 2 条的规定，原告提起证券虚假陈述侵权民事赔偿诉讼，符合《民事诉讼法》第 122 条规定，并提交以下证据或者证明材料的，人民法院应当受理：(1) 证明原告身份的相关文件；(2) 信息披露义务人实施虚假陈述的相关证据；(3) 原告因虚假陈述进行交易的凭证及投资损失等相关证据。人民法院不得仅以虚假陈述未经监管部门行政处罚或者人民法院生效刑事判决的认定为由裁定不予受理。

取消前置程序有利于中小投资者提起民事诉讼，维护自身的权益，但是对于法院而言，如何判定虚假陈述的存在是难点问题。同时，如果原告可以随意地提起民事诉讼，对于被告尤其是中介机构而言，也是沉重的负担。因此，需要在两者之间找到较为合适的平衡点。对此，在司法解释制定过程中，最高人民法院和证监会就人民法院案件审理和证监会的专业支持工作机制进行了认真研究，与司法解释同步发布《关于适用〈最高人民法院关于审理证券市场虚假陈述侵权民事赔偿案件的若干规定〉有关问题的通知》，建立案件通报机制，为了查明事实，人民法院可以依法向证监会有关部门或者派出机构调查收集有关证据，证监会有关部门或者派出机构依法依规予以协助配合，有助于解决虚假陈述证明困难和原告潜在的滥诉问题。

投资者要起诉，除提交身份证明和存在虚假陈述的事实之外，还要提供交易凭证等证明文件，来证明所从事的证券交易行为和遭受的损失。在司法实践中，有法院认为，虽然不是直接持有股票，但是通过融资融券间接持有股票的投资者也能够以自己的名义起诉。①

仅仅是相信了信息披露义务人的虚假利好信息，投资者继续持有其股票，没有交易，则投资者不能提出诉讼。这样规定的理由在于：第一，没有真实的交易行为，投资者相信了信息披露义务人的信息就难以证明；第二，如果允许这样的投资者提起诉讼，则信息披露义务人所承担的民事责任就可能是无底洞了。

二、虚假陈述民事责任的性质

在发行环节，由于发行人与投资者之间存在直接的买卖证券法律关系，所以投资者可以基于合同违约救济请求权，要求发行人承担违约责任。当然，投资者也可以基于侵

---

① 上海家化联合股份有限公司与马某证券虚假陈述上诉案，上海市高级人民法院（2017）沪民终 229 号民事判决。

权救济请求权，要求发行人承担侵权责任。投资者可以择一行使权利。

在交易环节，信息披露义务人与投资者之间并没有直接的证券买卖合同关系，因此，投资者不能对信息披露义务人提起违约之诉，债券除外。但虚假陈述行为侵害了投资者的知情权，违反了证券市场的“三公”原则，因此，信息披露义务人应当对投资者承担侵权责任。对此，新《虚假陈述司法解释》明确了虚假陈述民事责任为侵权责任。在夏某与宜宾五粮液股份有限公司证券虚假陈述责任纠纷案[①]中，四川省高级人民法院认为，“夏某作为证券市场的投资人，通过证券交易所报价系统，在二级市场（股票交易市场）买入五粮液公司股票，成为五粮液公司股东，对五粮液公司享有相应的投资者权益，但其与五粮液公司之间并不存在股票交易关系。上市公司公告规定的信息披露义务是法定义务，而非当事人之间约定的特定义务。夏某关于其与五粮液公司之间构成事实上的股权投资合同关系，进而主张本案应适用我国合同法及其司法解释的相关规定，支持其可得利益损失的上诉理由，缺乏事实和法律依据，不能成立”。因此，在《证券法》和新《虚假陈述司法解释》没有规定的情况下，可以适用《民法典》侵权责任编的相关规定，例如连带责任人之间的分担等。

三、证券范围

新《虚假陈述司法解释》并没有界定证券的范围，理论上应包括《证券法》第 2 条所规定的各种证券类型，然而该司法解释还是以股票作为主要的规范对象。[②] 随着我国证券市场交易品种的不断丰富，新《虚假陈述司法解释》的相关条文是否能涵盖其他的证券品种不无争议，尤其是交易因果关系的推定和损失计算的方式等。

此外，新《虚假陈述司法解释》第 1 条第 1 款明确规定，信息披露义务人在证券交易场所发行、交易证券过程中实施虚假陈述引发的侵权民事赔偿案件，适用本规定。实务中，争议较大的是，银行间债券市场发生的虚假陈述行为是否能够适用该司法解释，不仅司法实践中有不同裁判观点，学者之间也有相异的看法。[③]

四、虚假陈述民事责任的构成要件

侵权责任的一般构成要件为行为人有主观过错、存在违法行为、存在损失以及违法行为与损失之间存在因果关系。

（一）信息披露义务人的主观过错

根据信息披露义务人的不同身份，《证券法》（2019 年修订）第 85 条、第 163 条就其主观过错作出了不同的规定。发行人自身承担无过错责任，也就是说，只要发行人所披露的信息存在虚假陈述，其就应当承担责任（在满足其他要件的情况下），不能以没有过错而主张免责。控股股东和实际控制人、董事、监事、高级管理人员以及中介机构（例如保荐人、会计师事务所等）承担过错推定责任，即他们只有在证明自己没有过错

① 四川省高级人民法院（2016）川民终 477 号民事判决。

② 例如新《虚假陈述司法解释》第 27 条和第 28 条仅规定了股票投资差额的计算方式。

③ 邢会强．银行间债券市场虚假陈述民事责任纠纷的法律适用．多层次资本市场研究，2022（2）.

的情况下，才能免责。

由于发行人的资金实力相对而言比较雄厚，因此，在司法实践中，投资者往往仅起诉发行人（深口袋原则，deep-pocket）。但是，由于发行人的赔偿金实质上是现在股东的资金，因此这种赔偿方式等于是现在的股东赔偿之前的股东。就股东整体而言，等于是左口袋进、右口袋出。这就是所谓的循环赔偿问题。在这个意义上，有学者认为虚假陈述民事赔偿诉讼并没有给股东带来赔偿，事实上赔偿中的大部分到了律师手里。①

从行政处罚的角度看，董事等通过证明自身没有过错来免于承担行政责任的案件非常少见，例如独立董事不能以自己非财务专业人士、违法行为发生在任职之前以及相信专业机构等理由进行抗辩。相应地，在民事诉讼中，投资者起诉董事等主体获胜的概率也会非常高。导致的后果是，中介机构和独立董事等仅仅因为轻微过失而承担连带赔偿（包括比例连带责任）的案件引发了证券市场广泛的争议，过错与责任之间的不平衡性，导致了一波独立董事的辞职潮。在此背景下，新《虚假陈述司法解释》第 13 条明确限缩了民事责任中的主观要件，被告只有在故意或者重大过失前提下，才需承担连带赔偿责任。其规定为："证券法第八十五条、第一百六十三条所称的过错，包括以下两种情形：（一）行为人故意制作、出具存在虚假陈述的信息披露文件，或者明知信息披露文件存在虚假陈述而不予指明、予以发布；（二）行为人严重违反注意义务，对信息披露文件中虚假陈述的形成或者发布存在过失。"在此基础上，新《虚假陈述司法解释》第 14～19 条，分别就发行人董事等、独立董事以及中介机构等如何举证自身没有过错（尤其是没有重大过错）进行了列举式规定，有助于相关主体明确自身的责任边界。然而，如何准确地区分一般过失和重大过失之间的差别，难度不小。此外，行为人一般过失是不承担责任还是不承担连带责任，司法解释本身也没有明确。

（二）信息披露义务人的违法行为

根据新《虚假陈述司法解释》，证券市场虚假陈述，是指信息披露义务人违反法律、行政法规、监管部门制定的规章和规范性文件关于信息披露的规定，在披露的信息中存在虚假记载、误导性陈述或者重大遗漏。

虚假陈述导致赔偿责任产生的前提是，该虚假陈述具有重大性。所谓重大性，是指虚假陈述对投资者投资决策或者对证券价格具有影响力。新《虚假陈述司法解释》第 10 条规定，有下列情形之一的，人民法院应当认定虚假陈述的内容具有重大性：（1）虚假陈述的内容属于《证券法》第 80 条第 2 款、第 81 条第 2 款规定的重大事件；（2）虚假陈述的内容属于监管部门制定的规章和规范性文件中要求披露的重大事件或者重要事项；（3）虚假陈述的实施、揭露或者更正导致相关证券的交易价格或者交易量产生明显的变化。前述第（1）项、第（2）项所列情形，被告提交证据足以证明虚假陈述并未导致相关证券交易价格或者交易量明显变化的，人民法院应当认定虚假陈述的内容不具有重大性。被告能够证明虚假陈述不具有重大性，并以此抗辩不应当承担民事责任的，人民法院应当予以支持。可见，重大性要件已然成为虚假陈述民事责任的独立构成要件之一，

---

① John C. Jr. Coffee, "Reforming the Securities Class Action: An Essay on Deterrence and Its Implementation", 106 *Colum. L. Rev.* 1534 (2006).

也成为原、被告双方诉争的焦点问题。[①]

具体而言，虚假陈述行为可分为四种主要的子类型，包括：(1) 虚假记载，是指信息披露义务人披露的信息中对相关财务数据进行重大不实记载，或者对其他重要信息作出与真实情况不符的描述。(2) 误导性陈述，是指信息披露义务人披露的信息隐瞒了与之相关的部分重要事实，或者未及时披露相关更正、确认信息，致使已经披露的信息因不完整、不准确而具有误导性。(3) 重大遗漏，是指信息披露义务人违反关于信息披露的规定，对重大事件或者重要事项等应当披露的信息未予披露。(4) 不正当披露，是指信息披露义务人未在适当期限内或者未以法定方式公开披露应当披露的信息。信息披露义务人“未按照规定披露信息”构成虚假陈述的，依照本规定承担民事责任；构成内幕交易的，依照《证券法》第 53 条的规定承担民事责任；构成《公司法》第 152 条规定的损害股东利益行为的，依照该法承担民事责任（新《虚假陈述司法解释》第 5 条第2 款）。

在前四种虚假陈述类型的基础上，新《虚假陈述司法解释》结合我国实践和参考境外规定，就预测性信息虚假陈述作出了规定。新《虚假陈述司法解释》第 6 条规定，原告以信息披露文件中的盈利预测、发展规划等预测性信息与实际经营情况存在重大差异为由主张发行人实施虚假陈述的，人民法院不予支持，但有下列情形之一的除外：(1) 信息披露文件未对影响该预测实现的重要因素进行充分风险提示的；(2) 预测性信息所依据的基本假设、选用的会计政策等编制基础明显不合理的；(3) 预测性信息所依据的前提发生重大变化时，未及时履行更正义务的。前述所称的重大差异，可以参照监管部门和证券交易场所的有关规定认定。

此外，新《虚假陈述司法解释》第 11 条和第 28 条增加了关于“诱空性”虚假陈述的规定，使该司法解释同时适用于“诱多型”虚假陈述和“诱空型”虚假陈述两种不同类型的虚假陈述行为，适用范围更加全面。

（三）投资者损失的计算

新《虚假陈述司法解释》采用了事后的观点（*ex post*）来计算投资者损失。按照新《虚假陈述司法解释》第 25 条的规定，虚假陈述行为人在证券交易市场承担民事赔偿责任的范围，以投资人因虚假陈述行为而实际发生的损失为限。投资人的实际损失包括：(1) 投资差额损失；(2) 投资差额损失部分的佣金和印花税。计算投资差额损失时，已经除权的证券，证券价格和证券数量应当复权计算（新《虚假陈述司法解释》第 29 条）。对于投资者而言，投资损失主要是投资差额损失。

关于投资差额损失的计算方法是：在采用集中竞价的交易市场中，原告因虚假陈述买入相关股票（“诱多型”虚假陈述）所造成的投资差额损失，按照下列方法计算：(1) 原告在实施日之后、揭露日或更正日之前买入，在揭露日或更正日之后、基准日之前卖出的股票，按买入股票的平均价格与卖出股票的平均价格之间的差额，乘以已卖出的股票数量；(2) 原告在实施日之后、揭露日或更正日之前买入，基准日之前未卖出的股票，按

① 例如，柯志程等与安徽华信国际控股股份有限公司等证券虚假陈述责任纠纷案，上海金融法院（2021）沪74 民初 1895 号民事判决书。

买入股票的平均价格与基准价格之间的差额，乘以未卖出的股票数量（《新虚假陈述司法解释》第 27 条）。在采用集中竞价的交易市场中，原告因虚假陈述卖出相关股票（“诱空型”虚假陈述）所造成的投资差额损失，按照下列方法计算：（1）原告在实施日之后、揭露日或更正日之前卖出，在揭露日或更正日之后、基准日之前买回的股票，按买回股票的平均价格与卖出股票的平均价格之间的差额，乘以买回的股票数量；（2）原告在实施日之后、揭露日或更正日之前卖出，基准日之前未买回的股票，按基准价格与卖出股票的平均价格之间的差额，乘以未买回的股票数量（新《虚假陈述司法解释》第28 条）。

所谓基准日是指虚假陈述揭露或者更正后，为将投资人应获赔偿限定在虚假陈述所造成的损失范围内，确定损失计算的合理期间而规定的截止日期。基准日分别按下列情况确定：在采用集中竞价的交易市场中，自揭露日或更正日起，被虚假陈述影响的证券集中交易累计成交量达到可流通部分 100%之日为基准日。自揭露日或更正日起，集中交易累计换手率在 10 个交易日内达到可流通部分 100%的，以第 10 个交易日为基准日；在 30 个交易日内未达到可流通部分 100%的，以第 30 个交易日为基准日。基准价则为虚假陈述揭露日或更正日起至基准日期间每个交易日收盘价的平均价格，为损失计算的基准价格。无法依前述规定确定基准价格的，人民法院可以根据有专门知识的人的专业意见，参考对相关行业进行投资时的通常估值方法，确定基准价格（新《虚假陈述司法解释》第 26 条）。

不论是平均卖出价还是基准价，实践中都比较好确定。对于平均买入价，则有不同的计算方法。多数法院按照平均成本法来计算，即买入股票的总成本除以买入的股票数量的方法。如果在虚假陈述行为实施之前投资者已经持有股票，在虚假陈述行为实施期间投资者又买进和卖出股票的，则按照先进先出法来计算总成本。假设投资者在虚假陈述了实施之前已经持有某上市公司 10 000 股股票，购买成本为每股 10 元；在虚假陈述实施期间，投资者买进 30 000 股股票，平均买入价为 12 元每股，其间投资者卖出20 000 股股票，平均卖出价为 13 元每股，则该投资者的平均买入价计算方法是：(30 000×12－10 000×13)/20 000＝11.5 元每股。但是，有不少法院采用移动加权平均法来计算平均买入价，该种方法的主要特色在于仅计算买入价，不考虑卖出价，这样投资者因高价买入低价卖出的投资损失就不能向被告索赔了。

（四）损失与虚假陈述之间的因果关系

新《虚假陈述司法解释》从比较法和我国司法实践出发，明确区分和规定了交易因果关系和损失因果关系，将因果关系的认定更加精细化。[1]

1. 交易因果关系

所谓交易因果关系，是指信息披露义务人的虚假陈述行为导致投资者交易了该证券，即若没有虚假陈述行为，则投资者就不会从事该交易行为。理论上，对于交易因果关系应当由投资者进行举证，例如其阅读了信息披露义务人的信息，才从事该交易行为。然而，事实上，至少普通投资者根本没法证明这一点，即使其确实看了信息披露义务人的报告，其如何留下证据证明自己阅读了？在绝大多数情况下，普通投资者通常是

① 樊健．我国证券市场虚假陈述交易上因果关系的新问题．中外法学，2016 (6).

通过观看财经新闻、听朋友的介绍或者自己查看上市公司K线图的方式来进行交易，根本就没有阅读信息披露义务人的信息。因此，如果要求这些普通投资者证明交易因果关系，无异于对普通投资者关上了索赔的大门。正是基于这样的考虑，美国联邦最高法院在Basic案[①]中，采用了欺诈市场理论（fraud on the market theory）来免除投资者的举证责任。所谓欺诈市场理论是指，在有效率的市场上，证券价格已经反映了所有公开的信息，因此投资者因为相信证券价格的真实性而购买证券的，也被推定为相信了信息披露义务人所披露的信息。

新《虚假陈述司法解释》也采用了该理论[②]，推定交易因果关系存在，又称为信赖推定。具体而言，新《虚假陈述司法解释》第11条规定，原告能够证明下列情形的，人民法院应当认定原告的投资决定与虚假陈述之间的交易因果关系成立：（1）信息披露义务人实施了虚假陈述；（2）原告交易的是与虚假陈述直接关联的证券；（3）原告在虚假陈述实施日之后、揭露日或更正日之前实施了相应的交易行为，即在诱多型虚假陈述中买入了相关证券，或者在诱空型虚假陈述中卖出了相关证券。从该条规定可以看出，新《虚假陈述司法解释》并不要求投资者证明其确实阅读了信息披露义务人的信息后方才进行交易，只要是在该条规定的区间内从事了证券交易，即推定交易因果关系成立。对此，在陈某磊等诉上海大智慧股份有限公司等证券虚假陈述责任纠纷案中，法院指出，“在一个公开有效的证券市场中，公司股票价格是由与该公司有关的所有可获知的重大信息决定的。虚假陈述作为一种公开信息必然会在相关的股票价格中得到反映。投资者信赖市场价格的趋势进行投资，而其所信赖的市场价格反映了虚假陈述的信息。所以，投资者即使不是直接信赖虚假陈述而作出投资决策，也是受反映了虚假陈述的价格的影响而为投资。换言之，投资者系基于对股票市场价格的信赖而作出投资决定，而非基于对特定信息的充分了解和分析，即使投资者不知晓虚假信息的存在，只要该虚假信息对股票的市场价格产生了影响，使其发生扭曲，即可认定相应虚假陈述行为与投资者损失间具有因果关系”[③]。

新《虚假陈述司法解释》第11条所规定的虚假陈述实施日，是指信息披露义务人作出虚假陈述或者发生虚假陈述之日。信息披露义务人在证券交易场所的网站或者符合监管部门规定条件的媒体上公告发布具有虚假陈述内容的信息披露文件，以披露日为实施日；通过召开业绩说明会、接受新闻媒体采访等方式实施虚假陈述的，以该虚假陈述的内容在具有全国性影响的媒体上首次公布之日为实施日。信息披露文件或者相关报道内容在交易日收市后发布的，以其后的第一个交易日为实施日。因未及时披露相关更正、确认信息构成误导性陈述，或者未及时披露重大事件或者重要事项等构成重大遗漏的，以应当披露相关信息期限届满后的第一个交易日为实施日（新《虚假陈述司法解释》第7条）。虚假陈述揭露日，是指虚假陈述在具有全国性影响的报刊、电台、电视台或监管部门网站、交易场所网站、主要门户网站、行业知名的自媒体等媒体上，首次被公开揭露并为证券市场知悉之日。人民法院应当根据公开交易市场对相关信息的反应

① Basic Inc. v. Levinson, 485 U.S. 224 (1988).

② 林文学，等.《关于审理证券市场虚假陈述侵权民事赔偿案件的若干规定》的理解与适用. 人民司法，2022 (7).

③ 上海市第一中级人民法院（2017）沪01民初943号民事判决。

等证据，判断投资者是否知悉了虚假陈述。除当事人有相反证据足以反驳外，下列日期应当认定为揭露日：(1) 监管部门以涉嫌信息披露违法为由对信息披露义务人立案调查的信息公开之日；(2) 证券交易场所等自律管理组织因虚假陈述对信息披露义务人等责任主体采取自律管理措施的信息公布之日。信息披露义务人实施的虚假陈述呈连续状态的，以首次被公开揭露并为证券市场知悉之日为揭露日。信息披露义务人实施多个相互独立的虚假陈述的，人民法院应当分别认定其揭露日（新《虚假陈述司法解释》第 8 条）。对揭露日的认定，司法实践中存在着不同的裁判。例如针对证监会的立案通知调查书是否构成对虚假陈述的揭示，在最高人民法院层面即存在不同的裁判。[①] 对此，我们认为，立案通知调查书对虚假陈述行为的披露并不具体和充分，证券市场无法对该信息作出准确的评估，因此，它不能被认为是对虚假陈述行为的揭露。虚假陈述更正日，是指信息披露义务人在证券交易场所网站或者符合监管部门规定条件的媒体上，自行更正虚假陈述之日（新《虚假陈述司法解释》第 9 条）。

交易因果关系的推定，主要是为了保护中小（普通）投资者的利益，因此，不少判决认为，专业的投资机构需要自行证明交易因果关系的存在，不能直接适用信赖推定。例如在大成基金管理有限公司诉广夏（银川）实业股份有限公司虚假陈述纠纷案[②]中，一审法院认为："基金公司属于专业投资机构，其具备证券市场投资的特别技能、知识、经验及专业分析研究能力，也有着严格的投资决策程序，因此基金公司不同于普通证券市场投资人。基金公司进行证券投资，不但要严格遵循其投资决策程序，而且必须对其专业分析研究能力、特别技能、知识和经验加以运用，否则如果其信赖一个不具备这些条件的普通投资者可能合理信赖的虚假陈述，那么就是不合理的信赖。"但有的判决不区分普通投资者与专业投资者，一律认为其可以直接适用信赖推定。

由于司法解释推定交易因果关系成立，因此被告也可以举证来推翻该推定。对此，新《虚假陈述司法解释》第 12 条规定，被告能够证明下列情形之一的，人民法院应当认定交易因果关系不成立：(1) 原告的交易行为发生在虚假陈述实施前，或者是在揭露或更正之后；(2) 原告在交易时知道或者应当知道存在虚假陈述，或者虚假陈述已经被证券市场广泛知悉；(3) 原告的交易行为是受到虚假陈述实施后发生的上市公司的收购、重大资产重组等其他重大事件的影响；(4) 原告的交易行为构成内幕交易、操纵证券市场等证券违法行为的；(5) 原告的交易行为与虚假陈述不具有交易因果关系的其他情形。实践中，是否还存在其他推翻交易因果关系推定成立的情形，值得讨论。由于欺诈市场理论是建立在有效市场假说（efficient market hypothesis）的基础上，因此如果被告举证证明该证券所在的市场并非有效率的市场，则欺诈市场理论不可适用。例如在我国新三板交易的证券，如果存在虚假陈述的情况，是否可以推定交易因果关系的成

① 可比较钱某平、钱某雯与上海创兴资源开发股份有限公司证券虚假陈述责任纠纷再审案［最高人民法院（2016）最高法民申 3202 号民事裁定］、宣某钧与云南云投生态环境科技股份有限公司证券虚假陈述责任纠纷再审案［最高人民法院（2017）最高法民申 1882 号民事裁定］。对此，《全国法院民商事审判工作会议纪要》第 84 条规定，虚假陈述的揭露和更正，是指虚假陈述被市场所知悉、了解，其精确程度并不以"镜像规则"为必要，不要求达到全面、完整、准确的程度。原则上，只要交易市场对监管部门立案调查、权威媒体刊载的揭露文章等信息存在明显的反应，对一方主张市场已经知悉虚假陈述的抗辩，人民法院依法予以支持。

② 宁夏回族自治区最高人民法院（2007）宁民商终字第 74 号民事判决。

立？虽然按照新《虚假陈述司法解释》规定可以推定成立，但是事实上由于新三板市场在投资者类型和流动性等方面与证券交易所市场存在较大差距，能否同样适用信赖推定，很成疑问。此外，如果证券价格对虚假陈述并没有作出反应，则被告是否也能推翻该推定？

2. 损失因果关系

损失因果关系是指，投资者的损失是由虚假陈述行为所造成的，从而排除了其他因素对损失的影响。对于损失因果关系，新《虚假陈述司法解释》基于保护投资者的立场，推定投资者的损失由虚假陈述行为所导致，但是被告可以证明损失或者部分损失是由证券市场系统风险等其他因素所导致的而减免自己的赔偿责任（新《虚假陈述司法解释》第 31 条）。

但是，新《虚假陈述司法解释》没有界定何谓系统风险。通常认为，证券市场系统风险，是指由某种全局性的共同因素引起的投资收益的可能变动，这种因素以同样的方式对所有证券的收益产生影响。我们认为，对于行业风险或者公司自身经营风险所造成的投资者的损失，由于它与虚假陈述行为之间并没有损失因果关系（loss causation），被告无须赔偿。[①] 在司法实践中，由于新《虚假陈述司法解释》就系统风险对投资者损失的影响的规定较为简略，未进一步就证券市场系统风险的具体认定标准及确定系统风险所致损失额的计算方法作出规定，实践中有很大争议。因此，是否扣除系统风险和怎样扣除系统风险，是原、被告经常争论的焦点。

对于系统风险以外的企业自身经营风险等，新《虚假陈述司法解释》第 31 条虽然明确规定可以扣除，但是如何扣除，未予以明确。

典型案例

武昌鱼公司虚假陈述案

2010 年 2 月 22 日，投资者张某在财达证券有限公司秦皇岛迎宾路证券营业部开立证券账户。张某在 2006 年 6 月 1 日后、2010 年 6 月 8 日前，陆续买入武昌鱼公司股票，并于 2011 年 5 月 30 日全部卖出。

2010 年 6 月 8 日，武昌鱼公司发布公告，内容为："重要提示：本公司及董事会全体成员保证本公告内容的真实、准确和完整，对本公告的虚假记载、误导性陈述或重大遗漏负连带责任。武昌鱼公司因信息披露问题被证监会立案调查，本公司将积极配合此项工作，并视调查进展情况及时履行相应的信息披露义务。请广大投资者注意投资风险。特此公告。"该公告的落款时间为 2010 年 6 月 7 日。

2012 年 2 月 3 日，证监会对武昌鱼公司等作出行政处罚，认为武昌鱼公司存在以下违法事实：2006 年未及时披露有关订立重要合同、重大诉讼事项及其他事项。(1) 2006 年

---

① Allen Ferrell and Atanu Saha, "The Loss Causation Requirement for Rule 10b-5 Causes of Action The Implications of Dura Pharmaceuticals, Inc. v. Broudo", 63 *Bus. Law* 163, 166 (2007).

3月7日，武昌鱼公司持股51%的控股子公司北京中地房地产开发有限公司（以下简称中地公司）、武昌鱼公司控股股东华普集团与Mountain Breeze（Barbados）SRL（以下简称MB）签订“关于销售华普中心的框架协议”。2006年6月2日，中地公司和MB全资子公司北京中天宏业房地产咨询有限责任公司签订“北京市商品房预售合同”及“补充预售合同”“项目转让协议”。2006年7月8日，武昌鱼公司对上述相关事项进行了实质性披露。（2）2006年5月24日，北京市东开城市建设综合开发公司因华普集团、中地公司合资合作开发房地产合同违约向北京市高级人民法院提起诉讼。2006年5月30日，中地公司签收应诉材料。……从2010年6月8日至2010年9月7日共计62个交易日，武昌鱼公司股票在证券市场内累计成交量已达到可流通部分的100%，在此期间武昌鱼公司股票在证券市场内每个交易日收盘价的平均价格为5.58元（62个交易日的收盘价之和为346.03元）。

请问：张某的损失如何计算？

五、我国虚假陈述民事责任制度的新发展

（一）先行赔付制度

投资者提起侵权诉讼，相对而言，成本较为高昂，而且审判时间较长，投资者难以及时地获得赔偿。针对这个问题，在发行人欺诈上市的场合，实践中出现了“先行赔付”制度，即由上市公司的保荐人或者大股东不通过诉讼程序，直接赔偿投资者的投资损失，投资者将相应的赔偿权利让与保荐人或者大股东，这样，投资者能够不通过诉讼，低成本、快速地获得赔偿。① 因此，《证券法》（2019年修订）第93条规定：发行人因欺诈发行、虚假陈述或者其他重大违法行为给投资者造成损失的，发行人的控股股东、实际控制人、相关的证券公司可以委托投资者保护机构，就赔偿事宜与受到损失的投资者达成协议，予以先行赔付。先行赔付后，可以依法向发行人以及其他连带责任人追偿。该条扩大了先行赔付的范围，不仅包括欺诈上市，还包括交易市场的虚假陈述和操纵市场、内幕交易等重大违法行为。虽然，先行赔付人在赔付完毕后，可以向发行人等追偿，但是共同侵权责任人之间如何分担责任，在实务中已经引起了争议。例如在欣泰电气案中，保荐人兴业证券将欣泰电气、北京兴华会计师事务所及直接主管人员、北京市东易律师事务所及直接主管人员、欣泰电气相关责任人、欣泰电气控股股东辽宁欣泰股份有限公司等26名被告诉至法院，索赔约2.27亿元。如此众多的被告人之间依据何种标准来分担责任，是先行赔付制度明文化之后的重大难点问题。

（二）股份强制购回制度

按照《证券法》（2019年修订）第24条第2款规定：股票的发行人在招股说明书等证券发行文件中隐瞒重要事实或者编造重大虚假内容，已经发行并上市的，国务院证券监督管理机构可以责令发行人回购证券，或者责令负有责任的控股股东、实际控制人买回证

① 陈洁．证券市场先期赔付制度的引入及适用．法律适用，2015（8）．实践中，目前我国出现了4起先行赔付案件，即万福生科案、海联讯案、欣泰电气案和紫晶存储案。实证研究显示，先行赔付制度能够快速、足额地赔偿投资者损失。肖宇，黄辉．证券市场先行赔付：法理辨析与制度构建．法学，2019（8）．

券。该条规定的目的在于通过非诉讼的方式，快速地使投资者获得赔偿。对此，证监会出台了《欺诈发行上市股票责令回购实施办法（试行）》，使得本条更具可操作性。

（三）《证券法》（2019年修订）的一些新规定

1. 违反公开承诺的赔偿责任

《证券法》（2019年修订）第84条第2款规定：发行人及其控股股东、实际控制人、董事、监事、高级管理人员等作出公开承诺的，应当披露。不履行承诺给投资者造成损失的，应当依法承担赔偿责任。本款是2019年证券法修订时新增加的条款。

公开承诺就其性质而言，应当属于单方允诺。不履行该承诺，即构成违约行为。但是，合同的相对方如何确定？相应的损失又如何计算？由于新《虚假陈述司法解释》是以侵权责任作为基础，而违反公开承诺的民事责任是以违约责任作为基础，两者之间差别甚大。在追究违反公开承诺人的责任时，不宜照搬新《虚假陈述司法解释》的规定，除非投资者根据侵权责任要求违约方承担责任。[①] 因此，这些问题需要从《民法典》合同编的相关规定中需求答案。

2. 编造、传播虚假信息或误导性信息的民事赔偿责任

《证券法》（2019年修订）第56条第4款规定：编造、传播虚假信息或者误导性信息，扰乱证券市场，给投资者造成损失的，应当依法承担赔偿责任。本款也是2019年证券法修订时新增加的规定。

在多数情况下，投资者与编造、传播虚假信息或者误导性信息的主体之间并不存在合同关系，因此投资者只能依据侵权责任的相关规定来获得赔偿。新《虚假陈述司法解释》的相关规定是建立在具有信息披露义务的主体从事虚假陈述行为的基础上，从而就归责原则、信赖推定等作出了与一般侵权责任不同的规定。而本款编造、传播虚假信息或者误导性信息的主体，并不是证券法所规定的信息披露义务人，对其不能直接适用新《虚假陈述司法解释》的相关规定。因此，在认定编造、传播虚假信息或者误导性信息主体赔偿责任时，其主观状态是故意还是过失即可，投资者如何证明交易因果关系的存在，等等问题，将会是投资者索赔的难点所在。

第二节　反内幕交易制度

一、反内幕交易的理论基础

内幕交易，是指内幕信息知悉人（简称内幕人）在内幕信息公开之前进行的自行买卖证券或建议他人买卖证券或者泄露内幕信息的不正当行为。

内幕交易规制的出发点是解决证券市场信息不对称的问题，以消减内幕人利用信息优势牟取不正当利益的行为，从而避免投资者对证券市场的信心受到摧毁，证券市场的健全秩序遭到破坏，最终导致证券市场的衰败。

① 相关讨论，参见：陈洁．上市公司及相关主体违反公开承诺的民事责任分析：以虚假陈述型违反承诺为中心．法律适用，2013（10）．

信息不对称（information asymmetry）理论于1970年由经济学家阿克勒夫（George Akerlof）首先在《“柠檬”市场：质量不稳定性与市场机制》[1]一文中提出，用以解释一般商品市场中的信息不对称问题。证券是一种特殊金融商品，与其他一般商品的价格取决于成本和质量不同，证券的价格取决于证券发行人的经营状况和发展前景，而这些是需要根据信息来进行判断的。证券市场是以信息为基础的市场，信息是投资者投资决策的依据，投资者的投资效果与其获得的有效信息的提前量和独占性成正比。可见，内幕信息对投资者的投资效果会产生巨大影响。

在现代股份公司所有权与经营权相分离的情形下，公司股东基本都处于公司之外，往往只有公司的经营管理者，有时也包括与公司存在业务、合同、监管等关系的人，方能知悉公司的经营状况和发展前景。上述信息转化为广大投资者知悉的市场价格信号必须通过信息公开活动，而发行人的信息公开活动实际上依赖公司的经营管理者的操作。无论法律上如何强化公司的信息披露，在公司的经营管理者和广大投资者之间必然存在知悉上述信息的时间差。由此可见，证券市场上不可避免地存在着信息不对称的客观现象。这种信息不对称给内幕人带来广大投资者无法通过自身努力获得的竞争优势，如果不加遏制，势必严重损害广大投资者的利益和对证券市场的信心。投资者是证券市场的根基，如果投资者纷纷离场，证券市场将变成无本之木、无源之水。因此，法律对内幕交易行为必须坚决予以有效禁止。

当前世界上在禁止内幕交易方面占主导地位的理论是信息平等理论。该理论认为，一个健全的市场应当使投资者享有平等获取信息的权利，保障投资者之间在信息平等的基础上进行公平交易。为此，一方面要强化信息公开，另一方面要禁止利用内幕信息进行不公平交易。世界上除美国之外的国家几乎都将保证证券市场的信息平等和健全性奉为禁止内幕交易的圭臬。

美国最早也采取信息平等的立场，提出“公开或戒绝交易”（disclose or abstain）规则，即取得公司内幕信息的人要么将信息公开，要么放弃交易，否则就违反公平交易原则。然而自1980年Chiarella v. United States案始，美国联邦最高法院转向信义关系理论，认为只有获悉内幕信息方对他方负有信义义务（fiduciary duty）时，其才有“公开或戒绝交易”的义务，即只有公司“内部人”因为对公司和股东负有信义义务，才受“公开或戒绝交易”规则的约束。后来，美国法院通过一系列案例不断扩大了“内部人”的范围。1997年美国联邦最高法院在United States v. O’Hagan案中，正式明确采用了信息窃取理论，即公司外部人违背对信息来源的信赖义务，利用获取的内幕信息牟取私利，构成对信息的窃取。内幕信息属于公司的财产，仅能为公司目的使用，如果为了牟取私利而擅自利用，则违背信赖义务，构成证券欺诈。总之，尽管美国仍然采用信义关系理论，但通过对信义关系不断进行扩张解释，峰回路转，最后还是回归到了维护投资者信息公平和证券市场健全性。

---

① George A. Akerlof, “The Market for ‘Lemons’: Quality Uncertainty and the Market Machanism”, *Quarterly Journal of Economics*, Vol. 84, No. 3, 1970, pp. 488 - 500.

二、反内幕交易的法律发展历程

世界各国对内幕交易的态度经历了一个从羡慕、仿效到容忍、谴责，最后以法律禁止的过程。20世纪20年代，美国内幕交易盛行，极大影响投资者的信心。1929年美国证券市场大崩溃，内幕交易被认为是罪魁祸首之一。美国《1933年证券法》和《1934年证券交易法》首次禁止内幕交易，这是人类历史上首次立法禁止内幕交易。后来，美国于1984年出台了《内幕交易制裁法》，于1988年出台了《内幕交易与证券欺诈执行法》。20世纪80年代，西方发达国家纷纷立法禁止内幕交易。

我国对内幕交易从一开始就在法律上明文禁止。1990年《证券公司管理暂行办法》、1993年《股票发行与交易管理暂行条例》和《禁止证券欺诈行为暂行办法》（已失效）均明文禁止内幕交易。1998年我国《证券法》颁布，明确将内幕交易列为禁止的交易行为。我国《证券法》历经多次修改，反内幕交易始终是其中的一项重要内容。《证券法》（2019年修订）对反内幕交易制度作了一定幅度的修改，使表述更加全面和准确，实质意义上的重要修改体现在删除了原来规定的授予证监会事后认定内幕消息的权力的内容。

三、内幕信息

内幕信息系指与证券发行人的经营、财务状况或其证券有关的，将相当可能对证券的市场价格或投资者的投资决定产生重大影响的尚未依法公开的信息。谣言、传闻、猜测和主观推断等皆不属内幕信息。内幕信息的构成要素包括非公开性、重大性和相关性三项。

（一）非公开性

非公开性，即秘密性，是指信息披露义务人尚未依照法律规定将信息在指定的媒体向公众投资者公开。仅供特定投资者获悉不属于信息公开。非法定的信息披露义务人披露有关信息不属于信息公开。非公开性具有两方面的意义：一是揭示了内幕信息在依法公开前投资者不能通过合法途径获悉的重要属性，从而阐明了禁止内幕交易的正当性。二是划定了禁止知悉内幕信息者从事内幕交易行为的截止时间，即在信息公开后知悉内幕信息者方可进行相关证券交易。

从世界范围看，内幕信息的公开存在法定形式和非法定形式两大类型。我国的台湾、香港地区和日本均采用法定形式；欧盟没有规定法定形式，只是强调信息的公开应当在投资者之间有效传播和尽可能同步；美国既规定了填具表格8－K并向证券交易委员会申报披露这种法定形式，又允许以能对一般投资者进行广泛、非歧视性披露的其他形式取而代之。在我国，信息公开系指信息以证监会规定的方式、在证券交易场所的网站和符合证监会规定条件的媒体上发布。

此外，为真正落实信息平等原则，避免知悉内幕信息者利用掌握内幕信息的优势，提前做好准备，一旦信息公开，立即抢先交易，有些法域还设定了等待期，只有当等待期届满，知悉内幕信息者方可开始交易。比如，我国台湾地区规定等待期为信息公开后

18小时，日本规定等待期为信息公开后12小时，美国没有统一限定等待期，而是根据个案情况进行具体确定。我国法律上尚无等待期的规定。

证券投资者运用公开的信息和资料，对证券市场的分析和预测不属于内幕信息。

（二）重大性

重大性是指信息一旦公开，将相当可能对证券的市场价格或投资者的投资决策产生重大影响。重大性反映了内幕信息的市场价值，不具有重大性的信息就缺乏市场价值，因而不可能成为内幕信息。

我国《证券法》采用概括和列举相结合的方式，对什么是具有重大性的内幕信息作了规定。其列举的事项包括《证券法》（2019年修订）第80条第2款、第81条第2款所列的重大事件。《证券法》（2019年修订）第80条第2款规定的重大事件有：（1）公司的经营方针和经营范围的重大变化；（2）公司的重大投资行为，公司在一年内购买、出售重大资产超过公司资产总额30%，或者公司营业用主要资产的抵押、质押、出售或者报废一次超过该资产的30%；（3）公司订立重要合同、提供重大担保或者从事关联交易，可能对公司的资产、负债、权益和经营成果产生重要影响；（4）公司发生重大债务和未能清偿到期重大债务的违约情况；（5）公司发生重大亏损或者重大损失；（6）公司生产经营的外部条件发生的重大变化；（7）公司的董事、三分之一以上监事或者经理发生变动，董事长或者经理无法履行职责；（8）持有公司5%以上股份的股东或者实际控制人持有股份或者控制公司的情况发生较大变化，公司的实际控制人及其控制的其他企业从事与公司相同或者相似业务的情况发生较大变化；（9）公司分配股利、增资的计划，公司股权结构的重要变化，公司减资、合并、分立、解散及申请破产的决定，或者依法进入破产程序、被责令关闭；（10）涉及公司的重大诉讼、仲裁，股东大会、董事会决议被依法撤销或者宣告无效；（11）公司涉嫌犯罪被依法立案调查，公司的控股股东、实际控制人、董事、监事、高级管理人员涉嫌犯罪被依法采取强制措施；（12）国务院证券监督管理机构规定的其他事项。

《证券法》（2019年修订）第81条第2款规定的重大事件有：（1）公司股权结构或者生产经营状况发生重大变化；（2）公司债券信用评级发生变化；（3）公司重大资产抵押、质押、出售、转让、报废；（4）公司发生未能清偿到期债务的情况；（5）公司新增借款或者对外提供担保超过上年末净资产的20%；（6）公司放弃债权或者财产超过上年末净资产的10%；（7）公司发生超过上年末净资产10%的重大损失；（8）公司分配股利，作出减资、合并、分立、解散及申请破产的决定，或者依法进入破产程序、被责令关闭；（9）涉及公司的重大诉讼、仲裁；（10）公司涉嫌犯罪被依法立案调查，公司的控股股东、实际控制人、董事、监事、高级管理人员涉嫌犯罪被依法采取强制措施；（11）国务院证券监督管理机构规定的其他事项。

关于重大性的判断标准，世界上存在不同做法：第一，价格影响性标准和投资者决策影响性标准。欧盟和我国香港地区采用价格影响性标准，即当信息对相关证券的价格会或可能会产生重大影响时，该信息具备重大性。美国、日本采用投资者决策影响性标准，即当信息对投资者的投资决策会或可能会产生重大影响时，该信息具备重大性。我国目前采用的是价格影响性标准。但由于影响证券价格的因素异常错综复杂，有时难以判断，而投资者决策影响性可以通过对投资者进行抽样测试来判断，可以弥补价格影响性标准的不足。我国台湾地区就是同时采用价格影响性标准和投资者决策影响性标准。我国可以考虑增加投资者决策影响性标准。第二，可能说与事实说。美国、欧盟和我国香港地区采可能说，即只要信息相当可能会对相关证券的价格或者投资者决策产生重大影响，就具备重大性。日本和我国台湾地区采事实说，即当信息对相关证券的价格或者投资者决策产生重大影响时，该信息具备重大性。

值得注意的是，上述列举的事项虽然在法律上都被列为内幕信息，但实际上，它们当中有些只是可能，未必就一定是内幕信息。以“公司的董事、三分之一以上监事或者经理发生变动”这一事项为例：有时，上市公司的个别董事或者三分之一以上监事或者经理发生变动对公司股票的价格或者投资者决策并不会产生明显的影响，因此，相关信息从本质上来说并不具有重大性。而有些事项虽然未被列举其中，但确实可能会对证券价格或者投资者决策产生重大的影响，因而具备了重大性的本质特征，应当被认定为内幕信息。可惜，我国《证券法》（2019年修订）并未对上述规定作出修改，需要在将来进一步修改、完善。此外，还应当注意的是，我国《证券法》（2014年修正）授予了国务院证券监督管理机构事后认定内幕信息的权力。由于内幕交易涉及刑事制裁和行政处罚，授权国务院证券监督管理机构事后认定内幕信息的做法有违法治精神，所以，《证券法》（2019年修订）将其删除，是个显著的进步。

（三）相关性

相关性是指信息与证券的发行人（包括发行人的经营、财务等状况）相关，或者与证券相关（包括该证券的供求、交易规则的变化、交易的限制或终止、大宗交易等）。对相关性作出明确要求的法域是日本、欧盟、我国香港和台湾地区，而美国、加拿大、澳大利亚、新加坡等法域仅对内幕信息作了具备重大性和非公开性的要求，未作相关性的要求。在我国当前条件下，内幕信息以限于证券市场内产生的信息为宜。尽管美国等法域将税制、利率、汇率和其他宏观政策方面的信息也统揽在内，但鉴于上述事项涉及我国重大的决策机制和法律制度，对其进行规制，《证券法》和证监会恐怕一时难以胜任，目前还是以其他法律调整为宜，待条件成熟时再将其纳入。

典型案例

光大“乌龙指”内幕交易案

2013年8月16日11时05分，光大证券股份有限公司（以下简称光大证券）在进行交易型开放式指数基金（以下简称ETF）申赎套利交易时，因程序错误，其所使用的策略交易系统以234亿元的巨量资金申购180ETF成分股，实际成交72.7亿元，导致上海股市普遍暴涨。当日14时22分，光大证券发布公告称“公司策略投资部自营业务在使用其独立套利系统时出现问题”。证监会认定，“光大证券在进行ETF套利交易时，因程序错误，其所使用的策略交易系统以234亿元的巨量资金申购180ETF成分股，实际成交72.7亿元”（以下简称错单交易信息）为内幕信息；光大证券2013年8月16日在14时22分发布公告之前将所持股票转换为180ETF和50ETF并卖出的行为和卖出股指期货空头合约 IF1309、IF1312 共计 6 240 张的行为构成内幕交易。

时任光大证券策略投资部总经理杨某波被追究了内幕交易责任。杨某波不服，提起行政诉讼。此案经过北京市第一中级人民法院和北京市高级人民法院两审终审。杨某波认为错单交易信息不构成内幕交易，主要理由是：第一，根据我国《证券法》的规定，内幕信息是指涉及公司的经营、财务或者对该公司证券的市场价格有重大影响的尚未公开的信息，即内幕交易仅是对某个证券的价格有重大影响的信息，并不包括影响整个证券市场的信息，而光大证券错单交易影响的是整个证券市场价格，不是某一个公司的证券价格，因此，不构成内幕信息。第二，错单交易信息在当日 11 时 32 分即在各媒体上披露，不具有非公开性。

北京市高级人民法院作出终审判决：第一，我国《证券法》规定内幕信息必须是对证券市场价格有重大影响且尚未公开的信息，并未明确限定于与上市公司或其自身证券价格相关的信息。第二，在光大证券发布公告之前，虽然相关媒体有所报道，但该报道并未准确指明报道的信息来源且存在诸多传闻和推测，市场主体据此无法确信相关内容的准确性和可靠性，不能认定内幕信息已公开。因此，在该案中的错单交易信息构成内幕信息。

四、内幕交易主体

内幕交易主体是法律规定的特定主体。按照我国《证券法》的规定，内幕交易主体包括内幕信息的知情人和非法获取内幕信息的人两大类。

内幕信息的知情人包括：(1) 发行人及其董事、监事、高级管理人员；(2) 持有公司5%以上股份的股东及其董事、监事、高级管理人员，公司的实际控制人及其董事、监事、高级管理人员；(3) 发行人控股或者实际控制的公司及其董事、监事、高级管理人员；(4) 由于所任公司职务或者因与公司业务往来可以获取公司有关内幕信息的人员；(5) 上市公司收购人或者重大资产交易方及其控股股东、实际控制人、董事、监事和高级管理人员；(6) 因职务、工作可以获取内幕信息的证券交易场所、证券公司、证券登记结算机构、证券服务机构的有关人员；(7) 因职责、工作可以获取内幕信息的证券监督管理机构工作人员；(8) 因法定职责对证券的发行、交易或者对上市公司及其收购、重大资产交易进行管理可以获取内幕信息的有关主管部门、监管机构的工作人员；(9) 国务院证券监督管理机构规定的可以获取内幕信息的其他人员。

最高人民法院、最高人民检察院《关于办理内幕交易、泄露内幕信息刑事案件具体应用法律若干问题的解释》（以下简称《两高司法解释》）规定了非法获取内幕信息的人的范围：(1) 利用窃取、骗取、套取、窃听、利诱、刺探或者私下交易等手段获取内幕信息的；(2) 内幕信息知情人员的近亲属或者其他与内幕信息知情人员关系密切的人员，在内幕信息敏感期内，从事或者明示、暗示他人从事，或者泄露内幕信息导致他人从事与该内幕信息有关的证券、期货交易，相关交易行为明显异常，且无正当理由或者正当信息来源的；(3) 在内幕信息敏感期内，与内幕信息知情人员联络、接触，从事或者明示、暗示他人从事，或者泄露内幕信息导致他人从事与该内幕信息有关的证券、期货交易，相关交易行为明显异常，且无正当理由或者正当信息来源的。

上述“相关交易行为明显异常”，要综合以下情形，从时间吻合程度、交易背离程度和利益关联程度等方面予以认定：(1) 开户、销户、激活资金账户或者指定交易（托管）、撤销指定交易（转托管）的时间与该内幕信息形成、变化、公开时间基本一致的；(2) 资金变化与该内幕信息形成、变化、公开时间基本一致的；(3) 买入或者卖出与内幕信息有关的证券、期货合约时间与内幕信息的形成、变化和公开时间基本一致的；(4) 买入或者卖出与内幕信息有关的证券、期货合约时间与获悉内幕信息的时间基本一致的；(5) 买入或者卖出证券、期货合约行为明显与平时交易习惯不同的；(6) 买入或者卖出证券、期货合约行为，或者集中持有证券、期货合约行为与该证券、期货公开信息反映的基本面明显背离的；(7) 账户交易资金进出与该内幕信息知情人员或者非法获取人员有关联或者利害关系的；(8) 其他交易行为明显异常情形。

“内幕信息敏感期”是指内幕信息自形成至依法公开的期间。

应当注意，《两高司法解释》是针对刑事案件的，是否适用于行政或民事案件并不明确。事实上，在《两高司法解释》公布之前不久，最高人民法院于 2011 年 7 月出台了《关于审理证券行政处罚案件证据若干问题的座谈会纪要》（以下简称《纪要》），针对审理内幕交易行政处罚案件作出了如下规定，即监管机构提供的证据能够证明以下情形之一，且被处罚人不能作出合理说明或者提供证据排除其存在利用内幕信息从事相关证券交易活动的，人民法院可以确认被诉处罚决定认定的内幕交易行为成立：(1)《证券法》规定的证券交易内幕信息知情人，进行了与该内幕信息有关的证券交易活动；(2)《证券法》规定的内幕信息知情人的配偶、父母、子女以及其他有密切关系的人，其证券交易活动与该内幕信息基本吻合；(3) 因履行工作职责知悉上述内幕信息并进行了与该信息有关的证券交易活动；(4) 非法获取内幕信息，并进行了与该内幕信息有关的证券交易活动；(5) 内幕信息公开前与内幕信息知情人或知晓该内幕信息的人联络、接触，其证券交易活动与内幕信息高度吻合。

显然，《两高司法解释》和《纪要》的规定存在着明显的差异。前者侧重于从相关主体的交易行为是否明显异常的角度来进行界定，而后者侧重于从交易活动与内幕信息的吻合程度来进行界定。尽管如此，二者之间存在一个重要相同之处——使用了推定的方法，即均规定在符合规定的条件时可以推定构成“非法获取内幕信息的人”或者“内幕交易行为成立”。可见，我国在刑事、行政和民事案件上认定内幕交易行为的标准还不够协调统一，我国认定内幕交易的法律体系还亟待完善。此外，必须指出，使用推定的方法固然对于解决内幕交易认定难的问题有较大的作用，但容易造成错案。关于这一点在实践中必须谨慎行事、严格把握。

五、内幕交易行为

根据我国《证券法》的规定，内幕交易行为有买卖、建议和泄露三种行为样态。

买卖证券包括以自己名义买卖证券、委托他人以他人名义买卖证券或者与他人合作买卖证券。是否以自己名义并不重要，重要的是自己是否在买卖证券中享有不正当利益。

建议是指掌握内幕信息者推荐、劝说、怂恿他人进行证券买卖，泄露或未泄露内幕信息的内容并不影响建议的构成。所以说，建议导致的结果是内幕交易行为的发生，而不一定是内幕信息的泄露。建议行为的内容和危害的独特性决定了其独立作为一种行为样态的必要性。建议型内幕交易的构成要件是：(1) 建议人掌握内幕信息。(2) 建议人推荐、劝说或怂恿他人进行证券买卖。(3) 被建议人知道或应当知道建议人掌握内幕信息。如果被建议人不知道建议人提出建议是基于内幕信息，则建议与内幕信息无关，就不构成内幕交易行为。(4) 建议行为导致了证券的买卖。

泄露内幕信息是指内幕信息的知情人将内幕信息泄露给其他不应当知悉内幕信息的人。泄露内幕信息的构成要件是：(1) 泄露人掌握内幕信息；(2) 泄露人将内幕信息泄露给他人，但属合法履行义务或职责的除外；(3) 接受信息者知道或应当知道其接受的信息是内幕信息。接受信息者的再泄露行为也应构成内幕交易行为，信息传递的次数和层级不影响内幕交易构成。

基于不作为者承担法律责任的前提是其具有作为的法律义务这一法律原理，对于原来打算买卖证券，因知悉内幕信息而放弃买卖的人，不必追究内幕交易的行政或刑事责任。内幕交易行为是否产生严重后果，一般不作为是否追究行政责任的考虑因素，但在追究刑事责任时，必须达到情节严重的程度。

六、内幕交易的法定抗辩事由①

我国法律上界定内幕交易是以相关主体对内幕信息的“知悉”为标准，而非以“不正当利用”为标准，从而就将知悉内幕信息但实际没有不正当利用的情况也一并归入了内幕交易范围。这不符合规制内幕交易的宗旨和目标。因此，为提高打击内幕交易的精确性，避免对正当交易造成不必要限制，需要允许当事人提出虽然知悉内幕信息但未不正当利用内幕信息进行交易行为的抗辩。换言之，在符合内幕交易行为构成要件的前提下，如果当事人能够证明其行为并非基于不正当利用内幕信息，则应当认定不构成内幕交易行为，当事人不承担内幕交易的责任。在法律上明确规定上述情形不构成内幕交易行为是国际通行做法。但为防止当事人滥用法定抗辩事由，逃避法律监管，只宜将比较确定和成熟的情形在法律上加以列举规定，至于其他情形授权证监会根据个案认定。

《证券法》(2019 年修订）规定，持有或者通过协议、其他安排与他人共同持有公司 5%以上股份的自然人、法人、非法人组织收购上市公司的股份，属于一项内幕交易的抗辩事由。

《两高司法解释》规定了四种内幕交易的抗辩事由：(1) 持有或者通过协议、其他安排与他人共同持有上市公司 5%以上股份的自然人、法人或者非法人组织收购该上市公司股份的；(2) 按照事先订立的书面合同、指令、计划从事相关证券、期货交易的；(3) 依据已被他人披露的信息而交易的；(4) 交易具有其他正当理由或者正当信息来源的。

《中国证券监督管理委员会证券市场内幕交易行为认定指引（试行)》(以下简称《内

① 法定抗辩事由，这里是指法律上明确认可的据之可以认定不构成内幕交易行为的各种情形。

幕交易行为认定指引》）规定，上市公司、上市公司控股股东或其他市场参与人，依据法律、行政法规和规章的规定，进行下列市场操作的，不构成内幕交易行为：（1）上市公司回购股份；（2）上市公司控股股东及相关股东系为履行法定或约定的义务而交易上市公司股份；（3）经证监会许可的其他市场操作。此外，该指引还规定，有下列情形之一的，行为人的证券交易活动不构成内幕交易行为：（1）证券买卖行为与内幕信息无关；（2）行为人有正当理由相信内幕信息已公开；（3）为收购公司股份而依法进行的正当交易行为；（4）事先不知道泄露内幕信息的人是内幕人或泄露的信息为内幕信息；（5）证监会认定的其他正当交易行为。

虽然《内幕交易行为认定指引》不是正式生效的法律规定，但它在证监会行政执法过程中发挥着重要作用。

从世界范围看，内幕交易的抗辩事由还包括“中国墙”制度。“中国墙”制度主要是为综合性券商设置的抗辩机制。当某综合性券商设立了合格的内部信息隔离机制时，若该综合性券商的一个部门已获悉某特定公司的内幕信息，则隶属于该综合性券商的其他部门在未知悉该信息的前提下，买卖或建议他人买卖该公司的证券，不构成内幕交易。美国、英国和我国香港地区均有相关规定。例如，美国证券交易委员会《第 240.10b5 规则》第 1 节第（2）（ii）条规定，假如某机构能够证明，代表其买卖证券的人作出投资决策时，尚未知悉内幕信息，且该机构已经实施了合理的措施和程序，保证作出投资决定的人没有违反利用内幕信息进行证券交易的规定，那么，该机构的行为就不构成内幕交易行为。

七、内幕交易的民事责任和行政责任

（一）民事责任

内幕交易属于侵权行为，内幕交易主体应当承担侵权的损害赔偿责任。我国《证券法》规定，内幕交易行为给投资者造成损失的，行为人应当依法承担赔偿责任。从徐某某诉光大证券股份有限公司内幕交易责任纠纷案来看，内幕交易侵权行为与投资者损失之间的因果关系的认定，系参照 2003 年《虚假陈述司法解释》推定存在因果关系，即在光大证券股份有限公司实施内幕交易行为的期间，如果投资者从事了与内幕交易行为主要交易方向相反的证券交易行为，而且投资者买卖的是与内幕信息直接关联的证券、证券衍生产品或期货合约，最终遭受损失，则应认定内幕交易与投资者损失具有因果关系。关于损失数额的计算，我国目前法律上尚无具体规定，由法院根据具体情况酌情进行认定。在上述案件中，法院认为，应当以投资者在内幕交易时间段内的交易价格与基准价格的差额，乘以交易的具体数量，来计算投资者的损失。基准价格应当以内幕信息公开后的一段合理时间内，相关交易品种价格对内幕信息的反应结束后的价格为准。

（二）行政责任

目前，我国打击内幕交易的主要手段是行政处罚，运用民事和刑事手段的比例相对较低。《证券法》（2019 年修订）第 191 条第 1 款规定：证券交易内幕信息的知情人或者非法获取内幕信息的人违反《证券法》的规定从事内幕交易的，责令依法处理非法持有的证券，没收违法所得，并处以违法所得 1 倍以上 10 倍以下的罚款；没有违法所得或者违法所得不足50万元的，处以50万元以上500万元以下的罚款。单位从事内幕交易的，还应当对直接负责的主管人员和其他直接责任人员给予警告，并处以20万元以上200万元以下的罚款。国务院证券监督管理机构工作人员从事内幕交易的，从重处罚。

第三节　反操纵市场法律制度

一、操纵市场的内涵与特征

与内涵相对明确的虚假陈述、内幕交易不同，操纵市场实际上是一个类概念，是对多种多样具有类似目的的行为的总称。不同的虚假陈述、内幕交易的行为方式具有相通性，但操纵市场则不然。

我国历次修改的《证券法》未对操纵市场下定义。证监会《证券市场操纵行为认定指引（试行）》（已废止，以下简称《操纵认定指引》）第2条曾下了一个定义，操纵“是指行为人以不正当手段，影响证券交易价格或者证券交易量，扰乱证券市场秩序的行为”。

我们认为上述定义过于宽泛。作为一种证券欺诈行为，操纵市场的内涵是：为牟取证券相关利益，故意通过交易扭曲证券交易价量，或通过编造或传播不真实、不准确、不完整或不确定的信息，诱使他人对证券价值产生错误判断而实施交易的违法行为。

操纵市场具有以下特征。

（1）行为目的或者说动机限于牟取证券相关利益，包括操纵人在证券二级市场交易带来的利益，也包括实现定向增发股票计划等相关目的。为政治等与证券市场无关之目的，而客观上有扰乱证券市场之效果的行为，不属于证券法意义下的操纵市场行为。

（2）操纵市场的手段包括交易行为、信息行为及二者的混合。交易行为的效果需通过证券市场交易的价量信号变化而产生，故而一般为大规模的交易，并非任何具有操纵故意的交易行为均能产生操纵后果；而操纵性信息行为为了“取信于人”，以实现欺诈目的，一般需通过法定信息披露义务主体等有公信力的主体来实施，并非任何主体编造或传播的信息均能起到操纵效果。

（3）操纵市场的作用机制是为了令他人受到欺诈而实施交易，从而产生价格波动等结果，令操纵人在证券市场交易中获利。这与操纵动机限于牟取证券相关利益，也是一致的。

（4）操纵市场的外延较大、类别多样化，故应限于法律明确禁止的行为，即具有法定性。

二、我国法律对操纵行为的规定

由于操纵市场行为的多样性，各国立法一般通过列举行为模式来予以规制。

我国《证券法》（2019年修订）第55条第1款规定：禁止任何人以下列手段操纵

证券市场，影响或者意图影响证券交易价格或者证券交易量：（1）单独或者通过合谋，集中资金优势、持股优势或者利用信息优势联合或者连续买卖；（2）与他人串通，以事先约定的时间、价格和方式相互进行证券交易；（3）在自己实际控制的账户之间进行证券交易；（4）不以成交为目的，频繁或者大量申报并撤销申报；（5）利用虚假或者不确定的重大信息，诱导投资者进行证券交易；（6）对证券、发行人公开作出评价、预测或者投资建议，并进行反向证券交易；（7）利用在其他相关市场的活动操纵证券市场；（8）操纵证券市场的其他手段。

需要注意的是，《证券法》并未对操纵下定义，只是说上述手段可以构成操纵的客观方面。但是否真的构成操纵，仍应结合主观方面予以认定，且主观方面应当限于故意，不存在过失型操纵。尽管《证券法》（2019 年修订）增列"意图影响"证券交易价量为与实际"影响"并列的操纵市场的成立条件，但"意图影响"同样应限于故意。

对我国证券操纵市场的认定同样有重要影响的文件还有 2019 年 7 月起施行的最高人民法院、最高人民检察院《关于办理操纵证券、期货市场刑事案件适用法律若干问题的解释》（以下简称《操纵解释》）。

三、我国《证券法》规定的操纵市场的主要模式

（1）《证券法》（2019 年修订）第 55 条第 1 款第 1 项规定的行为是基于真实交易，本身并不违法，且大量买卖导致股价涨跌，也符合供需规律，故而不能直接推定其属于操纵行为，而需结合主观方面的证据，如行为人的目的是通过拉抬价格，让别人跟风其高位接下证券。

（2）第 55 条第 2、3 项规定的行为俗称对敲与洗售，由于未实质转移证券控制权，属于不必要的虚假交易。如行为人无合理抗辩，一般可以据此推定操纵故意的存在，并直接认定操纵行为成立。[①]

《操纵解释》对"自己实际控制的账户"作了规定：1）行为人以自己名义开户并使用的实名账户；2）行为人向账户转入或者从账户转出资金，并承担实际损益的他人账户；3）行为人通过前两项以外的方式管理、支配或者使用的他人账户；4）行为人通过投资关系、协议等方式对账户内资产行使交易决策权的他人账户；5）其他有证据证明行为人具有交易决策权的账户。有证据证明行为人对前述第 1 项至第 3 项账户内资产没有交易决策权的除外。

（3）第 55 条第 1 款第 4 项规定的行为是虚假申报。根据《操纵解释》更详细的界定，这指不以成交为目的，频繁申报、撤单或者大额申报、撤单，误导投资者作出投资决策，影响证券交易价格或者交易量，并进行与申报相反的交易或者谋取相关利益的行为。

证监会一般认为，频繁申报和撤销申报，是指行为人在同一交易日内，在同一证券的有效竞价范围内，按照同一买卖方向，连续、交替进行 3 次以上的申报和撤销申报。

2015 年 9 月证监会认定马某多次大笔申报买入后快速撤单，以不成交或少量成交的方式拉抬暴风科技股价，随后快速反向卖出之前持有的部分股票获利。

---

① 汤欣．操纵市场行为的界定与《证券法》的修改建议．中国金融，2004（19）：43.

在2016年穗富投资等案中，证监会认定，穗富投资公司对金宇车城股票申报撤单1 200 000股，占此期间市场撤单的比例为66.91%；每笔买入委托下单时间和撤单时间间隔1分钟以内，且委托买入价格低于当前市价五个档位以上的申报撤单1 900 000股，占市场撤单的比例为73%。穗富投资公司辩称撤单行为系正常调整申报价格再行买入。证监会认定撤单比例较高，距离申报时间很短，具有明显的主观故意。

2017年的鲜某案中，证监会认定鲜某控制的账户组在涨停价买盘远大于卖盘的情况下，大量以涨停价申买多伦股份，并频繁撤单然后再申报，明显不以成交为目的，以虚假申报方式制造涨停价买单众多假象，影响投资者判断，两天实际买入量均为0。

2015年"股市异常波动"发生后，8月1日中国金融期货交易所（中金所）规定，自8月3日起每个合约每日报撤单超过400次、每日自成交行为超过5次的，将作为异常行为受到监管，但并不被视为违法，而只是接受电话提醒、监管问询函、警示函、现场检查乃至限制开仓。①

（4）第55条第1款第5项规定的"利用虚假或者不确定的重大信息，诱导投资者进行证券交易"、第1项规定的"利用信息优势联合或者连续买卖"，第56条规定的"禁止任何单位和个人编造、传播虚假信息或者误导性信息，扰乱证券市场"，都与信息行为有关。

证监会在通报信息型市场操纵案件时，明确提及两类：1）上市公司为配合大股东、高级管理人员减持等需要，控制信息发布的内容和时机，以所谓"股价维护、市值管理"方式进行操纵；2）编造传播虚假信息。②

《操纵解释》第1条第3、4项另外列举了两类信息型操纵，可分别称为虚假信息型操纵和真实信息型操纵：前者是指通过策划、实施资产收购或者重组、投资新业务、股权转让、上市公司收购等虚假重大事项，误导投资者作出投资决策，影响证券交易价格或者证券交易量，并进行相关交易或者谋取相关利益的行为；后者是指通过控制发行人、上市公司信息的生成或者控制信息披露的内容、时点、节奏，误导投资者作出投资决策，影响证券交易价格或者证券交易量，并进行相关交易或者谋取相关利益的行为。但这两点在文义上其实也能归入"利用虚假或者不确定的重大信息"③。

（5）第55条第1款第6项规定了"抢帽子"操纵。这也是一种通过故意发出信息来实现操纵的行为。《操纵解释》的界定更为详细：通过对证券及其发行人、上市公司公开作出评价、预测或者投资建议，误导投资者作出投资决策，影响证券交易价格或者交易量，并进行与其评价、预测、投资建议方向相反的证券交易。《证券法》（2019年修订）和《操纵解释》的规定均是对行为主体无限制、对行为方式有限制，即需要作出反向交易。但适用时，不能自动推定任何身份的人的评价、预测或者投资建议均误导投资者、影响证券交易价量，而须对相关事实层面的因果关系予以论证。

① 中金所2015年8月26日宣布对13名日内撤单次数达到400次、1名自成交次数达到5次，共计164名（去除重复）客户采取限制开仓1个月的监管措施。

② 证监会通报近年来市场操纵案件的执法工作情况．证监会网站，http://www.csrc.gov.cn/pub/newsite/zjhxwfb/xwdd/201408/t20140822_259482.html.

③ 信息型操纵较为复杂，更多讨论见：缪因知．信息型操纵市场行为执法标准研究．清华法学，2019（6）．

“抢帽子”与蛊惑交易的区别在于：后者是关于证券本身客观价值的不实信息，而前者是具有一定市场信誉的机构或个人发表自身关于被操纵证券的主观判断，此主观判断不严格限于不实或无根据的信息。证监会 2013 年曾指出：对于有可疑证券先融券卖出，再发布看空报告以及谋求利益的行为是否违法，必须结合具体事实认定。①

咨询机构仅仅是不负责任地随意推荐个股票，不构成操纵市场；若为配合他人的获利而发布不实信息，可能构成蛊惑交易；但若评价的股票偏偏是自己已经买入或卖空的，就可能构成“抢帽子”。

2008 年北京首放投资顾问公司控股股东、执行董事汪某案是早期有代表性的“抢帽子”案例，也开创了利用《证券法》（2005 年修订）的兜底条款“其他操纵行为”来处罚的模式。证监会认定：“在北京首放的咨询报告发布前，汪某利用其实际控制的账户提前买入咨询报告拟推荐的证券包括大盘股，并在咨询报告向社会公众发布后卖出该种证券，一年多时间采取类似方式交易达 55 次。这充分说明当事人存在利用北京首放的推荐来影响普通投资者的投资判断，进而影响所推荐证券交易价格或交易量，并从中谋取不当利益的意图。”

在 2008 年武汉某证券投资顾问公司等案中，证监会如此陈述：“具备证券投资咨询业务资格的专业机构和执业人员，理应恪守行业自律准则与执业道德，严守诚实信用的基本原则，公平、公正地为投资者提供荐股与咨询服务。但是，他们为了自身利益与人合谋，利用证券投资咨询机构所具有的专业优势与影响力，利用公众投资者对其的信赖，利用推荐股票影响股票的价格波动，牟取不正当利益，违背了诚信和执业操守，操纵市场，扰乱了证券市场秩序，损害了公众投资者的利益。”

值得注意的是，2011 年在针对前述汪某“抢帽子”案的刑事诉讼中，被告方辩护说，汪某买卖的股票量、资金量都不到相应股票的 1%，甚至没有达到刑事案件的立案标准。而公诉方和北京第二中级人民法院认为这种新型操纵行为不以规模标准为要件。

对于不具有证券投资咨询业务资格的人士的类似“推荐＋反向交易”的行为，证监会也做过处罚，但没有明示他们能否与有咨询资格的人类比，而是简单依《证券法》（2014 年修正）第 77 条的兜底条款进行处罚。②

证监会行政处罚委员会曾专门指出“抢帽子”不属于内幕交易：投资建议既不具有实质重要性，也不具有必然公开的性质，因此不构成内幕信息。不具有实质重要性，是因为这些信息不能影响上市公司的内在投资价值；不具有必然公开性，是因为投资咨询机构拥有对这些投资建议信息的所有权，其可以采用会员制的方式只向会员提供，不必向社会公开。③

（6）第 55 条第 1 款第 7 项禁止“利用在其他相关市场的活动操纵证券市场”。这一

① 证监信复字［2013］101091 号文（回复北京中能兴业投资咨询有限公司的函）。

② 例如，上海广播电视台第一财经频道《谈股论金》节目的嘉宾主持廖英强，利用其知名证券节目主持人的影响力，在其微博、博客上公开评价、推荐股票、在推荐前使用其控制的账户组先行买入，荐股后集中卖出，后受到证监会行政处罚。详见证监会行政处罚决定书〔2018〕22 号。

③ 中国证监会行政处罚委员会．证券行政处罚案例判解：第 1 辑．北京：法律出版社，2009：71.

般指利用金融期货如股票指数市场的先行效应对证券现货市场进行操纵。[①]

第四节 证券民事诉讼制度

证券市场欺诈发行、虚假陈述、内幕交易和操纵市场等各类违法行为不仅危害了“公开、公正、公平”的市场交易秩序，也给投资者造成了经济损失。目前，不断增强的公共执法虽有助于矫正违法行为和维护交易秩序，但却无法填补投资者的损失，需要借助证券民事诉讼来实现对投资者财产权的救济。

一、我国证券市场民事诉讼的制度沿革

根据现代诉权理论，当事人为维护自身合法权益，有要求司法机关对民事争议进行裁判的权利。这是实现实体权利救济的基本保障。[②] 回溯过往，我国证券民事诉讼的实现经历了一番曲折。1993 年，《股票发行与交易管理暂行条例》即已对虚假陈述、内幕交易、操纵市场等违法行为进行了界定，并概括规定：“违反本条例规定，给他人造成损失的，应当依法承担民事赔偿责任。”这一时期，投资者开始运用法律武器来维护自身权益。[③] 1998 年《证券法》颁布后，我国证券市场全面进入了法治化的轨道，证券民事责任体系不断完善，并着重强调了虚假陈述引致的民事责任，不仅发行人、承销人应因此承担相应赔偿责任，相关董事、监事、经理也要负连带赔偿责任。此后，最高人民法院 2000 年发布《民事案件案由规定（试行）》[④]，将证券欺诈纠纷、证券内幕交易纠纷、操纵证券交易市场纠纷和虚假证券信息纠纷皆列为民事案件案由，巩固了证券民事诉讼的规范基础。此后，我国证券民事诉讼制度不断完善。《证券法》（2019 年修订）进一步针对编造及传播虚假信息或误导性信息、证券公司违反投资者适当性规定等违法行为设置了赔偿责任，为更充分、全面地维护投资者的权利提供了法律保障。

在司法审判实务方面，证券欺诈民事赔偿诉讼并非一蹴而就。面对内幕交易、欺诈、操纵市场等行为所引致的民事诉讼，2001 年，最高人民法院颁布了《关于涉证券民事赔偿案件暂不予受理的通知》（已失效），指出：“……受目前立法及司法条件的局限，尚不具备受理及审理这类案件的条件。经研究，对上述行为引起的民事赔偿案件，暂不予受理。”该文件出台后，饱受争议。仅仅几个月之后，最高人民法院发布《关于受理证券市场因虚假陈述引发的民事侵权纠纷案件有关问题的通知》（已失效），明确允许法院受理由虚假陈述引发的民事赔偿案件，但对诉讼形式有专门规定，即“人民法院应当采取单独或者共同诉讼的形式予以受理，不宜以集团诉讼的形式受理”。在此之后，前述 2003 年《虚假陈述司法解释》进一步细化了虚假陈述民事赔偿诉讼的规则，包括

① 钟维．跨市场操纵的行为模式与法律规制．法学家，2018（3）．

② 张卫平．民事诉讼法．4 版．北京：法律出版社，2016：179．

③ 例如，刘某诉渤海集团虚假陈述纠纷案。

④ 《民事案件案由规定（试行）》（法发〔2000〕26 号）（已失效）。

一般规定、受理与管辖、诉讼方式、虚假陈述的认定、归责与免责事由、共同侵权责任、损失认定等具体内容。在很长一段时间里，2003 年《虚假陈述司法解释》成为我国虚假陈述民事赔偿案件审理的主要依据。

在《证券法》（2019 年修订）生效、实施之后，2020 年 7 月 23 日，为完善证券集体诉讼制度、便利投资者提起及参加诉讼、保护投资者合法权益，最高人民法院审判委员会通过了《关于证券纠纷代表人诉讼若干问题的规定》（法释〔2020〕5 号，以下简称《证券纠纷代表人诉讼规定》）。此后，2021 年 12 月 30 日，最高人民法院审判委员会通过新《虚假陈述司法解释》在汲取长期虚假陈述诉讼审判经验、前沿理论研究成果的基础上，进一步完善了虚假陈述民事赔偿案件审理的实体性规则，构建起了立体式的虚假陈述民事诉讼规则体系。

内幕交易和操纵市场民事赔偿诉讼的实现过程更为曲折。2003 年《虚假陈述司法解释》仅对虚假陈述这一类二级市场违法行为引发的民事诉讼进行了规定，未提及关于内幕交易和操纵市场民事纠纷的安排。这不仅导致司法实践长期对此持保守的态度，而且使我国证券民事诉讼主要体现为与虚假陈述相关的纠纷。2007 年，最高人民法院有关领导在全国民商事审判工作会议上对内幕交易与操纵市场民事纠纷案件的受理表示了积极态度，提出："修订后的证券法进一步明确规定了内幕交易和操纵市场侵权行为的民事责任。当前，对于投资人对侵权行为人提起的相关民事诉讼，有关人民法院应当参照虚假陈述司法解释前置程序的规定来确定案件的受理。"① 在此之后，尽管我国法院受理了数起涉及内幕交易和操纵市场的民事诉讼，但司法机关的态度依旧不明朗。譬如，针对 2013 年光大证券"乌龙指"事件，最高人民法院专门发布了《关于光大证券股份有限公司"8·16"内幕交易引发的民事赔偿案件指定管辖的通知》，就该事件引发的民事赔偿案件是否受理、如何管辖等事项进行了说明，借此为法院的审理工作提供指引。值得注意的是，2015 年最高人民法院《关于人民法院登记立案若干问题的规定》颁布，规定：人民法院对起诉、自诉案件应一律接收诉状、出具书面凭证并注明收到日期，为司法机关受理各类证券民事诉讼提供了规范依据。2020 年，《证券纠纷代表人诉讼规定》明确将内幕交易、操纵市场等违法行为引发的普通代表人诉讼和特别代表人诉讼纳入其中，为两类民事诉讼的开展提供了更加明确的规定。

二、我国证券民事诉讼程序

1. 诉讼形式

证券民事诉讼的形式选择会直接影响提起诉讼的内在动因和实践效果。2003 年《虚假陈述司法解释》第 12 条秉承了 2002 年最高人民法院《关于受理证券市场因虚假陈述引发的民事侵权纠纷案件有关问题的通知》（已失效）的要求，规定"证券民事赔偿案件的原告可以选择单独诉讼或者共同诉讼方式提起诉讼"。单独诉讼无须多言，所谓共同诉讼，依我国《民事诉讼法》（2021 年修正）第 55 条第 1 款的规定，"当事人一方或者双方为二人以上，其诉讼标的是共同的，或者诉讼标的是同一种类、人民法院认

① 最高人民法院民事审判庭第二庭．民商事审判指导：2007 年第 1 辑．北京：人民法院出版社，2007：62－63.

为可以合并审理并经当事人同意的，为共同诉讼”。共同诉讼具体又可分为起诉时人数确定的共同诉讼、起诉时人数不确定的共同诉讼两种情形。投资者如果采取共同诉讼的形式，可以推选代表人进行诉讼。一旦当事人推选了代表人，代表人的诉讼行为便对其发生效力。在我国民事诉讼法之下，代表人的权限也受到一定制约，即代表人变更、放弃诉讼请求或者承认对方当事人的诉讼请求、进行和解，需要得到被代表之当事人的同意。对于起诉时人数尚不确定的共同诉讼，在人民法院作出判决或裁定后，该判决或裁定对参加登记的全体权利人直接发生效力，同时，对未参加登记的权利人而言，若其在诉讼时效期间提起了诉讼，同样需要适用该判决或裁定，这对未登记权利人的利益影响十分显著。可能正是基于这个原因，2003 年《虚假陈述司法解释》要求共同诉讼原告人数应在开庭审理前确定，实际上排除了人数不确定的共同诉讼这一类型。由此，我国证券民事诉讼一度形成了一个由单独诉讼和当事人一方人数确定的代表人诉讼所共同构成的体系，且此前实践中未见通过代表人诉讼处理的证券民事赔偿案件。

2019 年，随着科创板的开展和实施，我国司法机关的态度有所转变，最高人民法院《关于为设立科创板并试点注册制改革提供司法保障的若干意见》提出要“立足于用好、用足现行代表人诉讼制度，对于共同诉讼的投资者原告人数众多的，可以由当事人推选代表人”。同年，《全国法院民商事审判工作会议纪要》（法〔2019〕254 号）针对证券虚假陈述诉讼提出“有条件的地方人民法院可以选择个案以《民事诉讼法》第 54 条［《民事诉讼法》（2021 年修正）第 57 条］规定的代表人诉讼方式进行审理”。《证券法》（2019 年修订）的生效实施，为起诉时人数不确定的共同诉讼和代表人诉讼制度打开了大门，“默示加入、声明退出”的集体诉讼机制由此巧妙登场，确立了具有中国特色的集团诉讼制度。在此基础上，《证券纠纷代表人诉讼规定》对证券纠纷的普通代表人诉讼和特别代表人诉讼作出了更加细致的规定。

一方面，对于普通代表人诉讼，《证券法》（2019 年修订）第 95 条第 1 款和第 2 款规定：“投资者提起虚假陈述等证券民事赔偿诉讼时，诉讼标的是同一种类，且当事人一方人数众多的，可以依法推选代表人进行诉讼。”“对按照前款规定提起的诉讼，可能存在有相同诉讼请求的其他众多投资者的，人民法院可以发出公告，说明该诉讼请求的案件情况，通知投资者在一定期间向人民法院登记。人民法院作出的判决、裁定，对参加登记的投资者发生效力。”在操作层面，《证券纠纷代表人诉讼规定》对与普通代表人诉讼相关的权利登记公告内容、公告期间、权利人登记、代表人资格与确定、代表人权限等具体方面进行了逐一规定。当原告一方人数 10 人以上且符合《民事诉讼法》规定的条件时，即可发起普通代表人诉讼。

另一方面，对于特别代表人诉讼，《证券法》（2019 年修订）第 95 条第 3 款规定：“投资者保护机构受五十名以上投资者委托，可以作为代表人参加诉讼，并为经证券登记结算机构确认的权利人依照前款规定向人民法院登记，但投资者明确表示不愿意参加该诉讼的除外。”由此一来，在满足 50 名以上投资者委托的前提下，投资者保护机构可借助于证券登记结算机构所提供的完整投资者名单，代表适格证券投资者向发行人、证券违法行为人提起民事赔偿诉讼。尽管投资者可以明确表示不参与该诉讼，但这种声明的概率和投资者再单独起诉的意义都十分有限。不难想见，一旦投资者保护机构提起集团诉讼，将对违法主体造成极大的经济与声誉压力，康美药业股份有限公司所涉证券虚假陈述责任纠纷（以下简称康美药业案），正是典型例证。不仅如此，对于法院已根据《民事诉讼法》规定发布权利登记公告的案件，根据《证券纠纷代表人诉讼规定》第32条的规定，投资者保护机构在公告期间接受50名以上权利人的特别授权后，同样可作为代表人参加诉讼。

延伸阅读

上海金融法院的证券纠纷示范判决机制

2019年1月，上海金融法院发布《关于证券纠纷示范判决机制的规定》，对示范案件的选定、示范案件的审理、示范案件的专业支持、示范判决的效力、示范案件的审判管理等作出规定。示范判决机制是指法院在处理群体性证券纠纷过程中，选取具有代表性的案件先行审理、先行判决，通过发挥示范案件的引领作用，妥善化解平行案件的纠纷解决机制。

在示范案件的选定方面，上述规定对示范案件与平行案件的范围进行了界定：示范案件是群体性证券纠纷中在事实争点和法律争点方面具有代表性的案件，平行案件是指与示范案件具有共通的事实争点和法律争点的案件。

在示范案件的审理方面，上述规定针对示范案件审理过程中当事人诉讼主张的明确、法官释明权的行使、法官见解的公开、对当事人法庭辩论权利的保障以及裁判文书的制作等作出了规定。

在示范案件的专业支持方面，上述规定规定：法院可以经当事人申请或依职权委托第三方专业机构调取相关交易数据，进行专业分析，出具损失核定意见。诉讼当事人可以申请专家辅助人，就案件中涉及的专业性问题代表当事人发表意见。法院在示范案件审理中可引入专家陪审员，提升审判的专业化程度。

在示范判决的效力方面，上述规定明确了示范判决的效力扩张原则：在事实认定方面，除有相反证据推翻之外，对示范判决认定的具有共性的事实，平行案件的双方当事人均无须另行举证；在法律适用方面，对于已由示范判决认定的法律适用标准，平行案件的原告主张直接适用的，可予以支持。示范判决生效后，平行案件原则上应先行委托调解，并通过运用诉讼费用经济杠杆，引导当事人通过证券纠纷多元化解机制解决纠纷。

2019年3月21日，上海金融法院首次适用示范判决机制，公开开庭审理了一起涉及上市公司虚假陈述的证券群体性纠纷案件。该证券虚假陈述民事责任纠纷系列案涉及投资者上千名，案件涉及诸多疑难法律争议问题。此次选取的示范案件，原、被告之间的争议焦点基本上可涵盖该系列案绝大多数投资者涉及的情形，在事实争点和法律争点方面具有代表性。合议庭依职权选定示范案件后，向示范案件和平行案件当事人发送“示范案件选定告知书”，明确了平行案件的范围、共通的事实和法律争点以及平行案件当事人的权利与义务。为精准核定证券虚假陈述民事赔偿损失金额，经法官释明及原、被告共同申请，合议庭在庭前委托中证中小投资者服务中心有限责任公司（以下简称投资者服务中心）对投资者的损失进行核定。投资者服务中心出具了“损失核定意见书”，并派员出庭接受当事人质询。庭审中，合议庭充分听取原、被告的诉辩主张，并围绕被告的虚假陈述行为是否具有重大性、虚假陈述行为与损害结果之间是否存在因果关系、损失的计算方法以及是否需要扣除证券市场系统风险等共通的四大争议焦点进行审理。合议庭通过释明权的行使，促使当事人围绕争议焦点展开充分辩论。众多平行案件的当事人和代理律师现场旁听了庭审。

2. 起诉条件

目前，我国投资者提起证券虚假陈述、内幕交易和操纵市场民事赔偿诉讼，已经不再设置前置条件的要求。早先时候，2003 年《虚假陈述司法解释》第 6 条第 1 款规定：“投资人以自己受到虚假陈述侵害为由，依据有关机关的行政处罚决定或者人民法院的刑事裁判文书，对虚假陈述行为人提起的民事赔偿诉讼，符合民事诉讼法第一百零八条规定的，人民法院应当受理。”彼时，除证监会所作出的行政处罚决定之外，财政部及其他省级以上人民政府财政主管部门，省、自治区、直辖市司法厅或设区的市司法局等作出的有关行政处罚，亦可以满足相应民事诉讼的前置条件。① 但是，这不仅不利于投资者民事权益及时得到保护，而且不利于提高司法裁判的效率和促进裁判能力的提高。对于为什么如此规定，最高人民法院曾表示：“考虑到现阶段我国证券市场虚假陈述等侵权行为时有发生，目前如果没有民事诉讼前置程序屏障，案件数量可能很大。”事实上，这和彼时保护国有资产与维持证券市场稳定等特别考量也不无关系。② 尽管立案登记制改革后，不少法院已经不再纠结于前置条件，但仍未形成统一的实践做法。

新《虚假陈述司法解释》第 2 条第 2 款明确规定：“人民法院不得仅以虚假陈述未经监管部门行政处罚或者人民法院生效刑事判决的认定为由裁定不予受理。”这在规范层面彻底改变了之前对前置程序的要求。不过，根据《民事诉讼法》（2021 年修正）的要求和《证券纠纷代表人诉讼规定》第 5 条第 1 款的规定，证券欺诈诉讼的原告需要提交有关行政处罚决定、刑事裁判文书、被告自认材料、证券交易所和国务院批准的其他全国性证券交易场所等给予的纪律处分或者采取的自律管理措施等证明证券侵权事实的初步证据。不难发现，投资者在起诉时仍然应当承担一定的举证责任，但相较于此前的行政处罚和刑事裁判文书的要求而言，已经大幅降低了，尤其是被告自认和交易所纪律处分、自律管理措施等，都有助于证券民事诉讼的开展。基于此，原告在提交证明身份的相关文件、信息披露义务人实施虚假陈述相关证据、因虚假陈述进行交易的凭证及投资损失等相关证据之后，如符合共同诉讼条件，可发起普通代表人诉讼程序。

3. 管辖规则与权利人登记

（1）管辖规则。目前虚假陈述纠纷的管辖规则，相较于已经失效的最高人民法院《关于受理证券市场因虚假陈述引发的民事侵权纠纷案件有关问题的通知》以及 2003 年

① 李国光．最高人民法院关于审理证券市场虚假陈述案件司法解释的理解与适用．北京：人民法院出版社，2015：131.

② 同①25－26，127.

《虚假陈述司法解释》的规定来说，不仅更加简化和统一，而且有利于解决争夺或推脱管辖等问题，大体可以分成以下三类：

第一，非代表人诉讼案件。根据新《虚假陈述司法解释》第 3 条的规定，证券虚假陈述侵权民事赔偿案件，由发行人住所地的省、自治区、直辖市人民政府所在的市、计划单列市和经济特区中级人民法院或者专门人民法院管辖。同时，省、自治区、直辖市高级人民法院可以根据本辖区的实际情况，确定管辖第一审证券虚假陈述侵权民事赔偿案件的其他中级人民法院，但要报最高人民法院备案。例如，2022 年，江苏省高级人民法院作出批复，指定苏州市中级人民法院管辖发行人住所地在苏州市辖区内且属于江苏省内法院管辖的第一审证券虚假陈述侵权民事赔偿案件。[①] 需要说明的是，这里的专门人民法院目前仅指北京金融法院、上海金融法院和成渝金融法院。

第二，代表人诉讼案件。根据《证券纠纷代表人诉讼规定》第 2 条规定，证券纠纷代表人诉讼案件，由省、自治区、直辖市人民政府所在的市、计划单列市和经济特区中级人民法院或者专门人民法院管辖。对多个被告提起的诉讼，由发行人住所地有管辖权的中级人民法院或者专门人民法院管辖；对发行人以外的主体提起的诉讼，则由被告住所地有管辖权的中级人民法院或者专门人民法院管辖。不过，针对特别代表人诉讼案件，由涉诉证券集中交易的证券交易所、国务院批准的其他全国性证券交易场所所在地的中级人民法院或专门人民法院管辖。即便人民法院已经根据《民事诉讼法》及《证券法》第 95 条第 2 款的规定发布了权利登记公告，投资者保护机构在公告期间获得特别授权并作为代表人参加诉讼，在在先受理的人民法院不具有特别代表人诉讼管辖权的情况下，也应当将案件及时移送有管辖权的人民法院。但值得注意的是，我国首例证券特别代表人诉讼——康美药业案——本应由上海金融法院管辖，但因被告公司进入破产程序且破产法院无法对虚假陈述案件行使管辖权[②]，只能由上级人民法院指定管辖。最终，经过最高人民法院指定管辖，广州市中级人民法院适用特别代表人诉讼程序审理了本案。[③]

第三，集中管辖案件。根据最高人民法院《关于为设立科创板并试点注册制改革提供司法保障的若干意见》（法发〔2019〕17 号）、《关于为创业板改革并试点注册制提供司法保障的若干意见》（法发〔2020〕28 号）和《关于为深化新三板改革、设立北京证券交易所提供司法保障的若干意见》（法发〔2022〕17 号）的特别规定，科创板首次公开发行股票并上市企业、在创业板以试点注册制首次公开发行股票并上市公司、北京证券交易所上市公司所涉的证券欺诈责任纠纷第一审案件，分别由上海金融法院、深圳市中级人民法院和北京金融法院试点集中管辖。但仔细观察，这实际上与前述《证券纠纷代表人诉讼规定》及新《虚假陈述司法解释》规定的管辖有所不同，因而，现实的诉讼管辖情况有待继续观察。

---

① 江苏省高级人民法院新闻办．苏州中院获批第一审证券虚假陈述侵权民事赔偿案件管辖权．(2022-06-09) [2023-03-01]. https://www.jsfy.gov.cn/article/93533.html.

② 陈洁．中国首起证券纠纷特别代表人诉讼案评述：对康美药业虚假陈述民事赔偿案诉讼规则的初步思考//莫纪宏，田禾．中国法治发展报告．No.20，2022. 北京：社会科学文献出版社，2022：143-159.

③ 《广东省广州市中级人民法院特别代表人诉讼权利登记公告》（[2020] 粤 01 民初 2171 号）。

（2）权利人登记。根据《证券纠纷代表人诉讼规定》第 6 条的规定，对起诉时当事人人数尚未确定的代表人诉讼，法院在发出权利登记公告前，可通过阅卷、调查、询问和听证等方式，对被诉证券侵权行为的性质、侵权事实等进行审查，并且在受理后 30 日内以裁定的方式确定具有相同诉讼请求的权利人范围。如果当事人对该权利人范围有异议，可以在裁定送达之日起 10 日内向上一级人民法院申请复议，上一级法院应在 15 日内作出复议裁定。

法院在权利人范围确定后 5 日内发出权利登记公告，通知相关权利人在指定期间登记。权利登记公告的内容应当包括：案件情况和诉讼请求、被告基本情况、权利人范围及登记期间、起诉书中确定的拟任代表人人选姓名（名称）与联系方式等基本信息、自愿担任代表人的权利人向人民法院提交书面申请和相关材料的期限、法院认为必要的其他事项。需要特别注意的是，公告应当以醒目的方式来提示代表人的权限。与其他领域代表人诉讼不同的是，参加登记视为对代表人进行特别授权。此后，法院在登记期间届满后 10 日内对登记的权利人进行审核，对不符合权利人范围的投资者，法院不确认其原告资格。在特别代表人诉讼中，在权利人范围确定后，人民法院同样应当发出权利登记公告，除上述内容之外，公告内容还应包括投资者保护机构基本情况、对投资者保护机构的特别授权、投资者声明退出的权利及期间、未声明退出的法律后果等。

4. 代表人选任与诉讼裁判效力

（1）代表人的资格条件。根据《证券纠纷代表人诉讼规定》第 12 条的规定，代表人应当符合下述条件：自愿担任代表人；拥有相当比例的利益诉求份额；本人或者其委托诉讼代理人具备一定的诉讼能力和专业经验；忠实、勤勉地履行维护全体原告利益的职责。当然，如果有依照法律、行政法规或者国务院证券监督管理机构的规定设立的投资者保护机构作为原告参与诉讼，或者接受投资者的委托指派工作人员或委派诉讼代理人参与案件审理活动的，法院可以指定该机构为代表人，或者在被代理的当事人中指定代表人。

（2）代表人的确定。对于起诉时当事人人数确定的代表人诉讼，应当在起诉前确定获得特别授权的代表人，并在起诉书中就代表人的推选情况作出专项说明。在起诉时当事人人数尚未确定的代表人诉讼，应当在起诉书中就拟任代表人人选及条件作出说明。在登记期间向法院登记的权利人对拟任代表人人选均没有提出异议，并且登记的权利人无人申请担任代表人的，法院可以认定由该 2 至 5 名人选作为代表人。但是，如果有登记期间向法院登记的权利人对拟任代表人的人选提出异议或申请担任代表人的情形，法院应当自原告范围审核完毕后 10 日内在自愿担任代表人的原告中组织推选。在具体推选过程中，代表人的推选实行一人一票，每位代表人的得票数应当不少于参与投票人数的 50%，代表人人数为 2～5 名，按得票数排名确定，通过投票产生 2 名以上代表人的为推选成功。首次推选不出的，法院应当即时组织原告在得票数前五名的候选人中进行二次推选。若仍推选不出代表人，则由人民法院指定。对于特别代表人诉讼，鉴于我国投资者保护机构不断发展，如果出现 2 个以上的投资者保护机构分别受 50 名以上投资者委托且均决定作为代表人参加诉讼，应当进行协商处理，协商不成，则由法院指定其中一个作为代表人参加诉讼。

（3）代表人的地位与代表人诉讼裁判效力。在证券代表人诉讼中，由于前述代表人为特别授权，代表人变更或者放弃诉讼请求、承认对方当事人诉讼请求、决定撤诉的，应当向人民法院提交书面申请并通知全体原告。法院收到申请后，应当根据原告所提异议情况，依法裁定是否准许。对于代表人依此提交的书面申请，原告自收到通知之日起10日内没有提出异议的，法院可以裁定准许。为进一步与《民事诉讼法》衔接，《证券纠纷代表人诉讼规定》第29条对符合权利人范围但未参加登记的投资者所提起的诉讼予以明确规定，即如果其主张的事实和理由与代表人诉讼生效判决、裁定所认定的案件基本事实和法律适用相同，法院在审查具体诉讼请求后，则裁定适用已经生效的判决、裁定。

三、我国证券民事诉讼的司法实践

自2003年《虚假陈述司法解释》发布之后，因虚假陈述而引致的民事赔偿案件数量日渐增多。据统计，在2013年11月至2016年9月期间，剔除内容为管辖权争议的民事裁定书后，虚假陈述民事赔偿诉讼共计涉及33位被告和2 240名投资者，平均占上市公司股东总数的0.25%。在这些案件中，仅有20件诉讼涉及10名以上的原告，且除佛山电器照明虚假陈述案之外，其余19件案例中投资者平均每人获得了0.96万元损害赔偿。①近几年来，我国证券虚假陈述案件不断增加，更出现了诸多代表性案例，如方正证券股份有限公司及北大方正集团有限公司、浙江祥源文化股份有限公司、江苏保千里视像科技集团股份有限公司、康美药业等上市公司所涉证券虚假陈述责任纠纷等。其中，康美药业证券虚假陈述责任纠纷案审理引起了理论界与实务界的高度关注，彰显了由投资者保护机构所引领的“默示加入、明示退出”之特别代表人诉讼的巨大法律威慑力。

不过，内幕交易与操纵市场民事赔偿诉讼面临着更多挑战。我国第一例证券内幕交易民事赔偿纠纷案件，即陈某丰诉陈某良内幕交易天山股份案，2008年由某市中级人民法院受理，标志着内幕交易民事赔偿诉讼的新阶段开始（此案以撤诉告终）。但直至今日，因内幕交易而提起的、可查的民事诉讼仅有数例。② 从操纵市场民事赔偿诉讼的情况来看，目前可查的案件数量仍然较为有限，且支持原告诉求的案例还是很少，典型案件包括程某及刘某操纵中核钛白股价民事赔偿案、王某诉汪某等操纵中信银行等股价民事赔偿案③、鲜某操纵证券交易市场责任纠纷案和恒康医疗集团股份有限公司操纵市场案等。

延伸阅读

域外的证券诉讼

在美国式证券集团诉讼（class action）下，投资者若无明确表示退出，则默认加

---

① 徐文鸣．证券民事诉讼制度实施效果的实证研究：以虚假陈述案件为例．证券市场导报，2017（4）：30－34.

② 包括陈某灵诉潘某深证券内幕交易赔偿纠纷案、黄某裕内幕交易责任赔偿案和光大证券股份有限公司内幕交易责任赔偿案。

③ 刘俊海，宋一欣．中国证券民事赔偿案件司法裁判文书汇编．北京：北京大学出版社，2013：20－21.

入民事诉讼。这极大地增强了证券民事诉讼的威慑力。发行人一旦有信息披露失实之处，便会直面数量颇巨的市场投资者索赔，这使其对待信息披露和公司治理如履薄冰。在目前规则下，最能充分代表集团成员利益且无不适格原因的原告可以成为首席原告（lead plaintiff），代表全体适格投资者委托首席律师对上市公司提起诉讼，再加上律师收费中胜诉酬金制度（contingent fee）的助力，直接刺激了证券集团诉讼的迸发式发展。为防范证券民事赔偿的滥诉现象，美国分别在1995年和1998年通过了《私人证券诉讼改革法》（Private Securities Litigation Reform Act）和《证券诉讼统一标准法》（The Securities Litigation Uniform Standards Act），试图通过对证券集团诉讼设置更严格的筛选条件、司法程序和相应的处罚条款来减少滥诉的情形。尽管该法起到了一定筛选和过滤作用，但美国证券集团诉讼案件的数量仍然可观。在1996年到2017年间，美国平均每年约有230起证券民事诉讼案件，2017年更高达到432起。其威慑作用不容小觑。

我国台湾地区证券民事诉讼采取“团体诉讼”模式，涵盖了四种主要的证券民事诉讼类型，即财报不实、公开说明书不实、操纵股价和内幕交易。从目前实践的效果来观察，自该投资者保护机构团体诉讼机制实施以来，尽管绝大多数民事赔偿案件都有赖于平行的刑事诉讼的调查，但该选择加入的团体诉讼模式，大幅降低了投资者维权的成本和难度。不仅享有诉讼优惠而减少了经济负担，而且由专业保护机构公益性地提起民事诉讼，有效地激励了投资者主动加入团体诉讼。[①]

第五节 证券执法制度

一、证券执法制度概述

（一）证券执法的含义

证券执法是指证监会依据《证券法》等法律法规和国务院的授权，对证券市场中涉嫌违反证券法律法规的行为进行依法调查，并对违法行为作出行政处罚的执法行为。本质上，证券执法属于行政执法行为。

证券执法是证券监管工作的重要组成部分，居于证券市场监管体制的核心地位，是打击和震慑证券违法违规行为、净化证券市场环境、维护证券市场秩序、保护投资者合法权益的基本保障和重要手段。

（二）证券执法机构

根据《证券法》的相关规定和国务院的授权，证监会是我国证券市场的法定监管机构，依法对全国证券市场实行集中统一监督管理。

证监会的执法活动主要由稽查部门、处罚部门、法律部等内设部门负责执行，其中，稽查部门包括稽查局、稽查总队，上海、深圳证券监管专员办事处（以下简称专员

① 吕成龙．投保机构在证券民事诉讼中的角色定位．北方法学，2017（6）．

办）及派出机构的稽查部门；处罚部门包括行政处罚委员会，上海、深圳巡回审理办公室及派出机构的审理部门；法律部门包括法律部和派出机构的法制处室，派出机构的法制处室通常也是案件审理部门。

根据证监会机构编制方案中部门分工的规定，证监会稽查部门是证券违法违规行为的调查部门，负责对各类证券违法违规案件调查的组织与实施，负责现场调查取证，查实违法行为，提出处理意见；处罚部门是各类证券违法违规案件的审理处罚部门，负责审理稽查部门移交的案件，依照法定程序主持行政处罚听证，拟订行政处罚决定和市场禁入决定的意见，发布责令改正通知书；法律部是行政处罚当事人申请行政复议的受理部门，负责办理涉及证监会证券执法的行政复议案件。

从案件调查环节的执法资源配置来看，证监会稽查系统共有600多名执法人员，占证监会机构总人数的20%左右。执法力量主要分布于稽查局、稽查总队，上海、深圳专员办和36个派出机构。

（三）证券执法的范围和对象

从违法违规行为的类型来看，依据《证券法》的相关规定，证券执法打击的违法违规行为包括证券市场的内幕交易、操纵市场、虚假陈述、利用未公开信息交易、“抢帽子”交易等。

从执法范围来看，依据市场层次划分，证券执法范围既覆盖主板、创业板、科创板、中小板等交易所市场的证券活动，也涉及新三板市场、区域性股权交易市场等交易场所的证券活动。依据产品市场的类别来区分，证券执法范围包括股票、债券、存托凭证、资产支持证券、资产管理产品、投资基金及国务院依法认定的其他证券。

根据最新规定[①]，证监会依法对银行间债券市场、交易所债券市场的违法违规行为开展统一的执法工作；对涉及公司债券、企业债券、债务融资工具、金融债券等各类债券品种的违法违规行为进行认定处罚；对商业银行、证券公司等在承销各类债券过程中的违法行为，依照《证券法》的相关规定进行处罚。

从执法对象来看，证券执法的对象为一切违反证券法律法规的机构主体和自然人主体。机构主体主要包括上市公司、证券经营机构、基金管理公司、资产管理公司等，自然人主体既包括上市公司实际控制人、大股东及其董事、监事、高级管理人员，及保荐代表人、基金经理等特殊身份的主体，也包括从事证券交易活动的普通投资者。

二、证券执法的依据和权限

证券市场的违法行为具有动机复杂、行为隐匿、社会危害大、调查取证难等特点，如果监管机构缺乏必要的调查手段，将对有效打击证券违法行为极为不利。因此，我国《证券法》赋予国务院证券监督管理机构相应的权力，并规定了相应的执法程序。1999年7月1日，《证券法》正式实施，对我国证券执法的依据和权限首次以法律的形式予以确认。

《证券法》确立了中国证券市场法律规范的总体框架，明确了证监会的执法权，对

① 中国人民银行、证监会、发展改革委《关于进一步加强债券市场执法工作的意见》（银发〔2018〕296号）。

证监会的执法权限作出规定，并对被检查、调查单位和个人配合检查、调查的义务，案件移送权，阻挠证券监督管理机构及其工作人员依法行使监督检查、调查职权的法律责任等具体执法活动作出了规定。

1. 现场检查权

国务院证券监督管理机构有权对证券发行人、上市公司、证券公司、期货公司、证券投资基金管理公司、证券服务机构、证券交易所、证券登记结算机构进行现场检查。监管实践证明，对监管对象实施现场检查，有利于及时发现问题、消除风险隐患、督促监管对象整改完善，促使监管对象提高合规水平与治理能力。

2. 进入涉嫌违法行为发生场所调查取证

国务院证券监督管理机构有权进入涉嫌违法行为发生场所调查取证。

3. 询问权

国务院证券监督管理机构有权询问当事人以及与被调查事件有关的单位和个人。

4. 要求提供说明权

国务院证券监督管理机构有权要求当事人以及与被调查事件有关的单位和个人对与被调查事件有关的事项作出说明。

5. 查阅、复制、封存权

国务院证券监督管理机构有权查阅、复制与被调查事件有关的财产权登记、通讯记录等资料；有权查阅、复制当事人以及与被调查事件有关的单位和个人的证券交易记录、登记过户记录、财务会计资料及其他相关文件和资料；对可能被转移、隐匿或者损毁的文件和资料，可以予以封存。其中，财产权登记包括工商登记、房屋权属登记、机动车登记、税务登记、社保登记资料等。

6. 账户查询权

国务院证券监督管理机构有权查询当事人以及与被调查事件有关的单位和个人的资金账户、证券账户与银行账户。

7. 冻结、查封权

对于有证据证明已经或可能转移或者隐匿违法资金、证券等涉案财产，或者隐匿、伪造、毁损重要证据的，经国务院证券监督管理机构主要负责人批准，可以冻结或者查封。

8. 限制交易权

在调查操纵证券市场、内幕交易等重大违法行为时，经国务院证券监督管理机构主要负责人或者其授权的其他负责人批准，可以限制被调查的当事人的证券买卖，但限制的期限不得超过 3 个月；案情复杂的，可以延长 3 个月。

9. 限制出境权

通知出境入境管理机关依法阻止涉嫌违法人员、涉嫌违法单位的主管人员和其他直接责任人员出境。

10. 对妨碍检查、调查的罚款权

《证券法》（2019 年修订）第 218 条新增规定：“拒绝、阻碍证券监督管理机构及其工作人员依法行使监督检查、调查职权，由证券监督管理机构责令改正，处以十万元以上一百万元以下的罚款，并由公安机关依法给予治安管理处罚。”本条赋予了证券监督管理机构行政处罚的权力，这加强了证券监督管理机构的权力，“让老虎长出了牙齿”。但“拒绝、阻碍监督检查、调查”的具体情形需要进一步界定，裁量基准需要进一步细化，权力行使程序需要进一步明确，要规范权力的运行，“将老虎装进笼子里”①。

另外，为防范证券市场风险，维护市场秩序，国务院证券监督管理机构可以采取责令改正、监管谈话、出具警示函等措施。

三、证券执法的基本程序

（一）立案

案件调查的线索主要来源包括交易所报告、日常监管机构移送及公众举报。从当前执法实践来看，进入证监会案件调查程序的线索多数来自交易所报告，其中内幕交易、操纵市场、利用未公开信息交易类案件的线索绝大多数来源于交易所的日常监控，上市公司财务造假、证券经营机构违法违规类案件的线索多来自日常监管机构移送及公众举报。

如今，证券市场基础设施建设日趋完善，监管科技工具和监管科技手段日益丰富、高效实用。基于大数据、云计算、人工智能等科技手段，已经实现了对证券市场交易活动的实时监控、智能监控和穿透监控。监管科技已然在提升线索发现能力、提高线索质量方面发挥越来越重要的作用。

证监会稽查部门负责对案件线索的专门分析。对于达到立案标准、符合启动调查程序的线索，证监会稽查部门会及时组织开展案件调查。

（二）调查取证

案件调查处于上游线索发现和下游审理处罚的中间环节，是证券执法最为关键的环节。证监会稽查总队、上海专员办、深圳专员办、派出机构稽查部门具体执行案件调查任务。

案件调查中，调查人员须以法律责任认定和违法行为要件为导向确立调查思路和案件突破方向。实践中，往往会围绕违法行为的构成要件，通过当事人询问谈话、交易现场取证、调取相关交易记录、查询相关资金流水、计算交易价量变动等，获取当事人从事证券违法违规行为的证据，并形成完整证据链条，查证违法违规行为。

当前，证券执法工作面临的执法环境和市场环境愈加复杂，疑难新型案件多发高发，当事人不配合调查、对抗调查的问题日益凸显。对此，《证券法》（2019 年修订）第 218 条规定，对于拒绝、阻碍证券监督管理机构及其工作人员依法行使监督检查、调查职权的，由证券监督管理机构责令改正，处以 10 万元以上 100 万元以下的罚款，并由公安机关依法给予治安管理处罚，以此切实保障证券执法活动顺利进行，维护证券执法权威。

（三）审理处罚

目前，证监会在“查审分离”的基础上，进一步深化执法体制改革，率先在行政机

① 邢会强．中华人民共和国证券法新旧条文对照与适用精解．北京：中国法制出版社，2020：125.

关内部设立专门的行政处罚委员会负责案件审理工作，实现了行政处罚案件审理的专门化和行政处罚委员会委员的专职化，以加大执法力度，提高行政处罚的社会效果，更好地维护公开、公平、公正的市场环境，保护投资者的利益。

从制度演进看，证券违法案件审理制度经历了一个从无到有、从“查审一体”到“查审分离”并逐渐完善的过程。证监会对证券违法案件的审理制度的演进可概括为初步建立、“查审分离”体制确立、设立独立的行政处罚委员会、开展派出机构行政处罚试点、设立巡回审理法庭等。

为强化证券执法力度，提升案件审理效能，2017 年，证监会正式决定在上海、深圳证券交易所设立巡回审理办公室，派驻执法人员对两交易所所属上市公司的相关违法违规案件开展行政处罚审理工作。此举让执法力量贴近市场和监管一线，实现了证监会集中统一执法与交易所一线监管的有机衔接，大大提升了证监会证券监管执法的效能。

从审理流程看，处罚部门审理案件的主要流程包括接收稽查部门移交的案件、指定主审及合议委员、合议审理、事先告知处罚结果，听取当事人的陈述或申辩，以及听证、复核处罚决定、送达处罚决定文书等。

从行政处罚措施看，主要包括责令整改、警告、罚款、没收违法所得、取消任职资格等。同时证监会可以根据当事人的违法情形，依法采取市场禁入措施。

另外，证监会针对证券违法违规案件行政处罚，特别是对当事人权利救济方面，作出了诸多制度保障安排。如《中国证券监督管理委员会行政处罚听证规则》对符合听证的情形、听证的原则、听证程序、当事人在听证中的权利和义务进行了规定；《中国证券监督管理委员会行政复议办法》对行政复议范围，行政复议的申请、受理、审理、决定，及和解、调解等进行了全面规定。

（四）证券行政执法与刑事司法的衔接

为加强办理证券期货违法犯罪案件工作，完善行政执法与刑事司法的衔接机制，依法有效惩治证券期货违法犯罪行为，2011 年，最高人民法院、最高人民检察院、公安部、证监会联合发布了《关于办理证券期货违法犯罪案件工作若干问题的意见》，在对证券犯罪案件的侦查、诉讼、审理，处罚过程中所涉及的案件移送、执法协作、信息共享等方面提出了具体工作意见。

证监会案件调查部门发现证券违法行为涉嫌犯罪的，应当依法将案件移送司法机关处理，案件移送是证券行政执法与刑事司法衔接机制的主要内容。案件调查实践中，一旦发现涉嫌违法的行为达到了刑事立案标准，证监会会及时将线索移送公安机关进行侦查，以追究行为人的刑事责任，切实有效打击证券违法犯罪活动。执法协作方面，证监会可协助公安机关依法查阅监管对象的相关信息、证券经营机构所属客户开户资料、交易信息等，也可协助公安机关专业复杂的调查取证。公安机关可协助证监会查询、复制被调查对象的户籍、出入境、住址等信息；在复杂重大案件中，协助证监会开展现场调查工作。在信息共享方面，公安机关与证监会建立了信息共享和情报交换机制，及时沟通案情、分析线索，以充分发挥各自的信息、技术、渠道优势。

2016 年公安部在上海、重庆、辽宁、深圳、青岛五地成立证券犯罪办案基地，专门承办特别重大欺诈发行股票、债券案件，上市公司提供虚假财会报告案件，内幕交易、泄露内幕信息案件，操纵证券、交易价格案件等证券违法犯罪行为。通过建立打击证券犯罪“一体化作战新机制”，进一步健全和完善了证券行政执法与刑事司法的衔接机制。

四、监管科技与证券执法

近几年，随着大数据、云计算等科技手段日臻成熟，资本市场基础设施日益完善，围绕资本市场的监管科技手段日益丰富，且监管成效显著。在证券执法的前端，证监会通过电子预警、统计分析、数据挖掘等数据分析系统，实现了对交易行为与交易数据的实时监控和对市场主体的精准画像，使内幕交易、市场操纵、“老鼠仓”等违法违规行为无处遁形。此外，监管科技在及时发现证券违法线索，高效打击证券违法行为过程中发挥着至关重要的作用。

执法实践中，证监会主要依托交易所的证券交易监控系统来发现案件线索。目前，上海、深圳证券交易所均建有成熟的证券交易监控系统，系统会集成证券交易、登记结算、上市公司、证券公司等相关信息，并按照不同违法行为的特征，设置不同的监控模型、异动指标、预警提示，对个股异动、可疑账户、可疑交易进行实时监控、实时预警。

以深圳证券交易所的大数据智能监控平台为例，该平台全天可实现对超过1亿笔成交记录的模型化处理与数据深度分析，并在此基础上识别异常交易，发现违法线索。从近几年执法实践来看，证监会查处的“老鼠仓”案件数量急剧攀升，且成案率颇高，很大一部分原因是证监会依靠交易所的大数据智能监控平台，建立起了针对“老鼠仓”违法行为所具有的典型“趋同”交易行为特征的筛选模型，让一只只“硕鼠”无处藏身。

可以预见，监管科技在资本市场资源整合与数据分析方面的优势日益明显，其在有力打击证券违法行为、有效提升资本市场监管效能、防范系统性金融风险、切实保护投资者合法权益等方面发挥的作用将越发突出。

参考文献

1. 李国光．最高人民法院关于审理证券市场虚假陈述案件司法解释的理解与适用．北京：人民法院出版社，2015.

2. 刘俊海，宋一欣．中国证券民事赔偿案件司法裁判文书汇编．北京：北京大学出版社，2013.

3. 罗斌．证券集团诉讼研究．北京：法律出版社，2011.

4. 彭冰．中国证券法学．2版．北京：高等教育出版社，2007.

5. 邢会强．中华人民共和国证券法新旧条文对照与适用精解．北京：中国法制出版社，2020.

6. 徐文鸣．证券民事诉讼制度实施效果的实证研究：以虚假陈述案件为例．证券市场导报，2017（4）.

7. 张卫平．民事诉讼法．4版．北京：法律出版社，2016.

8. 章武生. 域外证券群体诉讼案例评析. 北京：法律出版社，2016.

9 中国证监会行政处罚委员会. 证券行政处罚案例判解：第1辑. 北京：法律出版社，2009.

10. 最高人民法院民事审判庭第二庭. 民商事审判指导：2007年第1辑. 北京：人民法院出版社，2007.

课后习题

1. 私募市场交易的证券、新三板交易的证券、公司债、银行间债券市场债务即出资工具、资产支持证券，是否适用2022年最高人民法院《关于审理证券市场虚假陈述侵权民事赔偿案件的若干规定》？

2. 在证监会已经作出行政处罚的情况下，法院是否还有必要审查虚假陈述行为是否具有重大性？

3. 如何认定内幕信息？

4. 是否应当为操纵市场设置民事责任？若应当有，如何理解操纵行为与投资者损失的因果关系？请结合具体情境予以分类思考。

5. 请分析我国证券民事诉讼前置程序的利弊及是否应该保留。

6. 简述证券执法机构运用大数据、云计算等先进技术手段打击证券违法行为的最新进展。

第八章 投资者保护制度

第一节　证券期货投资者适当性管理制度

证券期货投资者适当性管理，是指向投资者销售证券期货产品或者提供证券期货服务的机构（以下简称“证券期货经营机构”）应当遵守法律、行政法规及有关规定，在销售产品或者提供服务的过程中，勤勉尽责，审慎履职，全面了解投资者的情况，深入调查分析产品或者服务的信息，科学有效评估，充分揭示风险，基于投资者的不同风险承受能力以及产品或者服务的不同风险等级等因素，提出明确的适当性匹配意见，将适当的产品或者服务销售或者提供给适合的投资者，并对违法违规行为承担法律责任。

2016 年 12 月，证监会颁布了《证券期货投资者适当性管理办法》（证监会令第 130 号，自 2017 年 7 月 1 日起施行，2022 年 8 月修正，以下简称《适当性管理办法》），构建了一整套适当性管理的制度框架。《证券法》（2019 年修订）第 88 条规定了投资者适当性管理制度，第 89 条规定了对普通投资者的倾斜性保护制度。

我国证券期货投资者适当性管理制度的总体思路是坚持适当性匹配原则和保护普通投资者利益原则，即证券期货经营机构应通过投资者分类、产品分级等方式更科学合理地匹配投资者与产品或服务，同时应当对普通投资者较对专业投资者在信息告知、风险警示、适当性匹配等方面给予更多的特别保护。

《适当性管理办法》的适用范围为：向投资者销售公开或者非公开发行的证券、公开或者非公开募集的证券投资基金和股权投资基金（包括创业投资基金，以下简称基金）、公开或者非公开转让的期货及其他衍生产品，或者为投资者提供相关业务服务。

一、投资者分类

《证券法》（2019 年修订）第 89 条第 1 款规定：根据财产状况、金融资产状况、投资知识和经验、专业能力等因素，投资者可以分为普通投资者和专业投资者。专业投资者的标准由国务院证券监督管理机构规定。

《适当性管理办法》规定，专业投资者是指符合下列条件之一的投资者：（1）经有关金融监管部门批准设立的金融机构，包括证券公司、期货公司、基金管理公司及其子公司、商业银行、保险公司、信托公司、财务公司等；经行业协会备案或者登记的证券公司子公司、期货公司子公司、私募基金管理人。(2) 上述金融机构面向专业投资者发行的理财产品，包括但不限于证券公司资产管理产品、基金管理公司及其子公司产品、期货公司资产管理产品、银行理财产品、保险产品、信托产品、经行业协会备案的私募基金。(3) 社会保障基金、企业年金等养老基金，慈善基金等社会公益基金，合格境外机构投资者（QFII)、人民币合格境外机构投资者（RQFII)。(4) 同时符合下列条件的法人或者非法人组织：1) 最近一年末净资产不低于 2 000 万元；2) 最近一年末金融资产不低于 1 000 万元；3) 具有 2 年以上证券、基金、期货、黄金、外汇等投资经历。(5) 同时符合下列条件的自然人：1) 金融资产不低于 500 万元，或者最近三年个人年均收入不低于 50 万元。金融资产，是指银行存款、股票、债券、基金份额、资产管理计划、银行理财产品、信托计划、保险产品、期货及其他衍生产品等。2) 具有 2 年以上证券、基金、期货、黄金、外汇等投资经历，或者具有 2 年以上金融产品设计、投资、风险管理及相关工作经历，或者属于专业投资者的高级管理人员、获得职业资格认证的从事金融相关业务的注册会计师和律师。证券期货经营机构可以根据专业投资者的业务资格、投资实力、投资经历等因素，对专业投资者进行细化分类和管理。

普通投资者是指专业投资者之外的投资者。普通投资者在信息告知、风险警示、适当性匹配等方面享有特别保护。

证券期货经营机构应当按照有效维护投资者合法权益的要求，综合考虑收入来源、资产状况、债务、投资知识和经验、风险偏好、诚信状况等因素，确定普通投资者的风险承受能力，对其进行细化分类和管理。

在特定条件下，普通投资者和专业投资者可以互相转化，这可理解为证券期货经营机构对投资者的分类是动态的、持续的，并非“一刀切”或一成不变的。满足特定条件的普通投资者也可申请成为专业投资者，但证券期货经营机构应当履行附加的评估程序，并向其说明对不同类别投资者履行适当性义务的差别，警示可能承担的风险。

具体言之，专业投资者中的第（4）（5）类投资者，可以书面告知证券期货经营机构选择成为普通投资者，证券期货经营机构应当对其履行相应的适当性义务。符合下列条件之一的普通投资者可以申请转化成为专业投资者，但证券期货经营机构有权自主决定是否同意其转化：(1) 最近 1 年末净资产不低于 1 000 万元，最近 1 年末金融资产不低于 500 万元，且具有 1 年以上证券、基金、期货、黄金、外汇等投资经历的除专业投资者外的法人或非法人组织；(2) 金融资产不低于 300 万元或者最近三年个人年均收入不低于 30 万元，且具有 1 年以上证券、基金、期货、黄金、外汇等投资经历或者 1 年以上金融产品设计、投资、风险管理及相关工作经历的自然人投资者。普通投资者申请成为专业投资者应当以书面形式向证券期货经营机构提出申请并确认自主承担可能产生的风险和后果，提供相关证明材料。证券期货经营机构应当通过追加了解信息、投资知识测试或者模拟交易等方式对投资者进行谨慎评估，确认其符合上述要求，说明对不同类别投资者履行适当性义务的差别，警示可能承担的投资风险，告知申请的审查结果及其理由。

为履行适当性义务，证券期货经营机构向投资者销售产品或者提供服务时，应当了解投资者的下列信息：(1) 自然人的姓名、住址、职业、年龄、联系方式，法人或者非法人组织的名称、注册地址、办公地址、性质、资质及经营范围等基本信息；（2）收入来源和数额、资产、债务等财务状况；（3）与投资相关的学习、工作经历及投资经验；（4）投资期限、品种，期望收益等投资目标；（5）风险偏好及可承受的损失；（6）诚信记录；（7）实际控制投资者的自然人和交易的实际受益人；（8）法律法规、自律规则规定的投资者准入要求相关信息；（9）其他必要信息。

《证券法》（2019 年修订）第 88 条第 2 款规定了投资者在购买证券或者接受服务时的义务，即应当按照证券公司明示的要求提供第 1 款所列真实信息。投资者拒绝提供或者未按照要求提供信息的，证券公司应当告知其后果，并按照规定拒绝向其销售证券、提供服务。

二、产品分级

证券期货经营机构应当为产品或服务划分风险等级。对于不适当客户主动要求购买相关产品或服务的，证券期货经营机构应确认其不属于风险承受能力最低类别的投资者，并进行特别的书面风险警示后才可向其销售或提供服务。此处的“风险承受能力最低类别的投资者”由行业协会制定并更新，供证券期货经营机构参考执行。

证券期货经营机构应当了解所销售产品或者所提供服务的信息，根据风险特征和程度，对销售的产品或者提供的服务划分风险等级。划分产品或者服务风险等级时应当综合考虑以下因素：（1）流动性；（2）到期时限；（3）杠杆情况；（4）结构复杂性；（5）投资单位产品或者相关服务的最低金额；（6）投资方向和投资范围；（7）募集方式；（8）发行人等相关主体的信用状况；（9）同类产品或者服务过往业绩；（10）其他因素。涉及投资组合的产品或者服务时，应当按照产品或者服务整体风险等级进行评估。

产品或者服务存在下列因素的，应当审慎评估其风险等级：（1）存在本金损失的可能性，因杠杆交易等因素容易导致本金大部分或者全部损失的产品或者服务；（2）产品或者服务的流动变现能力，因无公开交易市场、参与投资者少等因素导致难以在短期内以合理价格顺利变现的产品或者服务；（3）产品或者服务的可理解性，因结构复杂、不易估值等因素普通人难以理解其条款和特征的产品或者服务；（4）产品或者服务的募集方式，涉及面广、影响力大的公募产品或者相关服务；（5）产品或者服务的跨境因素，存在市场差异、适用境外法律等情形的跨境发行或者交易的产品或者服务；（6）自律组织认定的高风险产品或者服务；（7）其他有可能构成投资风险的因素。[①]

三、证券期货经营机构的适当性义务

《证券法》（2019 年修订）第 88 条第 1 款规定了证券公司向投资者销售证券、提供服务时的义务：（1）应当按照规定充分了解投资者的基本情况、财产状况、金融资产状况、投资知识和经验、专业能力等相关信息；（2）如实说明证券、服务的重要内容，充分揭示投资风险；（3）销售、提供与投资者上述状况相匹配的证券、服务。

① 《证券期货投资者适当性管理办法》第 17 条。

证券期货经营机构向普通投资者销售高风险产品或者提供相关服务时应履行特别的注意义务。

证券期货经营机构应当根据产品或者服务的不同风险等级，对其适合销售产品或者提供服务的投资者类型作出判断；根据投资者的不同分类，对其适合购买的产品或者接受的服务作出判断。证券期货经营机构告知投资者不适合购买相关产品或者接受相关服务后，投资者主动要求购买风险等级高于其风险承受能力的产品或者接受相关服务的，证券期货经营机构在确认其不属于风险承受能力最低类别的投资者后，应当就产品或者服务风险高于其承受能力进行特别的书面风险警示，投资者仍坚持购买的，可以向其销售相关产品或者提供相关服务。证券期货经营机构向普通投资者销售高风险产品或者提供相关服务，应当履行特别的注意义务，包括制定专门的工作程序，追加了解相关信息，告知特别的风险点，给予普通投资者更多的考虑时间，或者增加回访频次等。

证券期货经营机构应当根据投资者和产品或者服务的信息变化情况，主动调整投资者分类、产品或者服务分级以及适当性匹配意见，并告知投资者上述情况。

禁止证券期货经营机构进行下列销售产品或者提供服务的活动：(1) 向不符合准入要求的投资者销售产品或者提供服务；(2) 向投资者就不确定事项提供确定性的判断，或者告知投资者有可能使其误认为具有确定性的意见；(3) 向普通投资者主动推介风险等级高于其风险承受能力的产品或者服务；(4) 向普通投资者主动推介不符合其投资目标的产品或者服务；(5) 向风险承受能力最低类别的投资者销售或者提供风险等级高于其风险承受能力的产品或者服务；(6) 其他违背适当性要求，损害投资者合法权益的行为。

证券期货经营机构向普通投资者销售产品或者提供服务前，应当告知下列信息：(1) 可能直接导致本金亏损的事项；(2) 可能直接导致超过原始本金损失的事项；(3) 因证券期货经营机构的业务或者财产状况变化，可能导致本金或者原始本金亏损的事项；(4) 因证券期货经营机构的业务或者财产状况变化，影响客户判断的重要事由；(5) 限制销售对象权利行使期限或者可解除合同期限等全部限制内容；(6) 适当性匹配意见。

证券期货经营机构对投资者进行告知、警示，内容应当真实、准确、完整，不存在虚假记载、误导性陈述或者重大遗漏，语言应当通俗易懂；告知、警示应当采用书面形式送达投资者，并由其确认已充分理解和接受。

证券期货经营机构通过营业网点向普通投资者进行的有关告知、警示，应当全过程录音或者录像；通过互联网等非现场方式进行的，证券期货经营机构应当完善配套留痕安排，由普通投资者通过符合法律、行政法规要求的电子方式进行确认。

证券期货经营机构委托其他机构销售本机构发行的产品或者提供服务，应当审慎选择受托方，确认受托方具备代销相关产品或者提供服务的资格和落实相应适当性义务要求的能力，应当制定并告知代销方所委托产品或者提供服务的适当性管理标准和要求，代销方应当严格执行，但法律、行政法规、证监会其他规章另有规定的除外。

证券期货经营机构代销其他机构发行的产品或者提供相关服务，应当在合同中约定要求委托方提供的信息，包括规定的产品或者服务分级考虑因素等，自行对该信息进行调查核实，并履行投资者评估、适当性匹配等适当性义务。委托方不提供规定的信息、提供信息不完整的，证券期货经营机构应当拒绝代销产品或者提供服务。

四、监督管理和法律责任

《适当性管理办法》规定，证券期货经营机构应当按照相关规定妥善保存其履行适当性义务的相关信息资料，防止泄露或者被不当利用，接受证监会及其派出机构和自律组织的检查。对匹配方案、告知警示资料、录音录像资料、自查报告等的保存期限不得少于 20 年。

《适当性管理办法》规定，投资者购买产品或者接受服务，按规定需要提供信息的，所提供的信息应当真实、准确、完整。投资者所提供的信息发生重要变化，可能影响其分类的，应当及时告知证券期货经营机构。投资者不按照规定提供相关信息，提供信息不真实、不准确、不完整的，应当依法承担相应法律责任，证券期货经营机构应当告知其后果，并拒绝向其销售产品或者提供服务。

《证券法》（2019 年修订）第 88 条第 3 款规定，证券公司违反本条第 1 款规定导致投资者损失的，应当承担相应的赔偿责任。《证券法》（2019 年修订）第 89 条第 2 款规定：普通投资者与证券公司发生纠纷的，证券公司应当证明其行为符合法律、行政法规以及国务院证券监督管理机构的规定，不存在误导、欺诈等情形。证券公司不能证明的，应当承担相应的赔偿责任。

证券期货经营机构违反《适当性管理办法》规定的，证监会及其派出机构可以对证券期货经营机构及其直接负责的主管人员和其他直接责任人员，采取责令改正、监管谈话、出具警示函等监督管理措施。

证券期货经营机构违反《适当性管理办法》规定，存在较大风险或者风险隐患的，证监会及其派出机构可以按照《证券法》第 140 条、《证券投资基金法》第 137 条、《证券公司监督管理条例》第 70 条、《期货交易管理条例》第 55 条的规定，采取监督管理措施。

证券期货经营机构从业人员违反相关法律法规和《适当性管理办法》的规定，情节严重的，证监会可以依法采取市场禁入的措施。

典型案例

B 金融机构违反适当性义务被判赔投资者本金利息损失

李某在 B 金融机构处办理了一张财富卡，并通过该卡在 B 金融机构的营业场所利用 B 金融机构提供的自助设备购买了两只基金，金额各 10 万元。后两只基金发生亏损，李某起诉至法院要求 B 金融机构赔偿本金及利息损失。一审法院判决驳回李某的诉讼请求，李某上诉至某市中级人民法院。某市中级人民法院认为，审查 B 金融机构是否充分履行了适当性义务主要应从适当推介和风险揭示两方面进行考量。关于适当推介：本案中，李某的风险等级为平衡型，而案涉两只基金风险等级均为高风险，与李某的风险类型均不匹配，B金融机构对此确认，但同时主张是李某自主选择购买案涉基金，且B金融机构已履行风险提示义务。但某市中级人民法院认为，鉴于金融机构与投资者在专业知识、掌握信息方面的巨大不对称性，应强化对金融机构适当性义务履行情况的审查。考虑到交易行为发生在B金融机构的经营场所内，无现场录音录像资料可以反映交易情形，B金融机构未能证明李某系排除B金融机构推介而自主选择购买与其风险等级不匹配的基金，B金融机构应承担未适当推介的责任。关于风险揭示：某市中级人民法院认为风险揭示义务的要求是具体而实质性的，绝非仅有形式意义。首先，B金融机构在理财经理办公室客户咨询台张贴了理财产品风险提示函的行为不能起到对投资者购买特定产品的具体风险予以充分揭示的作用。其次，B金融机构提供的工作人员事后在银行自助设备模拟购买案涉基金的操作截图，不能表明B金融机构在李某购买案涉基金过程中确实出示了基金合同及产品说明书等资料供李某查阅、了解，未证明已尽到明确提示和将最大风险向李某说明的义务；并且，B金融机构没有按照金融监管的要求由李某书面确认是客户主动要求了解和购买产品并妥善保存顾问服务的记录。由此，某市中级人民法院认定B金融机构在李某购买基金过程中未尽适当性义务，以致李某购买了与其风险等级不匹配的产品，B金融机构的过错与李某损失之间具有因果关系，B金融机构应承担相应赔偿损失。法院最终判决B金融机构赔偿李某购买基金的实际所有损失6.9万元并支付相应利息损失。

第二节　上市公司投资者关系制度

证监会早在2005年7月11日就发布了《上市公司与投资者关系工作指引》；2022年4月，证监会又发布了新修订的《上市公司投资者关系管理工作指引》，自2022年5月15日起施行，《上市公司与投资者关系工作指引》同时废止。这是上市公司投资者关系工作的基本行为指南。该指引鼓励上市公司按照该指引的精神和要求，积极、主动地开展投资者关系工作。

一、投资者关系管理的概念和要素

投资者关系管理（简称“投资者关系”）是指上市公司通过便利股东权利行使、信息披露、互动交流和诉求处理等工作，加强与投资者及潜在投资者之间的沟通，增进投资者对上市公司的了解和认同，以提升上市公司治理水平和企业整体价值，实现尊重投资者、回报投资者、保护投资者目的的相关活动。

投资者关系（Investor Relations，IR）的三要素是：(1) 投资者关系工作的主体是公司，而不是公司的某个部门或某一部分人。(2) 投资者关系工作的对象是投资者，包括现有投资者与潜在投资者。(3) 投资者关系工作的手段是信息披露、交流和沟通。信息披露是单向的，交流和沟通就是双向的。因此，投资者关系工作不仅是信息披露，更要听取投资者的意见，与他们交流、沟通。[①]

股东、员工、客户、社会公众、政府是上市公司必须面对的五种群体（见图 8-1）。与之相对应，投资者关系、员工关系、客户关系、公共关系、政府关系是上市公司必须面对的五种关系，投资者关系仅是这五种关系中的一种。公司上市后，投资者关系变得重要了。但是，其他关系也很重要。这五种关系并没有优劣先后之分，因此，不能顾此失彼。

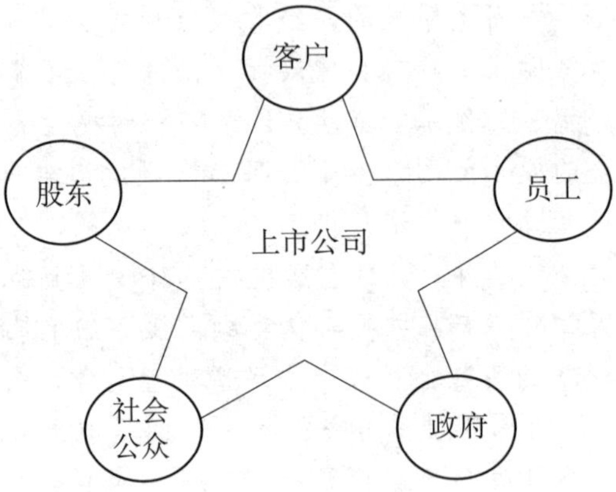

图 8-1　上市公司必须面对的五种群体

二、投资者关系工作的基本原则

《上市公司投资者关系管理工作指引》第 4 条规定，投资者关系管理工作的基本原则是：(1) 合规性原则。上市公司投资者关系管理应当在依法履行信息披露义务的基础上开展，符合法律、法规、规章及规范性文件、行业规范和自律规则、公司内部规章制度，以及行业普遍遵守的道德规范和行为准则。(2) 平等性原则。上市公司开展投资者关系管理活动，应当平等对待所有投资者，尤其为中小投资者参与活动创造机会、提供便利。(3) 主动性原则。上市公司应当主动开展投资者关系管理活动，听取投资者意见建议，及时回应投资者诉求。(4) 诚实守信原则。上市公司在投资者关系管理活动中应当注重诚信、坚守底线、规范运作、担当责任，营造健康良好的市场生态。

三、投资者关系工作的核心内容

投资者关系工作的核心是信息披露。《上市公司投资者关系管理工作指引》第 8 条规定，上市公司应当多渠道、多平台、多方式开展投资者关系管理工作。通过公司官网、新媒体平台、电话、传真、电子邮箱、投资者教育基地等渠道，利用中国投资者网和证券交易所、证券登记结算机构等的网络基础设施平台，采取股东大会、投资者说明会、路演、分析师会议、接待来访、座谈交流等方式，与投资者进行沟通交流。沟通交流的方式应当方便投资者参与，上市公司应当及时发现并清除影响沟通交流的障碍性条件。鼓励上市公司在遵守信息披露规则的前提下，建立与投资者的重大事件沟通机制，

① 邢会强，詹昊．上市公司投资者关系．北京：法律出版社，2007：4.

在制定涉及股东权益的重大方案时，通过多种方式与投资者进行充分沟通和协商。

投资者关系工作的手段是信息披露、交流和沟通。沟通意味着不仅要“说”，还要“听”，即听取投资者的看法，并将这些看法传达给公司董事会和管理层。除依法履行信息披露义务外，上市公司应当按照证监会、证券交易所的规定积极召开投资者说明会，向投资者介绍情况、回答问题、听取建议。投资者说明会包括业绩说明会、现金分红说明会、重大事项说明会等情形。一般情况下董事长或者总经理应当出席投资者说明会，不能出席的应当公开说明原因。上市公司在年度报告披露后应当按照证监会、证券交易所的规定，及时召开业绩说明会，对公司所处行业状况、发展战略、生产经营、财务状况、分红情况、风险与困难等投资者关心的内容进行说明。上市公司召开业绩说明会应当提前征集投资者提问，注重与投资者交流互动的效果，可以采用视频、语音等形式。

投资者关系管理工作中上市公司与投资者沟通的内容主要包括：(1) 公司的发展战略；(2) 法定信息披露内容；(3) 公司的经营管理信息；(4) 公司的环境、社会和治理信息；(5) 公司的文化建设；(6) 股东权利行使的方式、途径和程序等；(7) 投资者诉求处理信息；(8) 公司正在或者可能面临的风险和挑战；(9) 公司的其他相关信息。

上市公司投资者关系管理工作的主要职责包括：(1) 拟定投资者关系管理制度，建立工作机制；(2) 组织与投资者沟通联络的投资者关系管理活动；(3) 组织及时妥善处理投资者咨询、投诉和建议等诉求，定期反馈给公司董事会以及管理层；(4) 管理、运行和维护投资者关系管理的相关渠道和平台；(5) 保障投资者依法行使股东权利；(6) 配合支持投资者保护机构开展维护投资者合法权益的相关工作；(7) 统计分析公司投资者的数量、构成以及变动等情况；(8) 开展有利于改善投资者关系的其他活动。

投资者利益的保护是投资者关系工作的根本目的，上市公司投资者关系工作要围绕投资者利益保护而展开。上市公司应当充分考虑股东大会召开的时间、地点和方式，为股东特别是中小股东参加股东大会提供便利，为投资者发言、提问以及与公司董事、监事和高级管理人员等交流提供必要的时间。股东大会应当提供网络投票的方式。投资者依法行使股东权利的行为，以及投资者保护机构持股行权、公开征集股东权利、纠纷调解、代表人诉讼等维护投资者合法权益的各项活动，上市公司应当积极支持配合。投资者与上市公司发生纠纷的，双方可以向调解组织申请调解。投资者提出调解请求的，上市公司应当积极配合。投资者向上市公司提出的诉求，上市公司应当承担处理的首要责任，依法处理、及时答复投资者。

四、禁止上市公司进行选择性披露

“选择性披露”(selective disclosure) 可分为披露对象上的选择和内容上的选择：前者是指披露行为人向特定的人士披露未公开的信息，后者是指行为人并未披露信息的全部，而是有选择地披露有关信息。但一般而言，选择性披露多指的是前者，即上市公司在公开披露信息之前向特定的人士或特别类型人员披露有关重大信息的行为。选择性披露行为对证券市场所造成的危害有：首先，选择性披露行为向特定人（群）泄露未公开的信息，违背了证券市场赖以健康发展的基本法则，侵犯了投资者平等获取信息的权利。其次，选择性披露行为往往是一些不正常证券交易的前奏，例如内幕交易和市场操纵行为均以优先获取内幕信息为前提，从而使一部分人员获利或转嫁风险，另一部分人员因此遭受损失，导致市场不公行为的发生。再次，选择性披露行为动摇了证券市场的价值取向，不利于理性投资方式的形成。最后，选择性披露行为将使市场降低效率。

选择性披露行为监管规范要求上市公司在向特定对象披露尚未公开的重大信息时，应立即向公众公开该等信息。在美国，规范这方面的规则是美国 SEC 于 2000 年 10 月发布的《公平信息披露规章》（Regulation Fair Disclosure）。该规章规定，选择性披露行为是指披露了未公开的重大信息，它包括两层含义，即所披露的信息既是“未公开的信息”，又是“实质性的信息”。根据《公平信息披露规章》，上市公司应将公司的重大信息向所有投资者进行公平披露。倘若公司出现选择性信息披露行为，即公司将非公开的实质性信息向某些特定的对象进行信息披露，那么该公司也应详尽地将该信息向所有市场参与者进行公开披露，特殊情况下例外。

我国现行规则禁止选择性信息披露。《上市公司投资者关系管理工作指引》第 25 条规定，上市公司及其控股股东、实际控制人、董事、监事、高级管理人员和工作人员不得在投资者关系管理活动中出现下列情形：(1) 透露或者发布尚未公开的重大事件信息，或者与依法披露的信息相冲突的信息；(2) 透露或者发布含有误导性、虚假性或者夸大性的信息；(3) 选择性透露或者发布信息，或者存在重大遗漏；(4) 对公司证券价格作出预测或承诺；(5) 未得到明确授权的情况下代表公司发言；(6) 歧视、轻视等不公平对待中小股东或者造成不公平披露的行为；(7) 违反公序良俗，损害社会公共利益；(8) 其他违反信息披露规定，或者影响公司证券及其衍生品种正常交易的违法违规行为。

五、现金股利分配政策

随着上市公司的成长和发展，给予投资者合理的投资回报，为投资者提供分享经济增长成果的机会，是上市公司应尽的责任和义务。投资者通过投资上市公司股票，分享经济发展和上市公司成长带来的收益和回报，是投资者的合理诉求。现金分红是实现投资回报的重要形式，更是培育资本市场长期投资理念、增强资本市场的活力和吸引力的重要途径。但是，部分上市公司长期不分红，该分红而未分红、少分红。

证监会一直积极倡导上市公司现金分红，引导上市公司更加注重投资者回报，强化股东回报机制，对长期不分红的上市公司持续强化监管，推动上市公司不断提高现金分红水平。

《证券法》（2019 年修订）第 91 条规定：上市公司应当在章程中明确分配现金股利的具体安排和决策程序，依法保障股东的资产收益权。上市公司当年税后利润，在弥补亏损及提取法定公积金后有盈余的，应当按照公司章程的规定分配现金股利。这进一步提升了上市公司分红政策的法律正当性和法律效力。

现金分红属于上市公司自治行为，如果要求强制分红，则可能会影响上市公司合理的资金支出安排，打乱上市公司与投资者已形成的平衡回报机制，因此，行政法规、规章制度不宜作出强制性规定。《证券法》（2019 年修订）仅规定了现金股利分配的程序性事项，即应当在章程中明确分配现金股利的具体安排和决策程序，并应当按照公司章程的规定分配现金股利。

第三节　证券投资者保护基金

证券投资者保护基金制度作为各国证券投资者尤其是中小投资者保护制度体系的重要组成部分，是各国对证券投资者进行实质性保护的重要平台，其运作成功与否直接关系到各国证券投资者保护体系的有效性和效率的高低。

一、我国的证券投资者保护基金制度

我国证券投资者保护基金最初通过证监会会同财政部、中国人民银行于2005年6月30日发布的《证券投资者保护基金管理办法》（以下简称《管理办法》）正式设立。

《证券法》（2019年修订）第126条规定：国家设立证券投资者保护基金。证券投资者保护基金由证券公司缴纳的资金及其他依法筹集的资金组成，其规模以及筹集、管理和使用的具体办法由国务院规定。

证券投资者保护基金是我国最早建立的金融保障基金，作为国家金融安全网的组成部分，是促进证券市场稳定、健康发展的基础性制度。

（一）基金成立背景

2003年年底至2004年上半年，随着证券市场的结构性调整和持续低迷，以南方、闽发、“德隆系”等证券公司的问题充分暴露为标志，证券行业面临行业建立以来第一次行业性危机，严重危及证券市场安全，波及社会稳定，投资者损失严重。为建立防范和处置证券公司风险的长效机制，维护社会经济秩序和社会公共利益，保护证券投资者的合法权益，促进证券市场有序、健康发展，经国务院批准，2005年6月30日，证监会、财政部、中国人民银行联合发布了《管理办法》，设立证券投资者保护基金，并规定：设立国有独资的中国证券投资者保护基金有限责任公司（以下简称“投保基金公司”），作为证券投资者保护基金的运作管理机构，负责证券投资者保护基金的筹集、管理和使用。这标志着我国证券投资者保护基金制度的建立。证券投资者保护基金制度的建立，开启了中国金融市场风险防范与化解机制的建设步伐。投保基金公司是资本市场第一家专业的投资者保护机构，也是金融市场第一家专门从事行业市场风险处置的金融机构。之后的数年中，期货投资者保障基金、保险保障基金、信托保障基金相继成立，存款保险制度推出，系统性金融风险防范和处置机制不断完善。

根据《管理办法》，证券投资者保护基金是指按照《管理办法》筹集形成的，在防范和处置证券公司风险时用于保护证券投资者利益的资金。《管理办法》严格规范了证券投资者保护基金的运作，也对投保基金公司筹集、管理和使用证券投资者保护基金，履行证券市场投资者保护的职责确立了基础制度。证券投资者保护基金制度建立以来，在防范、化解和处置证券公司风险，维护社会稳定，促进资本市场稳定、健康发展中发挥了重要作用。随着证券市场快速发展和投资者保护形势不断变化，2005年出台的《管理办法》已不能完全适应市场发展需要。为此，2013年6月，证监会正式启动了对《管理办法》的修订工作。历经两年多的反复研究和征求各方意见，经报请国务院批准，

修订后的《管理办法》于2016年6月1日实施。

（二）基金的来源

证券投资者保护基金的筹集渠道有六个：（1）上海、深圳证券交易所在风险基金分别达到规定的上限后，将交易经手费的20％纳入基金。（2）所有在中国境内注册的证券公司，按其营业收入的0.5％～5％缴纳基金；经营管理或运作水平较差、风险较高的证券公司，应当按较高比例缴纳基金。各证券公司的具体缴纳比例由投保基金公司根据证券公司的风险状况确定后，报证监会批准，并按年进行调整。证券公司缴纳的基金在其营业成本中列支。（3）发行股票、可转债等证券时，申购冻结资金的利息收入。（4）依法向有关责任方追偿的所得和从证券公司破产清算中受偿的收入。（5）国内外机构、组织及个人的捐赠。（6）其他合法收入。

投保基金公司设立时，财政部专户储存的历年认购新股冻结资金的利差余额，一次性划入，作为投保基金公司的注册资本；中国人民银行安排发放专项再贷款，垫付基金的初始资金。专项再贷款余额的上限以国务院批准的额度为准。根据防范和处置证券公司风险的需要，投保基金公司可以多种形式进行融资；必要时，经国务院批准，投保基金公司可以通过发行债券等方式获得特别融资。

从我国证券投资者保护基金的启动初始资金的来源来看，其初始资金全部来自国家，由财政部一次性拨付注册资金63亿元，这奠定了证券投资者保护基金“国家基金”的基础和性质。同时，我国政府为证券投资者保护基金的运行进行了系统的制度安排：设立投保基金公司管理运作基金，并由中央银行安排发放专项再贷款，垫付基金的初始资金。这些方面都充分体现出证券投资者保护基金的“国家设立”色彩。

从基金筹集的历史情况看，沪深证券交易所经手费、境内证券公司缴费以及申购冻结资金的利息收入为证券投资者保护基金的三大主要来源。需要说明的是，随着2015年11月证监会取消新股申购网上网下预缴款机制，改为定配售数量后再缴款，申购冻结资金的利息收入急剧减少。

（三）基金的用途

证券投资者保护基金的用途为：（1）证券公司被撤销、被关闭、破产或被证监会实施行政接管、托管经营等强制性监管措施时，按照国家有关政策规定对债权人予以偿付；（2）国务院批准的其他用途。

（四）基金的监督管理

投保基金公司应依法合规运作，按照安全、稳健的原则履行对基金的管理职责，保证基金的安全。为处置证券公司的风险需要动用基金的，证监会根据证券公司的风险状况制订风险处置方案，投保基金公司制订基金使用方案，报经国务院批准后，由投保基金公司办理发放基金的具体事宜。

基金的资金运用限于银行存款，购买政府债券、中央银行票据、中央企业债券、信用等级较高的金融机构发行的金融债券，以及国务院批准的其他资金运用形式。投保基金公司日常运营的费用按照国家有关规定列支，具体支取范围、标准及预决算等由基金公司董事会制定，报财政部审批。

证监会负责投保基金公司的业务监管，监督基金的筹集、管理与使用。财政部负责投保基金公司的国有资产管理和财务监督。中国人民银行负责对投保基金公司向其借用再贷款资金的合规使用情况进行检查监督。投保基金公司应建立科学的业绩考评制度，并将考核结果定期报送证监会、财政部、中国人民银行。投保基金公司应建立信息报告制度，编制基金筹集、管理、使用的月报信息，报送证监会、财政部、中国人民银行。投保基金公司每年应向财政部专题报告财务收支及预算、决算执行情况，接受财政部的监督检查。投保基金公司每年应向中国人民银行专题报告再贷款资金的使用情况，接受中国人民银行的监督检查。

证监会应按年度向国务院报告投保基金公司运作和证券公司风险处置情况，同时抄送财政部、中国人民银行。

证券公司、托管清算机构应按规定用途使用基金，不得将基金挪作他用。投保基金公司对使用基金的情况进行检查，并可委托中介机构进行专项审计。接受检查的证券公司或托管清算机构及有关单位、个人应予以配合。

证监会负责监督证券公司按期足额缴纳基金以及按期向投保基金公司如实报送财务、业务等经营管理信息、资料，以及投保基金公司监测风险所需的涉及客户资金安全的数据、材料。证券公司违反上述规定的，证监会应按有关规定进行处理。

对于挪用、侵占或骗取基金的违法行为，依法严厉打击；对于有关人员的失职行为，依法追究其责任；涉嫌犯罪的，移送司法机关依法追究其刑事责任。

二、中国证券投资者保护基金有限责任公司

（一）公司的基本情况

投保基金公司是国务院批准设立的国有独资金融机构，性质为非营利性企业法人。2005 年 8 月，经国务院批准，根据证监会、财政部、中国人民银行联合发布的《管理办法》，投保基金公司在国家工商总局注册成立，由国务院出资，财政部一次性拨付注册资金 63 亿元。自此，证券公司风险处置进入市场化、法治化进程。投保基金公司归口证监会管理。

（二）公司的主要职能

投保基金公司的主要职责包括：筹集、管理和运作证券投资者保护基金；监测证券公司的风险，参与证券公司的风险处置工作；证券公司被撤销、被关闭、破产或被证监会实施行政接管、托管经营等强制性监管措施时，按照国家有关政策规定对债权人予以偿付；组织、参与被撤销、关闭或破产证券公司的清算工作；管理和处置受偿资产，维护基金权益；发现证券公司经营管理中出现危及投资者利益和证券市场安全的重大风险时，向证监会提出监管、处置建议；对证券公司运营中存在的风险隐患会同有关部门建立纠正机制；履行对行政和解金的管理职责；履行证券期货纠纷多元化解机制调解试点组织职责；国务院批准的其他职责。

上述各项职责中，参与证券公司的风险处置工作一直是投保基金公司的本职工作和重要任务之一。自成立以来，投保基金公司认真履行参与证券公司的风险处置、偿付债权人、参与破产证券公司清算、管理和处分受偿资产等各项风险处置相关法定职责，在及时、有效处置风险证券公司，防范和化解证券市场系统性风险，维护社会稳定方面发

挥了重要作用。2014 年 11 月，国务院正式批准证监会在证券期货领域监管执法中开展行政和解试点工作。2015 年 2 月 17 日，证监会发布《行政和解试点实施办法》（已失效）。同年 2 月 28 日，证监会会同财政部发布《行政和解金管理暂行办法》（已失效），规定投保基金公司履行对行政和解金的管理职责。2021 年 10 月，国务院公布《证券期货行政执法当事人承诺制度实施办法》，“行政和解金”改成了“承诺金”。2016 年 5 月，最高人民法院、证监会联合发布《关于在全国部分地区开展证券期货纠纷多元化解机制试点工作的通知》，投保基金公司被确定为首批八家证券期货纠纷多元化解试点调解组织之一。

（三）公司业务体系

2008 年，证券公司综合治理基本结束，投保基金公司与时俱进，积极探索投资者保护新途径，持续不断开拓新的业务领域。近年来，在继续做好证券公司风险处置后续工作，切实履行投资者保护基金筹集、管理和运作等职责的基础上，投保基金公司充分发挥作为资本市场重要基础设施的职能，紧紧围绕防范、化解金融风险与保护投资者合法权益两大核心任务，构建起独具特色的由证券投资者保护基金筹集管理使用体系，资金监控、风险监测体系，投资者意见诉求响应体系，投资者保护状况评价体系以及多层次投资者赔付体系构成的五项业务体系。

1. 证券投资者保护基金筹集管理使用体系

按照《管理办法》的规定，投保基金公司负责筹集、管理并运作证券投资者保护基金。近年来，投保基金公司向市场筹集投资者保护基金，做到应收尽收，通过银行存款及投资运作，实现国有资产保值增值，为防范、化解资本市场风险和保护投资者合法权益奠定了重要基础。

2. 资金监控、风险监测体系

（1）资金监控体系。

保障投资者资产安全，是证券市场发展的基石。证券公司综合治理结束后，为保护投资者合法权益，保障投资者资金安全，证监会在全行业推广交易结算资金第三方存管制度。作为配套设施建设，证监会建立证券市场交易结算资金监控系统（以下简称监控系统）并授权投保基金公司负责该系统的建设、维护和日常管理工作。监控系统于 2013 年正式运行，通过标准化数据接口，每日从证券公司、指定商业银行以及登记结算机构收取数据，按照“账实相符、账账相符、总分核对、封闭运行”的总体原则，构建了由若干个日常监控点组成的系统完整、相互关联、交叉校验的监控逻辑体系，每日对海量数据进行多维比对，对投资者资金安全实施 360 度看穿式、全天候监控，精准定位投资者资金安全问题。该系统目前已实现对证券公司经纪业务涉及的普通交易结算资金、信用交易担保资金和衍生品保证金等三个资金圈的监控，涵盖股票、债券、基金、融资融券、股票期权、港股通等业务和品种，是辅助证监会履行投资者资金存管监管职责的重要手段，有效维护了投资者的资金安全，被市场称为“鹰眼系统”。

（2）风险监测体系。

根据《管理办法》，投保基金公司负有监测证券公司风险、发现重大风险时向监管机构提出监管处置建议、对证券公司运营存在的风险隐患会同有关部门建立纠正机制等职责。

近年来，为切实履行风险监测职责，投保基金公司以支持辅助服务监管和服务行业风险管理为根本宗旨，结合证券公司风险新变化，探索由证券公司客户资金安全监控向全面性风险监测拓展，通过借鉴境内外理论和实践，立足于证券公司主要风险，并延伸至行业风险，初步构建起以5个风险维度、近30个指标为基础的综合性、预防性的证券公司风险监测体系。一是实现风险“监测识别”。突出指标的代表性，从证券公司个体风险入手，基于通行风险维度，从证券公司财务、业务报表中筛选指标；强调指标的独有性，结合证券公司业务实际和市场发展现状，综合利用监管与市场公开数据信息，构建指标体系；兼顾指标的及时性，根据市场形势发展，持续对指标进行调整优化。二是探索风险“量化评估”。不同于传统的单一指标阈值监测，借鉴国际货币基金组织、国际证监会组织（IOSCO）与国际知名评级机构的通行做法，对各项指标划定风险区间，根据其对证券公司整体风险的影响程度设定不同权重，将单一指标的风险集合成证券公司各类风险和整体风险水平。三是实现风险“预警提示”。从支持辅助服务监管角度，基于证券公司个体风险、行业整体风险、重点业务三个层面，每月从风险预警次数、风险集中度、不同风险类别比较等多维度，分析证券公司风险趋势及问题，并结合监管要求和市场热点，监测提示股票质押、信用债、非标资管等重点业务风险，为监管机构开展机构监管提供参考；从服务行业风险管理角度，探索通过风险监测，作为“体检中心”，向证券公司提供其风险信息，反映证券公司个体风险现状和突出问题，为证券公司提供高质量“体检”服务。

3. 投资者意见诉求响应体系

随着资本市场迅速发展，投资者数量不断增加，参与市场建设的意愿更加强烈，诉求更多，内容也更加多元。为更好地满足投资者与监管机构日益增长的沟通需求，亟须拓宽言路，畅通投资者反映诉求的渠道。为此，投保基金公司于2013年9月6日建设完成12386证监会服务热线并正式上线运行。12386热线作为监管机构服务投资者的重要窗口和与投资者沟通的重要桥梁，旨在妥善解决和听取广大投资者的投诉、咨询和建议。自2013年9月开通以来，该热线年均受理投资者有效诉求量7.1万件。该热线接收5个渠道的投资者诉求，包括：12386热线电话，证监会官网公众留言栏目下的“我要留言”“给主席写信”栏目，投保基金公司官网呼叫中心留言及邮件栏目。

为了能够直接、主动了解我国证券市场广大投资者的诉求和意见，投保基金公司自2007年起开展全国证券市场投资者调查，经过多年努力，已经形成了行业内代表性强、响应度高、反馈迅速的投资者意见采集机制。

投保基金公司通过多阶段分层PPS抽样方法组建了覆盖个人投资者、一般机构投资者、专业投资者及证券营业部经理等专业群体的全国性固定样本库，建立了精准抽样与互联网大数据相结合的证券市场调查新路径，进一步扩大调查范围，同时运用互联网技术不断完善调查工具和手段，已拥有“投保基金调查”APP、网页版在线调查系统、样本库管理系统等技术支持工具，大幅提升了投资者参与的便利程度和调查效率。投保基金公司开展的调查主要有月度热点调查、专项调查和信心调查三类。其中，热点及专项调查及时、准确地反映了投资者对政策措施、重大事件和热点问题的看法，对市场风险的判断以及对投资者保护工作的意见或建议。

2008年4月以来，投保基金公司按月组织开展投资者信心调查并编制投资者信心指数，至今已超过十年。投资者信心指数是迄今为止我国编制时间最长、使用范围最广的测量投资者信心和投资态度的定量研究成果，透过国际化的视野和本土化的实践，为监管机构和广大投资者提供了一个基于市场心理的观测视角。2013年，投资者信心指数被纳入国务院证券期货行业运行情况风险预警监测指标体系。研究显示，信心指数与上证综合指数、沪深300等证券市场主要指数以及PMI、工业增加值同比增速等主要宏观经济指标具有较明显的相关性和传导效应。经过长期的积累和市场检验，投资者信心指数较好地反映了投资者对市场运行方向、变动幅度和估值水平的心里预期变化，已成为社会各界了解投资者信心的重要窗口。

4. 投资者保护状况评价体系

投保基金公司从投资者享有的合法权益出发，根据法律法规和监管要求，把投资者意见纳入评价依据，逐步形成了独具特色的主客观相结合的资本市场投资者保护状况评价体系。从2007年开始，投保基金公司开展了针对上市公司投资者保护状况、现金分红状况、投资者咨询服务电话畅通情况、投资者关系管理、证券公司及基金管理人投资者保护状况、适当性管理情况、投资者保护政策有效性、证券期货行业稽查执法投资者保护成效、证券期货行业自律组织投资者保护情况等不同主题的评估评价，积累了丰富的评价经验、大量的主客观数据及宝贵的评价结论。2015年起，投保基金公司开始探索开展资本市场投资者保护状况评价，形成了覆盖上市公司、证券公司、基金公司、稽查执法、自律组织、投资者保护制度等多主体的“1+6”评价框架。

投资者保护状况评价体系的建立，在完善我国投资者保护立法、提高监管针对性、督促市场主体改进投资者保护工作水平、引导投资者关注自身权益保护等方面发挥着作用。

5. 多层次投资者赔付体系

在保护投资者知情权、收益权、参与权以及求偿权等合法权益中，最为核心和根本的是求偿权，即在投资者的合法权益受到侵害、经济利益遭受损失时，使投资者获得及时、充分的补偿。旨在为因欺诈受损的投资者提供法律救济的证券民事赔偿制度，就是保护投资者权益、维护市场公平的重要法律机制。近年来，立足于中国资本市场发展以及投资者保护的实际，投保基金公司积极探索新的历史条件下投资者赔偿救济的发展路径和改革方向，逐步构建了由投资者保护基金、专项补偿基金、行政和解金构成的多层次赔付体系。

与此同时，投保基金公司积极推动落实“先行赔付”机制。针对虚假陈述或欺诈发行事件，我国证券市场目前共有三起先行赔付投资者的成功案例，这三个案例中的投资者赔付工作均采用由先行赔付人出资设立专项基金的模式。投保基金公司作为第三方机构，接受出资人委托，担任专项基金管理人，负责管理、运作和处分基金资产。2013年以来，投保基金公司先后担任万福生科、海联讯、欣泰电气（退市）欺诈发行三案的专项基金管理人，累计赔付投资者3.4万余人，达到适格投资者总人数的95%以上，共计支付补偿金约5.09亿元，占赔付总金额的99%以上。上述三案投资者赔付工作充分发挥我国证券市场高度电子化的优势，全部实现网上申报、网上确认和网络支付，成千上万的投资者在两个月内足不出户即得到了赔偿。

典型案例

欣泰电气先行赔付

欣泰电气是我国因欺诈发行而退市的第一股，其因在首次公开发行股票并在创业板上市申请文件中相关财务数据存在虚假记载，以及上市后披露的定期报告中存在虚假记载和重大遗漏，于 2015 年 7 月 14 日被证监会立案调查，并于 2016 年 7 月 7 日被处以行政处罚。保荐机构为赔付因欣泰电气欺诈发行而遭受投资损失的投资者，于 2017 年 6 月 9 日发布公告，出资 5.5 亿元设立“欣泰电气欺诈发行先行赔付专项基金”。投保基金公司接受专项基金出资人委托，担任管理人，负责专项基金的管理及运作。这是投保基金公司继担任万福生科、海联讯专项补偿基金管理人之后，第三次担任专项基金管理人，是投保基金公司探索建立高效、便捷的矛盾纠纷多元化解机制，特别是健全退市责任追究机制、强化投资者保护配套制度建设、完善先行赔付制度方面的又一实践。本次赔付涉及约 1.2 万名适格投资者，赔付金额共计约 2.4 亿元。

与万福生科、海联讯先行赔付案相比，欣泰电气先行赔付案具有以下新特点：一是赔付方案中既要包括二级市场适格投资者的退市损失，也要包括一级市场适格投资者的新股申购损失，同时还要扣除市场风险因素，从而进一步体现了客观、公正的原则，同时也大大增加了赔付方案设计的复杂程度。二是适格投资者手工申报数量显著增多。专项基金成立时间距欣泰电气暂停交易（2016 年 8 月 23 日）近一年，其间出现了诸如投资者销户、身份证信息变更、死亡、资产管理计划或信托产品清盘等多种特殊情形，无法在线派发赔付权。三是一人多户制度使本次赔付在原始数据清洗、赔付数据计算、赔付权权益登记派发、审核手工申报材料等环节都增加了工作量。四是本次赔付申报工作需分两个阶段进行。先以欣泰电气暂停上市日前一交易日的收盘价格为基准，对投资者损失进行计算，并对这部分损失先进行赔付。对于仍持有欣泰电气股票的投资者，在退市整理期结束后，按照实际卖出价格或退市价格再次计算补充赔付金额。为此专项基金存续期间延长为 5 个月。五是本次赔付申报需按损失类别进行分类申报。如果投资者是首次公开发行股票时申购新股并已经卖出新股或属于二级市场适格投资者，采取网上申报的方式进行；如果投资者首次公开发行股票时申购新股并一直持有到欣泰电气退市，则需要通过手工申报方式单独进行赔付申报。

随着近年来欺诈发行案件的增多，我国证券市场创造性地推出了先行赔付制度。先行赔付在司法途径之外借助证券市场各方力量构建了资本市场民事主体之间主动和解的新路径，是探索证券期货纠纷多元化解机制的有益实践。过去，这项投资者赔偿机制在实践中常面临欠缺法律依据的质疑。直到《证券法》（2019 年修订）第 93 条规定：发行人因欺诈发行、虚假陈述或者其他重大违法行为给投资者造成损失的，发行人的控股股东、实际控制人、相关的证券公司可以委托投资者保护机构，就赔偿事宜与受到损失的投资者达成协议，予以先行赔付。先行赔付后，可以依法向发行人以及其他连带责任人追偿。

《证券法》（2019 年修订）对先行赔付制度予以明确，无疑对于此项制度发挥功能具有重要意义。只有在基本法中规定该项制度，先行赔付的合法性才是完整和坚实的。特别在我国资本市场设立科创板并试点注册制的背景下，在《证券法》中明确先行赔付制度，对于探索完善与注册制相适应的配套证券纠纷解决机制具有积极的现实意义，是我国证券市场基础制度的重大进步。

与传统民事诉讼相比，专项基金模式的先行赔付制度具有赔付范围广、实施高效、成本低廉三大特点。两个月内即达到 95%之高的投资者赔付比率，效果显著。对投资者而言，这显然是一种更为有效和快捷的赔付机制，能够很好地解决民事诉讼耗时长、成本高、举证程序烦琐、投资者分散等诸多问题。该模式的特点在于：一是和解解决纠纷。在现有司法途径之外构建了资本市场民事主体之间主动和解的新路径，使投资者可以在和解获得补偿和通过诉讼追讨损失之间进行选择，通过市场化机制解决市场问题。二是先赔偿后追偿。搁置复杂的责任界定争议，基金出资人先行单独与适格投资者达成和解，之后再就应承担责任之外的补偿份额，向其他连带责任方发起追偿。这使投资者省去了与诸多连带责任方通过旷日持久的法律诉讼进行索赔的烦琐程序。三是高效、便捷、成本低。专项基金模式充分发挥我国证券市场高度电子化的优势，运用网络投票系统确认赔付金额，通过证券结算系统划付赔付款，最大限度降低了投资者获得赔偿的成本，极大地提高了赔付效率。四是充分保护投资者的利益。专项基金模式在现有法律框架下，从最大限度保护投资者的利益出发，对适格投资者的范围、补偿金额计算方法等进行了精心论证和设计。在具体的算法选择等方面，专项基金均作了可为投资者带来更优补偿结果的安排。五是公益性、独立性、中立性。投保基金公司作为基金管理人，始终坚持公益性、独立性和中立性的原则。在基金的管理和运作工作中，投保基金公司仅仅是受托管理和运作基金，故不会偏袒出资人或投资者任何一方。

此外，投保基金公司也不断在行政和解方面进行探索，积极推动行政和解相关制度试点工作。

2016 年 5 月，最高人民法院、证监会联合发布《关于在全国部分地区开展证券期货纠纷多元化解机制试点工作的通知》，投保基金公司被确定为首批八家证券期货纠纷多元化解试点调解组织之一。作为公益性投资者保护机构和首批八家证券期货纠纷多元化解试点调解组织之一，自 2018 年 4 月以来，投保基金公司充分发挥专业资源优势，探索为法院审理虚假陈述等民事赔偿案件提供技术支持。在投资者因上市公司的虚假陈述行为向法院提起诉讼时，法院针对一个或数个案件经审理形成生效判决后，投保基金公司可根据示范判决确定的赔偿范围和损失计算标准，对该上市公司虚假陈述赔偿范围内所有适格投资者的损失进行统一测算，并根据法院的实际需要，向法院提供公益性技术支持；在为法院的司法审判工作提供技术支持的基础上，投保基金公司还致力于积极实践示范诉讼下的证券纠纷调解模式，创造性地设立“证券期货纠纷调解赔偿共管账户”，有效促成案件成功调解。

将示范诉讼下的证券纠纷调解模式引入虚假陈述等群体性侵权案件，具有积极的现实优越性：有助于法律适用的统一性，能够在很大程度上解决投资者损失计算难、案件审理期限长等现实问题；同时有助于提高投资者的举证能力，畅通中小投资者的维权渠道，高效、便捷地化解投资者与上市公司或证券经营机构之间的矛盾纠纷。

特别值得注意的是，为适应证券发行注册制改革的需要，基于我国具体国情，《证券法》（2019 年修订）第 95 条就代表人诉讼制度进行了规定，其中第 3 款规定投资者保护机构受 50 名以上投资者委托，可以作为诉讼代表人参加诉讼，并为经证券登记结算机构确认的权利人向人民法院登记，但投资者明确表示不愿意参加该诉讼的除外。《民事诉讼法》规定的代表人诉讼基于各种原因，长期未能在证券民事纠纷领域发挥其应有的作用。《证券法》（2019 年修订）不仅确认了登记加入制的代表人诉讼，更开创性地引入了退出制的代表人诉讼，并规定由投资者保护机构担任诉讼代表人参加诉讼。这既充分借鉴了域外集团诉讼的制度优势，又从制度上避免了滥诉等负面影响，能够充分发挥投资者保护机构的优势，在一定程度上能更好地保护投资者的合法权益，是具有中国特色的集团诉讼制度。投保基金公司作为国家设立的投资者保护机构，可根据《证券法》（2019 年修订）赋予的职责，积极践行公益投资者保护职能，不断适应新时代投资者保护的新要求和新期待。

典型案例

投保基金公司对 A 上市公司虚假陈述民事纠纷进行调解

A 上市公司因涉嫌违反证券法律法规被证监会立案调查。经调查，证监会认定 A 上市公司构成《证券法》所述的虚假陈述违法行为，对其作出行政处罚。随后，投资者相继起诉，请求法院判令 A 上市公司赔偿因其虚假陈述给投资者造成的损失。某法院将 A 上市公司证券虚假陈述民事赔偿系列案件委托投保基金公司进行调解。投保基金公司充分发挥专业基金管理人和数据测算等方面的优势，从正式接受委托到完成投资者损失金额的计算，再到双方确认、签署调解协议，仅用了 3 天时间，极大地提高了纠纷化解的效率，获得了市场与投资者的一致好评。

A 上市公司证券虚假陈述民事赔偿系列案件的诉讼时效临近届满，各方对纠纷尽快解决的愿望十分迫切，但是投资者对调解后款项的到账时间多有顾虑，A 上市公司则对投资者提供的交易记录和诉请金额存有疑虑。面对时间紧、任务重的现实情况，接受法院的调解委托后，投保基金公司积极开展了投资者损失计算、沟通磋商等工作。一方面，依据法院从登记结算机构调取的账户信息和交易数据，根据在先示范判决确认的投资者损失计算方法，在两天内对 80 余户投资者的损失集中进行了计算，并在此基础上研究制订了调解方案；另一方面，为打消投资者顾虑，说服 A 上市公司同意投保基金公司设立“证券期货纠纷调解赔偿专户”，接受 A 上市公司预付的赔偿款，以便在调解协议达成后能够迅速完成赔偿金的划拨。资金到账后，80 余名投资者很快与 A 上市公司就调解方案达成和解协议。

正是由于专业、高效地完成了对法院委托的 80 余起案件的调解工作，投保基金公司获得投资者的高度认可，后续又有 150 余名投资者（未向法院提起诉讼）主动联系投保基金公司，提出调解申请，希望能在投保基金公司的调解下，与 A 上市公司达成和解协议。投保基金公司随即对上述 150 余名投资者的损失进行了计算，努力促成当事人双方在互谅互让的基础上达成和解协议，并及时划付了赔偿金。最终，投保基金公司在较短时间内相继完成了 A 上市公司所涉约 240 名投资者的调解工作，支付赔偿金额共计 310 余万元，做到案结事了。

在本次纠纷解决过程中，投保基金公司创造性地探索设立“证券期货纠纷调解赔偿专户”。该种模式消融了当事人之间的对抗情绪，增强了调解的吸引力，有效促成投资者与上市公司达成和解协议，在创新调解方式、丰富调解工作实践等方面积累了有益经验。

延伸阅读

美国证券投资者保护公司（SIPC）

美国证券投资者保护公司（Securities Investor Protection Corporation，SIPC）是一个非营利性的机构。该保护公司成立的背景为：1968—1970 年间纽约交易所发生“订单拖欠危机”。由于没有预料到对股票的需求量巨大，经纪商无法处理大批订单，给投资者造成相当大的损失。大批经纪商因而被兼并、收购或者被迫停止营业，甚至倒闭。证券市场的公众信誉岌岌可危。此时，美国国会迅速行动，通过了《1970 年证券投资者保护法》，目的在于对由于经纪商危机而给投资者造成的损失提供一定程度的保护，并且由此重新燃起投资者对美国证券市场的信心。

SIPC 采用了公司制模式，却是非营利性的。根据《1970 年证券投资者保护法》的规定，所有在美国 SEC 注册的投资银行以及大部分全美证券商协会的会员，必须参加该协会并成为该协会的会员；会员必须向 SIPC 缴纳营业额一定比例的会费。该机构的功能并不仅限于赔付，还包括在美国 SEC 和交易所领导下，监督投资银行的经营，调查处于危机境地的投资银行，甚至通过法院宣布投资银行破产。

SIPC 是美国整个投资者保护体系的一个重要组成部分。尽管有各种性质的处理投资欺诈行为的机构——联邦范围的、自律性的、州属的，但 SIPC 与这些机构不同，其关注的范围更狭窄些，它主要是在证券经纪商或自营商面临破产或者财务危机时，用公司基金给有关投资者以补偿。SIPC 未被美国国会授予反对欺诈的权利。SIPC 类似于我国现有的投保基金公司。

第四节　投资者服务中心

一、投资者服务中心的概况

（一）基本情况

投资者服务中心，即中证中小投资者服务中心有限责任公司，是经证监会批准设立并直接管理的证券金融类公益机构，经原国家工商行政管理总局（现国家市场监督管理总局）注册，于2014年12月5日在上海注册成立。它是落实国务院办公厅《关于进一步加强资本市场中小投资者合法权益保护工作的意见》（国办发〔2013〕110号）的文件精神、完善监管政策、丰富投资者保护体系、加强中小投资者合法权益保护工作的一项举措。它是从中小投资者实际需求出发，为中小投资者服务的公益性维权和服务组织，专司中小投资者合法权益保护工作。

（二）宗旨

投资者服务中心以中小投资者为服务对象，丰富中小投资者的行权维权手段，建立多元化纠纷解决机制，完善中小投资者的赔偿救济渠道，维护中小投资者的合法权益，提升资本市场法治与司法救济等软实力水平。

（三）组织机构

投资者服务中心为公司制法人单位。股东会是投资者服务中心的权力机构。股东单位为上海证券交易所、深圳证券交易所、上海期货交易所、中金所和中国结算。董事会是投资者服务中心的决策机构，对股东会负责，行使股东会授予的权利。总经理室为投资者服务中心的执行机构，负责日常经营与管理，目前设总经理1名、副总经理若干。

（四）职责定位

投资者服务中心的主要业务是持股行权、纠纷调解、诉讼与支持诉讼、投资者教育等，具体包括：公益性持有证券等品种，以股东身份行权和维权；受中小投资者委托，提供调解服务；为中小投资者自主维权提供法律等服务；面向中小投资者开展公益性宣传和教育；代表中小投资者，向政府部门、监管机构反映诉求；证监会委托的其他业务。

二、投资者服务中心的持股行权职能

持股行权，特指投资者保护机构以普通股东的身份持有上市公司股票，依法行使《证券法》《公司法》等法律法规赋予投资者的法定权利，积极维护中小投资者的合法权益，促进上市公司的规范运作，示范引领上市公司广大中小投资者积极行权、依法维权的行为。其中，《证券法》（2019年修订）第90条第1款[①]就对投资者保护机构行使提案权和表决权等股东权利作出了规定。同时，《证券法》（2019年修订）第94条第3款[②]也对投资者保护机构的派生诉讼权作出了规定。这些规定为投资者保护机构的持股行权在基本法律层面提供了制度保障，为未来投资者服务中心的持股行权奠定了制度

① 《证券法》（2019年修订）第90条第1款规定：上市公司董事会、独立董事、持有1%以上有表决权股份的股东或者依照法律、行政法规或者国务院证券监督管理机构的规定设立的投资者保护机构（以下简称投资者保护机构），可以作为征集人，自行或者委托证券公司、证券服务机构，公开请求上市公司股东委托其代为出席股东大会，并代为行使提案权、表决权等股东权利。

② 《证券法》（2019年修订）第94条第3款规定：发行人的董事、监事、高级管理人员执行公司职务时违反法律、行政法规或者公司章程的规定给公司造成损失，发行人的控股股东、实际控制人等侵犯公司合法权益给公司造成损失，投资者保护机构持有该公司股份的，可以为公司的利益以自己的名义向人民法院提起诉讼，持股比例和持股期限不受《公司法》规定的限制。

基础。

同时，根据证监会批准的投资者服务中心报送的《扩大持股行权试点方案》，投资者服务中心持股行权试点区域已经从最初的上海、广东（不含深圳）、湖南三个地区扩展至全国。根据《扩大持股行权试点方案》，投资者服务中心的持股行权，就是投资者服务中心依法购买持有试点区域所有上市公司每家1手（100股）A股股票（持有后原则上不再卖出），以普通股东身份依法行使权利，通过示范效应提升中小投资者的股权意识，引导中小投资者积极行权、依法维权，督促上市公司规范运作。

从投资者服务中心已实施的持股行权实践来看，持股行权活动中行使的权利主要包括：针对法律法规及监管规定有明确要求，但上市公司未落实或落实不到位，从而涉嫌侵害中小股东知情权、参与权、收益权和救济权等权益的事项，投资者服务中心可以行使建议权、质询权、诉讼权等无持股比例和时间限制的权利；通过征集投票权的方式，行使提案权、股东派生诉讼权等有持股比例和时间限制的权利。从投资者服务中心扩大持股行权试点中的具体活动来看，投资者服务中心作为普通股股东，确保所有持股行权行为符合法律法规的要求，符合公司治理规范，符合监管规定和自律规则，在活动中，不以参与公司经营管理和营利为目的，不履行监管或自律职责，也不代表证券监管机构的立场。同时，为有效防范工作风险，投资者服务中心还制定了各项工作程序和标准，确立了信息保密、内幕信息管理等配套措施，限制了知情范围，按照法定条件和程序选择行权事项。《证券法》（2019年修订）第90条第1款和第94条第3款关于投资者保护机构持股行权制度的规定，为投资者服务中心更多地参与持股行权奠定了更为坚实的法律基础。

典型案例

持股行权代表性案例

1. 联合召集临时股东大会

2019年3月14日，投资者服务中心作为召集人之一参加了上海中毅达股份有限公司（以下简称*ST毅达）2019年第一次临时股东大会。

*ST毅达相关公告显示：由于*ST毅达原控股股东大申集团有限公司（以下简称大申集团）股票质押式回购违约，2018年12月25日上海市第一中级人民法院裁定将大申集团持有的*ST毅达2.6亿股股票（占*ST毅达总股本的24.27%）交付信达证券用以抵偿债务，信达证券管理的资管计划“信达兴融4号分级集合资产管理计划”成为*ST毅达第一大股东，信达证券代为行使股东权利。信达证券要求*ST毅达配合披露“上海中毅达股份有限公司详式权益变动报告书”，*ST毅达一直不予配合，信达证券将此情况反映给监管机构。2019年1月10日，上交所向*ST毅达发出监管工作函，要求*ST毅达在10个交易日内恢复信息披露有效来源。1月11日晚，*ST毅达4名独立董事发布公告称，4名独立董事均无法与公司取得联系并提示风险。此后，*ST毅达独立董事多次就无法与公司取得联系及公司股票存在的风险进行风险提示公告。1月18

日，上海证监局向*ST 毅达下发监管关注函，要求公司对其在公司治理、信息披露方面存在的问题进行整改。1月23日，上海证监局建议投资者服务中心联合其他股东共同行权，完善公司治理，保护投资者合法权益。

对于*ST 毅达董事会的“失联”事件，投资者服务中心予以了持续关注，应上海证监局的建议，经过充分研究论证，决定联合其他股东提请公司召开临时股东大会，推动公司治理正常化。最后在证监会投资者保护局的指导下及上海证监局、上交所、中国结算上海分公司的协助下，1月31日，投资者服务中心与*ST 毅达第二大股东西藏一乙资产管理有限公司以及第三大股东倪某就共同行权事项达成一致意见。鉴于*ST毅达董事会“失联”的客观情况，投资者服务中心和共同行权股东按照法定程序依次提请*ST 毅达董事会、监事会召开临时股东大会。在规定时限内均未收到*ST 毅达董事会、监事会的反馈意见。在相关律师事务所对此出具专门法律意见后，投资者服务中心和共同行权股东（以下合称召集人）于2月26日发出了3月14日召开临时股东大会的通知。3月1日，召集人收到信达证券关于免去和补选董事、监事的临时提案并公告。

3月14日，*ST 毅达 2019 年第一次临时股东大会如期召开。投资者服务中心作为召集人之一出席会议并担任现场监票人。出席股东大会的股东及代表 213 人，代表有表决权的股份数 422 099 163 股，占公司总股本的 39.4015%，最终股东大会全部议案均高票通过。

2. 关注中矿资源并购重组，呼吁上市公司及时释疑

2019 年 3 月 1 日，中矿资源集团股份有限公司（以下简称中矿资源）披露重大资产购买预案（修订稿），拟以现金支付方式向美国纽约证券交易所上市公司 Cabot Corporation（以下简称 Cabot 公司）及其全资子公司 Cabot G. B. Limited 购买其持有的标的资产 Tanco、CSF Inc. 及 CSF Limited 三家公司（以下简称标的公司）100%的股权。由于中矿资源尚未披露境外标的公司的审计报告、评估报告以及矿产资源估算报告，投资者服务中心要求中矿资源在审议本次交易的临时股东大会召开前，对本次交易中存在的疑问向广大投资者充分解释。投资者服务中心要求中矿资源充分释疑的具体事项包括：第一，标的资产的矿产资源是否可持续？标的公司的铯矿储量是否充足？交易对方折价转让标的资产是否合理？标的资产的资质权属安排是否存在风险？第二，标的资产核心业务所涉专利、商标权属安排是否存在风险？对上述疑问，投资者服务中心同时采取网上行权的方式，通过中国投资者网和深圳证券交易所“互动易”平台向中矿资源进行提问，要求中矿资源在审议本次交易的临时股东大会召开前对前述疑问详细回复，解答广大中小投资者的疑惑，并尽早披露境外标的公司资产的审计、评估报告。

3. 要求霞客环保重组作出解释

2018 年 11 月 15 日，投资者服务中心参加了霞客环保重组媒体说明会。在会议现场，投资者服务中心针对重组标的公司的未来盈利能力、标的公司预测业绩大幅增长的合理性等方面的问题，要求霞客环保及相关方给予进一步解释。

三、投资者服务中心的证券支持诉讼职能

（一）证券支持诉讼的概念

证券支持诉讼是指投资者服务中心选择特定案件（一般都是涉及中小投资者众多、矛盾比较突出、社会影响较大的典型证券侵权纠纷），接受中小投资者的申请、委托，由投资者服务中心作为支持机构，委派诉讼代理人，支持权益受损的中小投资者依法诉讼维权。

（二）证券支持诉讼的法律基础：《证券法》和《民事诉讼法》的支持起诉制度

《证券法》（2019 年修订）在第 94 条第 2 款首次引入证券公益诉讼制度，规定“投资者保护机构对损害投资者利益的行为，可以依法支持投资者向人民法院提起诉讼”，但并未规定如何适用本条款。由于《证券法》框架下的证券诉讼仍为民事诉讼，因此在具体适用证券支持起诉条款时，还需结合《民事诉讼法》第 15 条的支持起诉制度以及其他制度。《民事诉讼法》第 15 条规定：机关、社会团体、企业事业单位对损害国家、集体或者个人民事权益的行为，可以支持受损害的单位或者个人向人民法院起诉。我国《民事诉讼法》设置支持起诉原则，是希望借助支持起诉主体的多元性和主体各方面的资源优势，为当事人提供多样化的组织资源，丰富的组织资源可以从各个方面给予弱势当事人帮助，在更大程度上降低弱势群体在司法过程中的劣势，从而提高司法裁判的公正性。在支持起诉原则的适用过程中，一方面应当充分尊重当事人的诉权；另一方面应当在当事人利益受到损害并且弱势一方当事人难以提起诉讼，需要支持起诉的情况下适用支持起诉原则，使当事人在支持起诉者的帮助下发动诉讼程序保护自己的合法利益。而作为证监会批准设立的证券金融类公益性机构，投资者服务中心显然可以依据《证券法》（2019 年修订）第 94 条第 2 款以及《民事诉讼法》第 15 条和第 58 条的规定，支持中小投资者提起维权诉讼。另外，《民事诉讼法》第 58 条原则性规定了公益诉讼制度，但目前主要在环境保护领域和消费者权益保护领域存在一些司法实践。未来投资者服务中心能否提起证券公益诉讼，需要法律和司法解释等予以明确。

典型案例

证券支持诉讼代表性案例

1. 尔康制药虚假陈述损害赔偿支持诉讼案件

2019 年 1 月 24 日，由投资者服务中心提起、公益律师团队代理的尔康制药虚假陈述损害赔偿支持诉讼案件正式被湖南省长沙市中级人民法院受理。

2. 委托律师代理支持起诉

2019 年 1 月，投资者服务中心委托证券公益律师代理的证券支持诉讼雅百特虚假陈述案的首批 28 名投资者迎来南京市中级人民法院的一审判决。经统计，该批投资者诉求总金额 188.42 万元，判决赔偿总金额 186.39 万元，判赔率达 98.92%，很好地维

护了投资者合法权益。

四、投资者服务中心的证券期货纠纷调解职能

（一）以调解方式化解证券期货纠纷的必要性

在我国大力建设资本市场的背景下，证券期货品种的多样性、流通阶段的复杂性、参与主体的广泛性等因素使证券、期货纠纷的范围和种类繁多。一般而言，证券纠纷可以分为证券发行、承销、上市、保荐领域的纠纷，证券交易领域的纠纷，证券服务领域的合同、侵权纠纷，证券侵权纠纷，证券权利保护纠纷；期货纠纷一般包括期货经纪纠纷、期货透支交易纠纷、期货强行平仓纠纷、期货交易代理纠纷、期货欺诈纠纷。随着市场的发展和金融创新的不断推进，证券期货市场不断产生许多新型的纠纷，主要是权证类、股指期货类和理财类的纠纷。这些新型纠纷对证券期货纠纷解决人员的专业知识和案件处理能力均提出了更高的要求。

证券期货纠纷的庞大数量、新型的纠纷类型、较强的专业性均对证券期货纠纷诉讼提出了挑战，司法资源的紧缺和司法的低效率显然不能满足证券期货市场对效率的需求，对投资者更为不利的是，由于双方实力的差距和信息不对称问题突出，在诉讼中投资者还面临着因举证不能而败诉的窘境。证券期货纠纷的群体性比较强，社会影响比较大，而只有调解才能拯救司法资源紧缺的危机，在当事人各方平等协商的基础上和谐解决纠纷，可以最大限度地维护证券期货市场稳定。

（二）投资者服务中心的纠纷调解职能

自投资者服务中心成立以来，尽管2019年修订之前的《证券法》并未明确规定投资者保护机构的调解职权，但是投资者服务中心结合中小投资者诉求多元的客观实际，先后推出了小额速调机制、单边受理机制、诉调对接机制等，以及中国投资者网网上调解、资金提存、司法执行过户等调解方式，在纠纷调解方面作出了很多尝试。随着最高人民法院、证监会《关于全面推进证券期货纠纷多元化解机制建设的意见》出台，尤其是《证券法》（2019年修订）第94条第1款明确投资者保护机构的调解职权以及普通投资者的强制调解请求权，为投资者服务中心未来的调解工作奠定了坚实的制度基础[①]，投资者服务中心有望发展成为全国性证券期货纠纷调解机构。

延伸阅读

域外投资者保护组织

1. 韩国的参与连带（联盟）

韩国于1994年在首尔市成立最大的市民自治参与组织——参与连带（联盟）

① 《证券法》（2019年修订）第94条第1款规定：投资者与发行人、证券公司等发生纠纷的，双方可以向投资者保护机构申请调解。普通投资者与证券公司发生证券业务纠纷，普通投资者提出调解请求的，证券公司不得拒绝。

(People's Solidarity for Participatory Democracy，简称 PSPD)。该参与连带（联盟）下设司法监视中心、议政监视中心、公益举报支援中心、行政监视中心、经济金融中心、劳动社会委员会、民生希望本部、社会福祉委员会、税收财政改革中心、和平构建中心、国际连带委员会共11个不同职能的部门团体。其中，经济金融中心专门针对公司等进行监督，2014年2月由市民经济委员会改编而来。经济金融中心的宗旨是强化金融消费者保护和金融的公共性，对财阀企业的治理结构进行改革，对财阀企业集中进行遏制，为创建民主的经济秩序而活动。其既通过许多非法律行为来促进公司治理，同时也运用法律作为促进改革的工具。为此，PSPD 持有多种股票组合，通过参加股东会议行使股东权利、提起股东派生诉讼、监督上市公司日常经营、纠正管理层的不当行为、追究上市公司管理者的不当行为责任、参与立法活动来保护中小投资者的利益。经济金融中心对于促进公司治理和金融健康发展起到了非常大的作用，目前已成为韩国股东积极主义的先锋。

2. 日本的股东监护人组织

日本的股东监护人组织（Kabunushi Ombudsman）虽采取有限责任公司的设立形式，但其实际上为非政府组织，发挥了相应的作用。该组织不向成员分配利润，旨在通过监督公司活动、实施股东权利、发动股东派生诉讼等多种方式促进公司信息披露，保护中小股东的利益。

3. 德国的民间股东协会

德国的民间股东协会是由民间发起、股东（投资者）自愿缴费入会而组成的。在德国，并没有针对设立投资者保护组织的事项进行专门立法，德国的民间股东协会是基于“结社自由”设立的非营利性组织。资料显示，德国有的民间股东协会的会员人数高达3万，在全国有数千家类似性质的俱乐部。这种会员制机构仅对会员提供服务，但因会员规模巨大，作用已逾越了会员边界，该类机构演变成影响力很强的社会组织。

德国的民间股东协会向会员提供的服务包括：(1) 为会员提供投资咨询，甚至向会员提供专业投资意见，并以讲座形式帮助投资者；(2) 辅助立法机关立法，甚至介入欧盟立法过程，为立法提供参考，形成了一种特殊的“院外力量”；(3) 定期出版专业刊物，刊登专业评论；(4) 代表会员参加股东大会，乃至代表会员行使诉权。德国法院也接受了“团体诉讼”的观念，允许享有较高声誉的民间股东协会，以自己的名义启动诉讼程序。

4. 我国台湾地区的投资人服务与保护中心（SFIPD)

我国台湾地区成立了专门的投资人服务与保护中心。该中心执行“限额赔偿”“受理投诉”“调解纠纷”“提起证券仲裁”“提起证券诉讼”“监督短线交易收入归入权行使”“投资者教育和信息咨询服务”等七项功能。投资人服务与保护中心以法律手段为主救济权益受到侵害的投资者。投资人服务与保护中心设立时的保护基金为103 100万元新台币，由证券及期货市场相关机构捐助。证券商、期货商、证券交易所及柜台买卖中心等，应每月提拨一定比例或者金额之款项，投资于保护中心，作为后续保护基金之来源。

参考文献

1. 邢会强，詹昊．上市公司投资者关系．北京：法律出版社，2007.

2. 巩海滨，王旭．证券市场先行赔付制度研究．财经法学，2018（6）.

课后习题

1. 证券期货经营机构违反投资者适当性管理义务给投资者造成损失的，承担何种民事责任？

2. 什么是选择性信息披露？为何禁止选择性信息披露？

3. 证券投资者保护基金的用途有哪些？

4. 投资者服务中心是如何支持证券诉讼的？

第九章

证券经营服务机构的责任与监管

第一节　证券公司的监管与责任

一、证券公司的设立程序与设立条件

（一）证券公司的设立程序

证券公司的设立是行政许可事项。设立证券公司，必须经国务院证券监督管理机构审查批准。未经国务院证券监督管理机构批准，任何单位和个人不得以证券公司名义开展证券业务活动。① 在我国设立证券公司必须经证监会的行政许可。

证券公司的设立大致需要进行三个程序。第一，向证监会提出设立证券公司的申请，证监会应当自受理证券公司设立申请之日起 6 个月内，依照法定条件和法定程序并根据审慎监管原则进行审查，作出批准或者不予批准的决定，并通知申请人；不予批准的，应当说明理由。② 第二，证券公司设立申请获得批准的，申请人应当在规定的期限内向公司登记机关申请设立登记，领取营业执照。③ 设立有限责任公司，应当由全体股东指定的代表或者共同委托的代理人向公司登记机关申请设立登记。设立国有独资公司，应当由国务院或者地方人民政府授权的本级人民政府国有资产监督管理机构作为申请人，申请设立登记。法律、行政法规或者国务院决定规定设立有限责任公司必须报经批准的，应当自批准之日起 90 日内向公司登记机关申请设立登记；逾期申请设立登记的，申请人应当报批准机关确认原批准文件的效力或者另行报批。④ 第三，申请证券业务许可证。证券公司应当自领取营业执照之日起 15 日内，向证监会申请经营证券业务许可证。未取得经营证券业务许可证，证券公司不得经营证券业务。⑤

此外，证券公司变更证券业务范围，变更主要股东或者公司的实际控制人，合并、分立、停业、解散、破产，应当经国务院证券监督管理机构核准。⑥

---

① 《证券法》（2019 年修订）第 118 条第 2 款。
② 《证券法》（2019 年修订）第 119 条第 1 款。
③ 《证券法》（2019 年修订）第 119 条第 2 款。
④ 《公司登记管理条例》（已失效）第 20 条、《市场主体登记管理条例》第 21 条。
⑤ 《证券法》（2019 年修订）第 119 条第 3 款。
⑥ 《证券法》（2019 年修订）第 122 条。

（二）证券公司的设立条件

设立证券公司，必须符合行政许可的条件。[①]

第一，有符合法律、行政法规规定的公司章程。

第二，主要股东及公司的实际控制人具有良好的财务状况和诚信记录，最近三年无重大违法违规记录。

第三，有符合《证券法》规定的公司注册资本。针对证券公司从事不同的业务，《证券法》要求不同的注册资本最低限额。证券公司经营证券经纪、证券投资咨询，与证券交易、证券投资活动有关的财务顾问业务的，注册资本最低限额为人民币 5 000 万元；经营证券承销与保荐、证券融资融券、证券做市交易、证券自营或者其他证券业务的，注册资本最低限额为人民币 1 亿元；经营证券承销与保荐、证券融资融券、证券做市交易、证券自营或者其他证券业务中的两项以上的，注册资本最低限额为人民币 5 亿元。[②] 此外，证券公司的注册资本应当是实缴资本。《证券法》赋予了证监会根据审慎监管原则和各项业务的风险程度来向上调整注册资本最低限额的权力。[③]

第四，董事、监事、高级管理人员具备经营管理能力，从业人员具有证券从业资格。证券公司的董事、监事、高级管理人员，应当正直诚实、品行良好，熟悉证券法律、行政法规，具有履行职责所需的经营管理能力。[④] 在消极资格方面，因违法行为或者违纪行为被解除职务的证券交易所、证券登记结算机构的负责人或者证券公司的董事、监事、高级管理人员，自被解除职务之日起未逾 5 年；或者，因违法行为或者违纪行为被吊销执业证书或者被取消资格的律师、注册会计师或者其他证券服务机构的专业人员，自被吊销执业证书或者被取消资格之日起未逾 5 年，不得担任证券公司的董事、监事、高级管理人员。此外，证券公司的董事、监事、高级管理人员还必须符合《公司法》第 146 条规定的条件。[⑤] 设立中的证券公司违反上述规定选举、委派董事、监事或者聘任高级管理人员的，该选举、委派或者聘任无效。董事、监事、高级管理人员在任职期间出现上述所列情形的，公司应当解除其职务。

《证券法》对证券公司从业人员也有具体的规定，除要求从业人员具有证券从业资格外，因违法行为或者违纪行为被开除的证券交易场所、证券公司、证券登记结算机构、证券服务机构的从业人员和被开除的国家机关工作人员，不得被招聘为证券公司的从业人员。[⑥] 国家机关工作人员和法律、行政法规规定的禁止在公司中兼职的其他人

① 《证券法》（2019 年修订）第 118 条第 1 款。

② 《证券法》（2019 年修订）第 121 条第 1 款。

③ 《证券法》（2019 年修订）第 121 条第 2 款。

④ 《证券法》（2019 年修订）第 124 条。

⑤ 《公司法》（2018 年修正）第 146 条第 1 款规定：有下列情形之一的，不得担任公司的董事、监事、高级管理人员：（1）无民事行为能力或者限制民事行为能力；（2）因贪污、贿赂、侵占财产、挪用财产或者破坏社会主义市场经济秩序，被判处刑罚，执行期满未逾 5 年，或者因犯罪被剥夺政治权利，执行期满未逾 5 年；（3）担任破产清算的公司、企业的董事或者厂长、经理，对该公司、企业的破产负有个人责任的，自该公司、企业破产清算完结之日起未逾 3 年；（4）担任因违法被吊销营业执照、责令关闭的公司、企业的法定代表人，并负有个人责任的，自该公司、企业被吊销营业执照之日起未逾 3 年；（5）个人所负数额较大的债务到期未清偿。

⑥ 《证券法》（2019 年修订）第 125 条第 2 款。

员，不得在证券公司中兼任职务。[1]

第五，有完善的风险管理与内部控制制度。

第六，有合格的经营场所和业务设施。

第七，法律、行政法规规定的和经国务院批准的国务院证券监督管理机构规定的其他条件。

二、证券公司的业务与业务规则

《证券法》（2019年修订）第120条第1款规定，经过证监会批准，取得经营证券业务许可证，证券公司可以经营部分或者全部的证券业务，包括证券经纪，证券投资咨询，与证券交易、证券投资活动有关的财务顾问，证券承销与保荐，证券融资融券，证券做市交易，证券自营，以及其他证券业务。[2] 此外，《证券法》（2019年修订）第120条第3款还规定了资产管理业务。所有的证券业务都是行政许可业务。

（1）证券经纪业务是指证券公司充当中介，根据投资者的买卖要求，以投资者的名义完成证券交易活动。在实践中，证券公司通过设立数量众多的营业部来接受投资者的委托，代理买卖证券。证券公司在开展证券经纪业务时，应当符合《证券公司监督管理条例》中的规则，例如，证券公司从事证券经纪业务，应当对客户账户内的资金、证券是否充足进行审查。客户资金账户内的资金不足的，不得接受其买入委托；客户证券账户内的证券不足的，不得接受其卖出委托。证券公司从事证券经纪业务，可以委托证券公司以外的人员作为证券经纪人，代理其进行客户招揽、客户服务等活动。证券经纪人应当具有证券从业资格。证券公司应当与接受委托的证券经纪人签订委托合同，颁发证券经纪人证书，明确对证券经纪人的授权范围，并对证券经纪人的执业行为进行监督。证券经纪人应当在证券公司的授权范围内从事业务，并应当向客户出示证券经纪人证书。证券经纪人应当遵守证券公司从业人员的管理规定，其在证券公司授权范围内的行为，由证券公司依法承担相应的法律责任；超出授权范围的行为，证券经纪人应当依法承担相应的法律责任。证券经纪人只能接受一家证券公司的委托，进行客户招揽、客户服务等活动。证券经纪人不得为客户办理证券认购、交易等事项。证券公司向客户收取证券交易费用，应当符合国家有关规定，并将收费项目、收费标准在营业场所的显著位置予以公示。

（2）证券投资咨询业务是指为投资者的证券投资活动提供一定的信息，从而获得服务费用的一种业务。提供的信息可以有多种形式，既可以是书面形式的，也可以是口头形式的。证券公司向客户提供投资建议，不得对证券价格的涨跌或者市场走势作出确定性的判断。证券公司及其从业人员不得利用向客户提供投资建议而谋取不正当利益。

（3）财务顾问业务是指证券公司为客户在企业改制、资产重组、收购兼并等活动中提供咨询的一种服务。收购人进行上市公司的收购，应当聘请专业机构（主要是证券公司）担任财务顾问。财务顾问应当勤勉尽责，遵守行业规范和职业道德，保持独立性，

① 《证券法》（2019年修订）第125条第3款。

② 《证券法》（2019年修订）第120条第1款。

保证其所制作、出具文件的真实性、准确性和完整性。财务顾问不得教唆、协助或者伙同委托人编制或披露存在虚假记载、误导性陈述或者重大遗漏的报告、公告文件，不得从事不正当竞争，不得利用上市公司的收购谋取不正当利益。[①]

(4) 证券承销与保荐业务分为承销业务和保荐业务。承销业务是指证券公司作为发行人的承销商，为发行人的股票或债券销售提供服务。保荐业务则是指证券公司作为保荐人，为符合一定条件的发行人公开发行股票并上市提供服务。2018 年 3 月，证监会发布了《证券公司投资银行类业务内部控制指引》。根据该指引，证券公司投资银行类业务的内部控制应当遵循健全、统一、合理、独立、制衡的原则，确保内部控制有效。其中，健全性要求内部控制应当覆盖各类投资银行的业务活动，贯穿于决策、执行、申报、反馈、后续管理等投资银行类业务各个环节，对项目执行质量和风险实施全程监控，确保不存在内部控制空白或漏洞；统一性要求同类投资银行业务应当制定并执行统一的执业、内部控制标准和流程；合理性要求证券公司投资银行类业务的内部控制应当与自身业务规模、组织机构、风险状况和内部文化等相适应，以合理成本实现内部控制目标；独立性要求质量控制、内核、合规、风险管理等履行内部控制职能的部门、机构或团队（以下简称内部控制部门）应当独立履职，与前台业务运作相分离；制衡性要求证券公司从组织架构、权责分工、流程设置等方面保证业务部门和内部控制部门、各内部控制部门之间相互制约、相互监督。

(5) 证券融资融券业务是指证券公司向客户出借资金供其买入上市证券或者出借上市证券供其卖出，并收取担保物的业务活动。与普通的证券交易相比，在融资融券交易中，客户交纳一定比例的保证金后可以向证券公司借入资金买入证券或借入证券卖出；融资融券交易存在杠杆效应，会扩大盈利或亏损；融资融券交易的标的为证券交易所在上市交易的证券中所确定的融资融券交易标的范围；融资融券业务存在交易期限限制，单笔交易最长不超过 180 个自然日，到期前符合条件可申请展期。

(6) 证券做市交易业务是指做市商连续报出其做市证券的买价和卖价，如果投资者的限价申报满足成交条件，则做市商在其报价数量范围内按其报价履行与投资者成交的义务。

(7) 证券自营业务是指证券公司以自己的名义，为了其自身的利益所从事的证券交易业务。《证券公司监督管理条例》对于证券公司从事证券自营业务作出了一系列的规定：证券公司从事证券自营业务，限于买卖依法公开发行的股票、债券、权证、证券投资基金或者国务院证券监督管理机构认可的其他证券。证券公司从事证券自营业务，应当使用实名证券自营账户。证券公司的证券自营账户，应当自开户之日起 3 个交易日内报证券交易所备案。证券公司从事证券自营业务，不得有下列行为：违反规定购买本证券公司控股股东或者与本证券公司有其他重大利害关系的发行人发行的证券；违反规定委托他人代为买卖证券；利用内幕信息买卖证券或者操纵证券市场；法律、行政法规或者国务院证券监督管理机构禁止的其他行为。证券公司从事证券自营业务，自营证券总值与公司净资本的比例、持有一种证券的价值与公司净资本的比例、持有一种证券的数

① 《上市公司收购管理办法》（2020 年修正）第 9 条。

量与该证券发行总量的比例等风险控制指标，应当符合国务院证券监督管理机构的规定。

（8）在证券资产管理业务方面，证券公司可以依照《证券法》和《证券公司监督管理条例》的规定，从事接受客户的委托、使用客户资产进行投资的证券资产管理业务。投资所产生的收益由客户享有，损失由客户承担，证券公司可以按照约定收取管理费用。证券公司从事证券资产管理业务，应当与客户签订证券资产管理合同，约定投资范围、投资比例、管理期限及管理费用等事项。证券公司从事证券资产管理业务，不得有下列行为：向客户作出保证其资产本金不受损失或者保证其取得最低收益的承诺；接受一个客户的单笔委托资产价值，低于国务院证券监督管理机构规定的最低限额；使用客户资产进行不必要的证券交易；在证券自营账户与证券资产管理账户之间或者不同的证券资产管理账户之间进行交易，且无充分证据证明已依法实现有效隔离；法律、行政法规或者国务院证券监督管理机构禁止的其他行为。

除了上述证券业务，"其他证券业务"也必须经过证监会批准，证券公司或其他经营机构才可以经营。"其他证券业务"作为兜底条款，其目的是为以后的金融创新活动留足够的空间，同时合法管控证券公司的业务范围，从而避免金融创新所带来的金融风险。

不论何种业务，证券公司向投资者销售证券、提供服务时，应当按照规定充分了解投资者的基本情况、财产状况、金融资产状况、投资知识和经验、专业能力等相关信息；如实说明证券、服务的重要内容，充分揭示投资风险；销售、提供与投资者上述状况相匹配的证券、服务。① 证券公司违反该规定导致投资者损失的，应当承担相应的赔偿责任。② 而且，普通投资者与证券公司发生纠纷的，证券公司应当证明其行为符合法律、行政法规以及国务院证券监督管理机构的规定，不存在误导、欺诈等情形。证券公司不能证明的，应当承担相应的赔偿责任。③

三、证券公司的风险控制与监管措施

（一）证券公司的风险控制

证券公司的风险控制主要体现在对证券公司的资本监管与风险隔离制度中。

1. 对证券公司的资本监管

在对证券公司的资本监管方面，《证券法》授权证监会对证券公司的净资本和其他风险控制指标作出规定。④ 证监会发布的《证券公司风险控制指标管理办法》（2020 年修正）在证券公司的净资本计算、风险控制指标标准方面作出了明确规定。

证券公司的净资本由核心净资本和附属净资本构成⑤，其中：

核心净资本＝净资产－资产项目的风险调整－或有负债的风险调整－/＋证监会认

① 《证券法》（2019 年修订）第 88 条第 1 款。
② 《证券法》（2019 年修订）第 88 条第 3 款。
③ 《证券法》（2019 年修订）第 89 条第 2 款。
④ 《证券法》（2019 年修订）第 123 条第 1 款。
⑤ 《证券公司风险控制指标管理办法》（2020 年修正）第 10 条。

定或核准的其他调整项目。

附属净资本＝长期次级债×规定比例－/＋证监会认定或核准的其他调整项目。

同时，证券公司在计算核心净资本时，应当按照规定对有关项目充分计提资产减值准备。证券公司应当根据公司期末或有事项的性质（如未决诉讼、未决仲裁、对外提供担保等）、涉及金额、形成原因和进展情况、可能发生的损失和预计损失进行相应会计处理。对于很可能导致经济利益流出公司的或有事项，应当确认预计负债；对于未确认预计负债，但仍可能导致经济利益流出公司的或有事项，在计算核心净资本时，应当作为或有负债，按照一定比例在净资本中予以扣减，并在净资本计算表的附注中披露。证券公司对控股证券业务子公司出具的承诺书提供担保承诺的，应当按照担保承诺金额的一定比例扣减核心净资本。从事证券承销与保荐、证券资产管理等证监会认可的业务的子公司可以将母公司提供的担保承诺按照一定比例计入核心净资本。证券公司向股东或机构投资者借入或发行的次级债，可以按照一定比例计入附属净资本或扣减风险资本准备。

不同的证券业务对证券公司有不同的净资本要求。证券公司经营证券经纪业务的，其净资本不得低于人民币 2 000 万元。证券公司经营证券承销与保荐、证券自营、证券资产管理、其他证券业务等业务之一的，其净资本不得低于人民币 5 000 万元。证券公司经营证券经纪业务，同时经营证券承销与保荐、证券自营、证券资产管理、其他证券业务等业务之一的，其净资本不得低于人民币 1 亿元。证券公司经营证券承销与保荐、证券自营、证券资产管理、其他证券业务中两项及两项以上的，其净资本不得低于人民币 2 亿元。[①]

与商业银行的资本监管制度一样，证券公司的资本监管制度的若干指标对于证券公司的风险控制非常地重要。证券公司必须持续符合下列风险控制指标标准[②]：风险覆盖率不得低于 100%；资本杠杆率不得低于 8%；流动性覆盖率不得低于 100%；净稳定资金率不得低于 100%。其中：

风险覆盖率＝净资本/各项风险资本准备之和×100%；

资本杠杆率＝核心净资本/表内外资产总额×100%；

流动性覆盖率＝优质流动性资产/未来 30 天现金净流出量×100%；

净稳定资金率＝可用稳定资金/所需稳定资金×100%。

2. 证券公司的风险隔离制度

证券公司的风险隔离制度是指证券公司应当建立健全内部控制制度，采取有效隔离措施，防范公司与客户之间、不同客户之间的利益冲突；证券公司必须将其证券经纪业务、证券承销业务、证券自营业务、证券做市业务和证券资产管理业务分开办理，不得混合操作。

证券公司的风险隔离制度分别体现在自营业务和客户的交易结算资金方面。在自营业务中，证券公司必须以自己的名义进行，不得假借他人名义或者以个人名义进行；必

---

① 《证券公司风险控制指标管理办法》（2020 年修正）第 16 条。

② 《证券公司风险控制指标管理办法》（2020 年修正）第 17 条。

须使用自有资金和依法筹集的资金；不得将其自营账户借给他人使用。[①] 在证券公司客户的交易结算资金方面，证券公司客户的交易结算资金应当存放在商业银行，以每个客户的名义单独立户管理；证券公司不得将客户的交易结算资金和证券归入其自有财产；禁止任何单位或者个人以任何形式挪用客户的交易结算资金和证券；证券公司破产或者清算时，客户的交易结算资金和证券不属于其破产财产或者清算财产；非因客户本身的债务或者法律规定的其他情形，不得查封、冻结、扣划或者强制执行客户的交易结算资金和证券。[②]

（二）对证券公司的监管措施

所谓对证券公司的监管措施是指当证券公司发生违法违规情形时，国务院证券监督管理机构有权对证券公司采取的监管措施。《证券法》规定，证券公司违法经营或者出现重大风险，严重危害证券市场秩序、损害投资者利益的，证监会可以对该证券公司采取责令停业整顿、指定其他机构托管、接管或者撤销等监管措施。[③]

2005 年至 2006 年证券公司风险处置完成之后，2008 年证监会出台《证券公司风险处置条例》（2016 年修订），对各类型的监管措施作出了具体规定。

一是停业整顿。证监会发现证券公司存在重大风险隐患，可以派出风险监控现场工作组对证券公司进行专项检查，对证券公司划拨资金、处置资产、调配人员、使用印章、订立以及履行合同等经营、管理活动进行监控，并及时向有关地方人民政府通报情况。证券公司风险控制指标不符合有关规定，在规定期限内未能完成整改的，证监会可以责令证券公司停止部分或者全部业务进行整顿，停业整顿的期限不超过 3 个月。证券经纪业务被责令停业整顿的，证券公司在规定的期限内可以将其证券经纪业务委托给国务院证券监督管理机构认可的证券公司管理，或者将客户转移到其他证券公司。证券公司逾期未按照要求委托证券经纪业务或者未转移客户的，证监会应当将客户转移到其他证券公司。

二是托管与接管。证券公司有下列情形之一的，证监会可以对其证券经纪等涉及客户的业务进行托管；情节严重的，可以对该证券公司进行接管：治理混乱，管理失控；挪用客户资产并且不能自行弥补；在证券交易结算中多次发生交收违约或者交收违约数额较大；风险控制指标不符合规定，发生重大财务危机；其他可能影响证券公司持续经营的情形。

证监会决定对证券公司证券经纪等涉及客户的业务进行托管的，应当按照规定程序选择证券公司等专业机构成立托管组，行使对被托管证券公司的证券经纪等涉及客户的业务的经营管理权。托管组自托管之日起履行下列职责：保障证券公司的证券经纪业务正常合规运行，必要时依照规定垫付营运资金和客户的交易结算资金；采取有效措施维护托管期间客户资产的安全；核查证券公司存在的风险，及时向证监会报告业务运行中出现的紧急情况，并提出解决方案；证监会要求履行的其他职责。托管期限一般不超过

① 《证券法》（2019 年修订）第 129 条。
② 《证券法》（2019 年修订）第 131 条。
③ 《证券法》（2019 年修订）第 143 条。

12个月。满12个月，确需继续托管的，证监会可以决定延长托管期限，但延长托管期限最长不得超过12个月。

证监会决定对证券公司进行接管的，应当按照规定程序组织专业人员成立接管组，行使被接管证券公司的经营管理权，接管组负责人行使被接管证券公司法定代表人职权，被接管证券公司的股东会或者股东大会、董事会、监事会以及经理、副经理停止履行职责。接管组自接管之日起履行下列职责：接管证券公司的财产、印章和账簿、文书等资料；决定证券公司的管理事务；保障证券公司的证券经纪业务正常合规运行，完善内控制度；清查证券公司的财产，依法保全、追收资产；控制证券公司的风险，提出风险化解方案；核查证券公司有关人员的违法行为；国务院证券监督管理机构要求履行的其他职责。接管期限一般不超过12个月。满12个月，确需继续接管的，国务院证券监督管理机构可以决定延长接管期限，但延长接管期限最长不得超过12个月。

三是行政重组。行政重组是与司法重组相对的概念，它是指在行政主管部门的主导下对证券公司采取注资、股权重组、债务重组、资产重组、合并或者其他方式，达到化解风险、改善资产质量、增强资本实力、完善治理结构等目标。出现重大风险、被停业整顿、托管或接管的证券公司，如果财务信息真实、完整，省级人民政府或者有关方面予以支持，并且整改措施具体，有可行的重组计划，那么，国务院证券监督管理机构可以对其进行行政重组。行政重组期限一般不超过12个月，延长期限不得超过6个月。规定12个月的期限是考虑到行政重组的紧迫性，要及时化解风险，不能久拖不决。①

四是撤销。证券公司同时有下列情形的，证监会可以直接撤销该证券公司：违法经营情节特别严重，存在巨大经营风险；不能清偿到期债务，并且资产不足以清偿全部债务或明显缺乏清偿能力；需要动用证券投资者保护基金。此外，证券公司经停业整顿、托管、接管或者行政重组在规定期限内仍达不到正常经营条件，并且有不能清偿到期债务，并且资产不足以清偿全部债务或明显缺乏清偿能力或者需要动用证券投资者保护基金的情形之一的，证监会应当撤销该证券公司。

四、证券公司的法律责任

《证券法》（2019年修订）第十三章规定了证券公司在违背证券法律规范时所应当承担的一系列法律责任，主要是行政责任和民事责任。

1. 行政责任

在证券承销业务方面，证券公司进行虚假的或者误导投资者的广告或者其他宣传推介活动，以不正当竞争手段招揽承销业务或者存在其他违反证券承销业务规定的行为的，责令改正，给予警告，没收违法所得，可以并处50万元以上500万元以下的罚款；情节严重的，暂停或者撤销相关业务许可。对直接负责的主管人员和其他直接责任人员给予警告，可以并处20万元以上200万元以下的罚款；情节严重的，并处以50万元以

① 中国证券业协会．《证券公司监督管理条例》、《证券公司风险处置条例》学习辅导读本．北京：中国财政经济出版社，2008：181.

上 500 万元以下的罚款。[①]

在保荐业务方面，保荐人出具有虚假记载、误导性陈述或者重大遗漏的保荐书，或者不履行其他法定职责的，责令改正，给予警告，没收业务收入，并处以业务收入 1 倍以上 10 倍以下的罚款；没有业务收入或者业务收入不足 100 万元的，处以 100 万元以上 1 000 万元以下的罚款；情节严重的，并处暂停或者撤销保荐业务许可。对直接负责的主管人员和其他直接责任人员给予警告，并处以 50 万元以上 500 万元以下的罚款。[②]

在自营业务[③]、接受客户委托买卖证券[④]、经纪业务[⑤]等方面，《证券法》对证券公司违反证券法的法律责任作了与上述规定类似的规定。

2. 民事责任

《证券法》（2019 年修订）第 85 条规定："信息披露义务人未按照规定披露信息，或者公告的证券发行文件、定期报告、临时报告及其他信息披露资料存在虚假记载、误导性陈述或者重大遗漏，致使投资者在证券交易中遭受损失的，信息披露义务人应当承担赔偿责任；发行人的控股股东、实际控制人、董事、监事、高级管理人员和其他直接责任人员以及保荐人、承销的证券公司及其直接责任人员，应当与发行人承担连带赔偿责任，但是能够证明自己没有过错的除外。"这规定了保荐人、承销的证券公司及其直接责任人员对信息披露义务人虚假陈述所造成的损害的连带赔偿责任，责任形式是过错推定责任。保荐人、承销的证券公司及其直接责任人员如能证明自己没有过错，则可以免责。对此，新《虚假陈述司法解释》第 17 条规定，保荐机构、承销机构等机构及其直接责任人员提交的尽职调查工作底稿、尽职调查报告、内部审核意见等证据能够证明下列情形的，人民法院应当认定其没有过错：（1）已经按照法律、行政法规、监管部门制定的规章和规范性文件、相关行业执业规范的要求，对信息披露文件中的相关内容进行了审慎尽职调查；（2）对信息披露文件中没有证券服务机构专业意见支持的重要内容，经过审慎尽职调查和独立判断，有合理理由相信该部分内容与真实情况相符；（3）对信息披露文件中证券服务机构出具专业意见的重要内容，经过审慎核查和必要的调查、复核，有合理理由排除了职业怀疑并形成合理信赖。在全国中小企业股份转让系统从事挂牌和定向发行推荐业务的证券公司，适用前述规定。

典型案例

兴业证券未勤勉尽责案[⑥]

兴业证券是欣泰电气 IPO 的保荐机构和主承销商，经证监会调查发现，兴业证券

① 《证券法》（2019 年修订）第 184 条。
② 《证券法》（2019 年修订）第 182 条。
③ 《证券法》（2019 年修订）第 207 条。
④ 《证券法》（2019 年修订）第 209 条第 1 款、第 210 条。
⑤ 《证券法》（2019 年修订）第 209 条第 1 款。
⑥ 证监会行政处罚决定书〔2016〕91 号（兴业证券股份有限公司、兰某、伍某某）。

未对欣泰电气应收账款和银行存款情况进行审慎核查，从而导致欣泰电气相关上市文件存在虚假记载、误导性陈述或者重大遗漏。由于兴业证券和相关人员能够配合调查，积极研究制定先行赔偿方案，补偿投资者因欣泰电气虚假陈述而遭受的投资损失，根据当事人违法行为的事实、性质、情节与社会危害程度，依据《证券法》和《中华人民共和国行政处罚法》的有关规定，证监会决定对兴业证券给予警告，没收保荐业务收入1 200万元，并处以2 400万元罚款；没收承销股票违法所得2 078万元，并处以60万元罚款。对签字的保荐代表人兰某和伍某某给予警告，并分别处以30万元罚款，撤销证券从业资格。

第二节 证券审计机构

一、证券审计的概念及意义

审计，是审计人依法独立检查被审计单位的各项经济活动的会计资料，以确认有关会计资料真实性、合法性的行为。审计有国家审计（政府审计）、社会审计和内部审计之分。社会审计是指由社会审计组织依法独立承办审计查证和咨询服务的审计监督活动。社会审计组织主要是依法经政府有关部门审核、注册登记的会计师事务所和审计事务所。社会审计的法律依据主要是《中华人民共和国注册会计师法》和财政部的注册会计师审计准则。

证券审计属于社会审计。狭义的证券审计是指依法取得证券业务资格的注册会计师、会计师事务所对发行人或上市公司的会计报表进行审计的活动。广义的证券审计还包括对证券、期货经营机构，证券、期货交易所和证券投资基金管理公司等证券、期货相关机构的会计报表进行审计的活动。除对会计报表的审计外，因证券发行、上市或交易等证券业务活动的需要，审计人还会出具其他鉴证报告，如依据《中国注册会计师鉴证业务基本准则》的规定，进行历史财务信息审计业务、历史财务信息审阅业务等鉴证业务而出具鉴证报告。

上市公司是典型的公众型公司，所有权与经营管理权分离特征明显，股东不直接参与公司的日常经营管理，而由董事、高级管理人员负责。这就产生了股东如何保障自身权益、监督控制经营者的问题，解决途径之一是由经营者通过财务报告向股东报告财务和经营状况。但经营者既负责企业经营管理，又负责编制财务报告并提供给股东，两者间的利益冲突会引发经营者提供虚假、片面财务报告的不当行为，进而损害股东的利益。因此，由独立的第三方即注册会计师对财务报告及相关业务活动进行审计或鉴证，出具客观、公正的审计报告或鉴证报告，对于保护股东的利益诚有必要。换言之，以发行人和上市公司财务报告审计为核心的证券审计及相关鉴证业务，对于促进证券市场健康发展起到了重要作用：第一，促进了上市公司会计信息质量的提升，为投资者决策提供了可靠的公司信息；第二，维护证券市场经济秩序，防止证券交易中的欺诈行为，切实保护投资者的合法权益；第三，促进上市公司内部控制等经营管理制度的健全和完善，从而提高上市公司的质量。

二、证券审计法治发展概况

中国注册会计师制度出现于20世纪初，在新中国成立后因实行计划经济而一度失去存在的基础。改革开放后，外国投资者进入中国市场。为保护投资者的利益，1980年财政部印发《关于成立会计顾问处的暂行规定》，标志着中国注册会计师制度恢复重建。1986年，《中华人民共和国注册会计师条例》（已失效）规定，注册会计师业务包括查账验证业务和会计咨询业务。1988年，财政部借鉴国际惯例，成立中国注册会计师协会。伴随20世纪90年代初沪深证券交易所的成立，1991年，注册会计师全国统一考试首次举办。1993年，全国人大常委会通过《注册会计师法》，并于2014年修正，规定注册会计师承办审计业务以及会计咨询、会计服务业务。

资本市场的建立与发展极大地促进了证券审计事业及其法治建设。1998年年底通过的《证券法》明确规定国务院证券监督管理机构在对证券市场实施监督管理中履行依法对从事证券业务的会计师事务所的证券业务活动进行监督的职责。早在1993年财政部与证监会就联合发布《关于从事证券业务的会计师事务所、注册会计师资格确认的规定》（〔93〕财办字第5号），作为注册会计师从事证券业务资格的管理基本规则。此后，财政部、证监会、中国注册会计师协会陆续发布《会计师事务所、注册会计师从事证券相关业务许可证管理暂行办法》（财会协字〔1996〕11号，已失效）、《关于注册会计师执行证券、期货相关业务实行许可证管理的暂行规定》（财会协字〔1997〕52号，已失效）、《注册会计师执行证券、期货相关业务许可证管理规定》（财协字〔2000〕56号）、《关于会计师事务所从事证券、期货相关业务有关问题的通知》（财会〔2007〕6号，2007年发布，2012年修订，已失效）等部门规章或规范性文件①，在市场准入、执业行为约束、监管与惩戒等方面确立了基本规则。《证券法》（2019年修订）第160条第2款规定，会计师事务所从事证券服务业务应当报国务院证券监督管理机构和国务院有关部主管部门核准或备案。2020年7月《会计师事务所从事证券服务业务备案管理办法》对此作了细化规定。

延伸阅读

证券审计的国际发展历程

欧美国家资本市场的证券审计是由审计师、证券分析师和资信评级机构等“看门人”来完成的，看门人机制有其发展历史和特点，对我国相关法制发展具有借鉴意义。

英国基于中世纪公共企业财政官员问责制等传统，发展出审计人作为独立的财务检查人的制度。英国《1844年合股公司法》及《1845年公司条款统一法》分别针对私人

① 鉴于国务院和财政部、证监会不断清理、调整行政审批事项，对上述部门规章或规范性文件的效力需要认真考据。2014年国务院《关于取消和调整一批行政审批项目等事项的决定》（国发〔2014〕50号）附件4将会计师事务所从事证券相关业务的审批明确为后置审批事项。

公司和法定公司，要求必须由股东选出的审计人进行年度法定审计。后一法案更要求审计人不能在公司担任任何职务；允许审计人聘请一位专业会计师协助，相关费用和支出由被审计公司承担。此后，英国通过设立准入考试和发布职业操守准则等方式促使审计人职业化发展。英国《1985 年公司法》原则性要求公司准备可以真实和公正地反映其事务状况的财务报告，英国的会计行业从 1940 年代开始发布补充法定要求的指南；1970 年代英国的会计标准委员会（ASC）制定了行业标准。1990 年代 ASC 解散，财务报告理事会（Financial Reporting Council，FRC）成立，其下属会计标准委员会（ASB）负责制定标准。1999 年之前，英国注册会计师行业以自我管制为主，但受以贸易和工业部为代表的政府的严格管制。受美国《萨班森法案》的影响，2004 年英国政府改组 FRC，下设专门委员会，其中，审计惯例委员会负责审计及其他鉴证业务核心职业道德的制定，会计职业监管委员会负责对上市公司与重要非上市公司的审计质量、会员培训、职业标准、职业道德、职业处罚及登记注册。

美国早期会计职业发展相对缓慢，罗斯福新政前，会计师基本不受联邦法或普通侵权法的约束。美国《1933 年证券法》规定会计师审计股票公开发行公司的账簿，负有推定责任；《1934 年证券交易法》赋予美国 SEC 监管会计审计的权力。1970 年代美国曝出一系列审计失败案例，引发美国注册会计师协会自律监管机制调整。美国注册会计师协会设立会计师事务管理部，下设公共监督委员会（POB），代表公共利益监督从事上市公司审计业务的五大会计师事务所及其注册会计师，以提升注册会计师的独立性和审计质量。2002 年安然事件中，安然公司的审计师安达信会计师事务所为拓展咨询业务而放松审计业务标准，酿成丑闻，直接导致 2003 年《萨班森法案》出台。该法案专门设立公众公司会计监督委员会（PCAOB），主要管制审计领域，享有的监管权主要包括：第一，注册登记权，即为美国公开发行证券公司出具审计报告的会计师事务所必须在 PCAOB 注册登记；第二，审计标准制定权，即制定或采用与出具发行人审计报告相关的审计准则、质量控制准则、职业道德准则、独立性准则以及其他准则；第三，检查权，即登记在册的会计师事务所必须接受 PCAOB 的常规检查和临时检查；第四，调查和处罚权，即 PCAOB 可以对登记的会计师事务所及相关人员展开调查和惩戒程序，及适当予以处罚。

三、证券审计机构的行为规范及法律责任

会计师事务所从事证券审计业务，须遵守《证券法》关于证券服务机构和人员的相关规定，主要包括以下内容。

第一，勤勉尽责。

《证券法》（2019 年修订）第 163 条规定，会计师事务所等证券服务机构为证券的发行、上市、交易等证券业务活动制作、出具审计报告及其他鉴证报告等文件，应当勤勉尽责，对所依据的文件资料内容的真实性、准确性、完整性进行核查和验证。其制作、出具的文件有虚假记载、误导性陈述或者重大遗漏，给他人造成损失的，应当与委托人承担连带赔偿责任，但是能证明自己没有过错的除外。

为合理确定从事审计业务活动的会计师事务所的民事责任，最高人民法院《关于审

理涉及会计师事务所在审计业务活动中民事侵权赔偿案件的若干规定》（法释〔2007〕12 号）第 5 条第 1 款规定，在下列情形中，会计师事务所与被审计单位应当承担连带责任：（1）与被审计单位恶意串通；（2）明知被审计单位对重要事项的财务会计处理与国家有关规定相抵触，而不予指明；（3）明知被审计单位的财务会计处理会直接损害利害关系人的利益，而予以隐瞒或者作不实报告；（4）明知被审计单位的财务会计处理会导致利害关系人产生重大误解，而不予指明；（5）明知被审计单位的会计报表的重要事项有不实的内容，而不予指明；（6）被审计单位示意其作不实报告，而不予拒绝。该规定第 7 条规定，会计师事务所能够证明存在下列情形之一的，不承担民事责任：（1）已经遵守执业准则、规则确定的工作程序并保持必要的职业谨慎，但仍未能发现被审计的会计资料错误；（2）审计业务所必须依赖的金融机构等单位提供虚假或者不实的证明文件，会计师事务所在保持必要的职业谨慎下仍未能发现其虚假或者不实；（3）已对被审计单位的舞弊迹象提出警告并在审计业务报告中予以指明；（4）已经遵照验资程序进行审核并出具报告，但被验资单位在注册登记后抽逃资金；（5）为登记时未出资或者未足额出资的出资人出具不实报告，但出资人在登记后已补足出资。

2022 年最高人民法院发布的《关于审理证券市场虚假陈述侵权民事赔偿案件的若干规定》（以下简称新《虚假陈述司法解释》）第 35 条规定：最高人民法院《关于审理涉及会计师事务所在审计业务活动中民事侵权赔偿案件的若干规定》与本规定不一致的，以本规定为准。根据新《虚假陈述司法解释》第 18 条的规定：会计师事务所制作、出具的文件存在虚假陈述的，人民法院应当按照法律、行政法规、监管部门制定的规章和规范性文件，参考行业执业规范规定的工作范围和程序要求等内容，结合其核查、验证工作底稿等相关证据，认定其是否存在过错。会计师事务所的责任限于其工作范围和专业领域。会计师事务所依赖保荐机构或者其他证券服务机构的基础工作或者专业意见致使其出具的专业意见存在虚假陈述，能够证明其对所依赖的基础工作或者专业意见经过审慎核查和必要的调查、复核，排除了职业怀疑并形成合理信赖的，人民法院应当认定其没有过错。新《虚假陈述司法解释》第 19 条进一步对会计师免责事由进行了规定：会计师事务所能够证明下列情形之一的，人民法院应当认定其没有过错：（1）按照执业准则、规则确定的工作程序和核查手段并保持必要的职业谨慎，仍未发现被审计的会计资料存在错误的；（2）审计业务必须依赖的金融机构、发行人的供应商、客户等相关单位提供不实证明文件，会计师事务所保持了必要的职业谨慎仍未发现的；（3）已对发行人的舞弊迹象提出警告并在审计业务报告中发表了审慎审计意见的；（4）能够证明没有过错的其他情形。

典型案例

利安达会计师事务所行政处罚案[①]

九好集团虚增 2013 年、2014 年和 2015 年的收入；2015 年虚构 3 亿元银行存款，

① 证监会行政处罚决定书〔2017〕85 号。

且未披露借款3亿元并质押的事实。2016年4月21日，利安达会计师事务所（以下简称利安达）出具审计报告，对九好集团2013年至2015年度财务报表发表了标准无保留意见。利安达合计收取审计服务费150万元，签字注册会计师为蒋某某和李某。

证监会认定利安达对九好集团2013年至2015年度财务报表审计时，未勤勉尽责，出具的审计报告存在虚假记载。具体行为包括：第一，对银行存款审计程序不到位；第二，对函证审计程序不到位；第三，对收入的审计程序不到位；第四，对供应商和客户的现场走访工作存在瑕疵与矛盾。因利安达的上述行为构成"证券服务机构未勤勉尽责，所制作、出具的文件有虚假记载、误导性陈述或者重大遗漏"，证监会决定：第一，没收利安达业务收入150万元，并处以750万元罚款；第二，对蒋某某、李某给予警告，并分别处以10万元罚款。

本案中，九好集团4年更换了4家会计师事务所，最终利安达出具标准无保留意见的审计报告，会计师事务所及签字注册会计师被分别处以法定最高额的罚款。本案涉及的证券公司、律师事务所、会计师事务所、资产评估机构均被没收业务收入并处业务收入5倍的最高罚款。而利安达于2014年至2016年因赛迪传媒等案件三次受到证监会行政处罚，受到财政部、证监会特别关注，并于2016年被公告暂停承接新的证券业务并限期整改（财政部、证监会公告2016年第32号）。

第二，禁止侵犯投资者信息和商业秘密。

根据《证券法》（2019年修订）第41条的规定，证券服务机构及其工作人员应当依法为投资者的信息保密，不得非法买卖、提供或者公开投资者的信息，也不得泄露所知悉的商业秘密，否则，应承担相应的民事赔偿责任。

第三，禁止违法利用未公开信息进行交易。

《证券法》（2019年修订）第54条规定：禁止证券服务机构的从业人员，利用因职务便利获取的内幕信息以外的其他未公开的信息，违反规定，从事与该信息相关的证券交易活动，或者明示、暗示他人从事相关交易活动。利用未公开信息进行交易给投资者造成损失的，应当依法承担赔偿责任。

第四，编造、传播虚假或误导性信息的赔偿责任。

根据《证券法》（2019年修订）第56条第2、4款的规定，证券服务机构及其从业人员不得在证券交易活动中作出虚假陈述或者信息误导。编造、传播虚假信息或者误导性信息，扰乱证券市场，给投资者造成损失的，应当依法承担赔偿责任。

第五，遵守交易期限制的规定。

《证券法》（2019年修订）第42条规定：为证券发行出具审计报告的证券服务机构和人员，在该证券承销期内和期满后6个月内，不得买卖该证券。此外，为发行人及其控股股东、实际控制人，或者收购人、重大资产交易方出具审计报告等文件的证券服务机构和人员，自接受委托之日起至上述文件公开后5日内，不得买卖该证券。

违反上述规定的，根据《证券法》（2019年修订）第188条的规定，责令依法处理非法持有的证券，没收违法所得，并处以买卖证券等值以下的罚款。

此外，会计师事务所从事证券审计业务，还应当遵循诚信、客观和公正原则，保持独立性和胜任能力，遵循《中国注册会计师审计准则》《中国注册会计师职业道德守则》

等规范性文件的要求。

第三节 资产评估机构

一、资产评估机构的概况

1. 资产评估机构的概念和特点

资产评估机构有广义和狭义之分。广义的资产评估机构，是指组织专业人员依照有关规定和数据资料，按照特定的目的，遵循适当的原则、方法和计价标准，对资产价格进行评定估算的专业机构，包括证券资产评估机构，还包括诸如保险公估机构等其他资产评估机构。狭义的资产评估机构仅指证券资产评估机构，即主要从事对股票公开发行、上市交易的企业进行资产评估以及对其他与证券业务有关的资产进行评估的资产评估机构。本节所指的资产评估机构，如无特殊说明仅指狭义的资产评估机构，即证券资产评估机构。在性质上，资产评估机构与投资咨询机构、财务顾问机构、资信评级机构等相同，都属于为证券发行和上市交易提供专业性服务的证券服务机构。

资产评估机构具有以下三个特点：

第一，机构服务的专业化。资产评估是评估机构及其评估专业人员对评估对象进行评定、估算，并出具评估报告的专业服务行为。资产评估不同于一般的价格咨询行为，资产评估要求评估机构及其专业评估人员利用自己的专业知识制作评估报告，并对此承担法律责任。

第二，机构服务的有偿化。资产评估机构是以营利为目的而设立的公司或者合伙组织，提供证券服务是其谋取商业利益的具体方式。因此，资产评估机构属于商主体，可与委托人商定收费和补偿。

第三，机构服务的资格化。根据《证券法》（2019 年修订）第 160 条第 2 款的规定，在证券市场上从事资产评估业务，应当报国务院证券监督管理机构和国务院有关部主管部门备案。

2. 资产评估机构的作用

作为证券服务机构，资产评估机构在规范资本运作、维护经济秩序、促进经济发展等方面具有不可替代的作用。资产评估机构所提供的资产评估服务有效发挥了价值发现、价值管理的重要功能，为上市公司筹集资金、优化资源配置、调整产业结构提供了专业服务和支撑，保护了投资人的合法权益，保障了资本市场健康、规范发展。故资产评估越来越得到市场主体、报告使用方和监管机构的重视和认可。

3. 资产评估机构的活动原则

目前，我国从事资产评估业务的机构既有专业的资产评估事务所，又有具有资产评估资格的会计师事务所等。资产评估机构的主要职责是为公司上市、收购兼并、资产重组等业务活动提供资产评估报告。

根据相关的法律法规，资产评估机构应当遵循以下原则：

第一，依法独立、客观、公正开展业务。只有保持独立、客观、公正才能取信于人，发挥资产评估机构作为证券服务机构应有的功能。《中华人民共和国资产评估法》对此作了专门的规定。例如，《资产评估法》第18条规定了资产评估机构的先履行抗辩权：委托人拒绝提供或者不如实提供执行评估业务所需的权属证明、财务会计信息和其他资料的，评估机构有权依法拒绝其履行合同的要求。再如，《资产评估法》第19条规定了资产评估机构的合同解除权：委托人要求出具虚假评估报告或者有其他非法干预评估结果情形的，评估机构有权解除合同。

第二，建立健全质量控制制度和内部管理制度。建立健全质量控制制度和内部管理制度的目的是保证评估报告的客观性、真实性和合理性。根据《资产评估法》的有关规定，资产评估机构必须严格依照法定的评估程序进行评估，并且建立内部交叉检查、专业技术审核和重大问题技术委员会审核等内部审核程序；对本机构的评估专业人员遵守法律、行政法规和评估准则的情况进行监督，并对其从业行为负责。

第三，依法接受监督和检查。资产评估机构在依法独立开展资产评估业务的同时，必须接受有关主管部门以及所加入的行业协会的监督检查。这种监督检查既是资产评估机构依法必须履行的义务，又是资产评估机构客观、公正开展业务的保证。根据《资产评估法》的规定，资产评估机构必须如实提供评估档案以及相关情况。

二、对资产评估机构的监督与管理

1. 监管主体

资产评估机构的监管主体是财政部和证监会。具体来说，根据财政部《资产评估行业财政监督管理办法》第42、43条的规定，由财政部统一部署对资产评估行业的监督检查，由省级财政主管部门开展具体的监督检查工作，包括年度检查和必要的专项检查。

2. 监管内容

财政部除负责统一部署之外，还负责检查中国资产评估协会履职情况，并根据工作需要，对地方资产评估协会履行职责情况进行抽查；指导和督促地方财政主管部门对资产评估行业的监督检查，并对其检查情况予以抽查。省级财政主管部门对于本行政区的资产评估机构是否持续符合资产评估机构设立条件、办理备案情况和资产评估执业质量情况进行监督检查；并且对于地方资产评估协会是否履行指导会员落实准则、检查会员执业质量等情况进行监督检查。

3. 调查处理

资产评估委托人或资产评估报告使用人对资产评估机构或资产评估专业人员的违法行为，可以向办理该资产评估机构备案的省级财政主管部门进行投诉、举报，其他公民、法人或非法人组织可以向办理该资产评估机构备案的省级财政主管部门举报。投诉、举报应当通过书面形式实名进行，并提供相关证明材料。省级财政主管部门接到投诉、举报的事项，应当在15个工作日内作出是否受理的书面决定。投诉、举报事项属于省级财政主管部门职责的，省级财政主管部门应当予以受理；不予受理的，应当说明理由，及时告知实名投诉人、举报人。

三、资产评估机构的法律责任

1. 民事责任

根据《证券法》《资产评估法》等法律法规的规定，资产评估机构未尽到法律规定的义务，需要承担以下民事责任。

（1）违反勤勉尽责义务的过错推定责任。

根据《证券法》（2019 年修订）第 163 条的规定，资产评估机构为证券的发行、上市、交易等证券业务活动制作、出具资产评估报告，应当勤勉尽责，对所依据的文件资料内容的真实性、准确性、完整性进行核查和验证。其制作、出具的文件有虚假记载、误导性陈述或者重大遗漏，给他人造成损失的，应当与委托人承担连带赔偿责任，但是能够证明自己没有过错的除外。

根据新《虚假陈述司法解释》第 18 条的规定：资产评估机构制作、出具的文件存在虚假陈述的，人民法院应当按照法律、行政法规、监管部门制定的规章和规范性文件，参考行业执业规范规定的工作范围和程序要求等内容，结合其核查、验证工作底稿等相关证据，认定其是否存在过错。资产评估机构的责任限于其工作范围和专业领域。资产评估机构依赖保荐机构或者其他证券服务机构的基础工作或者专业意见致使其出具的专业意见存在虚假陈述，能够证明其对所依赖的基础工作或者专业意见经过审慎核查和必要的调查、复核，排除了职业怀疑并形成合理信赖的，人民法院应当认定其没有过错。

（2）对评估专业人员违法行为承担的替代责任。

根据《资产评估法》第 50 条的规定，评估专业人员违反该法的规定，给委托人或者其他相关当事人造成损失的，由其所在的评估机构依法承担赔偿责任。评估机构履行赔偿责任后，可以向有故意或者重大过失行为的评估专业人员追偿。

（3）侵犯投资者信息和商业秘密的赔偿责任。

根据《证券法》（2019 年修订）第 41 条的规定，资产评估机构作为证券服务机构，及其工作人员应当依法为投资者的信息保密，不得非法买卖、提供或者公开投资者的信息，也不得泄露所知悉的商业秘密，否则，应承担相应的民事赔偿责任。

（4）违法利用未公开信息的赔偿责任。

根据《证券法》（2019 年修订）第 54 条的规定，作为证券服务机构的资产评估机构及其从业人员不得利用因职务便利获取的内幕信息以外的其他未公开的信息，违反规定，从事与该信息相关的证券交易活动，或者明示、暗示他人从事相关交易活动。利用未公开信息进行交易给投资者造成损失的，应当依法承担赔偿责任。

（5）编造、传播虚假或误导性信息的赔偿责任。

根据《证券法》（2019 年修订）第 56 条第 2、4 款的规定，资产评估机构及其从业人员不得在证券交易活动中作出虚假陈述或者信息误导。编造、传播虚假信息或者误导性信息，扰乱证券市场，给投资者造成损失的，应当依法承担赔偿责任。

2. 行政责任

根据《证券法》《资产评估法》等法律法规的规定，资产评估机构违反相关法律规定，需要承担以下行政责任。

（1）违法买卖股票的责任。

根据《证券法》（2019年修订）第188条的规定，资产评估机构及其从业人员违反《证券法》（2019年修订）第42条的规定买卖证券的，责令依法处理非法持有的证券，没收违法所得，并处以买卖证券等值以下的罚款。

（2）未尽勤勉职责的责任。

根据《证券法》（2019年修订）第213条第3款的规定，资产评估机构违反该法第163条的规定，未勤勉尽责，所制作、出具的文件有虚假记载、误导性陈述或者重大遗漏的，责令改正，没收业务收入，并处以业务收入1倍以上10倍以下的罚款；没有业务收入或者业务收入不足50万元的，处以50万元以上500万元以下的罚款；情节严重的，并处暂停或者禁止从事证券服务业务。对直接负责的主管人员和其他直接责任人员给予警告，并处以20万元以上200万元以下的罚款。

典型案例

沃克森未勤勉尽责案[①]

2010年沃克森评估公司（以下简称沃克森）接受广联达软件股份有限公司委托，采用资产基础法和市场法对北京梦龙软件以及兴安得力两家公司股东全部权益所在的市场价值进行评估。沃克森在进行资产评估的过程中存在使用对比公司流通股市值计算公式错误、对比公司市场价值评估依据标准不统一以及选取对比公司相关参数的依据不明的问题，导致原评估值高估的错误。经审查，证监会认为，沃克森评估公司的行为违反了《企业价值评估指导意见（试行）》（已失效）第7条关于“注册资产评估师执行企业价值评估业务，应当恪守独立、客观、公正的原则，勤勉尽责，保持应有的职业谨慎，不得出现对评估结论具有重要影响的实质性疏漏和错误”和第33条第3项关于“用于价值比率计算的相关数据口径和计算方式应当一致”的规定，其出具的评估报告有误导性陈述。评估报告的签字评估师李某某、黄某为直接责任人员。最终，证监会依据《证券法》的规定[②]，没收沃克森评估业务收入28万元，并处以28万元罚款；并对李某某、黄某予以警告，并分别处以3万元罚款。

（3）未经登记开展资产评估业务的责任。

根据《资产评估法》第46条的规定，违反法律规定，未经工商登记以评估机构名义从事评估业务的，由市场监督管理部门责令停止违法活动；有违法所得的，没收违法所得，并处违法所得1倍以上5倍以下罚款。

（4）不正当开展资产评估业务的责任。

根据《资产评估法》第47条第1款的规定，评估机构违反法律规定，有下列情形

① 证监会行政处罚决定书〔2014〕88号。

② 即《证券法》（2005年修订）第223条，《证券法》（2019年修订）与之对应的是第213条第3款。

之一的，由有关评估行政管理部门予以警告，可以责令停业 1 个月以上 6 个月以下；有违法所得的，没收违法所得，并处违法所得 1 倍以上 5 倍以下罚款；情节严重的，由市场监督管理部门吊销营业执照；构成犯罪的，依法追究刑事责任：1）利用开展业务之便，谋取不正当利益的；2）允许其他机构以本机构名义开展业务，或者冒用其他机构名义开展业务的；3）以恶性压价、支付回扣、虚假宣传，或者贬损、诋毁其他评估机构等不正当手段招揽业务的；4）受理与自身有利害关系的业务的；5）分别接受利益冲突双方的委托，对同一评估对象进行评估的；6）出具有重大遗漏的评估报告的；7）未按该法规定的期限保存评估档案的；8）聘用或者指定不符合该法规定的人员从事评估业务的；9）对本机构的评估专业人员疏于管理，造成不良后果的。

（5）不依法备案或设立不合法的责任。

根据《资产评估法》第 47 条第 2 款以及《资产评估行业财政监督管理办法》第 65 条第 1 款的规定，资产评估机构未依法备案或者备案后不符合法律要求的设立条件的，由资产评估机构所在地省级财政主管部门责令改正；拒不改正的，责令停业，可以并处 1 万元以上 5 万元以下罚款，并通报市场监督管理部门。

（6）提供虚假评估报告的责任。

根据《资产评估法》第 48 条的规定，评估机构违反该法规定，出具虚假评估报告的，由有关评估行政管理部门责令停业 6 个月以上 1 年以下；有违法所得的，没收违法所得，并处违法所得 1 倍以上 5 倍以下罚款；情节严重的，由市场监督管理部门吊销营业执照；构成犯罪的，依法追究刑事责任。

典型案例

中联资产评估集团有限公司出具虚假评估报告案①

经证监会查明，中联资产评估集团有限公司（以下简称中联评估）存在以下违法事实。

1. 中联评估对浙江九好办公服务集团有限公司（以下简称九好集团）全部股权项目进行资产评估时未勤勉尽责，出具的资产评估报告存在虚假记载

（1）对风险实施的评估程序不到位。

项目前期由中联评估子公司浙江中联耀信资产评估有限公司（以下简称中联耀信）承办，中联耀信最迟不晚于 2015 年 11 月已发现评估项目存在收入真实性问题、企业业务流程规范性问题、关联款项真实准确性问题、未来年度收益证据问题、企业募集资金理由与盈利预测冲突问题等五方面重大评估风险。2015 年 11 月 30 日，中联耀信将上述五方面重大问题以九好项目备忘录的形式通过电子邮件发给中联评估董事沈某。随后，中联耀信对项目备忘录进行了补充：一是对上述五方面重大问题进行了详细说明；二是在备忘录最后建议“企业自身有瑕疵和假的情况一直不肯明说，存在遮掩嫌疑；而

① 证监会行政处罚决定书〔2017〕79 号。

根据我们对其历年利润及其他应收款余额变化分析，该公司利润最多几千万元，而企业对上市公司承诺的利润是2016年3.2亿元，增长巨大无法解释，似乎只有继续造假一条路，因此建议终止本项目”，并于2016年1月13日将上述项目备忘录通过电子邮件发给中联评估董事沈某。2016年1月21日，沈某将上述邮件向中联评估总裁胡某、当事人鲁某等人转发。之后，中联评估决定让总公司自身团队接手该项目，项目负责人为当事人鲁某。2016年4月21日，中联评估出具正式的九好项目评估报告。但是，中联评估未将反映九好项目存在上述重大评估风险的项目备忘录存档，也未在底稿中见到中联评估九好项目组（以下简称项目组）针对上述重大风险制定有效评估措施。此外，项目组在执行2016年2月份编制的项目风险初步评价程序时说明项目不存在重大风险。中联评估的该项行为不符合《资产评估准则——基本准则》[①] 第7条以及《资产评估准则——工作底稿》第8条的规定。

（2）形成未来收益预测的评估假设明显不合理，导致评估值高估。

对于九好集团2013年、2014年业绩的真实性，项目组没有实施专门的评估程序，仅主要参考项目会计机构出具的审计报告；对于2015年业绩的真实性，项目组仅参与了部分九好集团客户、供应商的走访，但底稿中未对其参与走访情况形成书面统计分析材料。在已发现被评估企业存在重大财务舞弊风险的情况下，项目组未对九好集团历史业绩的真实性适当关注并实施有效的评估程序，导致形成未来收益预测的评估假设明显不合理，如假设九好集团2016年营业收入较2015年经审计的增长31.30%，进而导致评估值高估。以上行为不符合《资产评估准则——企业价值》第27条的规定。

（3）以预先设定的价值作为评估结论。

一是企业的期望估值随借壳对象的变化而变化。2015年年初，项目评估人员根据九好集团提供的经营资料初步测算九好集团100%股权的估值为16亿至17亿元。后来随着借壳对象的变化，在企业经营情况无实质性变化的情况下，九好集团于2015年5月提出的期望估值为26亿至27亿元，于2015年9月底提出的期望估值变为37亿元。在上文提到的中联耀信发至中联评估的九好项目备忘录中亦记载，“数字基准日的变化导致估值变化巨大，但实际企业并未发生重大的经营利好或者里程碑式的变化，纯粹是因为借的壳上市公司的变化调整自己公司的盈利预测和估值”。二是评估师预测九好集团2017年至2020年各年收入的增长率分别是38.02%、22.09%、9.28%、2.35%，但评估工作底稿中未记录该增长率的确定依据。三是应由被评估单位提供的用于盈利预测的“评估报告中表5-13”材料是评估师代被评估单位倒编形成的，评估工作底稿中无九好集团提供的必要的盈利预测资料。四是九好集团股权价值的评估结果为371 942.37万元，与九好集团的期望评估结果基本吻合，中联评估对此没有合理解释。以上行为违反《资产评估准则——企业价值》第7条的规定。

2. 中联评估对九好集团银行存款实施的评估程序不到位，出具的资产评估报告存在重大遗漏

中联评估未对九好集团在兴业银行杭州分行的3亿元定期存款实施有效的评估程

① 该文件2017年已被《资产评估基本准则》废止。

序，导致未能发现上述3亿元定期存款被质押的事实，也未将3亿元定期存款被质押的事实作为可能影响评估工作的重大事项在评估报告中披露。以上行为违反《资产评估准则——评估程序》第19条以及《资产评估准则——评估报告》第26条的规定。

总之，中联评估对九好集团全部股权项目进行资产评估时，未勤勉尽责，不符合《资产评估准则——基本准则》《资产评估准则——工作底稿》《资产评估准则——企业价值》《资产评估准则——评估程序》《资产评估准则——评估报告》的相关规定，导致出具的评估报告存在虚假记载和重大遗漏，中联评估出具上述评估报告的业务收入为90万元，签字评估师是鲁某、负某，上述两人为直接负责的主管人员。根据当事人违法行为的事实、性质、情节与社会危害程度，依据《证券法》的规定[①]，证监会决定：没收中联评估业务收入90万元，并处以450万元罚款。对鲁某、负某给予警告，并分别处以10万元罚款。

（7）未按照约定保存相关文件和资料的责任。

根据《证券法》（2019年修订）第214条的规定，资产评估机构未按照规定保存有关文件和资料的，责令改正，给予警告，并处以10万元以上100万元以下的罚款；泄露、隐匿、伪造、篡改或者毁损有关文件和资料的，给予警告，并处以20万元以上200万元以下的罚款；情节严重的，处以50万元以上500万元以下的罚款，并处暂停、撤销相关业务许可或者禁止从事相关业务。对直接负责的主管人员和其他直接责任人员给予警告，并处以10万元以上100万元以下的罚款。

（8）违反建立健全质量控制制度、内部管理制度以及变更手续的责任。

根据《资产评估行业财政监督管理办法》第63条的规定，资产评估机构违反建立健全质量控制制度、内部管理制度职业风险防范机制、集团统一管理以及变更手续的规定，由资产评估机构所在地省级财政主管部门责令改正，并予以警告。

（9）多次行政违法的责任。

根据《资产评估法》第49条的规定，评估机构在1年内累计3次因违反《资产评估法》的规定受到责令停业以外处罚的，有关评估行政管理部门可以责令其停业1年以上5年以下。

第四节　证券评级机构

一、证券评级业务和证券评级机构的概念

就证券这一收益机会与风险共存的商品而言，对其本身所具有的风险进行评价显得尤为重要。对相关的证券对象进行风险的评估，不仅可以在一定程度上维护证券市场的稳定，而且可以为投资者提供较为可靠的分析结果与信息，诸如已上市的证券是否还具有吸引投资者关注的吸引力等等。

① 即《证券法》（2014年修正）第223条，《证券法》（2019年修订）与之对应的是第213条第3款。

根据《证券市场资信评级业务管理办法》第 2 条第 2 款的规定[①]，证券评级业务，是指对下列评级对象开展资信评级服务：（1）经证监会依法注册发行的债券、资产支持证券；（2）在证券交易所或者经证监会认可的其他证券交易场所上市交易或挂牌转让的债券、资产支持证券，国债除外；（3）上述证券的发行人、发起机构、上市公司、非上市公众公司、证券期货经营机构；（4）证监会规定的其他评级对象。

因此，一般意义上的证券评级机构，是指对证券及其发行人作出的，从投资者可能要承担的风险或者投资收益率等角度作出的评估，进而为投资者一侧提供参考性建议的机构。根据国际上的普遍实践，它一般为独立的、非官方的机构。因此，证券评级机构既有别于行政机关等享有公权力的管理机关，也区别于有资格发行债券或者股票等的金融性公司，可以被看作是独立于政府管理者、金融产品发行者以及投资者之外的一个独立性的角色。

根据我国的现行实践，证券的信用评级机构是专门从事有价证券评级业务的机构，一般为独立的、非官方的机构。证券信用评级机构的作用主要是监督各证券发行公司的发行行为，促使其切实承担起维护客户的各项合法权益之责任。证券的信用评级机构对评级结果的客观、公正和及时性承担责任。因此，信用评级机构要被市场认可，要取得公信力，必须严格遵循独立、客观、公正原则。证券质量的评定对发行者、投资者和证券商都是十分重要的。这些信用评级机构评出的证券等级，比较客观地反映了证券发行者及证券本身的资信程度。它们一般是完全独立的，不受政府和任何机构干预，但又同证券监督管理机构有着非常密切的联系，信用评级机构的业务活动本身就形成了对证券市场参与者的活动的一种监督。从目前的国际上的普遍实践来看，许多国家有关当局都对不同级别的证券发行人在证券市场上的活动范围作了不同的限制，最高等级的发行者一般可以较低的成本发行证券、筹集资金，其证券在市场上也较受欢迎。

二、证券评级业务规则

证券评级机构应当建立完善的业务制度，包括信用等级的划分与定义、评级方法与程序、评级质量控制、尽职调查、信用评审委员会、评级结果公布、跟踪评级、信息保密、业务档案管理等。

证券评级机构在开展委托评级项目前，应当与委托方签订评级协议，明确双方的权利和义务。

证券评级机构开展证券评级业务，应当成立评级项目组。评级项目组成员应当具备从事相关项目的工作经历或者与评级项目相适应的知识结构，项目组组长应当完成证券从业人员登记且从事资信评级业务 3 年以上。

证券评级机构应当对评级对象开展尽职调查，进行必要的评估以确信评级所需信息来源可靠且充分满足使用需求，并在调查前制定详细的调查提纲。调查过程中，证券评级机构应当制作尽职调查工作底稿，作为评级资料一并存档保管。评级项目组应当依法收集评级对象的相关资料，并对所依据的文件资料内容进行核查验证和客观分析，在此

① 证监会令第 181 号，自 2021 年 2 月 26 日起施行。

基础上得出初评结果。

证券评级初评结果应当经过三级审核程序，包括评级项目组初审、部门再审和公司三审。各审核阶段应当相互独立，三级审核文件资料应当按相关要求存档保管。

证券评级机构应当建立信用评审委员会制度。评级结果应当由信用评审委员会召开评审会议，以投票表决方式最终确定。证券评级机构应当根据每一评级项目的具体情况，安排充足且具有相关经验的人员参加评审会议。

证券评级机构应当建立复评制度。证券评级机构接受委托开展证券评级业务，在确定信用等级后，应当将信用等级告知评级委托方、受评级机构或者受评级证券发行人。评级委托方、受评级机构或者受评级证券发行人对信用等级有异议且向证券评级机构提供充分、有效的补充材料的，可以申请复评一次。证券评级机构受理复评申请的，应当召开信用评审委员会会议重新进行审查，作出决议，确定最终信用等级。

证券评级机构应当建立评级结果公布制度。评级结果应当包括评级对象的信用等级和评级报告。评级报告应当采用简洁、明了的语言，对评级对象的信用等级做出明确解释，并由符合本办法规定的高级管理人员签字。

证券评级机构应当建立跟踪评级制度。证券评级机构应当在对评级对象出具的首次评级报告中，明确规定跟踪评级事项。在评级对象有效存续期间，证券评级机构应当持续跟踪评级对象的政策环境、行业风险、经营策略、财务状况等因素的重大变化，及时分析该变化对评级对象信用等级的影响，出具定期或者不定期跟踪评级报告。证券评级机构对评级对象的信用等级做出调整的，应当依据充分、合理审慎。

评级委托方、受评级机构或者受评级证券发行人对其委托的证券评级机构出具的评级报告有异议，另行委托其他证券评级机构出具评级报告的，原受托证券评级机构与现受托证券评级机构应当同时公布评级结果。

证券评级机构应当建立证券评级业务信息保密制度。对于在开展证券评级业务活动中知悉的国家秘密、商业秘密和个人隐私，证券评级机构及其人员应当依法履行保密义务。

证券评级机构应当建立证券评级业务档案管理制度。业务档案应当包括受托开展证券评级业务的评级协议、出具评级报告所依据的原始资料、工作底稿、初评报告、评级报告、信用评审委员会表决意见及会议记录、跟踪评级资料、跟踪评级报告等。上述信息和资料的保存期限不得少于10年，自业务委托结束之日起算。

证券评级机构应当建立评级质量控制制度，并定期评估评级质量控制执行效果。

发生下列情形之一的，证券评级机构可以终止或者撤销评级：（1）评级委托方、受评级机构或者受评级证券发行人拒不提供评级所需关键材料或者提供的材料存在虚假记载、误导性陈述或者重大遗漏的；（2）受评级机构解散或者被依法宣告破产的；（3）受评级证券不再存续的；（4）评级工作不能正常开展的其他情形。因上述原因终止或者撤销评级的，证券评级机构应当及时公告并说明原因。

证券评级机构不得有下列行为：（1）篡改相关资料或者歪曲评级结果；（2）以承诺分享投资收益或者分担投资损失、承诺高等级、承诺低收费、诋毁同行等手段招揽业务；（3）以挂靠、外包等形式允许其他机构使用其名义开展证券评级业务；（4）与评级委托方、受评级机构、受评级证券发行人或者相关第三方存在不正当交易或者商业贿赂；(5) 向评级委托方、受评级机构、受评级证券发行人或者相关第三方提供顾问或者咨询服务；(6) 对评级委托方、受评级机构、受评级证券发行人或者相关第三方进行敲诈勒索；(7) 违反证券评级业务规则，损害投资人、评级对象合法权益，损害资信评级业声誉的其他行为。

证券评级机构及其评级从业人员应当在对评级对象相关风险进行充分分析的基础之上独立得出评级结果，防止评级结果受到其他商业行为等因素的不当影响。证券评级机构与评级委托方或者评级对象存在下列利害关系的，不得受托开展证券评级业务：(1) 证券评级机构与评级委托方、受评级机构或者受评级证券发行人为同一实际控制人所控制；(2) 同一股东持有证券评级机构的股份达到5%以上，且同时持有评级委托方、受评级机构或者受评级证券发行人的股份达到5%以上；(3) 评级委托方、受评级机构或者受评级证券发行人及其实际控制人直接或者间接持有证券评级机构股份达到5%以上；(4) 证券评级机构及其实际控制人直接或者间接持有评级委托方、受评级机构或者受评级证券发行人股份达到5%以上；(5) 证券评级机构及其实际控制人在开展证券评级业务之前6个月内及开展证券评级业务期间买卖评级委托方、受评级机构或者受评级证券发行人的证券；(6) 中国证监会基于保护投资者、维护社会公共利益认定的其他情形。

证券评级机构应当建立回避制度。证券评级机构信用评审委员会委员及评级从业人员在开展证券评级业务期间有下列情形之一的，应当回避：(1) 本人、直系亲属持有评级委托方、受评级机构或者受评级证券发行人的股份达到5%以上，或者是受评级机构、受评级证券发行人的实际控制人；(2) 本人、直系亲属担任评级委托方、受评级机构或者受评级证券发行人的董事、监事和高级管理人员；(3) 本人、直系亲属担任评级委托方、受评级机构或者受评级证券发行人聘任的会计师事务所、律师事务所、财务顾问等证券服务机构的负责人或者项目签字人；(4) 本人、直系亲属持有评级委托方、受评级证券或者受评级机构发行的证券金额超过50万元，或者与评级委托方、受评级机构、受评级证券发行人发生累计超过50万元的交易；(5) 中国证监会认定的足以影响独立、客观、公正、审慎性原则的其他情形。

三、对证券评级机构的监督管理

根据《证券法》(2019年修订) 第160条第2款的规定，从事证券评级业务，应当报国务院证券监督管理机构和国务院有关部主管部门备案。证监会及其派出机构依法对证券评级业务活动进行监督管理。同时，证券评级机构应当加入中国证券业协会。中国证券业协会根据自身行业内部的相关法律法规，对证券评级机构开展证券评级业务实施自律管理。

证券评级机构的董事、监事和高级管理人员以及评级从业人员不得以任何方式在受评级机构或者受评级证券发行人兼职。证券评级机构的董事、监事和高级管理人员不得投资其他证券评级机构。证券评级机构不得为他人提供融资或者担保。

证券评级机构的实际控制人、股东、董事、监事、高级管理人员应当遵纪守法，不得从事损害证券评级机构及其评级对象的合法权益的活动。

证券评级机构应当在每一会计年度结束之日起 4 个月内，向注册地证监会派出机构报送年度报告。年度报告应当包括本机构的基本情况、经营情况、经证监会备案的会计师事务所审计的财务会计报告、重大诉讼事项、重大违法违规情况、独立性情况、评级质量控制情况、评级结果的准确性和稳定性统计情况等内容。证券评级机构的董事和高级管理人员应当对年度报告签署书面确认意见；对报告内容持有异议的，应当注明意见和理由。证券评级机构应当在上半年结束之日起 2 个月内，向注册地证监会派出机构报送包含经营情况、财务会计报告、评级质量控制情况、评级结果的准确性和稳定性情况统计等内容的半年度报告。发生影响或者可能影响本机构经营管理的重大事件时，证券评级机构应当立即向注册地证监会派出机构报送临时报告，说明事件的起因、目前的状态和可能产生的后果。

证监会及其派出机构应当对证券评级机构的内部控制、管理制度、经营运作、风险状况、从业活动、财务状况等进行非现场检查或者现场检查。证券评级机构及其有关人员应当配合检查，提供的信息、资料应当真实、准确、完整。

对违反《证券市场资信评级管理办法》的机构和人员，证监会及其派出机构可采取责令改正、监管谈话、出具警示函，责令公开说明、责令定期报告等相关监管措施；应予行政处罚的，证监会及其派出机构依照《证券法》《行政处罚法》等法律法规和证监会的有关规定进行处罚。

四、证券评级机构的内部合规程序

除上述外部监督和业务规则之外，证券评级机构的内部也存在着一系列的运营规则与管理程序，这就是我们通称的“内部合规程序”。证券评级机构的评级效果的可信度，很大程度上取决于其内部运营程序的有效性，而这一有效性的确保需要严格的法律法规等提供有力的支撑。这一内部的合规程序可以理解为证券评级机构以及从业人员的经营管理和相关执业行为需要符合各项法律法规和其内部的制度约束。合规程序能够较大程度地保障合规管理的效果，使证券评级机构制定以及执行的各项管理制度能够较为有效地防范风险，为投资者提供较为准确的参考性信息和依据。比较典型的规范文件是中国证券业协会于 2012 年发布的《证券资信评级机构执业行为准则》第七章“合规检查”第 59～63 条的内容。

五、证券评级机构的民事责任

虽然证券评级机构所提供的信息更多的是停留在参考性与建议性的层面，但是这并不意味着其可以规避法律的强制性约束，也即证券评级机构对于其对申请者拟发售的债券或者股票等产品的评定既负有道义上的义务，在某些特定场合也需要承担法律上的责任。一般来说，信用评级是对金融产品的发行人未来的本息偿付能力和意愿出具的专家意见，具有主观性，因此对评级机构责任的界定，应侧重考察其在评级活动中是否做到了勤勉尽责，是否遵守了法律法规、执业准则等对评级行为的规范。根据新《虚假陈述司法解释》第 18 条的规定：资信评级机构制作、出具的文件存在虚假陈述的，人民法院应当按照法律、行政法规、监管部门制定的规章和规范性文件，参考行业执业规范规定的工作范围和程序要求等内容，结合其核查、验证工作底稿等相关证据，认定其是否存在过错。资信评级机构的责任限于其工作范围和专业领域。资信评级机构依赖保荐机构或者其他证券服务机构的基础工作或者专业意见致使其出具的专业意见存在虚假陈述，能够证明其对所依赖的基础工作或者专业意见经过审慎核查和必要的调查、复核，排除了职业怀疑并形成合理信赖的，人民法院应当认定其没有过错。

典型案例

大公国际资信评估有限公司被证监会北京监管局采取监管措施①

2018 年 8 月 27 日，证监会北京监管局对大公国际资信评估有限公司（以下简称大公国际）采取行政监管措施。证监会北京监管局经查明，大公国际在开展证券评级业务中存在以下违规行为。

一是内部控制机制运行不良，内部管理混乱。大公国际存在公章被其他关联公司混用的情况，以及大公国际的工作人员与其他关联公司的财务人员混合办公的情况。

二是开展评级业务违背独立原则，违反行业规范、职业道德和业务规则。其一，大公国际为 3 家发行人提供评级服务，其间又与发行人或其关联企业签订“委托服务协议”，提供企业信用管理系统建设服务。大公国际上调了其中 2 家发行人的评级。其二，已与大公国际签订评级服务协议的 10 家评级对象，分别向大公国际有关关联公司购买了产品及服务。大公国际上调了其中 5 家的评级。其三，大公国际与其他关联公司之间存在相互推荐介绍业务的情况。

三是人员资质不符合要求。2018 年 6 月 7 日至 7 月 25 日期间，大公国际负责证券评级业务的高管通过资质测试的不满足 3 人；评审委员会主任未通过高管资质测试，未取得证券执业资格证书；从事证券资信评估业务的管理人员有 3 人未取得证券执业资格证书；从事证券资信评估业务的专业人员（评审委员）31 人未取得证券执业资格证书，其中 29 人开展了相关证券业务。

四是评级项目底稿资料缺失，模型计算存在数据遗漏。其一，某评级项目 2 份评级报告的评级底稿中，大公国际子公司及关联方的对外担保明细、涉及诉讼、是否受行政处罚的相关材料缺失，有关银行出具的公司无欠息证明等部分缺失。其二，某评级项目的工作底稿中，未将其他流动负债数据导入模型，未将对外担保率作为或有负债调整项进行调整。

证监会北京监管局认为，大公国际的上述行为违反了证监会的相关规定。证监会北京监管局对大公国际采取责令限期整改的监管措施，期限 1 年，整改期间不得承接新的证券评级业务，更换不符合条件的高级管理人员。

---

① 证监会北京监管局行政监管措施决定书〔2018〕71 号。

第五节　证券律师

早在1993年国务院颁布的《股票发行与交易管理暂行条例》就明确要求申请公开发行股票并上市需要由律师出具法律意见。这是我国第一次以法规的形式确立某项业务必须由律师参与。从此，证券法律业务作为一项律师新业务，证券律师作为证券市场一个新角色，诞生并逐渐成长起来。

1998年制定的《证券法》明确规定律师事务所为法定专业服务机构，从而确立了律师证券法律服务的地位和使命，为律师依法执业提供了法律保障。2007年3月，证监会和司法部联合颁布《律师事务所从事证券法律业务管理办法》（以下简称《律师证券业务管理办法》），自2007年5月1日起施行。《律师证券业务管理办法》是证监会在总结了1998年发布《关于加强律师从事证券法律业务管理的通知》（已失效）后管理从事证券业务的律师的执业活动的经验，在国务院取消了从事证券法律业务律师资格确认和律师事务所资格确认这两项行政许可项目后，对律师从事证券法律业务的监管思路进行了较大调整，确立了在不实行资格管理的情况下律师从事证券法律业务的执业准则、监管要求和法律责任追究等一系列制度。2010年10月，证监会和司法部联合颁布《律师事务所证券法律业务执业规则（试行）》（以下简称《执业规则》），自2011年1月1日起施行。《执业规则》对律师事务所及其指派的律师从事证券法律业务开展核查和验证、制作和出具法律意见书等执业活动进行了细化规定。此外，证监会还颁布了《公开发行证券公司信息披露的编报规则第12号——公开发行证券的法律意见书和律师工作报告》（以下简称《编报规则第12号》）。

一、我国证券律师的历史发展过程

司法部、证监会1993年1月12日颁布、实施的《关于从事证券法律业务律师及律师事务所资格确认的暂行规定》（司发通〔1993〕008号，已失效）对律师事务所和律师从事证券法律业务需要批准作出规定。根据该通知，律师事务所和律师欲从事证券法律业务，应提出申请，由省、自治区、直辖市司法厅（局）审核报司法部，经司法部会同证监会批准并发给从事证券法律业务的资格证书。

2002年12月23日，证监会、司法部发布《关于取消律师及律师事务所从事证券法律业务资格审批的通告》，取消了律师及律师事务所从事证券法律业务的资格审批，即自2002年11月1日起，下列行政审批项目予以取消：律师事务所从事证券法律业务资格审批、律师从事证券法律业务资格审批、外国律师事务所协助中国企业到境外发行股票和股票上市交易备案。律师及律师事务所从事证券法律业务不再受资格的限制。1993年1月12日发布的司法部、证监会《关于从事证券法律业务律师及律师事务所资格确认的暂行规定》同时废止。根据《证券法》（2019年修订）第160条第2款的规定，律师事务所从事证券法律业务，应当报国务院证券监督管理机构和国务院有关主管部门备案。而自2002年11月1日之日起到《证券法》（2019年修订）2020年3月1日施行之前，律师事务所当然可以从事证券法律业务而无须备案。律师事务所从事证券法律业务，如何报国务院证券监督管理机构和国务院有关主管部门备案，有待具体规章或规范性文件的细化。

二、证券法律业务概述

证券法律业务，是指律师事务所接受当事人委托，为其证券发行、上市和交易等证券业务活动提供制作、出具法律意见书等文件的法律服务。

律师事务所及其指派的律师从事证券法律业务，应当遵守法律、行政法规及相关规定，遵循诚实、守信、独立、勤勉、尽责的原则，恪守律师职业道德和执业纪律，严格履行法定职责，保证其所出具文件的真实性、准确性、完整性。

律师事务所应当建立健全风险控制制度，加强对律师从事证券法律业务的管理，提高律师的证券法律业务水平。

三、证券法律业务范围

律师事务所从事证券法律业务，可以为下列事项出具法律意见：(1) 首次公开发行股票及上市；(2) 上市公司发行证券及上市；(3) 上市公司的收购、重大资产重组及股份回购；(4) 上市公司实行股权激励计划；(5) 上市公司召开股东大会；(6) 境内企业直接或者间接到境外发行证券，将其证券在境外上市交易；(7) 证券公司、证券投资基金管理公司及其分支机构的设立、变更、解散、终止；(8) 证券投资基金的募集、证券公司集合资产管理计划的设立；(9) 证券衍生品种的发行及上市；(10) 证监会规定的其他事项。

2016年2月，中国证券投资基金业协会（以下简称中国基金业协会）发布的《关于进一步规范私募基金管理人登记若干事项的公告》也要求特定情况下提交两类法律意见书（“私募基金管理人登记法律意见书”与“私募基金管理人重大事项变更专项法律意见书”）之一：(1) 自该公告发布之日起，新申请私募基金管理人登记机构，需通过私募基金登记备案系统提交“私募基金管理人登记法律意见书”作为必备申请材料。对于本公告发布之日前已提交申请但尚未办结登记的私募基金管理人申请机构，应按照上述要求提交“私募基金管理人登记法律意见书”。(2) 已登记且尚未备案私募基金产品的私募基金管理人，应当在首次申请备案私募基金产品之前按照上述要求补提“私募基金管理人登记法律意见书”。(3) 已登记且备案私募基金产品的私募基金管理人，中国基金业协会将视具体情形要求其补提“私募基金管理人登记法律意见书”。(4) 已登记的私募基金管理人申请变更控股股东、变更实际控制人、变更法定代表人/执行事务合伙人等重大事项或中国基金业协会审慎认定的其他重大事项的，应提交“私募基金管理人重大事项变更专项法律意见书”。

同一律师事务所不得同时为同一证券发行的发行人和保荐人、承销的证券公司出具法律意见，不得同时为同一收购行为的收购人和被收购的上市公司出具法律意见，不得在其他同一证券业务活动中为具有利害关系的不同当事人出具法律意见。下列情形，属于同一律师事务所“同时为同一证券发行的发行人和保荐人、承销的证券公司出具法律意见”，应予禁止：（1）同一律师事务所以口头或书面等形式，有偿或无偿地同时接受同一证券发行的发行人和保荐人、承销的证券公司委托，为同一证券发行的发行人、保荐人、承销的证券公司出具法律意见的；（2）同一律师事务所虽未同时接受同一证券发行的发行人和保荐人、承销的证券公司委托，但在接受发行人委托为证券发行人出具法律意见的同时，另外向同一证券发行的保荐人、承销的证券公司出具作为保荐人、承销的证券公司履行自身法定职责的依据的专项法律意见，或者出具保荐人、承销的证券公司用于证明自己勤勉尽责及减免法律责任目的的专项法律意见的；（3）同一律师事务所虽未同时接受同一证券发行的发行人和保荐人、承销的证券公司委托，但在接受发行人委托为证券发行人出具法律意见的同时，将该法律意见向同一证券发行的保荐人、承销的证券公司出具，供保荐人、承销的证券公司作为自己履行法定职责的依据，或者用于证明自己勤勉尽责及减免法律责任目的的。

律师担任公司及其关联方董事、监事、高级管理人员，或者存在其他影响律师独立性的情形的，该律师所在律师事务所不得接受该律师所任职公司的委托，为该公司提供证券法律服务。

律师被吊销执业证书的，不得再从事证券法律业务。律师被证监会采取证券市场禁入措施或者被司法行政机关给予停止执业处罚的，在规定禁入或者停止执业的期间不得从事证券法律业务。

四、证券法律业务规则

律师事务所及其指派的律师从事证券法律业务，应当按照依法制定的业务规则，勤勉尽责，审慎履行核查和验证（以下简称查验）义务。律师事务所从事证券法律业务，应当建立、健全内部业务质量和执业风险控制机制，确保出具的法律意见书内容真实、准确、完整，逻辑严密，论证充分。

律师事务所及其指派的律师从事证券法律业务，应当依法对所依据的文件资料内容的真实性、准确性、完整性进行核查和验证；应当运用自己的专业知识和能力，依据自己的查验行为，独立作出查验结论，出具法律意见。

对于收集证据材料等事项，律师应当亲自办理，不得交由委托人代为办理；使用委托人提供的材料的，律师应当对其内容、性质和效力等进行必要的查验、分析和判断。律师事务所及其指派的律师对有关事实、法律问题作出认定和判断，应当有适当的证据和理由。

律师在出具法律意见时，对与法律相关的业务事项应当履行法律专业人士特别的注意义务，对其他业务事项履行普通人一般的注意义务，其制作、出具的文件不得有虚假记载、误导性陈述或者重大遗漏。律师从事证券法律业务，应当就业务事项是否与法律相关、是否应当履行法律专业人士特别的注意义务作出分析、判断。需要履行法律专业人士特别的注意义务的，律师应当拟订履行特别的注意义务的具体方式、手段、措施，并予以落实。

律师事务所及其指派的律师对受托事项进行查验时，应当独立、客观、公正，遵循审慎性及重要性原则。在进行核查和验证前，应当编制核查和验证计划，明确需要核查和验证的事项，并根据业务的进展情况，对其予以适当调整。查验计划应当列明需要查验的具体事项、查验工作程序、查验方法等。查验工作结束后，律师事务所及其指派的律师应当对查验计划的落实情况进行评估和总结；查验计划未完全落实的，应当说明原因或者采取的其他查验措施。

律师进行核查和验证，可以采用面谈、书面审查、实地调查、查询和函证、计算、复核等方法。律师应当合理、充分地运用查验方法，除按有关规定必须采取的查验方法外，还应当根据实际情况予以补充。在采取有关查验方法不能实现验证目的时，应当对相关情况进行评判，以确定是否采取替代的查验方法。待查验事项只需书面凭证便可证明的，在无法获得凭证原件加以对照查验的情况下，律师应当采用查询、复核等方式予以确认；待查验事项没有书面凭证或者仅有书面凭证不足以证明的，律师应当采用实地调查、面谈等方式进行查验。

律师进行查验，向有关国家机关、具有管理公共事务职能的组织、会计师事务所、资信评级机构、公证机构等（以下统称公共机构）查证、确认有关事实的，应当将查证、确认工作情况做成书面记录，并签名。律师从公共机构直接取得的文书，可以作为出具法律意见的依据，但律师应当履行特别或一般的注意义务并加以说明；对于不是从公共机构直接取得的文书，经核查和验证后方可作为出具法律意见的依据。律师从公共机构抄录、复制的材料，经该机构确认后，可以作为出具法律意见的依据，但律师应当履行特别或一般的注意义务并加以说明；未取得公共机构确认的，对相关内容进行核查和验证后方可作为出具法律意见的依据。律师进行核查和验证，需要会计师事务所、资产评估机构等证券服务机构作出判断的，应当直接委托或者要求委托人委托会计师事务所、资产评估机构等证券服务机构出具意见。

律师采用面谈方式进行查验的，应当制作面谈笔录。谈话对象和律师应当在笔录上签名；谈话对象拒绝签名的，应当在笔录中注明。律师采用书面审查方式进行查验的，应当分析相关书面信息的可靠性，对文件记载的事实内容进行审查，并对其法律性质、后果进行分析判断。律师采用实地调查方式进行查验的，应当将实地调查情况作成笔录，由调查律师、被调查事项相关的自然人或者单位负责人签名。该自然人或者单位负责人拒绝签名的，应当在笔录中注明。律师采用查询方式进行查验的，应当核查公告、网页或者其他载体相关信息，并就查询的信息内容、时间、地点、载体等有关事项制作查询笔录。律师采用函证方式进行查验的，应当以挂号信函或者特快专递的形式寄出，邮件回执、查询信函底稿和对方回函应当由经办律师签名。函证对方未签署回执、未予签收或者在函证规定的最后期限届满时未回复的，由经办律师对相关情况作出书面说明。

律师查验法人或者其分支机构有关主体资格以及业务经营资格的，应当就相关主管机关颁发的批准文件、营业执照、业务经营许可证及其他证照的原件进行查验。对上述原件的真实性、合法性存在疑问的，律师应当依法向该法人的设立登记机关、其他有关许可证颁发机关及相关登记机关进行查证、确认。

对自然人有关资格或者一定期限内职业经历进行查验时，律师应当向其在相关期间工作过的单位人事等部门进行查询、函证。对不动产、知识产权等依法需要登记的财产进行查验时，律师应当取得登记机关制作的财产权利证书原件，必要时应当采取适当方式，就该财产权利证书的真实性以及是否存在权利纠纷等，向该财产的登记机关进行查证、确认。对生产经营设备、大宗产品或者重要原材料进行查验时，律师应当查验其购买合同和发票原件。购买合同和发票原件已经遗失的，应当由财产权利人或者其代表签字确认，并在工作底稿中注明；相关供应商尚存在的，应当向供应商进行查询和函证。必要时，应当进行现场查验，制作现场查验笔录，并由财产权利人或者其代表签字；财产权利人或者其代表拒绝签字的，应当在查验笔录中注明。对依法需要评估才能确定财产价值的财产进行查验时，律师应当取得有证券、期货相关业务评估资格的资产评估机构（以下简称有资格的评估机构）出具的有效评估文书；未进行有效评估的，应当要求委托人委托有资格的评估机构出具有效评估文书予以确认。对银行存款进行查验时，律师应当查验银行出具的存款证明原件；不能提供委托查验期银行存款证明的，应当会同委托人（存款人）向委托人的开户银行进行书面查询、函证。对财产进行查验时，难以确定其是否存在被设定担保等权利负担的，律师应当以适当方式向有关财产抵押、质押登记部门进行查证、确认。对委托人是否存在对外重大担保事项进行查验时，律师应当与委托人的财务负责人等相关人员及委托人聘请的会计师事务所的会计师面谈，并根据需要向该委托人的开户银行、公司登记机关、证券登记机构和委托人不动产、知识产权的登记部门等进行查证、确认。向银行进行查证、确认，采取查询、函证等方式；向财产登记部门进行查证、确认，采取查询、函证或者查阅登记机关公告、网站等方式。对有关自然人或者法人是否存在重大违法行为、是否受到有关部门调查、是否受到行政处罚或者刑事处罚、是否存在重大诉讼或者仲裁等事实进行查验时，律师应当与有关自然人、法人的主要负责人及有关法人的合规管理等部门的负责人进行面谈，并根据情况选取可能涉及的有关行政机关、司法机关、仲裁机构等公共机构进行查证、确认。向有关公共机构查证、确认，可以采取查询、函证或者查阅其公告、网站等方式。

从不同来源获取的证据材料或者通过不同查验方式获取的证据材料，对同一事项所证明的结论不一致的，律师应当追加必要的程序，作进一步查证。

在律师从事证券法律业务时，委托人应当向其提供真实、完整的有关材料，不得拒绝、隐匿、谎报。律师发现委托人提供的材料有虚假记载、误导性陈述、重大遗漏，或者委托人有重大违法行为的，应当要求委托人纠正、补充；委托人拒不纠正、补充的，律师可以拒绝继续接受委托，同时应当按照规定向有关方面履行报告义务。

五、法律意见书与律师工作底稿

律师事务所及其指派的律师，应当按照《律师证券业务管理办法》和《执业规则》的规定，进行尽职调查和审慎查验，对受托事项的合法性出具法律意见，并留存工作底稿。

（一）法律意见书

法律意见书是律师事务所及其指派的律师针对委托人委托事项的合法性，出具的明确结论性意见，是委托人、投资者和证监会及其派出机构确认相关事项是否合法的重要依据。法律意见应当由律师在核查和验证所依据的文件资料内容的真实性、准确性、完整性的基础上，依据法律、行政法规及相关规定作出。

法律意见书应当列明相关材料、事实、具体核查和验证结果、国家有关规定和结论性意见。法律意见书发表的所有结论性意见，都应当对所查验事项是否合法合规、是否真实有效给予明确说明，并应当对结论性意见进行充分论证、分析。法律意见不得使用“基本符合”“未发现”等含糊措辞。

有下列情形之一的，律师应当在法律意见中予以说明，并充分揭示其对相关事项的影响程度及风险：(1) 委托人的全部或者部分事项不符合证监会的规定；(2) 事实不清楚，材料不充分，不能全面反映委托人的情况；(3) 核查和验证范围受到客观条件的限制，无法取得应有证据；(4) 律师已要求委托人纠正、补充而委托人未予纠正、补充；(5) 律师已依法履行勤勉尽责义务，仍不能对全部或者部分事项作出准确判断；(6) 律师认为应当予以说明的其他情形。

律师从事规定的证券法律业务，其所出具的法律意见应当由2名执业律师和所在律师事务所负责人签名，加盖该律师事务所印章，并签署日期。

法律意见书随相关申请文件报送证监会及其派出机构后，律师事务所不得对法律意见书进行修改，但应当关注申请文件的修改和证监会及其派出机构的反馈意见。申请文件的修改和反馈意见对法律意见书有影响的，律师事务所应当按规定出具补充法律意见书。法律意见书等文件在报送证监会及其派出机构后，发生重大事项或者律师发现需要补充意见的，应当及时提出补充意见。

(二) 律师工作底稿

工作底稿是判断律师是否勤勉尽责的重要证据。证监会及其派出机构可根据监管工作需要调阅、检查工作底稿。

律师事务所应当完整保存在出具法律意见书过程中形成的工作记录，以及在工作中获取的所有文件、资料，及时制作工作底稿。律师应当归类整理核查和验证中形成的工作记录和获取的材料，并对法律意见书等文件中各具体意见所依据的事实、国家相关规定以及律师的分析判断作出说明，形成记录清晰的工作底稿。

工作底稿应当包括以下内容：(1) 律师接受委托事项的基本情况，包括委托人的名称、事项的名称；(2) 与委托人签订的委托协议；(3) 查验计划及其操作程序的记录；(4) 与查验相关的文件，如设立批准证书、营业执照、合同、章程等文件、变更文件或者前述文件的复印件；(5) 与查验相关的重大合同、协议及其他重要文件和会议记录的摘要或者副本；(6) 与政府有关部门、司法机关、中介机构、委托人等单位及相关人员相互沟通情况的记录，对委托人提供资料进行调查的访问记录、往来函件、现场查验记录、查阅文件清单等相关的资料及详细说明；(7) 委托人及相关人员的书面保证或者声明书的复印件；(8) 法律意见书草稿；(9) 内部讨论、复核的记录；(10) 其他与出具法律意见书相关的重要资料。上述资料应当注明来源，按照规定签名、盖章，或者对未签名、盖章的情形予以注明。

律师开展《律师证券业务管理办法》规定的证券法律业务所出具的法律意见应当经所在律师事务所讨论复核，并制作相关记录作为工作底稿留存。参与讨论复核的律师应当签名确认。

工作底稿应当内容真实、完整，记录清晰，标明目录索引和页码，由律师事务所指派的律师签名，并加盖律师事务所公章。工作底稿由出具法律意见的律师事务所保存，保存期限不得少于 7 年；证监会对保存期限另有规定的，从其规定。

六、监督管理与法律责任

1. 监管措施

律师、律师事务所从事证券法律业务有下列情形之一的，证监会及其派出机构可以采取责令改正、监管谈话、出具警示函等措施：（1）未按照《律师证券业务管理办法》的规定勤勉尽责，对所依据的文件资料内容的真实性、准确性、完整性进行核查和验证；（2）未按照《律师证券业务管理办法》的规定编制核查和验证计划；（3）未按照《律师证券业务管理办法》的规定要求委托人予以纠正、补充，或者履行报告义务；（4）未按照《律师证券业务管理办法》的规定在法律意见中作出说明；（5）未按照《律师证券业务管理办法》的规定讨论复核法律意见；（6）未按照《律师证券业务管理办法》的规定履行告知义务；（7）法律意见的依据不适当或者不充分，法律分析有明显失误；（8）法律意见的结论不明确或者与核查和验证的结果不对应；（9）未按照《律师证券业务管理办法》的规定制作工作底稿；（10）未按照《律师证券业务管理办法》的规定保存工作底稿；（11）法律意见书不符合规定内容或者格式；（12）法律意见书等文件存在严重文字错误等文书质量问题；（13）违反业务规则的其他情形。

此外，律师和律师事务所也被禁止从事内幕交易、利用未公开信息进行交易侵犯投资者信息和商业秘密，编造、传播虚假或误导性信息等。

律师、律师事务所被证监会及其派出机构、司法行政机关立案调查或者责令整改的，在调查、整改期间，证监会及其派出机构暂不受理和审核该律师、律师事务所出具的法律意见书等文件。

2. 行政处罚

律师事务所及其指派的律师从事证券法律业务，违反《证券法》和有关证券管理的行政法规，应当给予行政处罚的，由证监会依据《证券法》和有关证券管理的行政法规实施处罚；需要对律师事务所给予停业整顿处罚、对律师给予停止执业或者吊销律师执业证书处罚的，由司法行政机关依法实施处罚。律师事务所从事证券法律业务，未勤勉尽责，所制作、出具的文件有虚假记载、误导性陈述或者重大遗漏的，由证监会依照《证券法》的规定实施处罚。律师事务所从事证券法律业务，未按照《律师证券业务管理办法》的规定保存工作底稿的，由证监会依照《证券法》的规定实施处罚。律师从事证券法律业务，违反《证券法》、有关行政法规和《律师证券业务管理办法》的规定，情节严重的，证监会可以依照《证券法》的规定，对其采取证券市场禁入的措施。

3. 民事赔偿责任

根据《证券法》第 160 条的规定，律师事务所应当勤勉尽责、恪尽职守，按照相关业务规则为证券的交易及相关活动提供服务。根据《证券法》第 163 条的规定，律师事务所作为证券服务机构，为证券的发行、上市、交易等证券业务活动制作、出具法律意见书等文件，应当勤勉尽责，对所依据的文件资料内容的真实性、准确性、完整性进行核查和验证。其制作、出具的文件有虚假记载、误导性陈述或者重大遗漏，给他人造成损失的，应当与委托人承担连带赔偿责任，但是能够证明自己没有过错的除外。

根据新《虚假陈述司法解释》第 18 条的规定：律师事务所制作、出具的文件存在虚假陈述的，人民法院应当按照法律、行政法规、监管部门制定的规章和规范性文件，参考行业执业规范规定的工作范围和程序要求等内容，结合其核查、验证工作底稿等相关证据，认定其是否存在过错。律师事务所的责任限于其工作范围和专业领域。律师事务所依赖保荐机构或者其他证券服务机构的基础工作或者专业意见致使其出具的专业意见存在虚假陈述，能够证明其对所依赖的基础工作或者专业意见经过审慎核查和必要的调查、复核，排除了职业怀疑并形成合理信赖的，人民法院应当认定其没有过错。

典型案例

北京市东易律师事务所受到证监会行政处罚案①

北京市东易律师事务所（以下简称东易所）为欣泰电气首次公开发行股票并在创业板上市（IPO）的法律服务机构。经证监会查明，东易所违反律师事务所从事证券法律业务规则的情况为：

（1）未审慎核查和验证相关资料。东易所工作底稿中留存的对主要客户的承诺函、询证函、访谈记录，大多数直接取自兴业证券。在兴业证券对主要销售客户进行访谈时，部分客户未对应收账款余额进行确认，其中包括 7 家欣泰电气虚构应收账款收回的公司。东易所对访谈记录未履行一般的注意义务，未审慎履行核查和验证义务。

（2）未编制查验计划，未对“法律意见书”进行讨论、复核。经查阅东易所的工作底稿，未发现东易所及其指派的律师为欣泰电气项目编制查验计划，未发现东易所对“法律意见书”进行讨论、复核的记录。

（3）东易所的工作底稿未加盖律师事务所公章，且大部分底稿未标明目录索引。东易所的工作底稿中，大部分访谈笔录没有经办律师签字，还存在访谈笔录中律师和访谈对象均未签字的情形。

律师在为企业 IPO 过程中出具的“法律意见书”是广大投资者获取发行人真实信息的重要渠道，是投资决策的重要参考，更是监管机构发行核准的重要基础，律师应当保持足够的执业谨慎，勤勉尽责地开展工作，保证所出具的文件不存在虚假记载、误导性陈述和重大遗漏。“法律意见书”中的承诺表述具有公示效力，当事人除非能够提出证据证明其已经勤勉尽责，否则应对其法律意见承担责任。判断律师在 IPO 项目中是否勤勉尽责，可以从两方面考虑：一是是否严格按照《律师证券业务管理办法》《执业规则》《编报规则第 12 号》进行执业，二是在发表法律意见时是否履行了必要的核查、验证程序，获取足以支撑发表意见的证据材料。东易所在欣泰电气 IPO 项目执业过程

① 证监会行政处罚决定书〔2017〕70 号。

中，存在违反《律师证券业务管理办法》《执业规则》《编报规则第 12 号》的情形；同时对于从其他中介机构取得的工作底稿资料未履行必要的核查、验证程序，未尽到一般的注意义务。因此，东易所未能勤勉尽责，对其出具的“法律意见书”中的相关表述存在虚假记载负有责任。

东易所在工作底稿中直接引用会计师事务所的“审计报告”及保荐机构的相关资料，对明显瑕疵没有履行一般的注意义务，其工作底稿中未见履行核查、验证程序的记录，足以认定东易所未审慎核查、验证相关材料，未勤勉尽责。东易所的工作底稿中未发现查验计划和对法律意见书的讨论复核记录，其申辩提出的中介协调会纪要及律师备忘录不符合查验计划的形式和内容要求，两名签字律师关于是否复核“法律意见书”的表述均存在出入。工作底稿是判断律师是否勤勉尽责的重要证据，东易所的工作底稿中存在缺少律师事务所公章、缺少目录索引、部分访谈笔录缺少律师及访谈对象签字等诸多问题，违反了《律师证券业务管理办法》和《执业规则》的多项规定，是未勤勉尽责，而非履职过程有瑕疵、情节轻微。证监会决定：责令东易所改正，没收业务收入 90 万元，并处以 180 万元罚款。对两名签字律师给予警告，并分别处以 10 万元罚款。

第六节　投资顾问与智能投资顾问

一、投资顾问的概念

证监会《证券投资顾问业务暂行规定》第 2 条将证券投资顾问行为定义为“证券公司、证券投资咨询机构接受客户委托，按照约定，向客户提供涉及证券及证券相关产品的投资建议服务，辅助客户作出投资决策，并直接或者间接获取经济利益的经营活动”。从该定义看，证券投资顾问的主体限于证券公司、证券投资咨询公司；投资建议服务内容包括“投资的品种选择、投资组合以及理财规划建议”等。《证券投资顾问业务暂行规定》调整的投资顾问行为具有以下特点：(1) 是有偿的，包括直接获得经济利益，如佣金、服务费等；也包括利润的比例抽成。(2) 针对证券或者证券相关的产品的投资建议。(3) 顾问意见是辅助性的。《证券投资顾问业务暂行规定》第 12 条第 1 款第 4、5 项规定：“投资决策由客户作出，投资风险由客户承担”；“证券投资顾问不得代客户作出投资决策”。换言之，我国的证券投资顾问的业务仅仅是提供顾问意见，投资决策是客户自己作出的，不允许证券投资顾问从事客户账户的全权委托管理。

延伸阅读

美国《投资顾问法》

根据美国 1940 年《投资顾问法》第 202 条 (a) (11) 的定义，投资顾问包括任何人有偿地为他人提供关于证券价值或者证券买卖的咨询意见；或者任何人作为其日常经营的一部分，有偿地发布有关证券的分析报告。这里的“人”（person）既指自然人也包括公司，但是这里排除了特定的机构和个人：美国国内银行和银行控股公司、存贷机构、联邦储蓄银行、外国银行以及其他信用组织。律师、会计师、工程师、教师仅仅在执业中附随性地提供咨询意见也不被认为是投资顾问。任何善意的正常发行渠道的报纸、新闻杂志或者商业、金融出版物的出版人也不被认为是投资顾问。该定义包括三个核心因素：(1) 就证券价值、买卖提供建议 。“证券”是广义的证券，指任何形式的投资工具，包括任何股票、债券、本票（note）、投资合同（investment contract）、衍生品等。这里排除由美国政府担保的或者指定财政部发行的证券。(2) 获取报酬的日常业务经营行为。这里的报酬包括任何形式的经济利益，例如佣金、顾问费或者任何与该服务相关的报酬。只有获取报酬的咨询意见才构成投资顾问业务。(3) 该提供建议为所谓日常经营行为，并不需要将咨询业务作为专门的主营业务，只要是在其业务范围内即可。这就排除了任何经纪商或者交易商仅仅是在开展其经纪或者交易业务时附随性地（incidentally）提供咨询，而不另外收费。

二、投资顾问和客户的法律关系

受客户委托为客户者提供咨询意见的专业投资顾问和客户之间存在着信义关系，投资顾问对客服负有信义义务（fiduciary duty）。1963 年美国联邦最高院在 SEC v. Capital Gains Research Bureau，Inc 案中确定了投资顾问的信义义务。根据该案确定的规则，投资顾问应当审慎尽职地履行义务，将客户的利益置于自己的利益之前，并且有义务披露任何利益冲突的事项。所谓受托人（fiduciary）指的是在信任关系中，为他人之利益而行事者。[①] 投资顾问的信义义务包括忠诚义务（duty of loyalty）和注意义务（duty of care）。由投资机构的信义义务衍生出了更加具体的投资者适当性义务和披露义务。

忠诚义务是信义义务的核心。我国《证券法》（2019 年修订）第 161 条规定证券投资咨询机构及其从业人员从事证券服务业务不得有的行为包括“买卖本证券投资咨询机构提供服务的证券”。证监会《证券投资顾问业务暂行规定》第 5 条规定了投资顾问的忠诚义务：“证券公司、证券投资咨询机构及其人员提供证券投资顾问服务，应当忠实客户利益，不得为公司及其关联方的利益损害客户利益；不得为证券投资顾问人员及其利益相关者的利益损害客户利益；不得为特定客户利益损害其他客户利益。”忠实义务要求受托人的行为必须是善意的（in good faith），为了受益人的利益行事，避免自我交易或者披露任何利益冲突。[②] 具体而言，在投资顾问关系中，投资顾问既是金融机构的员工，又是投资者的受托人，不同身份形成不同法律关系，而每种法律关系代表不同的价值或者利益取向，并且投资顾问有自己的个人利益，这些利益都可能与投资者的根本

① Mothew (t/a Stapley & Co.) v. Bristol & West Building Society [1996] EWCA Civ. 533, [1998] Ch. 1 (24 July 1996), Court of Appeal (England and Wales).

② Uniform Prudent Investor Act，§ 5.

利益冲突。而忠实义务的设定提供了投资顾问在面对利益冲突时的取舍标准。投资顾问还可能面临着对某些投资者的披露义务与对其他投资者的保密义务之间的冲突。忠实义务要求投资顾问不得为任何委托人之利益泄露其他委托人之秘密。[①] 证监会《证券投资顾问业务暂行规定》第20条规定了投资顾问的保密义务："证券投资顾问向客户提供投资建议，知悉客户作出具体投资决策计划的，不得向他人泄露该客户的投资决策计划信息。"

注意义务要求受托人以在同样的目标和情境中的谨慎投资顾问的标准行事，具有履行义务必需的合理的谨慎、技能和警惕。[②] 证监会《证券投资顾问业务暂行规定》第4条规定了投资顾问的注意义务："证券公司、证券投资咨询机构及其人员应当遵循诚实信用原则，勤勉、审慎地为客户提供证券投资顾问服务。"注意义务更多的是对投资顾问的工作态度而非工作结果的强调。如果其按照行业惯例、流程和敬业态度行事，即使投资失败，投资顾问也不需要承担责任。[③] 我国《证券法》（2019年修订）第160条规定，证券投资咨询机构"应当勤勉尽责、恪尽职守，按照相关业务规则为证券的交易及相关活动提供服务"。

投资者适当性义务是受托人说明义务的延伸[④]，其要求将无法承受高风险的投资者提前隔离在高风险的产品之外。隔离义务由对投资者负有信义义务的金融机构和其从业人员予以履行。[⑤] 金融产品的日益复杂性和投资者本身的异质化使将合适的产品卖给合适的投资者的义务成为必要，从而在监管层面衍生出金融机构的适当性义务。我国法律上规定了投资顾问的投资者适当性义务，以确保投资顾问把合格的产品销售给对风险有足够认知并有足够财力承受风险的投资者。《证券投资顾问业务暂行规定》第15条规定，"证券投资顾问应当根据了解的客户情况，在评估客户风险承受能力和服务需求的基础上，向客户提供适当的投资建议服务"。

1963年美国联邦最高院在SEC v. Capital Gains Research Bureau，Inc. 案中认为，投资顾问的信义义务要求其"诚信及完全且充分公开所有重要事实"[⑥]。我国《证券投资顾问业务暂行规定》第19条规定："证券投资顾问向客户提供投资建议，应当提示潜在的投资风险，禁止以任何方式向客户承诺或者保证投资收益。""鼓励证券投资顾问向客户说明与其投资建议不一致的观点，作为辅助客户评估投资风险的参考。"为什么投资顾问和客户之间的关系被定义为信义关系呢？

首先，投资顾问和客户之间形成个体化的关系：客户基于投资顾问的专业能力，对于其能够提供的服务产生了期待和依赖；投资顾问对客户的信息和财产产生控制。这种关系容易导致投资顾问渎职或者欺诈，致使对投资顾问适用更高的谨慎和忠诚要求成为必要。[⑦]

---

① 甘培忠，周淳．证券投资顾问受信义务研究．法律适用，2012（10）：37.

② 刘正锋．美国信托法受托人谨慎义务研究．当代法学，2003（9）：108.

③ 同①38.

④ 王敏．证券推荐的适合性义务：从职业道德到法律责任．环球法律评论，2010（10）：75－77.

⑤ 邢会强．金融机构信义义务与适合性原则．人大法律评论，2016（3）：38.

⑥ Securities and Exchange Commission v. Capital Gains Research Bureau，Inc.，375 U.S. 180（1963）.

⑦ Lowe v. SEC，472. U.S. 181.（1985）.

其次，投资顾问和客户之间的受托关系是因为专业关系（expert relationship）而形成的，为的是平衡专业人员和客户之间的专业差距，这种差距使客户处于易受损害的不利地位。信义关系的本质就是要矫正这种不平衡，约束处于优势地位、被另一方依赖的当事人忠实地履行义务。

最后，这是合同不完全性下的事后规制手段。投资顾问在形成投资建议的过程中必须依靠非常个性化的因素，这些因素构成投资顾问的专业判断的基础，也决定了不同投资顾问之间的优劣差异。除了专业判断水平，直接影响投资顾问最后作出判断的是职业伦理水平，特别是在出现利益冲突时的利益衡量，这些个性化的因素都构成了事前合同难以控制的风险。因此需要事后的规制手段，信义义务就是事后规制手段。①

三、投资顾问的其他主要合规要求

首先，投资咨询机构必须获得监管机构的批准。由于金融本身的专业性和高风险性，金融业严格实行许可制的行业。机构和个人从事金融业必须得到相关部门的批准，否则构成非法经营金融业务。从事投资咨询也是如此。我国《证券法》（2019 年修订）第 160 条规定，从事证券投资咨询服务业务，应当经国务院证券监督管理机构核准；未经核准，不得为证券的交易及相关活动提供服务。《证券、期货投资咨询管理暂行办法》第 3 条要求“从事证券、期货投资咨询业务，必须依照本办法的规定，取得中国证监会的业务许可”。此外，为了降低金融中介的道德风险，法律法规对金融中介的注册资本有严格的要求，例如《证券、期货投资咨询管理暂行办法》第 6 条规定注册资金不得少于 100 万元。

其次，专业人员胜任性的要求。提供咨询服务的专业人员需要通过监管机构的执业能力测试，获得专门的执照，以保证其胜任性。《证券投资顾问业务暂行规定》第 7 条规定，证券投资顾问应当具有执业资格，并在中国证券业协会注册登记。金融机构的高级管理人员、董事、监事虽然不直接接触投资者和从事交易，但其对于直接从业人员有实质性的监管和影响力，并管理金融机构的日常事务，因此，法律上对他们的任职资格一般都有要求，以保证其胜任性。例如，《证券、期货投资咨询管理暂行办法》第 6 条规定，投资咨询机构的高级管理人员中，至少有一名取得证券或者期货投资咨询从业资格。

最后，投资咨询机构服务的范围和留痕的要求。《证券法》（2019 年修订）第 161 条仍然禁止证券投资咨询机构及其从业人员“代理委托人从事证券投资”，这意味着代客投资仍不被允许。《证券法》（2019 年修订）第 162 条强化了对于投资咨询机构留痕的要求，对于“客户委托文件、核查和验证资料、工作底稿以及与质量控制、内部管理、业务经营有关的信息和资料，任何人不得泄露、隐匿、伪造、篡改或者毁损”，并且要求上述信息和资料的保存期限不得少于 10 年。

① 高丝敏．智能投资顾问模式中的主体识别和义务设定．法学研究，2018（5）：44.

四、智能投资顾问的概念

近年来，人工智能技术逐步应用于投资顾问业，催生了新的投资顾问行业，即智能投资顾问行业。智能投资顾问又称为机器人投资顾问（robo-advisor）或者自动化投资顾问（automated advisor）。对于智能投资顾问，各国监管者从本国的实践出发，给出了不同的定义。美国 SEC 将智能投资顾问定义为利用创新技术通过在线的算法系统向客户提供资产管理意见的注册的投资顾问。[①] 澳大利亚证券与投资委员会认为智能投资顾问是利用算法和技术代替自然人投资顾问来提供自动化的金融产品咨询意见。[②] 证监会在 2016 年 8 月给投资者的风险提示中将智能投资顾问定义为“一种网络虚拟人工智能产品，它基于投资者自身的理财需求、资产状况、风险承受能力、风险偏好等因素，运用现代投资组合理论，通过算法搭建数据模型，利用人工智能技术和网络平台提供理财顾问服务”[③]。虽然目前各国对智能投资顾问的定义各异，但是在其特征上还是有共识的：第一，智能投资顾问是为客户提供投资顾问服务的。从这点上讲投资顾问服务需要遵循的合规要求，对智能投资顾问也适用。第二，智能投资顾问代替了传统的人工投资顾问，利用了算法和互联网技术来提供投资顾问服务，这使原本建立在自然人行为基础上的规制体系面临挑战。

五、智能投资顾问的特征和法律关系

智能投资顾问具有了某种程度的智能性，可以在没有人类直接干预的情况下自主地实施某些行为和执行某些任务，不需要人类或者其他机构的直接操控就可以执行指令，能够代理人类或者其他的中介为某些行为。[④] 智能投资顾问并不是有意识的代理人（intentional agents）。目前人工智能的发展阶段只是在增强人类的智能（Augmented Intelligence），而远没有到独立拥有智能的高度。因此，智能投资顾问不具有独立的法律主体地位。

从与投资者面对面开展业务的自然人投资顾问，到人机交互的智能投资顾问，投资顾问业务的法律关系发生了改变。此前金融机构中的自然人投资顾问与投资者接触，借此了解投资者需求之后才提供投资顾问服务。而在智能投资顾问模式下，咨询行为被算法开发机构前置化地预设到算法程序中，程序替代自然人接触投资者并完成咨询行为。这是智能投资顾问关系与传统投资顾问关系的典型区别。当投资者使用智能投资顾问代替自然人投资顾问时，原先以金融从业者为规制对象的法律体系面临着适用的困境。由此，如何将以自然人为规制对象的法律体系在智能投资顾问语境中进行重构是法律需要

① SEC，Investment Management Robo-Adviser Guidance (2017)，at 1.

② Australian Securities and Investments Commission，Regulatory Guide 255：Providing Digital Financial Product Advice to Retail Clients (August 2016)，RG 255.1.

③ 中国证券监督管理委员会．警惕“智能投顾”非法投资咨询陷阱．[2018－05－20]. http://www.csrc.gov.cn/pub/shanxidong/ztzl/djffzqhd/201608/t20160801_301505.htm.

④ 高丝敏．智能投资顾问模式中的主体识别和义务设定．法学研究，2018 (5)：41.

重新回答的问题。智能投资顾问一般由第三方机构或者金融机构的技术部门开发，其核心是包含匹配顾客特征和市场产品特征的算法。[①] 顾问和投资服务被前置化地预设到算法程序中，而这是传统的投资顾问关系所没有的，属于典型的金融行为技术化的过程。如何规制这部分关系，是法律需要应对的另一个挑战。[②]

六、对智能投资顾问的法律规制

我国智能投资顾问行业一开始是以荐股软件的形式出现的。2012 年证监会颁行《关于加强对利用"荐股软件"从事证券投资咨询业务监管的暂行规定》（证监会公告〔2012〕40 号，以下简称《荐股软件规定》），销售或者提供荐股软件直接或间接获取经济利益的明确被认定为从事证券投资咨询业务，应当经证监会许可，取得证券投资咨询业务资格。[③] 关于证券投资咨询机构义务的规定，包括不得误导、欺诈投资者以及投资者适当性原则等，同样适用于出售和提供荐股软件的机构。[④] 但《荐股软件规定》非常简略，仅仅是准用性的规定。

2018 年 4 月 27 日，中国人民银行等颁布《关于规范金融机构资产管理业务的指导意见》（以下简称《资管新规》），对于应用智能投资顾问开展资产管理业务作了原则性的规定："运用人工智能技术开展投资顾问业务应当取得投资顾问资质，非金融机构不得借助智能投资顾问超范围经营或者变相开展资产管理业务"。应用人工智能开展资产管理业务并不使该业务脱离金融监管的范畴，《资管新规》将胜任性的要求、投资者适当性和披露要求穿透到算法层面，将主体责任穿透到金融机构：金融机构"应当严格遵守本意见有关投资者适当性、投资范围、信息披露、风险隔离等一般性规定……"同时，《资管新规》还要求"金融机构应当向金融监督管理部门报备人工智能模型的主要参数以及资产配置的主要逻辑"。利用人工智能开展资产管理业务面临的新问题是算法的同质性容易引发系统风险。《资管新规》要求金融机构"避免算法同质化加剧投资行为的顺周期性，并针对由此可能引发的市场波动风险制定应对预案"，并且"因算法同质化、编程设计错误、对数据利用深度不够等人工智能算法模型缺陷或者系统异常，导致羊群效应、影响金融市场稳定运行的"，金融机构有义务及时采取人工干预措施，消除风险。《资管新规》的内容在整体上仍以原则性的意见为主，对于主体识别和义务内容没有作详细的规定，尤其对于算法开发和维护的责任人没有规定。

---

① 算法指的是计算机如何完成特定任务的一系列指令的总称，其包含计算、处理和推理。Robyn Caplan, Joan Donovan, Lauren Hanson, & Jeanna Matthews, "Algorithmic Accountability: A Primer", *Data Society Working Paper*, April 18th, 2018, p. 2.

② 同①42-43.

③ 《荐股软件规定》第 2 条。

④ 《荐股软件规定》第 4 条。

延伸阅读

域外对智能投资顾问的法律规制趋势

从域外的经验来看，对智能投资顾问的法律规制有如下的趋势，我国未来立法中可以加以参考。

首先，智能投资顾问本质上是顾问业务，那么顾问的信义义务和合规义务也必须得到遵守。智能投资顾问也要满足注册和投资顾问其他的合规要求，即避免通过使用智能投资顾问逃避金融监管。

其次，在智能投资顾问没有主体地位的情况下，赋予运营机构信义义务和监督并保证人工智能提供适格服务的义务。

再次，对于智能投资顾问的技术开发机构和人员也应当有一定的规制，例如，要求参与其中的技术人员完成基本的系统风险和职业伦理的培训，并参加相关的职业伦理考试。通过考试的技术人员可以向金融监管机构申请注册。

又次，重构投资顾问语境下信义义务的内容，重点在于通过忠诚义务的设定避免算法中包含损害投资者利益的设置；通过谨慎义务的设定保证智能投资顾问所提供的服务相当于谨慎的自然人投资顾问所能提供的服务。

最后，算法语境下的合规义务重点仍然在于保证智能投资顾问的胜任性、履行投资者适当性义务，并且通过许可和注册的要求预先设定进入市场的门槛和掌握被监管者的信息。而算法下的合规义务的设定难点在于算法的披露必须足以达到帮助监管者判断被监管者是否达到要求的程度。

参考文献

1. Robyn Caplan，Joan Donovan，Lauren Hanson，& Jeanna Matthews，“Algorithmic Accountability：A Primer”，*Data Society Working Paper*，April 18th，2018.

2. 布莱恩·R. 柴芬斯．公司法：理论、结构和运作．林华伟，魏旻，译．北京：法律出版社，2001.

3. 约翰·C. 科菲．看门人机制：市场中介与公司治理．黄辉，王长河，等译．北京：北京大学出版社，2011.

4. 陈秧秧．证券市场注册会计师管制模式比较研究//黄红元，卢道文．证券法苑：第 23 卷．北京：法律出版社，2017.

5. 邢会强，等．智能投顾时代的崛起：智能投顾法律问题研究．北京：中国金融出版社，2020.

6. 甘培忠，周淳．证券投资顾问受信义务研究．法律适用，2012（10）.

7. 高丝敏．智能投资顾问模式中的主体识别和义务设定．法学研究，2018（5）.

8. 刘正锋．美国信托法受托人谨慎义务研究．当代法学，2003（9）.

9. 王敏．证券推荐的适合性义务：从职业道德到法律责任．环球法律评论，

2010 (10).

10. 邢会强．金融机构信义义务与适合性原则．人大法律评论，2016 (3).

课后习题

1.《证券法》(2019 年修订) 第 120 条所规定的七大证券业务是否是只有证券公司才能从事的业务?

2. 为什么对证券公司要实施类似商业银行的资本监管?

3. 会计师事务所取得证券业务资格的条件，在组织、人员、财务、业务方面的要求有哪些?

4.《中华人民共和国注册会计师法》第 14 条第 2 款规定:“注册会计师依法执行审计业务出具的报告，具有证明效力。”保荐人和律师在出具有关意见时，可否直接引用会计师事务所的审计报告作为依据而不再对该审计报告进行核查? 如果证券监管机构认为，保荐人和律师还应对审计报告的支撑资料进行核查、验证，你认为核查、验证到何种程度才算勤勉尽责? 保荐人和律师的核查、验证有没有区别?

5. 怎样理解资产评估机构独立性的内涵? 为什么要保持资产评估机构的独立性?

6. 证券评级机构进行评级时，应向被评级对象收费，还是应向阅读评级结果的投资者收费? 哪一种模式比较好? 为什么?

7. 如何建立健全我国对智能投资顾问的监管制度?

第十章
证券市场的一线监管与自律管理

第一节　证券交易所的一线监管与自律管理

一、证券交易所的概念和法律特征

（一）证券交易所的概念

证券交易所，通常也被称为场内交易场所。根据我国《证券法》（2019 年修订）第 96 条，证券交易所“为证券集中交易提供场所和设施，组织和监督证券交易，实行自律管理，依法登记，取得法人资格”。

证券交易所是适应大规模证券集中交易的需要、固定进行证券交易的场所，也是各国证券交易市场的典型形态。学理上来看，证券交易所通常被视为：市场组织者、信息传递者、市场管理者，以及上市公司治理标准的制定者。[①]

（二）证券交易所的法律特征

我国证券交易所具有如下特征。

1. 须经特许设立

在世界各国的立法体例上，证券交易所设立体制主要有三种：注册制、许可制/核准制、承认制/认可制。

注册制，是指证券交易所的设立只需要经过主管机关的注册，注册制以美国为代表。根据美国《1934 年证券交易法》第 6（a）条的规定，一个交易所可以向美国 SEC 递交注册申请材料，只要符合法定条件（这些法定条件会涉及公众利益和投资者保护因素的考虑），申请人即可获得经营证券交易所的资格，从而注册成为全国性的证券交易所（registered as a national securities exchange）。

认可制，又称为承认制，是指只要交易所实际上已经设立，法律就予以承认，本质上是一种立法追认。[②] 认可制以英国为代表，由于英国证券交易所成立于有关法律颁布之前，再加上传统上英国对证券交易所的管理以“自律”为原则，因此，英国对证券交易所的管理实行认可制。另外，中国香港地区也属于实行证券交易所设立认可制的地

---

① Andreas M. Fleckner, “Stock Exchanges at the Crossroads”, 74 *Fordham L. Rev.* 2541, 2545 - 2549 (2006).

② 吴弘．证券法教程．北京：北京大学出版社，2007：268.

区，其《证券及期货条例》第19（2）条明确规定了由香港证监会行使将某公司认可为证券交易所的认可权。

许可制，又称为核准制，是指证券交易所的设立须经主管部门核准许可。这种制度将证券交易所的设立权限归于证券主管机关，一方面便于国家对证券市场的宏观调控，另一方面有利于减少证券交易所的恶性竞争。因此，国际上大多数国家和地区都采用许可制。例如，我国台湾地区同时允许“特许”设立和“许可”设立证券交易所；新加坡《证券与期货法》第7（1）条同时允许“许可”设立和“认可”设立；日本《金融商品与交易法》第88（1）条则明确规定，“任何人，除非是已得到首相颁布的营业许可（license）的获授权的金融商品企业集团（an authorized financial instruments firms association），否则不得开设金融商品市场”。

我国《证券法》（2019年修订）第96条第2款规定，“证券交易所、国务院批准的其他全国性证券交易场所的设立、变更和解散由国务院决定”。通说认为我国这种设立体制属于许可制[①]，但一般意义上的许可制是指由一国证券监督管理机构对证券交易所的设立申请进行实质审查，符合法定条件和程序的，即许可设立，而我国设立证券交易所要由国务院决定，因此，从某种意义上来说，我国的证券交易所设立制度实际上带有某种“特许”主义色彩。

2. 具有法人资格

证券交易所作为法人是世界各国证券立法的通行做法。证券交易所无论采取何种组织形式，均具备法人资格，独立享有权利和承担义务。证券交易所不仅具有严密的组织形式和组织机构，而且有整套的交易规则和交易制度。

由于我国证券交易所目前在组织形式上实行会员制，因此其不仅是法人，还是“不以营利为目的”的法人。证券交易所本身不参与证券买卖，也不决定证券的交易价格，只是提供证券交易的场所、设施和有关服务并对证券交易进行管理，因此，非营利性与证券交易所的地位相适应，证券交易所的宗旨是为证券交易提供一个公正、公平、公开的交易秩序和投资环境。

国际上，大部分国家或地区的证券交易所可以采取公司制成为营利性法人，也可以采取会员制而成为非营利性法人。因不同的证券交易所采取不同的组织形式，所以“不以营利为目的”并不具有全球普遍性。

3. 为证券集中交易提供服务的固定场所

证券交易所在市场概念界定上，基本等同于“场内市场”，且通常以提供集中竞价交易为核心特征之一。[②] 证券集中竞价交易是指证券交易中买方和卖方均为多人的情况下，公开报价，按时间优先、价格优先和委托优先的原则确定证券的买卖价格，最后达

① 罗培新，卢文道．最新证券法解读．北京：北京大学出版社，2006：169；范健，王建文．证券法．2版．北京：法律出版社，2010：255.

② 集中竞价交易传统上被视为场内证券交易所独有的交易方式。但近年来无论场外交易市场还是场内证券交易所，交易方式都开始多样化。例如，《全国中小企业股份转让系统股票转让细则》第13条第1款规定，“股票可以采取做市转让方式、竞价转让方式、协议转让方式进行转让”。新三板的股票公开转让也可以采用集合竞价和连续竞价的交易方式。

成证券的交易。证券交易所本身并不从事证券买卖行为，仅向证券经营者和证券投资者提供集中买卖证券的场地和设施。

传统研究通常认为，与场外市场相比，证券交易所具有更为先进的交易基础设施和便利的信息传递渠道，以及避免证券交易违约发生的集中清算（中央结算系统）。①

4. 履行公开发行申请文件审核、一线交易监管的法定职责

《证券法》（2019 年修订）第 21 条第 1、2 款规定，国务院证券监督管理机构或者国务院授权的部门依照法定条件负责证券发行申请的注册。证券公开发行注册的具体办法由国务院规定。按照国务院的规定，证券交易所等可以审核公开发行证券申请，判断发行人是否符合发行条件、信息披露要求，督促发行人完善信息披露内容。因此，证券公开发行申请的注册机关是国务院证券监督管理机构或者国务院授权的部门，但证券交易所负责审核公开发行申请文件。证券交易所根据规定的条件和程序，作出同意或者不同意发行人股票公开发行并上市的审核意见，并将审核意见报送给注册机关。

在我国证券交易体制中，证券交易所位于证券市场监管的一线，根据《证券法》（2019 年修订）第 109～113 条的规定，履行一线监管的法定职责，例如组织、监督交易，对交易进行实时监控，将异常交易报告给证券监督管理机构，管理和公布市场信息等。

5. 依法设立的自律管理组织

证券交易所是经典的自律管理组织之一。与其对公开发行并上市申请文件的审核职责或一线交易监管职责不同，证券交易所的自律职能并不是来自法律赋予或授权，而是由证券市场运行的内在需要和证券交易所固有的结构所决定的。

相对政府监管而言，证券交易所要按照市场各方主体意愿，对各主体和参与者及其相关交易行为实行自律管理，通常表现为对会员证券公司的自律管理、对上市公司的自律管理等。

二、证券交易所的组织形式、管理权限和自律管理模式

（一）证券交易所的组织形式

根据证券交易所的组织形式的不同，可以将证券交易所分为公司制和会员制。有的国家和地区同时允许会员制和公司制证券交易所的存在，例如我国台湾地区和日本；有的则直接将证券交易所的形式定为股份公司，例如新加坡和韩国。

1. 会员制证券交易所

会员制证券交易所，是指由作为交易所会员的券商共同出资设立的、非营利性的自律法人。“会员制”是证券交易所是最初始的组织形态。“从传统上来看，证券交易所就是由证券经纪商和交易商建立并‘所有’、并以非营利的方式运营的，就像管理一个排外型的会员俱乐部那样，对新加入者来说有高门槛，形成地区性甚至是全国性的垄断，

---

① 目前，由于证券市场电子化，场外交易市场在交易基础设施、信息披露基础设施和集中结算上，与证券交易所都已无太大区别。例如，在新三板进行转让的股票也应通过中国结算进行统一结算。

一如中世纪的行会。”[①]

一般而言，会员制证券交易所具有如下特征。

第一，属于“会员所有”。

会员制证券交易所通常由证券商同业共同出资设立，交易所的费用一般由会员分担。要进入证券交易所交易，必须首先成为其会员。会员对交易所的责任，一般仅以其出资为限。例如，日本《金融商品与交易法》第 92 条规定：（1）会员应根据交易所章程的规定出资；（2）会员对金融商品会员公司的责任，除章程中所规定的费用分担以及因会员自身原因所致交易所承担的民事赔偿责任外，仅以其出资为限。

第二，属于非营利性法人。

交易所也会收取一些费用，这些传统收费项目包括：（1）（券商的）会员费；（2）（企业的）上市费；（3）交易费；（4）清算费用；（5）交收费用；（6）公司信息提供费；（7）交易行情、数据提供费。[②] 但是这些费用的收取都不以营利为目的，也不向会员分派盈余。

第三，属于自律管理组织。

会员制证券交易所由会员出资设立，自发产生原始意义上对会员的“自律管理”。从管理对象上看，在证券交易所的监管职能体系之中，最早形成的是对会员的监管。纯粹意义上的证券交易所的“自律管理”，正是针对证券交易所会员的自我管理、自我约束、自己监管事务而言的。[③] 因此，证券交易所天生的自律管理属性原始意义上也是源于“会员制”的组织形式。

除了对会员的监管，证券交易所的自律管理还扩至对上市公司的管理和对市场交易活动的监管。这种“自律”非原始意义上的对自身会员的自律管理，但由于与政府的行政监管亦不相同，因此属于“相对自律”[④]。

2. 公司制证券交易所

公司制证券交易所是指为证券集中交易提供交易场所、设施和服务的营利性企业法人，一般采取股份有限公司形式。

一般而言，公司制证券交易所具有如下特征。

第一，由股东出资设立。

公司制证券交易所由投资者以入股方式组建，入场交易的权利与对证券交易所的所有权相分离。

第二，属于以营利为目的的企业法人。

公司制证券交易所以提供交易场所、设施和服务为营业内容，并收取相关费用。其取得的收入除用于维持证券交易所的正常营业如更新设备、改善设施外，应当按照营业状况向投资者分配利润。

---

① Andreas M. Fleckner, “Stock Exchanges at the Crossroads”, 74 *Fordham L. Rev.* 2541, 2542 (2005).

② Ruben Lee, “The Future of Securities Exchanges”, prepared for the Brookings/Wharton Conference January-February 2002, p. 1. Available at fic. wharton. upenn. edu/fic/papers/02/0214. pdf.

③ 徐明，卢文道．证券交易所自律管理侵权诉讼司法政策．证券法苑，2010（1）：3.

④ 陈彬．对我国证券所自律管理地位和纪律处分权的反思．证券法苑，2011（5）：1054－1055.

第三，内部组织机构与一般公司的组织结构类似。

公司制证券交易所一般要符合各国公司法中关于股份有限公司组织结构的规定，设有股东大会、董事会、监事会和经营管理机构，各机构各负其责、相互制衡。

第四，仍然带有自律管理性，虽然不一定履行全部或部分的自律管理职能。

公司制证券交易所也具有自律管理性。传统证券交易所所具有的监管会员、监管上市公司、监管市场的三大自律管理功能，公司制证券交易所也都应承担。但是这种自律管理性不像会员制证券交易所那样具有“原始性”或“自生性”，更多的是因为交易所作为证券市场，负有维持公开、透明、公正的交易秩序和市场环境的职责，人们据此认为，交易所既销售上市、交易、信息等服务，也销售市场规则、“自律管理”之类的公共物品。①

自2000年左右开始，国际上原本采用“会员制”的一些证券交易所开始出现“非互助化”、“公司化”以及“自我上市”的趋势，这些“非互助化”和“自我上市”证券交易所出现将全部或部分自律管理职能让渡或移转的现象。

（二）证券交易所的管理权限

1. 对会员的管理

会员管理是传统证券交易所自律管理的经典职能。因为传统交易所就是由会员出资并设立的，会员制定交易所的规则，会员执行交易所的规则，会员之间的纠纷由交易所解决。对会员的监管首先“理所当然”地成为交易所自律管理的内容。

2. 对市场和交易的监管

证券交易所的目的是提供交易场所和设施，天然具有监管市场和交易行为的“一线”优势。自1895年纽约证券交易所建议上市公司定期披露财务报告后，交易所普通开始承担上市和交易的监管职责，即规定上市条件且对上市公司进行持续监管、对交易过程进行持续监管。

3. 对发行人/上市公司的管理

证券交易所对发行人/上市公司及其信息披露义务的管理，表面上看是交易所对证券交易活动监管的必然延伸，但其实交易所对上市公司的管理权限源于上市协议。上市协议是交易所对上市公司实施自律监管的基础。“合同即当事人之间的法律”，通过签订上市协议，交易所的业务规则，例如上市规则、交易规则及其他市场规则等，都在事实上构成了调整交易所与上市公司之间权利义务关系的完整体系。

4. 自律管理的制裁权

证券交易所拥有的制裁权/执行措施是其制定的规则（包括上市规则、交易规则、会员规则，甚至上市公司治理规则，以及其他证券市场业务规则）得到实施和遵守的重要保障。因此，可以实施执行措施的对象应为“证券交易所监管职能范围内的交易（包括上市）参与者”。“制裁权是证券交易所自律管理职能的重要组成部分。”②

（三）证券交易所的自律管理模式

证券交易所虽然是属于“天然”的自律管理组织，但自律管理与行政监管之间的及

① 卢文道．证券交易所及其自律管理行为性质的法理分析．证券法苑，2011（5）：1010.

② 陈彬．对我国证券所自律管理地位和纪律处分权的反思．证券法苑，2011（5）：1066.

监管权限划分一直是各国证券法制研究的问题。从域外证券交易所的自律管理权限来看，自律管理模式大致分为两种。

1. 证券交易所强自律管理模式

在强自律管理模式下，交易所的职责范围基本涵盖传统意义上交易所所应具备的自律管理职能，甚至有扩大化的趋势。为了廓清其职责范围并提升自律管理的效力和执行力，在有些国家的趋势是将交易所自律管理进行法定化，即不仅将其自律管理组织的地位法定化，亦将其自律管理的职能范围法定化。

证券交易所强自律管理模式的明显优势在于“专业”，同时能大大降低行政监管的成本。许多国家需要该模式执行自律的职责与调和公共利益以规范复杂的证券市场。在新兴市场国家法定监理机关预算受限制的情形下，这些因素可能变得特别重要。

2. 证券交易所有限自律管理

证券交易所有限自律管理，通常与交易所的“非互助化”或“公司化”有关，是指交易所的自律管理权限有限，通常是由独立的自律管理组织或行政监管机构承担了本应由交易所进行的某些市场监管职能，前者如美国的纽约证券交易所，后者如香港交易所和新加坡证券交易所。

在这种模式下，除了美国仍旧在其《1934年证券交易法》第3（26）条明确将“全国性证券交易所”法定为“自律管理组织”的一种，新加坡的《证券与期货法》和中国香港地区的《证券及期货条例》都未将交易所的自律管理地位法定化。

当然，这并不妨碍这些证券交易所依旧行使一些基本的规则制定权，例如新加坡的《证券与期货法》第16条、第23条即规定，获许可的证券交易所应根据金融管理局的规定制定商业规则和上市规则。中国香港地区《证券及期货条例》第23（2）条也有类似规定，其为交易所留有的自律管理职责范围比之新加坡的要广些，除了上市规则制定权，还有一些基本的市场管理权限和内部处罚权等。

三、我国证券交易所的双重法律地位和职能

（一）我国证券交易所的双重法律地位

证券交易所特殊的法律地位表现为：其既是市场本身，是支撑证券发行行为和交易行为的场所，属于私法意义上的市场组织机构；同时由于法律规定或监管机构的授权而履行对公开申请文件的审核职能和对证券交易的一线监管职能，并接受来自监管机构的监管。[①]

鉴于这种双重法律地位，证券交易所的职能也具有双重属性。

1. 证券交易所作为公开发行并上市申请文件的审核机关和市场一线监管者，负有审核公开发行并上市申请文件和对市场监管的职能

这部分职能通常来自法律的直接规定或者监管机构规章的授权。

其具体内容包括：（1）制定业务规则，包括制定上市规则、交易规则等。（2）审核

① Roberta S. Karmel, “Should Securities Industry Self-Regulatory Organizations Be Considered Government Agencies?”, 14 *Stan. J.L. Bus. & Fin.* 151, 152 (2008).

发行人公开发行并上市的申请。（3）实时监控证券交易。包括：依法进行技术性停牌和临时停市措施；按照国务院证券监督管理机构的要求，对异常的交易情况提出报告等。（4）管理和公布市场信息。（5）进行投资者教育。

2. 作为自律组织，证券交易所负有管理会员和管理发行人/上市公司的职能

（1）管理发行人/上市公司，包括监督上市公司的信息披露情况，其董事、监事、高级管理人员的任职情况等。

（2）管理会员证券公司，包括制定会员管理规则、对会员证券公司的证券业务活动进行监督。

（3）实施处分，包括对上市公司及其股东、董事、监事和高级管理人员，以及会员证券公司等主体的违规行为进行自律处分。

（二）我国证券交易所的具体职能

根据我国《证券交易所管理办法》（2021 年修订）[①] 第 7 条，证券交易所的职能包括：（1）提供证券交易的场所、设施和服务；（2）制定和修改证券交易所的业务规则；（3）依法审核公开发行证券申请；（4）审核、安排证券上市交易，决定证券终止上市和重新上市；（5）提供非公开发行证券转让服务；（6）组织和监督证券交易；（7）对会员进行监管；（8）对证券上市交易公司及相关信息披露义务人进行监管；（9）对证券服务机构为证券上市、交易等提供服务的行为进行监管；（10）管理和公布市场信息；（11）开展投资者教育和保护；（12）法律、行政法规规定的以及证监会许可、授权或者委托的其他职能。

四、我国证券交易所的一线监管职能

（一）制定业务规则

《证券法》（2019 年修订）第 115 条第 1 款规定，“证券交易所依照法律、行政法规和国务院证券监督管理机构的规定，制定上市规则、交易规则、会员管理规则和其他有关业务规则，并报国务院证券监督管理机构批准”。证券交易所的业务规则通常包括上市规则、交易规则、发行上市审核规则等。

《证券法》（2019 年修订）第 47 条规定：申请证券上市交易，应当符合证券交易所上市规则规定的上市条件。证券交易所上市规则规定的上市条件，应当对发行人的经营年限、财务状况、最低公开发行比例和公司治理、诚信记录等提出要求。

《证券交易所管理办法》（2021 年修订）第 61 条规定，证券交易所应当制定证券上市规则。其内容包括：（1）证券上市的条件、程序和披露要求；（2）信息披露的主体、内容及具体要求；（3）证券停牌、复牌的标准和程序；（4）终止上市、重新上市的条件和程序；（5）对违反上市规则行为的处理规定；（6）其他需要在上市规则中规定的事项。

根据《证券交易所管理办法》（2021 年修订）第 36 条的规定，我国证券交易所应当制定具体的交易规则。其内容包括：（1）证券交易的基本原则；（2）证券交易的场

① 证监会令第 192 号。

所、品种和时间；(3) 证券交易方式、交易流程、风险控制和规范事项；(4) 证券交易监督；(5) 清算交收事项；(6) 交易纠纷的解决；(7) 暂停、恢复与取消交易；(8) 交易异常情况的认定和处理；(9) 投资者准入和适当性管理的基本要求；(10) 对违反交易规则行为的处理规定；(11) 证券交易信息的提供和管理；(12) 指数的编制方法和公布方式；(13) 其他需要在交易规则中规定的事项。

根据《证券法》(2019 年修订) 第 21 条第 2 款的规定，证券交易所负责对发行人公开发行并上市的申请文件进行审核。因此，证券交易所要制定发行上市审核规则，根据该规则的规定，作出同意或者不同意发行人股票公开发行并上市的审核意见。同意发行人股票公开发行并上市的，将审核意见、发行人注册申请文件及相关审核资料报送注册机关履行发行注册程序。不同意发行人股票公开发行并上市的，作出终止发行上市审核决定。

根据《证券交易所管理办法》(2021 年修订) 第 10 条第 2 款的规定，证券交易所制定或者修改下列业务规则时，应当由证券交易所理事会或董事会通过，并报证监会批准：(1) 证券交易、上市、会员管理和其他有关业务规则；(2) 涉及上市新的证券交易品种或者对现有上市证券交易品种作出较大调整；(3) 以联网等方式为非本所上市的品种提供交易服务；(4) 涉及证券交易方式的重大创新或者对现有证券交易方式作出较大调整；(5) 涉及港澳台及境外机构的重大事项；(6) 证监会认为需要批准的其他业务规则。

证券交易所依法制定并经证监会批准的业务规则，在性质上属于自律规则。

(二) 对市场和交易进行实时监控

《证券法》(2019 年修订) 第 112 条第 1 款规定，证券交易所对证券交易实行实时监控，并按照国务院证券监督管理机构的要求，对异常的交易情况提出报告。第 2 款规定，证券交易所根据需要，可以按照业务规则对出现重大异常交易情况的证券账户的投资者限制交易，并及时报告国务院证券监督管理机构。

实时监控，是证券交易所对证券交易所内的交易情况及交易秩序，进行即时和全面监控。实时监控的范围广泛，不仅包括对与证券信息有关的各种情况的监控，还包括对各种异常情况的监控，也应包括对进入证券交易所参与交易的从业人员的监控。

实时监控是证券交易所行使市场监管职的基础。通过实时监控，证券交易所可以及时获取证券交易的各类信息，特别是及时发现证券交易过程中出现的各种异常情况，采取限制交易、临时停市、暂停上市和终止上市等补救和处理措施，有效维护证券市场交易秩序。

《证券交易所管理办法》(2021 年修订) 第 42 条规定：证券交易所对证券交易进行实时监控，及时发现和处理违反业务规则的异常交易行为。证券交易所应当对可能误导投资者投资决策、可能对证券交易价格或证券交易量产生不当影响等异常交易行为进行重点监控。

(三) 管理、公开市场交易信息

《证券法》(2019 年修订) 第 109 条规定，证券交易所应当为组织公平的集中交易提供保障，实时公布证券交易即时行情，并按交易日制作证券市场行情表，予以公布。

证券交易即时行情的权益由证券交易所依法享有。未经证券交易所许可，任何单位和个人不得发布证券交易即时行情。

发现和形成公平合理的证券价格，是证券交易所的重要功能之一，因此，证券交易所必须向社会公开与证券交易有关的各种信息，以利于最终形成公平合理的证券价格。证券交易所应该保证投资者有机会获取公开披露的相关信息并有平等的交易机会。

证券交易所依法公开的证券交易信息，主要包括即时行情和非即时行情。即时行情也称实时行情，是与证券交易所集中交易市场所显示行情同步或者基本同步且连续的市场行情。即时行情是证券交易所行情，不包括场外交易行情。未经证券交易所许可，任何单位和个人不得发布证券交易即时行情。非即时行情，也称非实时行情，是指证券交易所按日制作的证券行情。非即时行情包括证券交易所就其场内交易的成交情况编制的日报表、周报表、月报表和年报表等。根据规定，证券交易所应当在每个交易日结束时，制作当日交易行情。

根据《证券交易所管理办法》（2021 年修订）第 38 条的规定，按日制作的证券市场行情表，应当记载以下事项：（1）上市证券的名称；（2）开盘价、最高价、最低价、收盘价；（3）与前一交易日收盘价比较后的涨跌情况；（4）成交量、成交金额的分计及合计；（5）证券交易所市场基准指数及其涨跌情况；（6）证监会要求公布或者证券交易所认为需要公布的其他事项。

证券交易所对市场交易形成的基础信息和加工产生的信息产品享有专属权利。未经证券交易所同意，任何单位和个人不得发布证券交易即时行情，不得以商业目的使用。经许可使用交易信息的机构和个人，未经证券交易所同意，不得将该信息提供给其他机构和个人使用。

（四）技术性停牌和临时停市

《证券法》（2019 年修订）第 111 条规定："因不可抗力、意外事件、重大技术故障、重大人为差错等突发性事件而影响证券交易正常进行时，为维护证券交易正常秩序和市场公平，证券交易所可以按照业务规则采取技术性停牌、临时停市等处置措施，并应当及时向国务院证券监督管理机构报告。""因前款规定的突发性事件导致证券交易结果出现重大异常，按交易结果进行交收将对证券交易正常秩序和市场公平造成重大影响的，证券交易所按照业务规则可以采取取消交易、通知证券登记结算机构暂缓交收等措施，并应当及时向国务院证券监督管理机构报告并公告。""证券交易所对其依照本条规定采取措施造成的损失，不承担民事赔偿责任，但存在重大过错的除外。"

突发性事件是指在证券交易过程中无法预测或难以预测其出现的，对证券交易产生较大影响的人为或者客观事件。停牌是针对某一特定证券而采取的停止交易的手段，而技术性停牌是指因某种即时出现的突发性事件影响证券交易的正常运行，由证券交易所采取的临时停止某种证券继续交易的手段。技术性停牌发生原因一般包括两类：一是传播媒介中出现与上市公司有关的信息，可能对上市证券的交易产生较大影响的；二是证券价格发生异常波动。技术性停牌并无确定期限，一般须于查明突发性事件或上市公司作出信息披露后方可复牌。

临时停市则是针对整个证券交易所的交易而言的，即一旦出现临时停市事件，证券交易所有权停止证券交易所内的一切交易活动。可见，临时停市是证券交易所采取的极端措施。依据《证券法》(2019 年修订) 的规定，临时停市的原因主要有：(1) 发生了不可抗力、意外事件、重大技术故障、重大人为差错等突发性事件；(2) 为维护证券交易的正常秩序。后一条件具有一定程度的弹性，它赋予了证券交易所可按照业务规则的规定斟酌情况采取停市的巨大的自由裁量权。采取停市措施，其目的在于维护证券交易的正常秩序，但会对整个证券市场乃至金融市场产生巨大影响，不到非常严重的程度不应随便采取。

根据《证券交易所管理办法》(2021 年修订) 第 78 条，遇有以下事项之一的，证券交易所应当及时向证监会报告，同时抄报交易所所在地人民政府，并采取适当方式告知交易所会员和投资者：(1) 发生影响证券交易所安全运转的情况；(2) 因不可抗力、意外事件、重大技术故障、重大人为差错等突发性事件而影响证券交易正常进行时，证券交易所为维护证券交易正常秩序和市场公平采取技术性停牌、临时停市、取消交易或者通知证券登记结算机构暂缓交收等处理措施；(3) 因重大异常波动，证券交易所为维护市场稳定，采取限制交易、强制停牌、临时停市等处置措施。

五、我国证券交易所的自律管理职能

(一) 对上市公司的管理

1. 上市审核及终止上市

《证券法》(2019 年修订) 第 46 条明确规定：申请证券上市交易，应当向证券交易所提出申请，由证券交易所依法审核同意，并由双方签订上市协议。证券交易所根据国务院授权的部门的决定安排政府债券上市交易。证券交易所应当根据《证券法》(2019 年修订) 第 47 条的规定制定上市规则，上市规则规定的上市条件应当对发行人的经营年限、财务状况、最低公开发行比例和公司治理、诚信记录等提出要求。证券交易所应与上市公司订立上市协议，确定相互间的权利义务。

证券上市交易后，出现法定情形时，由证券交易所决定终止上市。

对证券交易所作出的不予上市交易、终止上市交易决定不服的，可以向证券交易所设立的复核机构申请复核。

2. 对信息披露义务人的信息披露进行监督

《证券法》(2019 年修订) 第 87 条第 2 款规定，证券交易场所应当对其组织交易的证券的信息披露义务人的信息披露行为进行监督，督促其依法及时、准确地披露信息。

首先，证券交易所依法履行对公开发行并上市申请文件的审核。例如，发行人要依法向交易所报送招股说明书、发行保荐书、审计报告、法律意见书、公司章程、股东大会决议等注册申请文件，以及上市保荐书和交易所要求的其他文件。

其次，在证券交易所的上市规则中，对上市公司及相关信息披露人履行信息披露义务的基本原则、一般要求，披露的时间、内容、方式及其违规处分均作出了明确规定。同时，证券交易所还通过制定上市公司信息披露事务管理制度指引等，强化对上市公司履行信息披露义务的监管。

3. 对上市公司的其他管理和监督

证券交易所可以通过制定其他自律规则，要求上市公司依法建立健全公司治理和内部控制制度，增强信息披露的可靠性，确保公司行为合法合规。

证券交易所还可设立上市公司股东持股情况的档案资料，并根据相关法律规范对股东持股数量及买卖行为的限制规定，对上市公司股东在交易过程中的持股变动情况进行及时统计和监督。上市公司股东因持股数量变动而产生信息披露义务的，证券交易所应当在其履行信息披露义务之前，限制其继续交易该股票，督促其及时履行信息披露义务，并立即向证监会报告。

（二）对会员证券公司的自律管理

1. 制定会员管理规则

目前，我国的证券交易所均实行会员制。进入实行会员制的证券交易所参与集中交易的，必须是证券交易所的会员。证券交易所不得允许非会员直接参与股票的集中交易。证券公司作为证券交易所的会员，必须遵守证券交易所章程及各项规则。依法对会员进行监督管理，是证券交易所的自律管理的主要表现。

根据《证券交易所管理办法》（2021 年修订）第 49 条，证券交易所应当制定会员管理规则，其内容包括：（1）会员资格的取得和管理；（2）席位（如有）与交易单元管理；（3）与证券交易业务有关的会员合规管理及风险控制要求；（4）会员客户交易行为管理、适当性管理及投资者教育要求；（5）会员业务报告制度；（6）对会员的日常管理和监督检查；（7）对会员采取的收取惩罚性违约金、取消会员资格等自律监管措施和纪律处分；（8）其他需要在会员管理规则中规定的事项。

2. 市场准入规则

《证券法》（2019 年修订）第 105 条和第 106 条规定：进入实行会员制的证券交易所参与集中交易的，必须是证券交易所的会员。证券交易所不得允许非会员直接参与股票的集中交易。投资者应当与证券公司签订证券交易委托协议，并在证券公司实名开立账户，以书面、电话、自助终端、网络等方式，委托该证券公司代其买卖证券。

（三）自律处分

《证券法》（2019 年修订）第 115 条第 2 款规定，“在证券交易所从事证券交易，应当遵守证券交易所依法制定的业务规则。违反业务规则的，由证券交易所给予纪律处分或者采取其他自律管理措施”。

根据《证券交易所管理办法》（2021 年修订）第 92 条，证券交易所应当在其职责范围内，及时向证监会报告其会员、证券上市交易公司及其他人员违反法律、行政法规、部门规章的情况；按照证券交易所章程、业务规则等证券交易所可以采取自律监管措施和纪律处分的，证券交易所有权按照有关规定予以处理，并报证监会备案；法律、行政法规、部门规章规定由证监会处罚的，证券交易所可以向证监会提出处罚建议。证监会可以要求证券交易所按照业务规则对其会员、证券上市交易公司等采取自律监管措施或者纪律处分。

以《上海证券交易所纪律处分和监管措施实施办法》（2022 年修订版）为例，证券交易所可对违反交易所业务规则的监管对象实施纪律处分和监管措施。监管对象包括：

(1) 证券和证券衍生品种的发行人、上市公司、基金管理人（以下统称证券发行人）及其董事、监事、高级管理人员，以及红筹企业、境外基础证券发行人等证券发行人（以下简称境外发行人）的信息披露境内代表；(2) 证券发行人的股东或存托凭证持有人、实际控制人、收购人、交易对方、破产管理人、破产重整投资人及其相关人员；(3) 保荐人及其保荐代表人、承销商、债券受托管理人、上市推荐人及其相关人员；(4) 存托人；(5) 证券服务机构及其相关人员；(6) 交易所会员、不具备交易所会员资格的交易参与人及其董事、监事、高级管理人员；(7) 交易所市场的投资者；(8) 交易所业务规则规定的其他机构和人员。

第二节　其他全国性证券交易场所及其自律监管

一、其他全国性证券交易场所概述

（一）其他全国性证券交易场所的概念

证券交易场所是为证券提供转让流通服务的法定市场。这一概念源于我国《公司法》。《公司法》第 138 条规定，"股东转让其股份，应当在依法设立的证券交易场所进行或者按照国务院规定的其他方式进行"。这一条表达了两层意思：(1) 可以自由转让的标的是股份有限公司的股票。第 138 条规定在《公司法》"股份有限公司的股份发行和转让"一章，表明可以在证券交易场所或按国务院规定的方式进行自由转让的标的是股份有限公司的股票，而不是股份有限公司的股东权益。这是股份有限公司资合性质的典型体现，即股份有限公司的股份被等额划分成股票，只要股份有限公司的股份总数没有变化，资本总额没有变化，股份持有人的改变不会影响公司的存在，也不会影响公司债权人的利益，因此，其转让除法律另有规定外，不受其他限制。[①] (2) 股份有限公司股东转让其股票应当在特定场所进行或者采用特定的方式进行。这一规定限定了股份转让的场所以及其他转让方式的规则设立层级，即股份转让的场所应当由法律规定，其他转让方式应由国务院层面的行政规章、决定、命令来规定。

目前，我国主要的交易场所包括：上海证券交易所、深圳证券交易所、新三板，以及区域性股权交易系统、机构间私募产品报价与服务系统等。其中，上海证券交易所、深圳证券交易所、新三板属于《证券法》(2019 年修订) 第 96 条规定的"为证券集中交易提供场所和设施，组织和监督证券交易，实行自律管理，依法登记，取得法人资格"的全国性证券交易场所，其设立、变更和解散由国务院决定。上海证券交易所和深圳证券交易所属于证券交易所，而新三板属于"其他全国性证券交易场所"。

（二）新三板及其特征

新三板于 2012 年由国务院批准设立。证监会制定的《非上市公众公司监督管理办法》(2023 年修订，以下简称《公众公司监管办法》) 和《全国中小企业股份转让系统有限责任公司管理暂行办法》(2017 年修正，以下简称《全国股转公司管理办法》) 规

① 桂敏杰，安建．新公司法条文解析．北京：人民法院出版社，2006：324.

定了新三板的基础性制度。2013 年国务院《关于全国中小企业股份转让系统有关问题的决定》（以下简称《国务院决定》）允许所有符合条件的股份有限公司申请在新三板挂牌，公开转让股份，进行股权融资、债权融资、资产重组等；明确了新三板是经国务院批准设立的全国性证券交易场所，采取公开交易方式。《证券法》（2019 年修订）将“国务院批准的其他全国性证券交易场所”这一表述纳入“证券交易场所”一章，明确了新三板与沪、深证券交易所具有同等法律地位。

新三板作为全国证券交易场所具有以下特点。

1. 公开市场

根据《证券法》《国务院决定》，新三板允许公开发行证券的挂牌，也可以组织证券的公开转让。挂牌公司作为公众公司，履行信息披露义务。

2. 场内市场

新三板实施证券集中交易、集中登记和账户一级托管，提供标准化产品，对挂牌公司实施信息披露监管。

3. 独立市场

新三板有独立的设立依据、独立的监管体系、独立的市场功能、独立的运营机构以及独立的市场参与主体。

二、证券交易场所的自律管理

（一）证券交易场所自律管理的概念及特征

自律管理（self-regulation），或自律监管，通常被认为是由市场参与主体组成的非行政主体所行使的自我管理行为。证券交易场所的自律管理，从历史的维度，突出地体现为早期证券交易场所具有会员资格的证券商所自主行使的市场管理权。[①] 随着证券交易场所的“非互助化”进程，传统的“自我管理”式自律逐步让位于公众利益，证券交易场所的“自我管理”要素从纯粹的“会员决定”转变为“会员授权自律组织决定”。

一般而言，证券交易场所的自律管理拥有以下特征。

第一，具有自我管理属性。一般认为，自律管理权是交易场所的基本权利，这一权利以市场主体的自我管理权利为基础，通过协议让渡的形式而形成，属于派生权利。从历史起源来看，传统的自律管理正是由证券经纪、交易商等市场主体自发组织形成自律组织并实施的自我管理；从现实实践来看，证券交易场所通过与市场参与者签订上市协议、会员章程，让市场参与者接受交易场所的监管和处罚，同样是以协议方式获得市场参与者所让渡的权利。因此，对于“非互助化”时代证券交易场所法律法规对自律管理权的规定，一般认为属于对交易场所本身权利的确认和保护。

第二，具有专业、高效、市场化的特征。一是证券交易场所作为专门的自律监管组织，其对监管权力的行使具有专业性。二是相较于行政监管手段，证券交易场所的自律监管手段丰富，类型众多，“具有及时矫正功能”，能够对违规行为作出及时的制止、矫

① 如美国《1934 年证券交易法》颁布前，纽约证券交易所专家证券商（specialist）和场内交易会员（floor trader）行使市场管理权。

正和处理；能够满足监管体制面对违规行为要反应迅速的要求，提高证券监管的效率，旨在迅速平息市场波动，维护市场秩序。三是证券交易场所更多地依赖中介机构进行自律监管，如证券交易所的会员制度、新三板的主办券商制度等。

（二）新三板的自律管理职能及主要特征

根据《证券法》（2019 年修订）第 96 条的规定，国务院批准的其他全国性证券交易场所为证券集中交易提供场所和设施，组织和监督证券交易，实行自律管理。《国务院决定》规定，新三板要制定并完善业务规则体系，建立市场监控系统，完善风险管理制度和设施，保障技术系统和信息安全，切实履行自律监管职责。证监会发布的《全国股转公司管理办法》规定，全国股转公司的职能包括：（1）建立、维护和完善股票转让相关技术系统和设施；（2）制定和修改新三板业务规则；（3）接受并审查股票挂牌及其他相关业务申请，安排符合条件的公司股票挂牌；（4）组织、监督股票转让及相关活动；（5）对主办券商等新三板参与人进行监管；（6）对挂牌公司及其他信息披露义务人进行监管；（7）管理和公布新三板相关信息；（8）证监会批准的其他职能。

新三板由全国股转公司对挂牌公司及其他市场参与主体实施自律监管。根据市场服务对象、市场自身特点的不同，新三板的自律监管相较于证券交易所的，有其自身特征，主要体现为以下几点。

1. 新三板的自律管理发挥着更重要的作用

新三板设置了较高的投资者准入要求[①]，投资者的风险判断能力及承受能力相对较高，投、融资双方的博弈能力差别更小。因此，新三板的制度设计理念强调市场化，强调市场主体之间的利益制衡、主办券商等中介机构发挥把关作用，强调交易场所自律监管作用的发挥。同时，新三板作为服务万家中小微企业的海量市场，行政监管资源有限，难以实现全面覆盖，客观上需要自律监管发挥更加重要的作用。相比之下，沪、深证券交易所市场更多地依靠行政监管力量，根据上市公司辖区证监局的核查结果采取相应的监管措施和纪律处分。

2. 高度依赖中介机构实施自律监管

新三板市场秩序维护高度依赖中介机构作用的发挥：挂牌准入时要求主办券商等中介机构对所推荐公司披露信息的真实、准确、完整性进行核查并发表意见；在发行融资时，要求主办券商等中介机构对发行对象、发行定价、募集资金使用等进行核查并作专项说明；在信息披露时，要求主办券商做好对挂牌公司信息披露的内容和形式的把关；摘牌时，要求主办券商等中介机构就挂牌公司异议股东情况、涉嫌违规情形进行核查。违规处理时，主要的违规线索发现途径是主办券商的核查。主办券商通过定期检查和专项核查，对挂牌公司的信息披露及公司治理事项进行排查，并就发现的问题予以通报，

① 《全国中小企业股份转让系统投资者适当性管理细则》（已失效）规定，实收资本或实收股本总额 500 万元人民币以上的法人机构、实缴出资总额 500 万元人民币以上的合伙企业、拥有金融资产 500 万元人民币以上的自然人等投资者，可以参与挂牌公司股票公开转让。2019 年 12 月 27 日发布的《全国中小企业股份转让系统投资者适当性管理办法》调整了投资者门槛，对基础层、创新层、精选层挂牌公司实施差异化的投资者适当性门槛，分别定为 200 万元、150 万元、100 万元，并将“金融资产”改回为“证券资产”（指本人名下证券账户和资金账户内的日均资产，不含该投资者通过融资融券融入的资金和证券）。该办法于 2021 年 9 月 17 日又进行了一次修改。修改后，基础层和创新层的投资者准入门槛分别为 200 万元和 100 万元。

全国股转公司根据核查结果采取相应的自律监管措施。

3. 公司监管占据更重要的位置

根据监管对象类型的不同，证券交易场所的自律监管可大致区分为公司监管、会员监管和交易监管。公司监管针对的是上市（挂牌）公司、公司管理层、控股股东等主体；会员监管针对的是券商等交易场所会员；交易监管针对的是交易行为。相较于沪、深证券交易所以交易监管为核心的监管实践，公司监管在新三板占据更重要的位置。新三板服务于创新型、创业型、初创型的中小微企业，监管重点是挂牌公司的信息披露和公司治理。从实践情况看，新三板实施严格的投资者适当性管理制度，客观上导致二级市场参与的投资者数量偏少，相较于主板市场，针对公司采取的监管措施所占比例较高。①

三、新三板自律管理的主要内容

（一）自律规则制定

《国务院决定》规定，“全国股份转让系统要制定并完善业务规则体系……”《全国股转公司管理办法》第 8 条第 2 项规定，全国股转公司的职能包括制定和修改全国股转系统业务规则；第 9 条第 1 款规定，全国股转公司应当就股票挂牌、股票转让、主办券商管理、挂牌公司管理、投资者适当性管理等依法制定基本业务规则。目前新三板已经形成了包括基本业务规则、业务细则、业务规定以及业务指南共四个层级在内，体系较为清楚、内容较为科学的业务规则体系。

（二）公司监管

全国股转公司对挂牌公司的监管涵盖从挂牌准入、日常监管到摘牌退出等各个环节。

1. 挂牌准入审查

《全国股转公司管理办法》第 8 条第 3 项规定，全国股转公司“接受并审查股票挂牌及其他相关业务申请，安排符合条件的公司股票挂牌”。全国股转公司对申请挂牌公司的相关文件进行审查，并作出是否允许挂牌的决定。（具体内容见本书第三章第三节“新三板市场挂牌制度”。）

2. 日常公司监管

《证券法》（2019 年修订）第 97 条规定，“国务院批准的其他全国性证券交易场所可以根据证券品种、行业特点、公司规模等因素设立不同的市场层次”。全国股转公司根据挂牌公司的所属发展阶段、公众性的不同，实施差异化的信息披露、公司治理等制度。

（1）信息披露监管。

全国股转公司督促挂牌公司及相应主体合规披露信息，具体包括以下内容。

第一，信息披露原则。挂牌公司及其他信息披露义务人应及时、公平地披露所有对公司股票及其他证券品种转让价格可能产生较大影响的信息，并保证信息披露内容的真

① 据统计，2018 年全国股转公司对挂牌公司采取的监管措施为 881 件，占当年监管措施总数的 65.1%。

实、准确、完整，不存在虚假记载、误导性陈述或重大遗漏。

第二，信息披露的内容。《全国中小企业股份转让系统挂牌公司信息披露规则》要求挂牌公司披露以下文件：一是定期报告。挂牌公司应当披露的定期报告包括年度报告和中期报告，可以披露季度报告，证监会、全国股转公司另有规定的，从其规定。挂牌公司应当按照证监会有关规定编制并披露定期报告，并按照《企业会计准则》的要求编制财务报告。挂牌公司应当在规定的期限内编制并披露定期报告，在每个会计年度结束之日起 4 个月内编制并披露年度报告，在每个会计年度的上半年结束之日起 2 个月内编制并披露中期报告；披露季度报告的，挂牌公司应当在每个会计年度前 3 个月、9 个月结束后的 1 个月内编制并披露。第一季度报告的披露时间不得早于上一年的年度报告。挂牌公司年度报告中的财务报告应当经符合《证券法》规定的会计师事务所审计。挂牌公司不得随意变更会计师事务所，如确需变更的，应当由董事会审议后提交股东大会审议。创新层挂牌公司审计应当执行财政部关于关键审计事项准则的相关规定。挂牌公司定期报告披露前出现业绩泄露，或者出现业绩传闻且公司股票及其他证券品种交易出现异常波动的，应当及时披露业绩快报。业绩快报中的财务数据包括但不限于营业收入、净利润、总资产、净资产以及净资产收益率。挂牌公司在定期报告披露前，预计净利润同比变动超过 50%且大于 500 万元、发生亏损或者由亏损变为盈利的，可以进行业绩预告。业绩预告应当披露相关财务数据的预计值以及重大变化的原因。公司业绩快报、业绩预告中的财务数据与实际数据差异幅度达到 20%以上的，应当及时披露修正公告，并在修正公告中向投资者致歉、说明差异的原因。

二是临时报告。发生可能对公司股票及其他证券品种交易价格、投资者投资决策产生较大影响的重大事件（以下简称重大事件或重大事项），挂牌公司及其他信息披露义务人应当及时披露临时报告。临时报告是指自取得挂牌同意函之日起，挂牌公司及其他信息披露义务人按照法律法规和证监会、全国股转公司有关规定发布的除定期报告以外的公告。临时报告（监事会公告除外）应当加盖董事会公章并由公司董事会发布。挂牌公司应当按照证监会、全国股转公司有关规定编制并披露临时报告。证监会、全国股转公司对不同市场层级挂牌公司重大事件的标准有差异化规定的，挂牌公司应当遵守相关规定。创新层挂牌公司应当按照证监会、全国股转系统行业信息披露有关规定的要求，及时披露行业特有重大事件。挂牌公司控股子公司发生规定的重大事件，视同挂牌公司的重大事件。挂牌公司参股公司发生规定的重大事件，可能对挂牌公司股票及其他证券品种交易价格或投资者决策产生较大影响的，挂牌公司应当参照本规则履行信息披露义务。

第三，主办券商审查要求。对于挂牌公司的信息披露内容，主办券商应当进行事前审查。主办券商审查发现拟披露的信息或已披露信息存在任何错误、遗漏或者误导的，或者发现存在应当披露而未披露事项的，应当要求挂牌公司进行更正或补充。

第四，全国股转公司审查、问询。全国股转公司发现已披露信息存在问题的，可以采用公开问询等方式，要求挂牌公司及其他信息披露义务人、主办券商和其他证券服务机构等相关主体进行解释、说明、更正和补充。

（2）规范治理监管。

全国股转公司督促挂牌公司按照法律、行政法规、部门规章、全国股转公司相关业务规定完善公司治理，确保所有股东，特别是中小股东享有平等地位，充分行使合法权利。精选层挂牌公司应当实施单独计票、累计投票机制，建立独立董事制度并遵守更为严格的治理要求。

挂牌公司应当依据《公司法》及有关非上市公众公司章程必备条款的规定制定公司章程并披露。挂牌公司应当依照公司章程的规定，规范重大事项的内部决策程序。

挂牌公司与控股股东、实际控制人及其控制的其他企业应实行人员、资产、财务分开，各自独立核算、独立承担责任和风险。控股股东、实际控制人及其控制的其他企业应切实保证挂牌公司的独立性，不得利用其股东权利或者实际控制能力，通过关联交易、垫付费用、提供担保及其他方式直接或者间接侵占挂牌公司的资金、资产，损害挂牌公司及其他股东的利益。

3. 公司摘牌

挂牌公司出现未按期披露年度报告或半年度报告，期满 2 个月内仍未披露，与原有主办券商解除持续督导协议且 3 个月内找不到其他主办券商等情况的，全国股转公司对挂牌公司履行摘牌程序。

（三）交易监管

《全国股转公司管理办法》第 8 条第 4 项规定，全国股转公司的职能包括“……组织、监督股票转让及相关活动……”这主要体现为全国股转公司对证券交易的实时监控与管理。

新三板的交易主要包括盘中交易方式和盘后交易方式两种：(1) 盘中交易方式包括竞价交易和做市交易。竞价交易，是指对一段时间内接受的买卖申报一次性集中撮合（集合竞价）或者对买卖申报逐笔连续撮合（连续竞价）。做市交易是做市商持续发布买卖双向报价，在其报价数量范围内按其报价与投资者成交，投资者之间不能成交的交易方式。目前，精选层股票采取竞价交易方式，基础层、创新层股票可以采取做市交易方式或集合竞价交易方式。(2) 盘后交易方式主要包括大宗交易等。此外，对于因收购、股份权益变动或引进战略投资者等原因需要进行股票转让的，可以向全国股转公司申请特定事项协议转让。

1. 异常交易的实时监控

全国股转公司对证券交易过程中出现的异常交易情形，予以重点监控。异常交易情形主要包括：一是涉嫌内幕交易、操纵市场等违法违规行为；二是可能影响股票交易价格或者股票成交量的异常交易行为；三是股票交易价格或者股票成交量明显异常的情形；四是买卖股票的范围、时间、数量、方式等受到法律法规、部门规章及新三板业务规则限制的行为等。

(1) 可能影响股票交易价格或者股票成交量的异常交易行为。

可能影响股票交易价格或者股票成交量的异常交易行为包括：1) 可能对股票交易价格产生重大影响的信息披露前，大量或持续买入或卖出相关股票；2) 单个证券账户，或两个以上固定的或涉嫌关联的证券账户之间，大量或频繁进行反向交易；3) 单个证券账户，或两个以上固定的或涉嫌关联的证券账户，大笔申报、连续申报、密集申报或申报价格明显偏离该证券行情揭示的最近成交价；4) 单独或者合谋，以涨幅或跌幅限制的价格大额申报或连续申报，致使该股票交易价格达到或维持涨幅或跌幅限制；5）频繁申报或撤销申报，或大额申报后撤销申报，以影响股票交易价格或误导其他投资者；6）集合竞价期间以明显高于前收盘价的价格申报买入后又撤销申报，随后申报卖出该证券，或以明显低于前收盘价的价格申报卖出后又撤销申报，随后申报买入该证券；7）对单一股票在一段时期内进行大量且连续交易；8）大量或者频繁进行高买低卖交易；9）申报或成交行为造成市场价格异常或秩序混乱；10）利用虚假或者不确定的重大信息，诱导投资者作出投资决策，并进行相关交易的；11）通过对股票及其发行人、挂牌公司公开作出评价、预测或者投资建议，误导投资者作出投资决策，并进行与其评价、预测、投资建议方向相反的股票交易的；12）通过策划、实施虚假重大事项，误导投资者作出投资决策，并进行相关交易的；13）通过控制发行人、挂牌公司信息的生成或者控制信息披露的内容、时点、节奏，误导投资者作出投资决策，并进行相关交易的等。

（2）股票交易价格或者股票成交量明显异常的情形。

股票交易价格或者股票成交量明显异常的情形包括：1）同一证券营业部或同一地区的证券营业部集中买入或卖出同一股票且数量较大；2）股票转让交易价格连续大幅上涨或下跌，且挂牌公司无重大事项公告；3）全国股转公司认为需要重点监控的其他异常交易情形。

对于实时监控中发现的异常交易情形，全国股转公司认为涉嫌违法违规的，可以采取口头警示、约见谈话、要求提交书面承诺、出具警示函、责令改正、暂停或限制证券账户交易等措施。

2. 技术性停牌、临时停市

因突发性事件而影响股票交易的正常进行时，全国股转公司可以采取技术性停牌措施；因不可抗力的突发性事件或者为维护股票交易的正常秩序，可以决定临时停市。

突发性事件等异常情况是指由不可抗力、意外事件、技术故障、重大人为差错等导致或可能导致新三板证券交易部分或全部不能正常进行的情形。对于此类情形，全国股转公司可视情况需要单独或者同时采取技术性停牌、临时停市、暂缓进入交收等措施。

（四）主办券商监管

《全国股转公司管理办法》第 8 条第 5 项规定，全国股转公司的职能包括“对主办券商等全国股份转让系统参与人进行监管”。主办券商制度是新三板的特色制度，全国股转公司通过要求主办券商勤勉尽责、履行其职责以督促挂牌公司规范运作，来规范投资者适当性管理。

1. 主办券商的准入要求

全国股转公司要求拟从事新三板推荐、经纪、做市等业务的证券公司提出申请，并向全国股转公司完成备案。

2. 日常业务要求

（1）持续督导。

对于挂牌公司的主办券商，全国股转公司要求其配备合格专业人员，建立健全持续督导工作制度，勤勉履行审查挂牌公司拟披露的信息披露文件、对挂牌公司进行现场检查、发布风险警示公告等督导职责。

（2）投资者适当性管理。

全国股转公司要求主办券商切实履行投资者适当性管理职责，了解投资者的身份、财务状况、证券投资经验等相关信息，评估投资者的风险承受能力和风险识别能力，有针对性地开展风险揭示、投资者知识普及、投资者服务等工作，引导投资者审慎参与挂牌公司股票公开转让等相关业务。

主办券商应当在投资者首次参与挂牌公司股票公开转让之日起，通过主动提醒、动态跟踪、定期检查等方式，督促投资者持续符合投资者适当性的要求。

3. 监督检查

全国股转公司对主办券商及其从业人员的执业行为进行持续管理，开展现场检查和非现场检查，记录其执业情况、违规行为等信息。

全国股转公司定期对主办券商从事新三板推荐、做市、经纪等各项业务的情况进行专项评价、打分、排名，并根据每期的评价情况实施激励或者惩罚措施。

（五）行情信息管理

《全国股转公司管理办法》第8条第7项规定，全国股转公司的职能包括“管理和公布全国股份转让系统相关信息”；第11条规定，“全国股份转让系统公司应当为组织公平的股票转让提供保障，公布股票转让即时行情。未经全国股份转让系统公司许可，任何单位和个人不得发布、使用或传播股票转让即时行情”。

证券交易的行情是投资者对证券作出客观判断的重要依据，对证券交易行情的管理是证券交易场所为了维护信息公开、公平而履行的重要职责。

新三板的行情信息指的是新三板编辑、集中交易所产生的交易信息及相关的其他信息。新三板行情信息包括即时行情与延时行情。即时行情是指与新三板交易支持平台所显示的行情基本同步的市场行情，延时行情是指除即时行情以外的其他行情。行情信息主要包括：（1）竞价转让方式下，为证券代码、证券简称、前收盘价、最近成交价、当日最高成交价、当日最低成交价、当日累计成交数量以及实时最优三个价位定价申报的价格、数量、成交约定号等；（2）做市转让方式下，为证券代码、证券简称、前收盘价、最近成交价、当日最高价、当日最低价、当日累计成交数量、当日累计成交金额、做市商实时最高三个价位买入申报价格和数量、做市商实时最低三个价位卖出申报价格和数量等。

行情使用人应当向新三板申请，并得到全国股转公司许可。未经全国股转公司许可，任何单位和个人不得发布、使用和传播新三板行情信息。

（六）违规处理

1. 处理对象

全国股转公司采取自律监管措施和纪律处分的实施对象包括：申请挂牌公司、挂牌公司及其董事、监事、高级管理人员、股东、实际控制人，收购人、重大资产重组交易对方、破产管理人及相关人员，主办券商及相关人员、律师事务所、会计师事务所、其他证券服务机构及其相关人员、做市商及其他交易参与人、投资者以及全国股转公司业务规则规定的机构和人员。

2. 处理措施种类

处理措施包括自律监管措施和纪律处分。根据《全国中小企业股份转让系统自律监管措施和纪律处分实施细则》（2021 年 11 月修订）第 16 条的规定，全国股转公司可以采取的自律监管措施包括：（1）口头警示；（2）监管关注；（3）约见谈话；（4）要求提交书面承诺；（5）出具警示函；（6）限期改正；（7）要求公开更正、澄清或说明；（8）要求公开致歉；（9）要求限期参加培训或考试；（10）要求限期召开投资者说明会；（11）暂停解除挂牌公司控股股东、实际控制人的股票限售；（12）建议挂牌公司更换相关任职人员；（13）向有关主管部门出具监管关注函；（14）全国股转公司规定的其他自律监管措施。

根据《全国中小企业股份转让系统自律监管措施和纪律处分实施细则》（2021 年 11 月修订）第 37 条，全国股转公司可以作出的纪律处分包括：（1）通报批评；（2）公开谴责；（3）认定其不适合担任公司董事、监事、高级管理人员；（4）暂不受理机构或者其从业人员出具的相关业务文件；（5）暂停或者限制交易权限；（6）取消交易权限；（7）取消交易参与人资格；（8）全国股转公司规定的其他纪律处分。

3. 实施程序

（1）自律监管措施的实施程序。

实施口头警示、监管关注、约见谈话和要求提交书面承诺措施的，可以口头或书面方式通知。实施其他自律监管措施的，应当向监管对象发送自律监管措施决定书。自律监管措施决定书应当包括违规事实、实施的自律监管措施及适用规则等。

实施口头警示措施的，由全国股转公司或业务部门通过电话等口头形式向监管对象作出，或委托相关证券公司送达，告知其违规事实、实施的自律监管措施及适用规则，并明确指出如未及时终止违规行为，将对其进一步实施自律监管措施或者纪律处分。实施口头警示的，应当留存录音、电话记录单或委托送达通知。

实施监管关注措施的，由全国股转公司或业务部门通过口头或书面形式向监管对象作出，或委托相关机构、证券发行人送达，告知其违规事实、实施的自律监管措施及适用规则。

实施约见谈话措施的，由全国股转公司或业务部门至少提前 3 个交易日通知监管对象，告知其违规事实、实施的自律监管措施及适用规则，同时告知谈话的时间、地点、事项和应当提供的书面材料等内容。实施约见谈话措施的，业务部门应当制作谈话记录，参加谈话的监管对象应当签字确认。

实施要求提交书面承诺措施的，由全国股转公司或业务部门通知监管对象，告知其违规事实、实施的自律监管措施及适用规则、需要书面承诺的事项等内容。

实施出具警示函措施的，由全国股转公司或者业务部门向监管对象发送自律监管措施决定书，告知其应当关注的问题，对其进行警示，提醒其尽快改进。

实施限期改正措施的，由全国股转公司或业务部门向监管对象发送自律监管措施决定书，告知其整改的事项、时限和要求等内容。

实施要求公开更正、澄清或说明措施的，由全国股转公司或业务部门向监管对象发送自律监管措施决定书，告知其要求公开更正、澄清或说明的事项、时限和公开的方式等内容。

实施要求公开致歉措施的，由全国股转公司或业务部门向监管对象发送自律监管措施决定书，告知其需要致歉的事项、时限、方式和要求等内容。

实施要求限期参加培训或考试措施的，由全国股转公司或业务部门向监管对象发送自律监管措施决定书，告知其参加培训或考试的种类、时限和要求等内容。

实施要求限期召开投资者说明会措施的，由全国股转公司或业务部门向监管对象发送自律监管措施决定书，告知其召开投资者说明会的事项、时限和要求等内容。

实施暂停解除挂牌公司控股股东、实际控制人的股票限售措施的，由全国股转公司或业务部门向监管对象发送自律监管措施决定书，告知其暂停办理解除限售申请的时限，可以要求其进行自查并提交自查报告，或要求其限期进行整改。

实施建议挂牌公司更换相关任职人员措施的，由全国股转公司或业务部门向挂牌公司发送自律监管措施决定书，告知其建议更换的有关任职人员的姓名、职务和具体要求等内容，以及建议更换的原因。

实施向相关主管部门出具监管建议函措施的，由全国股转公司向相关主管部门发出书面函件，告知其监管对象的违规事实、风险状况并建议其采取相应监管措施，同时向监管对象发出书面通知，告知其实施自律监管措施的事项、简要理由及监管建议函的主要内容。

实施暂停受理或者办理相关业务措施的，由全国股转公司或者业务部门向有关对象发送自律监管措施决定书，告知其暂停受理或者办理相关业务的原因、期限、业务种类以及恢复受理或者办理的条件、时间等内容。

实施将证券账户列入重点监控账户措施的，由全国股转公司或者业务部门将有关账户名单发送至证券公司或者其他交易参与人，证券公司或者其他交易参与人应当告知监管对象并加强相关账户的客户管理工作。

实施暂停证券账户交易措施的，由全国股转公司或业务部门暂停监管对象名下证券账户全部或特定证券的交易，并应当以书面形式通知相关证券公司或其他交易参与人送达。暂停证券账户交易的持续时间一般不超过1个交易日。

实施限制证券账户交易措施的，由全国股转公司或业务部门限制监管对象名下证券账户一段时期内的全部或者特定证券交易，并应当以书面形式通知相关证券公司或其他交易参与人送达。限制证券账户交易的单次持续时间一般不超过6个月，但违规情节特别严重的除外。

拟实施暂停解除挂牌公司控股股东、实际控制人的股票限售、建议挂牌公司更换相关任职人员、向有关主管部门出具监管建议函、限制证券账户交易、暂停受理或办理相关业务的自律监管措施的，应当提交全国股转公司纪律处分委员会审议。

（2）纪律处分的实施程序。全国股转公司业务部门认为应对监管对象实施纪律处分或暂停解除挂牌公司控股股东、实际控制人的股票限售、建议挂牌公司更换相关任职人员、向有关主管部门出具监管建议函、限制证券账户交易、暂停受理或办理相关业务的自律监管措施的，应当以部门名义向监管对象发送纪律处分事先告知书或自律监管措施事先告知书。但属于下列情形之一的除外：全国股转公司认为违规事实清楚且情况紧急，需要立即实施纪律处分或自律监管措施的；拟实施限制证券账户交易的自律监管措施；发送事先告知书可能对纪律处分或自律监管措施实施效果产生重大影响的其他情形。

纪律处分事先告知书应当向监管对象说明违规事实、拟实施的纪律处分及其适用理由、适用规则，并要求其在5个交易日内予以书面答复。监管对象应当在收到前款事先告知书后5个交易日内，书面回复是否接受全国股转公司将实施的纪律处分。如对将实施的纪律处分有异议的，应当提交书面申辩材料。

监管对象在纪律处分事先告知书规定时间内未提交书面申辩或虽提交书面申辩，但全国股转公司业务部门仍然认为需要给予其纪律处分的，业务部门应当及时提起召开纪律处分会审议。

纪律处分委员会通过会议形式对纪律处分事项进行审议。每次会议参会委员原则上不少于5名，其中设召集人1名。拟实施限制证券账户交易措施或违规行为事实清楚且不涉及重大无先例的，可以由3名委员审议。

审议会议由召集人主持，并按照下列程序进行：1）参会委员听取有关事项，并询问相关情况；2）召集人组织参会委员对审议事项逐一发表个人审议意见；3）参会委员填写表决票；4）召集人宣布表决结果，并形成审议意见。审议会议的表决以记名方式进行，表决票设同意票和反对票两种，通过表决事项需同意票数超过半数。

纪律处分委员会根据表决结果明确如下审议意见：1）认为违规事实清楚，证据充分，适用规则正确，处分措施适当的，表决通过，决定实施纪律处分；2）认为违规事实清楚，证据充分，但存在适用规则或者处分方式不当等情形的，表决通过，同时对适用规则或处分方式提出明确意见；3）认为违规事实不清，证据不足，或遗漏违规事实、责任主体等情形的，暂缓表决；部分责任主体违规事实清楚的，可以先行处理；纪律处分委员会应对暂缓表决的事由和需要补充核查的事项发表明确意见，业务部门根据该意见进行补充核查或作出相应处理；4）认为违反全国股转公司业务规则，无须采取纪律处分，但应当采取自律监管措施的，决定采取自律监管措施；5）认为情节显著轻微可以酌情不予处理的或无充分有效证据证明监管对象负有责任的，表决不予处理。

全国股转公司根据纪律处分委员会的审议意见，作出纪律处分决定，向监管对象发送纪律处分决定书。纪律处分决定书中应当载明监管对象的违规事实、监管对象的书面申辩理由及其采纳情况（如有）、适用规则及决定实施的纪律处分。

在纪律处分审议会议对审议事项形成意见后，至纪律处分或者自律监管措施决定作出前，有关事项出现新情况，业务部门可以提请纪律处分委员会召开会后事项审议会议，对该事项重新进行审议。

全国股转公司或业务部门在实施自律监管措施或者纪律处分前可以进行现场检查，或者采取与有关人员进行谈话，发出问询、核查通知书等书面函件，调阅工作底稿等方式查明有关事实。

监管对象对全国股转公司实施的自律监管措施或纪律处分不服，属于复核受理范围的，可以按照复核程序的相关规定，向全国股转公司复核委员会申请复核。复核期间自律监管措施或纪律处分不停止执行，全国股转系统业务规则另有规定的除外。

全国股转公司或业务部门可以通过电子系统、邮寄、公告、传真等方式向监管对象送达自律监管措施事先告知书、自律监管措施决定书、纪律处分事先告知书、纪律处分决定书及其他相关文件。监管对象是申请挂牌公司、挂牌公司、投资者及相关主体的，可以委托相关证券公司送达。监管对象下落不明或者用其他方式无法送达的，全国股转公司或业务部门可以在全国股转公司网站发布公告，自公告发布之日起满 10 个交易日即视为送达。

全国股转公司或业务部门可以要求监管对象在符合《证券法》规定的信息披露平台就被采取自律监管措施或者纪律处分的相关情况作出公告。相关监管对象未按要求公告的，全国股转公司或业务部门可以根据情况进一步实施相关自律监管措施或者纪律处分。

全国股转公司将对监管对象实施的纪律处分和自律监管措施记入诚信档案，并可根据情况通报中国证监会及其派出机构、地方政府和行业自律组织。

全国股转公司在实施纪律处分和自律监管措施过程中，发现监管对象及相关主体的行为涉嫌违反法律、行政法规或者中国证监会相关规定的，按照相关规定报告中国证监会。

延伸阅读

新三板对某挂牌公司采取自律监管

TLH 股份有限公司（以下简称 TLH）在申报挂牌期间、挂牌后存在资金占用及关联交易违规等事宜，具体有以下情形。

（1）资金占用相关信息披露及公司治理违规。

第一，2015 年 11 月 10 日（申报挂牌期间），TLH 向其控股股东、实际控制人、董事长兼总经理祁某的个人账户汇入 6 865 000.00 元，向祁某所控制的公司出纳高某的账户汇入 200 000 元，除了归还前期所欠祁某款项 4 341 154.34 元，形成祁某对公司的资金占用余额 2 723 845.66 元，占公司 2014 年期末经审计净资产的 24.25%。TLH 未于“公开转让说明书”中，对上述资金占用及时补充披露。第二，2015 年 11 月 11 日至 12 月 31 日（完成挂牌后至期末），TLH 向祁某拆出多笔资金，以直接及间接方式，即通过向祁某本人账户及其所控制的公司出纳高某的账户，累计拆出 4 754 977.00 元，形成资金占用，占 2014 年期末经审计净资产的 42.34%。TLH 未于临时公告、2015 年年报中对上述资金占用及时披露。第三，2016 年度，祁某以直接方式或间接通过公司员工高某向公司借款，形成资金占用 29 663 903.56 元，占 2015 年期末经审计净资产的 100.91%。TLH 未于临时公告、2016 年半年报中对上述资金占用及时披露。第四，2017 年 3 月 20 日，祁某借用公司资金 4 500 000 元，形成资金占用，占公司 2016 年期末经审计净资产的 7.09%。TLH 未于临时公告中对上述资金占用及时披露。

TLH 的公司章程中载明公司要防止股东及其关联方占用或转移公司资金、资产及其他资源的相关安排，但因内部控制制度及财务管理不规范，未能有效防范实际控制人资金占用的行为。TLH 累计未及时披露的资金占用金额达 41 642 726.22 元。

（2）关联交易违规。

2016 年度，公司关联方 SDWL 集团有限公司（以下简称 SDWL）借用公司资金发生额为20 260 000元（其中，本金20 000 000元，利息260 000元），占公司2015年期末经审计净资产的68.92%。截至2016年12月31日，SDWL归还2 000 000元，剩余18 260 000元。截至2017年3月20日，SDWL归还剩余本息合计18 468 000元（本金18 260 000元，利息208 000元）。上述关联交易未及时履行审议程序，亦未于临时公告中及时披露。

综上，一是TLH未就申请挂牌期间的资金占用事项及时履行补充披露义务，违反《全国中小企业股份转让系统业务规则（试行）》（以下简称《业务规则》）第1.5条及《全国中小企业股份转让系统公开转让说明书内容与格式指引（试行）》第27条的规定。二是TLH未就挂牌后资金占用事项及时履行信息披露义务，违反了《全国中小企业股份转让系统挂牌公司信息披露细则（试行）》（现已失效，以下简称《信息披露细则》）第46条、《全国中小企业股份转让系统挂牌公司年度报告内容与格式指引（试行）》（现已失效）第23条、《全国中小企业股份转让系统挂牌公司半年度报告内容与格式指引（试行）》（现已失效）第24条的规定。三是TLH未能有效防范实际控制人资金占用的行为，违反《公众公司监管办法》（2013年修订）第14条，《业务规则》第4.1.1条、第4.1.2条的规定。四是TLH关联交易未及时履行审议程序及信息披露义务，违反了《信息披露细则》第35条的规定。

对TLH的违规行为，董事长兼总经理祁某负有主要责任，违反了《业务规则》第1.4条、1.5条的规定。公司财务总监宋某及分管财务的副总监兼董事赵某知悉相关情况，根据资金管理制度予以批准，违反了《业务规则》第1.4条的规定；董事会秘书徐某知悉公司资金占用及关联资金往来情况，未及时履行信息披露义务，违反了《业务规则》第1.5条的规定。

JSGZTY会计师事务所（以下简称JSGZTY）作为TLH 2015年年报审计机构，经过相关审计程序，认为TLH自2015年11月至12月期间存在控股股东、实际控制人及其关联方占用资金情形，但未在2016年出具的“资金占用情况的专项说明”中充分列示资金占用详细情况，未能勤勉尽责地提供审计服务，未规范履行信息披露义务，违反了《业务规则》第1.7条的规定。

鉴于上述违规事实和情节，根据《业务规则》第6.1、6.2、6.3条的规定，全国股转公司决定：给予TLH和控股股东、实际控制人、董事长兼总经理祁某通报批评的纪律处分，并计入诚信档案；对财务总监宋某、分管财务的副总监兼董事赵某、董事会秘书徐某采取出具警示函的自律监管措施；对JSGZTY采取要求提交书面承诺的自律监管措施。

第三节　中国证券业协会的自律管理

一、中国证券业协会概述

（一）中国证券业协会的性质

中国证券业协会（the Securities Association of China，SAC）是证券业的自律性组

织，是社会团体法人。中国证券业协会成立于1991年8月28日，是依据《证券法》和《社会团体登记管理条例》的有关规定设立的具有独立法人地位的、由经营证券业务的金融机构自愿组成的行业性自律组织，是非营利性社会团体法人。它的设立是为了加强证券业之间的联系、协调、合作和自我控制，以利于证券市场的健康发展。中国证券业协会采取会员制的组织形式，证券公司应当加入中国证券业协会。中国证券业协会章程由会员大会制定，并报证监会备案。中国证券业协会接受业务主管单位证监会和社团登记管理机关民政部的业务指导和监督管理。

中国证券业协会的宗旨是：在国家对证券业实行集中统一监督管理的前提下，进行证券业自律管理；发挥政府与证券行业间的桥梁和纽带作用；为会员服务，维护会员的合法权益；维持证券业的正当竞争秩序，促进证券市场的公开、公平、公正，推动证券市场的健康稳定发展。

（二）中国证券业协会的组织机构

中国证券业协会的最高权力机构是由全体会员组成的会员大会，理事会为其执行机构。中国证券业协会实行会长负责制。中国证券业协会会员由单位会员构成，包括法定会员、普通会员和特别会员，另设观察员。法定会员是经证监会批准设立的证券公司；普通会员是依法从事证券市场相关业务的证券投资咨询机构、证券资信评级机构、证券公司私募投资基金子公司、证券公司另类投资子公司等机构；特别会员包括申请加入中国证券业协会的证券交易所，金融期货交易所，证券登记结算机构，证券投资者保护基金公司，融资融券转融通机构，各省、自治区、直辖市、计划单列市的证券业自律组织，依法设立的区域性股权市场运营机构，以及协会认可的其他机构；观察员是指申请加入中国证券业协会的依法从事证券市场相关业务的信用增进机构、债券受托管理人、网下机构投资者、境外证券类驻华代表处等机构。

二、中国证券业协会的职能

（一）行业协会的职能

综合各发达国家的立法和实践，健全的行业自律组织至少应具有以下三类职能。

1. 规则制定权

行业规则制定权是行业自律组织为了进行正常化的组织机构运作，约束成员权利，维护社会利益的基本经济干预权。行业自律组织通过制定与之相应的章程、专项规则等文件，一方面规范行业秩序，约束行业成员的行为；另一方面为成员维权提供途径。行业自律组织的规则制定权是行业自律组织的基本职能，是保障行业自律组织运作平稳有序的必要职权。行规行约是国家制定法的补充，是国家多元规则体系的重要组成部分。

2. 自律监督检查权

行业自律监督检查权是行业自律组织根据既有的法律、规章制度和行业规则对行业协会会员及其活动进行必要的监督、报告的权力。通过检查，行业自律组织可检视会员行为的合规性，了解行业规则的可操作性与合理性，促进行业整体执业质量的提高以及行业规则的不断完善。

3. 自律处罚权

行业自律组织处罚权是行业自律组织基于维护行业利益、组织成员利益和一定社会利益的需要，根据行规行约的现有规定或其他正当理由，对违规会员予以惩戒的权力。行业自律组织处罚权有其自己的特性，既不是国家专有处罚权，也不是合同违约处罚权。

行业自律组织可以根据行规行约，对国家制定法没有处罚规定但不利于行业发展和社会秩序的行为作出处罚，而国家制定法对专有处罚权实施领域和处罚严厉程度的规定为行业自律组织处罚权的实施提供了参考依据；两者同时存在可以相互增进效力，有力地制止危害行为。

（二）行业自律的作用及其与政府监管的关系

证券市场监管包含多层次的监管体系，包括政府监管、行业自律组织和证券交易所的行业自律、证券经营机构的内部管理以及证券从业人员自身的道德约束。行业自律与政府监管具有较强的互补性，能够共同构成有效的市场监管体系。政府监管的权威性、强制性和独立性是行业自律所不可比的，而行业自律的灵活性、适时性和民主性则是政府监管所不能及的。政府监管着眼于证券市场的宏观发展，侧重公共管理和社会稳定；行业自律则关注过程，贴近市场，能够以微调的方法在过程中解决正在出现的问题。二者功能的相互配合与有机结合，有利于社会利益与行业目标的均衡。大凡成熟发达的证券市场，其政府部门的行政监管与自律性组织的行业自律都是紧密联系、相互支持、平衡发展的。

在许多发达及发展中国家，自律管理是证券市场监管架构的重要组成部分。国际证监会组织（IOSCO）制定的《证券监管目标和原则》认为自律能带来的好处包括：一是自律组织可以要求其管理对象除遵循政府法规之外，遵守一定的道德规范；二是自律组织对市场运作和行为的了解更为深入，专业水平高，可能对市场变化的反应比政府机构更快、更灵活。该原则同时提出监管体制应根据市场规模、复杂程度，适当发挥自律组织对各自领域进行直接监管的职责；自律组织应接受监管者的监督，在行使和代行使职权时应遵循公平和保密原则。该原则规定明确将自律管理纳入证券监管体系一部分。

世界银行约翰·卡森在《证券市场自律监管》报告中，根据对证券市场自律组织监管的依赖程度划分，将证券市场自律管理划分为主要四种基本模式：政府（法定）机关监管模式、交易所类自律组织有限监管模式、交易所类自律组织强有力的监管模式和独立的会员制自律组织模式。

从对美国、英国、日本以及我国香港、台湾地区的监管方式的比较中发现，自律管理的模式均有差异。这与各国家或地区不同的历史条件、文化背景下制度的形成和演化有关。自律管理是人类合作拓展秩序演变的结果，不存在某一个客观标准式的证券业自律管理模式，即使在政府（法定）机关监管模式下，行业自律组织也可以在标准制定中发挥作用，如法国金融市场协会（AMAFI）。

目前，主要国家证券监管模式出现了趋同趋势：在政府为主导的监管模式中增加自律管理的职能，在市场主体为主导的监管模式中加大行政监管的力度。

自律管理发挥作用需要一定的条件。从法律方面看，自律机构必须得到法律的承认与授权和对其规章制度的支持，才能对其规范对象产生约束力。从被约束者利益方面看，规范对象只有在接受自律规则能给其带来长远利益、违反自律规则会给其带来利益损失时才有自觉自律和相互监督的动力。

国际证监会组织（IOSCO）认为，在授权自律组织行使某些监管职能之前，监管机构应要求自律组织达到一定的标准。监管机构还应对自律组织保持持续的监控。另外，一旦自律组织开始运作，监管机构就应当确保自律组织行使其权力符合公众的利益，其结果应是对有关证券法律法规和自律组织条例的公正和一贯的实施。无论自律使用的程度如何，政府监管机构应该保留其对关系到投资者和市场的事件进行直接调查的权威。当自律组织对有些违规行为缺乏足够的权力进行调查或处理，或者存在利益冲突时，监管机构应当承担起向自律组织调查的责任。所以，保证自律组织向监管机构提供的资料起到预警作用是十分重要的。

（三）中国证券业协会的职责

1. 中国证券业协会依据《证券法》（2019 年修订）第 166 条的规定行使的职责

（1）教育和组织会员及其从业人员遵守证券法律、行政法规，组织开展证券行业诚信建设，督促证券行业履行社会责任。

（2）依法维护会员的合法权益，向证券监督管理机构反映会员的建议和要求。

（3）督促会员开展投资者教育和保护活动，维护投资者合法权益。

（4）制定和实施证券行业自律规则，监督、检查会员及其从业人员行为，对违反法律、行政法规、自律规则或者协会章程的，按照规定给予纪律处分或者实施其他自律管理措施。

（5）制定证券行业业务规范，组织从业人员的业务培训。组织会员单位的从业人员的业务培训，开展会员间的业务交流。

（6）组织会员就证券业的发展、运作及有关内容进行研究，收集整理、发布证券相关信息，提供会员服务，组织行业交流，引导行业创新发展。

（7）对会员之间、会员与客户之间发生的证券业务纠纷进行调解。

（8）证券业协会章程规定的其他职责。

2. 中国证券业协会依据行政法规、证监会有关要求行使的职责

（1）制定证券业执业标准和业务规范，对会员及其从业人员进行自律管理。

（2）负责证券业从业人员资格考试、执业注册。

（3）负责组织证券公司高级管理人员、保荐代表人及其他特定岗位专业人员的资质测试或胜任能力考试。

（4）负责对首次公开发行股票网下投资者进行注册和自律管理。

（5）负责非公开发行公司债券事后备案和自律管理。

（6）负责场外证券业务事后备案和自律管理。

（7）法律、行政法规、证监会规范性文件规定的其他职责。

3. 中国证券业协会根据《中国证券业协会章程》、依据行业规范发展的需要，行使的自律管理职能

（1）推动行业诚信建设，督促会员履行社会责任。

（2）组织证券从业人员水平考试。

（3）推动会员开展投资者教育和保护工作，维护投资者合法权益。

（4）推动会员信息化建设和信息安全保障能力的提高，经政府有关部门批准，开展行业科学技术奖励，组织制订行业技术标准和指引。

（5）组织开展证券业国际交流与合作，代表中国证券业加入相关国际组织，推动相关资质互认。

（6）对会员及会员间开展与证券非公开发行、交易相关业务活动进行自律管理。

（7）其他涉及自律、服务、传导的职责。

（四）中国证券业协会职责的履行

中国证券业协会的职责具体归为三类，即：自律、服务、传导。所谓自律，即自律规则制定及自律检查、处罚。所谓服务，即全方位为证券行业会员提供服务，例如根据会员要求召开各类研讨会议、研究行业关注问题、提供行业数据等。所谓传导，即以证券业协会作为行政主管部门和行业、会员的桥梁，向行业和会员以及行政主管部门传递相应信息。

1. 自律

（1）制定会员应遵守的规则。

制定规则是证券业协会的最基本职能之一。以《中国证券业协会章程》为基础，以《中国证券业协会自律规则制定办法》为制定程序依据，中国证券业协会已形成了较为完善的自律规则体系，包含会员管理、从业人员管理、合规风控、IT 建设以及证券业务各条线的具体规则。这些自律规则，有的是在制定之时就协商分工，作为法律、行政法规和规范性文件的补充性规则，以细化法律、行政法规和规范性文件中的原则性规定；有的是为了试点和开拓创新性业务，以弥补法律、行政法规在实验性、及时性等方面的不便；有的是行政监管简政放权了，但会员呼吁建立约束性自律规范的，等等。总体而言，中国证券业协会的自律规则起到了促进证券行业和资本市场持续健康发展的作用。

延伸阅读

合规风控相关自律规则

对证券公司合规管理和风险控制的高度重视，是证券公司综合治理阶段的重要成果之一。近年来，在证券公司综合治理过程中，证监会完善了证券市场客户资金存管、国债回购、资产管理等基础制度，实施了以净资本为核心的风控指标监管体系，建立健全了证券公司分类评价体系，推出了证券公司信息隔离墙制度并开展了证券公司压力测试，形成了证券公司合规和风险控制的基本制度体系。中国证券业协会以行业自律为基点，也制定发布了一系列风控合规规则，致力于在证券行业中倡导和促进证券公司的创新发展水平和风控合规能力的动态平衡。

一是建立完善风险监测、分析和预警规则。2011 年 3 月，中国证券业协会发布《证券公司压力测试指引（试行）》，指导证券公司建立健全压力测试机制，提高风险管理水平。2011 年以来，证券公司对压力测试的认识不断提高，一些公司从应付每年协会组织的压力测试，到已逐步将压力测试作为公司日常风险管理的常规手段。2023 年，中国证券业协会修订了指引，要求证券公司进一步提高对压力测试工作的重视程度，审慎判断风险因素，细化风险传导模型，健全常态化压力测试机制，加强压力测试在风险管理中的实际运用，切实提升压力测试对各类风险的预测、预警、预防能力。中国证券业协会在推动行业运用压力测试工具的同时，不断改进行业统一情景压力测试工作，评估、判断行业整体风险承受能力和资本充足状况。

二是建立并完善证券公司全面风险管理制度。2014 年 2 月，中国证券业协会发布《证券公司全面风险管理规范》和《证券公司流动性风险管理指引》，引导证券公司树立全面风险管理理念，全行业开始逐步建立起全面风险管理体系。《证券公司全面风险管理规范》要求证券公司建立可操作的管理制度、健全的组织架构、可靠的信息技术系统、量化的风险指标体系、专业的人才队伍、有效的风险应对机制以及良好的风险管理文化。2014 年年底中国证券业协会做的一项行业风险管理调查显示，规范有效推动了证券公司全面风险管理体系建设，行业各公司初步建立了与其发展相适应的全面风险管理体系。2016 年，针对证券公司在风险管理意识、管理制度、量化指标体系、风险应对机制等方面存在的不足，中国证券业协会在总结评估的基础上，对《证券公司全面风险管理规范》进行了全面修订，并将子公司纳入全面风险管理体系，强调证券公司作为母公司的管控作用和各子公司的自我约束作用，推动证券公司进一步完善全面风险管理机制。同时，配合证监会《证券公司风险控制指标管理办法》的修订，中国证券业协会及时修订了《证券公司流动性风险管理指引》《证券公司风险控制指标动态监控系统指引》《证券公司压力测试指引》，进一步完善了合规和风险管理自律规则体系。

三是加强合规基础性制度建设，进一步提升行业合规管理的有效性。2011 年以来，在证监会《证券公司合规管理试行规定》（已失效）的基础上，中国证券业协会先后发布了《证券公司合规管理有效性评估指引》《证券公司反洗钱工作指引》《证券公司投资者适当性制度指引》《证券公司信息隔离墙制度指引》《关于证券公司做好利益冲突管理工作的通知》等合规自律管理规则，对证券公司开展合规管理工作的标准、程序、方式、方法、措施和步骤等内容进行了细化，进一步增强了合规管理制度的实效性、针对性和可操作性。同时，每年对相关制度的执行和实施情况进行调研摸底，摸清行业存在的问题，提出改进的意见和建议。此外，及时研究、跟进证券公司创新发展中产生的新模式、新业务、新产品等对合规风控工作提出的新挑战和新要求，及时应对和解决行业在创新发展中存在的合规问题。对于行业对协会自律规则的咨询，每问必答，提升了行业对自律规则执行的效力。经过多年的努力，合规自律管理与合规监管制度基本上形成了互为补充、互相支撑的良性互动的管理体系，对行业合规职责的落实发挥了实实在在的作用。

（2）自律检查与处罚。

如前所述，自律检查与处罚也是行业协会的最基本职能。在近年来强监管的理念下，中国证券业协会对自律检查与处罚愈加重视，效仿美国证券业协会（FINRA），成立单独的执业检查部门，实践查审分离机制。

中国证券业协会的自律检查分为两类：一类是协会每年年初制订自己的检查计划，对相应业务条线开展检查工作；另一类是积极协助配合监管机构开展的各项现场检查，如近几年市场普遍关注的公司债券业务、资信评级机构等检查工作。

中国证券业协会的自律处罚根据处罚的轻重程度分为自律管理措施和纪律处分，自律管理措施包括谈话提醒、警示、强制培训等，纪律处分包括行业内通报批评、公开谴责、限制会员权限等。

自律处罚的边界在哪里？自律处罚与行政处罚的关系是怎样的？这些是近年来随着行业自律组织职能的增强而引起关注的热点问题。一般认为，行业自律组织处罚权与国家专有处罚权在性质和处罚效力上均有不同，具有强弱之分，同时有互补性和非排他性。行业自律组织成员的某个行为已经受到国家专有处罚权处罚的，行业自律组织可以依据自律规则再作处罚，反之，某项违法违规行为未达到行政处罚标准或法律法规未明文规定应当予以处罚的，不妨碍行业自律组织依据自律规则采取自律处罚措施。与此同时，对同一行为的处罚，自律处罚不应当违背行政处罚的原则。对于法律法规明文规定不得视作违法违规的行为，行业自律组织不得依据自律规则予以处罚。

2. 服务

中国证券业协会的服务性职责非常庞杂，既有针对整个行业的服务性内容，例如针对证券投资者的宣传、保护工作，针对证券公司的证券人员注册管理与服务、诚信档案管理与查询服务等，也有针对具体会员的服务，例如会员资料变更等。

3. 传导

传导既包括单方向的，即向行业和会员传达、培训相应政策、规则，总结、评估行业合规管理和风险控制的先进经验、成功模式，形成最佳实践案例，向行业推广，向行政主管部门传达行业和会员的合理请求；也包括双向传导的情况，如向行业和行政主管部门传递最新研究成果等信息。

延伸阅读

中国证券业协会的自律管理职能

我国证券市场是新兴市场，是典型的政府主导型市场，政府承担着培育和监管市场等多重职能。市场建设初期，由于市场机制不健全，行业自律组织作用弱小，许多应由行业协会等自律组织承担的职能都由政府代行。随着证券市场的发展、证券监管体系改革的深入，行业自律管理已经逐渐被纳入证券监管体系中。2005 年修改后的《证券法》第九章确立了中国证券业协会作为证券业行业自律组织的法定地位，并且不同程度地赋予了中国证券业协会自律管理的三项基本职能。但是，证券法对于中国证券业协会自律管理三项基本职能的授权均不完整，不足以满足行业协会充分发挥行业自治、有效实行自律管理的需要。《证券法》（2019 年修订）赋权中国证券业协会制定全行业普遍适用的业务规则与执业规范；扩大自律监督检查依据范围，增强自律规则的约束力和效力；进一步明确中国证券业协会对行业执业行为的自律监督检查权，认可协会自律监督检查结果的公信力；进一步明确中国证券业协会自律处罚的地位，认可自律处罚的效力，构建行政处罚与自律处罚互补互通的有机连接机制。在上述基础上，《证券法》（2019年修订）在证券从业人员资格等方面的规定也有较大变化。

第四节　中国证券投资基金业协会的自律管理

一、中国证券投资基金业协会概述

（一）中国证券投资基金业协会的性质和宗旨

1. 中国证券投资基金业协会的性质

中国证券投资基金业协会是证券投资基金业的自律性组织，是社会团体法人。中国证券投资基金业协会成立于2012年6月6日，是依据《证券投资基金法》和《社会团体登记管理条例》、经国务院批准、在民政部登记的社会团体法人，是证券投资基金行业的自律性组织，接受证监会和民政部的业务指导与监督管理。

2. 中国证券投资基金业协会的宗旨

中国证券投资基金业协会的宗旨是：（1）提供行业服务，促进行业交流和创新，提升行业执业素质，提高行业竞争力；（2）发挥行业和政府间的桥梁与纽带作用，维护行业的合法权益，促进公众对行业的理解，提升行业声誉；（3）履行行业自律管理，促进会员合规经营，维持行业的正当经营秩序；（4）促进会员忠实履行受托义务和社会责任，推动行业持续、稳定、健康发展。

（二）中国证券投资基金业协会的组织机构

1. 权力机构

中国证券投资基金业协会的最高权力机构为全体会员组成的会员代表大会，负责制定和修改章程；理事会是会员代表大会闭会期间的执行机构，在会员代表大会闭会期间领导本团体开展日常工作，对会员代表大会负责。

中国证券投资基金业协会实行会长负责制，会长为法定代表人。

2. 会员类别

根据《中国证券投资基金业协会章程》《中国证券投资基金业协会会员管理办法》的相关规定，中国证券投资基金业协会会员包括普通会员、联席会员、观察会员和特别会员。

（1）普通会员。公募基金管理人、基金托管人、符合协会规定条件的私募基金管理人加入协会的，为普通会员。

（2）联席会员。联席会员包括国务院证券监督管理机构或中国证券投资基金业协会规定注册、备案或登记的，从事基金销售、份额登记、估值、评价、信息技术系统服务等基金服务业务的机构，以及为基金业务提供法律和会计等专业服务的律师事务所和会计师事务所。

（3）观察会员。观察会员包括不符合普通会员条件的其他私募基金管理人。①

（4）特别会员。特别会员包括证券期货交易所等全国性交易场所，登记结算机构等为基金行业提供重要基础设施的服务机构，与基金行业相关的全国性社会团体，对基金行业有重要影响的境外机构，基金行业的重要机构投资者，其他对基金行业具有重要影响的机构。

同一机构从事多种与基金相关的业务的，应当按照普通会员、联席会员、观察会员、特别会员的顺序，依次选择对应会员类别申请入会。②

二、中国证券投资基金业协会的法律职责③

（一）教育和组织会员的职责

这是指教育和组织会员遵守有关证券投资的法律、行政法规，维护投资人的合法权益。证券投资的法律、行政法规是维护证券市场和基金业秩序、保障交易参与人的合法权益、促进证券市场健康发展的根本保证，中国证券投资基金业协会作为基金业的自律性组织，有义务、有责任组织会员学习、知悉与证券投资相关的法律、行政法规，并教育、督促会员贯彻、遵守与证券投资相关的法律、行政法规。

（二）反映会员合法诉求的职责

这是指依法维护会员的合法权益，反映会员的建议和要求。维护会员权益是指当会员的合法权益受到侵害时，中国证券投资基金业协会应当根据法律、行政法规的规定来维护会员的合法权益，也可以向国务院证券监督管理机构反映，或将会员提出的合法、合理的有关基金业发展的建议和要求向国务院证券监督管理机构反映。

（三）开展行业自律管理的职责

这是指制定和实施行业自律规则，监督、检查会员及其从业人员的执业行为，对于违反自律规则和协会章程的，按照规定给予纪律处分。中国证券投资基金业协会应当根据法律法规的规定，制定和实施行业自律规则，充分发挥自律职能，监督、检查会员及其从业人员的执业行为。对于违反自律规则和中国证券投资基金业协会章程的行为，有权给予纪律处分。

（四）开展从业人员管理的职责

这是指制定行业执业标准和业务规范，组织基金从业人员的从业考试、资质管理和业务培训。中国证券投资基金业协会应当根据有关法律、法规及规章、规范性文件的规定，制定基金行业的执业标准，规范会员开展业务，提升行业整体水平；应当负责组织会员单位的从业人员的从业资格考试，并进行相应的资质管理和业务培训。

（五）促进基金行业交流、创新的职责

这是指提供会员服务，组织行业交流，推动行业创新，开展行业宣传和投资者教育活动。中国证券投资基金业协会收集整理相关信息，为会员提供服务，开展投资者教育

① 中国证券投资基金业协会．股权投资基金．北京：中国金融出版社，2017：246.

② 中国证券投资基金业协会．证券投资基金．北京：高等教育出版社，2017：123.

③ 李飞．中华人民共和国证券投资基金法释义．北京：法律出版社，2013：215－216.

活动及行业宣传，推动行业交流，促进行业创新。

（六）开展多元纠纷化解的职责

这是指对会员之间、会员与客户之间发生的基金业务纠纷进行调解。中国证券投资基金业协会会员之间、会员与客户之间发生纠纷后，中国证券投资基金业协会根据法律、行政法规的规定对纠纷各方进行民间性的调解。如果对调解不满意，纠纷各方可以依法提起诉讼或提请仲裁。

（七）私募基金管理人登记、备案的职责

中国证券投资基金业协会根据《证券投资基金法》《私募投资基金监督管理暂行办法》的规定对私募基金管理人进行登记备案，并对募集完成的私募基金依法进行备案管理。

（八）其他职责

除上述七项职责外，中国证券投资基金业协会会员可以根据中国证券投资基金业协会的任务与宗旨、会员的要求和决定以及基金业的实际情况和需要，通过章程赋予中国证券投资基金业协会其他自律管理、自我服务的职责。

三、中国证券投资基金业协会自律管理职责的履行

（一）开展基金从业人员的自律管理

为了加强从业人员自律管理，规范从业人员执业行为，促进基金行业机构合规、稳健运行，保护投资者合法权益，根据《证券投资基金法》《证券基金经营机构董事、监事、高级管理人员及从业人员监督管理办法》《私募投资基金监督管理暂行办法》《中国证券投资基金业协会章程》的有关规定，中国证券投资基金业协会一是制定《基金从业人员管理规则》《基金从业人员执业行为自律准则》等相关自律规则，对基金从业人员开展自律管理；二是对私募基金管理人的高级管理人员的基金从业资格提出相关要求。

1. 制定《基金从业人员管理规则》

（1）应当注册取得基金从业资格的人员范围。从业人员是指以机构名义进行基金业务活动的人员，包括与机构建立劳动关系的正式员工及建立劳务关系或者劳务派遣至机构的其他人员等。下列从业人员应当注册取得从业资格：一是公募基金管理人、从事私募资产管理业务的证券期货经营机构及私募证券投资基金管理人中从事与基金业务相关的基金销售、产品开发、研究分析、投资管理、交易、风险控制、份额登记、估值核算、清算交收、监察稽核、合规管理、信息技术、财务管理等专业人员，包括相关业务部门的管理人员；二是私募股权（含创投）投资基金管理人的法定代表人、执行事务合伙人（委派代表）、合规风控负责人等高级管理人员；三是基金托管人中从事与基金业务相关的账户管理、资金清算、估值复核、投资监督、信息披露、内部稽核监控等专业人员，包括相关业务部门的管理人员；四是基金服务机构中从事与基金业务相关的基金销售、销售支付、份额登记、估值、投资顾问、评价、信息技术系统服务等专业人员，包括相关业务部门的管理人员；五是中国证券监督管理委员会及中国证券投资基金业协会规定需要取得从业资格的其他人员。

（2）基金从业资格取得。基金从业资格考试设置科目一“基金法律法规、职业道德与业务规范”、科目二“证券投资基金基础知识”及科目三“私募股权投资基金基础知识”等科目。申请注册基金从业资格的人员（以下简称申请人）应当具备下列条件：1）品行良好，具有良好的职业道德；2）通过从业资格考试；3）已被机构聘用；4）最近3年未因犯罪被判处刑罚；5）不存在《证券投资基金法》第15条规定的情形；6）最近5年未被中国证监会撤销基金从业资格或者被协会取消基金从业资格；7）未被金融监管部门或者行业自律组织采取禁入措施，或者执行期已届满；8）法律法规、中国证券监督管理委员会及中国证券投资基金业协会规定的其他条件。申请人豁免基金从业资格考试部分科目的，应当符合国家、金融监管部门及行业自律组织有关规定，具备从事基金业务活动所需的专业能力，掌握基金业务活动相关的专业知识。境外人员申请注册从业资格的，依据国家有关政策及安排等办理。

（3）基金从业资格注册。申请人从事基金业务的，应当通过所聘用机构向中国证券投资基金业协会申请注册基金从业资格。申请人注册材料经所聘用机构审核后提交中国证券投资基金业协会，中国证券投资基金业协会在5个工作日内完成校核，符合《基金从业人员管理规则》规定条件的，申请人注册取得基金从业资格；不符合《基金从业人员管理规则》规定条件的，不予注册基金从业资格，通知申请人并书面说明理由。

（4）后续职业培训。基金从业人员在从事基金业务过程中应当持续具备从业资格注册条件，并参加后续职业培训。自基金从业资格首次注册次年起，或者在基金从业资格注销后重新注册当年起，每年度完成与法律法规、职业道德、专业技能有关的后续职业培训不少于15学时，其中职业道德方面的后续职业培训不少于5学时。

（5）基金从业资格信息公示。中国证券投资基金业协会对基金从业人员的从业资格信息进行公示。公示内容包括从业人员姓名、从业机构、资格注册及变更记录、诚信记录和异常标识信息等。对公示信息有异议的，中国证券投资基金业协会予以核实。公示信息与实际情况不相符的，中国证券投资基金业协会督促机构及时更正公示信息。证监会及中国证券投资基金业协会另有规定的，机构应当按照有关规定对特定岗位从业人员进行信息公示。

2. 制定基金从业人员执业行为自律准则

（1）基金持有人利益至上准则。基金从业人员应将基金持有人的利益置于个人及所在机构的利益之上，公平对待基金持有人；不得侵占或者挪用基金持有人的交易资金，不得在不同基金资产之间、基金资产和其他受托资产之间进行利益输送。从业人员应具备从事相关活动所必需的专业知识和技能，保持和提高专业胜任能力，审慎开展业务，提高风险管理能力，不得作出任何与职业声誉或专业胜任能力相背离的行为。

（2）公平、合法、有序开展业务。基金从业人员应当公平、合法、有序地开展业务，不得以排挤竞争对手为目的，压低基金的收费水平，低于基金销售成本销售基金；不得采取抽奖、回扣或者赠送实物、保险、基金份额等方式销售基金。

（3）禁止性行为。一是基金从业人员不得泄露任何基金持有人的资料和交易信息，不得泄露在执业活动中所获知的各相关方的信息及所属机构的商业秘密，更不得为自己或他人谋取不正当利益；二是基金从业人员不得从事或协同他人从事内幕交易或利用未公开信息交易活动，不得泄露利用工作便利获取的内幕信息或其他未公开信息，或明示、暗示他人从事内幕交易活动；三是基金从业人员不得利用资金优势、持股优势和信息优势，单独或者合谋串通，影响证券交易价格或交易量，误导和干扰市场；四是基金从业人员不得利用工作之便向任何机构和个人输送利益，损害基金持有人的利益和损害证券市场秩序。

3. 私募基金管理人高级管理人员的基金从业资格相关要求

（1）应当取得基金从业资格要求的范围。根据《关于进一步规范私募基金管理人登记若干事项的公告》的要求，从事私募证券投资基金业务的各类私募基金管理人，其高级管理人员［包括法定代表人/执行事务合伙人（委派代表）、总经理、副总经理、合规/风控负责人等］均应当取得基金从业资格。从事非私募证券投资基金业务的各类私募基金管理人，至少2名高级管理人员应当取得基金从业资格，其法定代表人/执行事务合伙人（委派代表）、合规/风控负责人应当取得基金从业资格。各类私募基金管理人的合规/风控负责人不得从事投资业务。

（2）基金从业资格取得。根据中国证券投资基金业协会发布的《基金从业人员管理规则》相关规定，私募基金管理人的高级管理人员可以通过考试方式取得基金从业资格，除此之外，私募股权投资基金管理人（含创业投资基金管理人）的高管人员还可通过资格认定方式取得基金从业资格。

（二）开展基金行业自律管理，对违法违规行为给予纪律处分

依据《证券投资基金法》等相关法律、行政法规、证监会规定和《中国证券投资基金业协会章程》，中国证券投资基金业协会制定《中国证券投资基金业协会自律管理和纪律处分措施实施办法》。中国证券投资基金业协会对违反法律、行政法规、中国证监会规定、行业自律规则的自律管理对象采取自律管理和纪律处分措施，适用《中国证券投资基金业协会自律管理和纪律处分措施实施办法》。

1. 自律管理对象

适用《中国证券投资基金业协会自律管理和纪律处分措施实施办法》的自律管理对象包括：（1）公募基金管理人；（2）经中国证券投资基金业协会登记的私募基金管理人；（3）从事私募资产管理业务的证券期货经营机构；（4）基金托管机构；（5）从事基金销售（募集）、销售支付、份额登记、估值、投资顾问、信息技术系统和为基金业务活动提供法律、审计、咨询等各类服务业务的机构；（6）本款第一项至第五项规定机构的基金从业人员或者工作人员；（7）自律规则规定或者承诺接受中国证券投资基金业协会自律管理的其他单位、个人。

2. 措施类型

（1）对机构实施的自律管理措施

对机构实施的自律管理措施包括：1）谈话提醒，即中国证券投资基金业协会要求违规机构在指定时间和地点就有关违规行为接受协会问询、作出说明和解释，并提示其及时纠正违规行为、防范合规风险；2）书面警示，即中国证券投资基金业协会通过书面形式将违规事实和自律管理措施告知违规机构，对其予以警示告诫，督促其纠正违规行为、防范合规风险；3）要求限期改正，即中国证券投资基金业协会要求违规机构在

规定时限内纠正违规行为，并向协会提交书面整改报告；4）要求增加内部合规检查次数，即中国证券投资基金业协会要求违规机构在一定时限内按要求的频率或者次数进行内部合规检查并报告自查情况，督促其有效加强合规建设、提高合规意识；5）协会规定的其他自律管理措施。

（2）对个人实施的自律管理措施

对个人实施的自律管理措施包括：1）谈话提醒，即中国证券投资基金业协会要求违规个人在指定时间和地点就有关违规行为接受协会问询、作出说明和解释，并提示其及时纠正违规行为、防范合规风险；2）书面警示，即中国证券投资基金业协会通过书面形式将违规事实和自律管理措施告知违规个人，对其予以警示告诫，督促其纠正违规行为、防范合规风险；3）要求参加合规教育，即中国证券投资基金业协会要求违规个人参加协会指定的合规知识学习并通过相应的合规能力测试，以提高其合规意识；4）中国证券投资基金业协会规定的其他自律管理措施。

（3）对机构实施的纪律处分措施

对机构实施的纪律处分措施包括：1）警告，即中国证券投资基金业协会在官方网站或者通过其他公开方式对违规机构予以警示批评；2）行业内谴责，即中国证券投资基金业协会在基金行业内对违规机构予以通报、谴责；3）公开谴责，即中国证券投资基金业协会在官方网站或者协会指定其他媒体上对违规机构予以谴责；4）限制相关业务活动，即中国证券投资基金业协会在一定期限内暂不受理或者办理违规机构相关业务，或者要求违规机构的在管产品不得新增募集规模、投资者，不得新增投资，但按照有关规定属于自律管理措施的除外；5）撤销登记，即中国证券投资基金业协会撤销违规机构的私募基金管理人或者基金服务机构的登记；6）取消会员资格，即中国证券投资基金业协会取消违规机构的协会会员资格；7）中国证券投资基金业协会规定的其他纪律处分措施。

（4）对个人实施的纪律处分措施

对个人实施的纪律处分措施包括：1）警告，即中国证券投资基金业协会在官方网站或者通过其他公开方式对违规个人予以警示批评；2）行业内谴责，即中国证券投资基金业协会在基金行业内对违规个人予以通报、谴责；3）公开谴责，即中国证券投资基金业协会在官方网站或者协会指定其他媒体上对违规个人予以谴责；4）不得从事相关业务，即中国证券投资基金业协会要求违规个人在一定期限内不得从事部分基金相关业务，但按照有关规定属于自律管理措施的除外；5）加入黑名单，即中国证券投资基金业协会要求违规个人在一定期限内不得从事全部基金相关业务；6）取消基金从业资格，即中国证券投资基金业协会取消违规个人的基金从业资格；7）中国证券投资基金业协会规定的其他纪律处分措施。

（5）一定期限内不得从事全部基金相关业务的类型

基金相关业务包括基金管理业务、基金托管业务、基金服务业务以及协会认定的其他业务。

3. 裁量因素

中国证券投资基金业协会适用自律管理和纪律处分措施，主要考量下列主客观因素：(1) 自律管理对象的主观状态是否存在过错；(2) 违规行为发生后的态度；(3) 自律管理对象对中国证监会及其派出机构调查和协会检查的配合程度；(4) 违规行为发生频率、次数和持续时间；(5) 违规行为涉及金额和涉及投资者人数；(6) 违规行为给投资者造成损失的情况；(7) 违规行为发生后采取补救措施的实施效果；(8) 违规行为被中国证监会及其派出机构、司法机关的查处情况；(9) 违规行为对行业秩序或者行业监管造成的影响程度；(10) 自律管理对象的职务、职责及履职情况；(11) 其他需要考量的因素。

4. 违规线索立案条件及检查

违规线索符合下列条件的，协会予以立案：(1) 有一定证据证明存在涉嫌违规行为；(2) 涉嫌违规事项属于中国证券投资基金业协会自律管理职责范围；(3) 判断涉嫌违规行为有明确的强制性或者禁止性规范依据；(4) 中国证券投资基金业协会对涉嫌违规行为有明确的处理依据；(5) 涉嫌违规行为未曾被协会查处，或曾被查处但有新情况、新线索；(6) 涉嫌违规行为构成要件涉及的事实和证据，协会根据自律管理手段具备条件检查、取证；(7) 处理涉嫌违规行为符合中国证券投资基金业协会自律管理目的，与已经或者可能采取的司法、行政处理不冲突，且具有自律处理的价值；(8) 协会规定的其他条件

中国证券投资基金业协会决定对涉嫌违规案件立案的，可以依照协会有关规定进行检查。自律管理对象因涉嫌违规被协会立案检查，存在涉众风险或者不配合协会自律管理工作等严重情形的，在案件办理期间协会可以暂停办理其相关业务。

5. 自律管理措施的实施程序

中国证券投资基金业协会决定对自律管理对象采取自律管理措施的，发送自律管理措施决定书。实施谈话提醒措施的，中国证券投资基金业协会提前 3 个工作日书面告知自律管理对象谈话的时间、地点、形式、事由、谈话对象和应当提供的材料等，谈话应当由两名以上工作人员参加，制作谈话笔录并由谈话对象签字确认。实施书面警示措施的，中国证券投资基金业协会在书面决定中对自律管理对象予以警示提醒，督促其纠正违规行为。实施要求限期改正措施的，中国证券投资基金业协会在书面决定中告知自律管理对象改正的事项、时限、要求、提交整改报告的内容和形式等。实施增加内部合规检查次数措施的，中国证券投资基金业协会在书面决定中告知自律管理对象内部合规检查的期限、频率、次数和提交合规检查报告的时限、内容、形式等。实施要求参加合规教育措施的，中国证券投资基金业协会在书面决定中告知自律管理对象参加合规教育和相应合规能力测试的时间、内容、形式等。

6. 纪律处分措施的实施程序

中国证券投资基金业协会经审理，拟采取纪律处分措施的，在作出处分决定前，制作纪律处分事先告知书并向自律管理对象送达。自律管理对象可以在纪律处分事先告知书送达之日起 5 个工作日内向中国证券投资基金业协会提交书面申辩意见，逾期未按要求提交的，视为放弃申辩权利。自律管理对象在规定期限内提交书面申辩意见的，中国证券投资基金业协会予以受理，对当事人提出的事实、理由和证据予以审查并决定是否采纳。

中国证券投资基金业协会作出取消会员资格、撤销登记、取消基金从业资格的纪律处分决定之前，告知当事人有举行听证的权利，当事人可以在纪律处分事先告知书送达之日起 5 个工作日内提出书面听证申请。当事人在规定期限内提出书面听证申请的，中国证券投资基金业协会可以组织法制与自律监察委员会委员组成听证小组进行听证。当事人未提出听证申请，但中国证券投资基金业协会认为需要就相关事项举行听证的，可以决定举行听证。

中国证券投资基金业协会经审理，作出如下决定：(1) 事实清楚、证据充分，应当予以纪律处分的，作出纪律处分决定；(2) 事实清楚、证据充分，但认为根据违规情节和后果无须予以纪律处分的，作出不予处分或者采取自律管理措施的决定；(3) 事实不清、证据不足的，作出不予处分的决定。

纪律处分决定作出后，中国证券投资基金业协会制作纪律处分决定书并向自律管理对象送达。纪律处分决定书中应当载明纪律处分对象的违规事实、相关依据、决定采取的纪律处分措施和救济方式等。中国证券投资基金业协会的纪律处分决定自送达之日起生效。

7. 纪律处分的复核

自律管理对象不服中国证券投资基金业协会对其作出的纪律处分决定的，可以向中国证券投资基金业协会提出复核申请。

中国证券投资基金业协会根据复核情况作出如下复核决定并制作复核决定书，及时送达申请人：(1) 纪律处分决定认定事实清楚，证据确凿，适用依据正确，程度适当，程序符合规定的，决定维持；(2) 纪律处分决定认定事实清楚，证据确凿，程序符合规定，但是程度明显不当或者适用依据错误的，或者认定事实不清，证据不足，但是经复核审理核实，事实清楚，证据确凿的，决定变更；(3) 纪律处分决定认定事实不清，证据不足，经复核审理无法核实的，或者程序严重违反规定的，决定撤销原纪律处分并重新作出纪律处分决定；(4) 纪律处分决定认定事实不成立或者缺乏处分依据的，决定撤销原纪律处分。

在复核过程中，存在下列情况的，中国证券投资基金业协会将视情节轻重采取自律管理或者纪律处分措施：(1) 申请人在提交的复核材料中，存在虚假、误导性陈述或者隐瞒重要事实的；(2) 本人或者通过其他单位、个人以威胁、恐吓、贿赂等不正当手段干扰复核工作的。

(三) 建设基金纠纷多元化解机制，切实保护投资者的合法权益

建设基金纠纷多元化解机制，是畅通投资者诉求表达和权利救济渠道、夯实资本市场基础制度的重要举措，能够依法保护投资者的合法权益，维护公开、公平、公正的资本市场秩序，促进资本市场的和谐、健康发展。中国证券投资基金业协会不断加强和公益机构投资者服务中心的密切协作，从投诉信息中选取典型案件，加大专业调解和诉讼支持力度，共同探索和实践保护投资者的新模式。同时，为了保障调解协议的执行效力，中国证券投资基金业协会与相关法院建立了对口联系，并按照最高人民法院、证监会《关于在全国部分地区开展证券期货纠纷多元化解机制试点工作的通知》要求落实纠

纷多元化解机制保障。[①]

具体来说，中国证券投资基金业协会主要从以下两个方面建设基金纠纷多元化解机制。

1. 建立基金行业投诉处理制度

（1）投诉事项受理范围。根据《中国证券投资基金业协会投诉处理办法》的规定，中国证券投资基金业协会处理自然人、法人或者非法人组织（以下统称投诉人）采用在线投诉平台、现场来访以及信件邮寄等形式就在基金投资活动或者接受相关服务过程中，与接受中国证券投资基金业协会自律管理的行业机构及其从业人员（以下简称投诉对象）产生的民事纠纷并要求解决纠纷的行为。

（2）投诉对象范围。根据《中国证券投资基金业协会投诉处理办法》的规定，投诉对象包括基金管理人，基金托管人，从事基金销售、份额登记、估值等基金服务业务的机构，从事私募资产管理业务的证券公司、基金管理公司、期货公司及其子公司等行业机构及其从业人员。

（3）不予受理范围。投诉事项出现下列情形之一，中国证券投资基金业不予受理：1）投诉人非投诉对象的客户；2）投诉内容不属于中国证券投资基金业自律管理范围；3）无法与投诉人及时取得联系；4）就同一事项重复投诉且无新事实、新理由、新证据；5）同一事项已由人民法院、仲裁机构等受理，正在审理或者已有生效判决、仲裁裁决等其他处理结果；6）不符合本办法第 12 条规定的其他情形。

（4）投诉事项办理。中国证券投资基金业协会受理投诉后，可以自行办理或者转交被投诉机构办理。中国证券投资基金业协会可以通过下列方式办理投诉：1）要求投诉对象限期书面说明情况；2）对当事人以及相关方进行约谈；3）经当事人同意，由中国证券投资基金业协会组织调解，或者委托第三方专业机构调解；4）促进当事人自行和解。

（5）投诉事项答复。对于转交被投诉机构办理的投诉，由被投诉机构向投诉人答复办理结果；对于自行办理的投诉，由中国证券投资基金业协会向投诉人答复办理结果。投诉人对于投诉办理结果不满意的，可以依法通过诉讼、仲裁等途径解决纠纷。

（6）投诉办理终止。符合下列情形之一，投诉办理终止：1）按照《中国证券投资基金业协会投诉处理办法》规定已将投诉办理结果答复投诉人；2）投诉人撤回投诉；3）投诉受理后，投诉人就同一事项提起仲裁或者诉讼；4）有证据显示恶意投诉；5）当事人达成调解协议或者自行和解；6）导致投诉办理终止的其他情形。

2. 建立基金行业多元纠纷化解机制

根据《中国证券投资基金业协会投资基金纠纷调解规则》的规定，中国证券投资基金业协会通过说服、疏导、调和等方式，促使当事人在平等协商基础上自愿达成调解协议，解决投资基金业务纠纷。中国证券投资基金业协会根据自愿合法的原则进行调解，不因调解而影响当事人依法通过仲裁、行政、司法等途径维护自己的合法权利。

---

① 中国证券投资基金业协会．守护投资者的幸福线 筑牢基金行业生命线：中国证券投资基金业协会 2017 年投诉处理工作回顾．[2018-04-09]. http://www.amac.org.cn/xhdt/zxdt/392944.shtml.

（1）受理范围。中国证券投资基金业协会调解投资基金业务纠纷案件的受理范围包括：中国证券投资基金业协会自律管理对象与投资者之间以及自律管理对象之间在基金投资活动或者接受相关服务等过程中产生的民事纠纷。

（2）调解委员会的职责。中国证券投资基金业协会设立调解专业委员会，负责研究、指导、处理与纠纷调解工作相关事项，主要包括以下职责：1）审议调解员的聘任、解聘；2）对纠纷调解工作进行业务指导；3）研究与行业纠纷多元化解机制相关重大事项；4）对调解制度实施效果进行评估；5）中国证券投资基金业协会授权开展的其他调解相关工作。

（3）调解的申请。调解申请由当事人单方或者共同向中国证券投资基金业协会提出。在投诉处理过程中，中国证券投资基金业协会可以主动征询当事人调解意向，征得各方当事人同意后，对投诉纠纷进行调解。中国证券投资基金业协会与人民法院、仲裁机构等建立调解合作机制，人民法院、仲裁机构等委托中国证券投资基金业协会调解的案件，中国证券投资基金业协会可以按照《中国证券投资基金业协会投资基金纠纷调解规则》进行调解，上述机构另有规定的除外。

（4）申请纠纷调解需提交的材料。当事人应当依法理性表达诉求，保证提供相关材的真实性、合法性，申请调解应当提交以下材料：1）调解申请书。其中，应当列明以下内容：a. 当事人基本信息，包括名称/姓名、住所地/住址、有效联系方式（电话号码、电子邮件）；b. 调解请求；c. 依据事实和理由；d. 其他应当写明的事项。2）身份证明文件。当事人委托代理人参加调解的，还应当提交授权委托书及委托代理人身份证明文件。3）与请求事项相关证明材料。

（5）不予受理范围。调解申请具有下列情形之一，中国证券投资基金业协会不予受理，及时通知申请人并说明理由：1）不属于《中国证券投资基金业协会投资基金纠纷调解规则》第 9 条规定的受理范围；2）不符合《中国证券投资基金业协会投资基金纠纷调解规则》第 10 条规定且未按照要求补充提交；3）无具体相对人、无具体争议事项；4）其他当事人不同意调解；5）同一纠纷已由人民法院、仲裁机构或者其他调解组织等受理，正在审理或者已有生效判决、仲裁裁决等其他具备法律效力的处理结果，但人民法院、仲裁机构等委托中国证券投资基金业协会调解的除外；6）违反法律、行政法规或者违背公序良俗；7）损害国家利益、社会公共利益或者他人合法权益；8）不适用调解的其他情形。

（6）调解员聘任条件。中国证券投资基金业协会聘任具有金融、法律、经济、财会等相关专业背景人士担任调解员。调解员应当品行端正、公道正派，熟悉行业法律法规及相关专业知识，无违法记录或者重大违规行为，且具备 5 年以上下列工作经验之一：1）具有证券、基金、期货领域从业经验，并在证券、基金、期货经营机构及其分支机构、子公司担任过合规、法务等职务；2）具有金融监管部门或者自律组织工作经验；3）具有民商事审理工作经验或者律师执业经验；4）具有证券、基金、期货业务或者法律研究、教学工作经验；5）具有调解组织工作经验且取得法律职业资格。

（7）调解员名册。中国证券投资基金业协会建立调解员名册，根据调解员变化情况定期更新并公示，调解员每届任期 4 年。调解员名册包括调解员姓名、性别、年龄、职业、专业背景、相关经验等基本情况。

（8）独任调解。调解事项由一名调解员独任调解，当事人从中国证券投资基金业协会提供的调解员名册中协商选定调解员，协商不成的，由中国证券投资基金业协会指定。当事人不同意中国证券投资基金业协会指定的调解员进行调解，且无正当理由，导致调解工作无法开展的，视为不同意调解。

（9）指定调解。调解事项疑难复杂或者具有涉众性等情形，可以由3名调解员组成调解小组进行调解，调解员由当事人协商选定或者中国证券投资基金业协会指定，其中，首席调解员由中国证券投资基金业协会指定。

（10）调解协议书。经调解当事人达成一致意见的，由调解员拟定调解协议。调解协议具有民事合同的性质，内容不得违反法律、行政法规的强制性规定，不得违背公序良俗，不得损害第三方合法权益。调解协议应当包括以下内容：1）当事人基本情况；2）纠纷基本事实及争议事项；3）调解结果；4）其他需要说明的事项。

（11）调解程序终止。出现下列情形之一，调解程序终止：1）当事人达成调解协议或者自行和解；2）当事人撤回调解申请或者明确表示不再同意调解；3）调解期限届满且未达成调解协议；4）调解过程中出现《中国证券投资基金业协会投资基金纠纷调解规则》第11条第4至8项 或者第15条第2款规定情形；5）导致调解难以开展的其他情形。未达成调解协议的，当事人可以依法通过诉讼、仲裁等途径维护自身合法权益。

（四）对私募基金管理人登记备案的自律管理

根据《证券投资基金法》《私募投资基金监督管理暂行办法》等法律法规的规定，中国证券投资基金业协会自2014年2月7日起开展私募基金管理人登记、私募基金备案和自律管理工作。应当指出的是，私募基金登记备案不是行政许可，中国证券投资基金业协会对私募基金登记备案信息不作实质性事前审查。但有些机构利用私募基金管理人登记身份、纸质证书或电子证明，故意夸大，歪曲宣传，误导投资者以达到非法自我增信目的；有的借此从事P2P、民间借贷、担保等非私募基金管理业务；有的借私募基金之名从事非法集资等违法犯罪活动；还有的倒卖私募基金管理人登记身份，非法代办私募基金管理人登记。上述这些行为严重损害了投资者的利益和行业的整体利益，严重背离了私募基金登记备案自律管理的制度设计初衷。[①] 为进一步优化登记备案和自律管理工作，引导私募基金行业高质量发展，中国证券投资基金业协会于2023年2月24日发布修订后的《私募投资基金登记备案办法》及配套指引，持续优化登记备案工作，切实保护投资者合法权益，加快推进私募基金行业高质量发展。综上所述，在依法开展私募基金登记备案工作的基础上，中国证券投资基金业协会主要从以下五个方面开展自律管理。

1. 私募基金管理人登记

（1）私募基金管理人登记应满足的前提要求。

私募基金管理人应当是在中华人民共和国境内依法设立的公司或者合伙企业，并持

---

① 中国证券投资基金业协会．中基协负责人就发布《关于进一步规范私募基金管理人登记若干事项的公告》答记者问．[2016-02-05]. http://www.amac.org.cn/xhdt/zxdt/390292.shtml.

续符合下列要求：1）财务状况良好，实缴货币资本不低于 1 000 万元人民币或者等值可自由兑换货币，对专门管理创业投资基金的私募基金管理人另有规定的，从其规定；2）出资架构清晰、稳定，股东、合伙人和实际控制人具有良好的信用记录，控股股东、实际控制人、普通合伙人具有符合要求的相关经验；3）法定代表人、执行事务合伙人或其委派代表、负责投资管理的高级管理人员直接或者间接合计持有私募基金管理人一定比例的股权或者财产份额；4）高级管理人员具有良好的信用记录，具备与所任职务相适应的专业胜任能力和符合要求的相关工作经验；专职员工不少于 5 人，对《私募投资基金登记备案办法》第 17 条规定的私募基金管理人另有规定的，从其规定；5）内部治理结构健全、风控合规制度和利益冲突防范机制等完善；6）有符合要求的名称、经营范围、经营场所和基金管理业务相关设施；7）法律、行政法规、证监会和协会规定的其他情形。

（2）建立健全风险控制制度。

私募基金管理人应当建立健全内部控制、风险控制和合规管理等制度，保持经营运作合法、合规，保证内部控制健全、有效。

私募基金管理人应当完善防火墙等隔离机制，有效隔离自有资金投资与私募基金业务，与从事冲突业务的关联方采取办公场所、人员、财务、业务等方面的隔离措施，切实防范内幕交易、利用未公开信息交易、利益冲突和利益输送。

（3）专业化运营要求。

私募基金管理人应当遵循专业化运营原则，主营业务清晰，基金投资活动与私募基金管理人登记类型相一致，除另有规定外不得兼营或者变相兼营多种类型的私募基金管理业务。私募基金管理人开展投资顾问业务，应当符合中国证监会和中国证券投资基金业协会的要求。

（4）办结登记手续的程序。

中国证券投资基金业协会自私募基金管理人登记材料齐备之日起 20 个工作日内办结登记手续。拟登记机构提交的登记信息、材料不完备或者不符合要求的，应当根据中国证券投资基金业协会的要求及时补正，或者作出解释说明或者补充、修改。

中国证券投资基金业协会可以采取要求书面解释说明、当面约谈、现场检查、向中国证监会及其派出机构或者其他相关单位征询意见、公开问询等方式对登记信息、材料进行核查；对存在复杂、新型或者涉及政策、规则理解和适用等重大疑难问题的，中国证券投资基金业协会可以采取商请有关部门指导、组织专家会商等方式进行研判。

拟登记机构对登记信息、材料进行解释说明或者补充、修改的时间和中国证券投资基金业协会采取前述方式核查、研判的时间，不计入办理时限。

中国证券投资基金业协会通过官方网站对私募基金管理人的基本信息、办理进度和办理结果等信息进行公示。私募基金管理人应当于登记完成之日起 10 个工作日内向中国证监会派出机构报告。

2. 私募基金备案。

（1）私募基金初始实缴募集资金规模。

私募基金应当具有保障基本投资能力和抗风险能力的实缴募集资金规模。私募基金初始实缴募集资金规模除另有规定外应当符合下列要求：1）私募证券基金不低于1 000 万元人民币；2）私募股权基金不低于1 000 万元人民币，其中创业投资基金备案时首期实缴资金不低于500 万元人民币，但应当在基金合同中约定备案后6 个月内完成符合前述初始募集规模最低要求的实缴出资；3）投向单一标的的私募基金不低于2 000 万元人民币。契约型私募基金份额的初始募集面值应当为1 元人民币，在基金成立后至到期日前不得擅自改变。

（2）私募基金存续期要求。

私募基金应当约定明确的存续期。私募股权基金约定的存续期除另有规定外，不得少于5 年。鼓励私募基金管理人设立存续期不少于7 年的私募股权基金。

（3）私募基金备案流程。

私募基金管理人应当自私募基金募集完毕之日起20 个工作日内，向协会报送下列材料，办理备案手续：1）基金合同；2）托管协议或者保障基金财产安全的制度措施相关文件；3）募集账户监督协议；4）基金招募说明书；5）风险揭示书以及投资者适当性相关文件；6）募集资金实缴证明文件；7）投资者基本信息、认购金额、持有基金份额的数量及其受益所有人相关信息；8）中国证监会、中国证券投资基金业协会规定的其他材料。

募集完毕是指私募基金的已认缴投资者已签署基金合同，且首期实缴募集资金已进入托管账户等基金财产账户。单个投资者首期实缴出资除另有规定外，不得低于合格投资者的最低出资要求。

（4）私募基金公示。

中国证券投资基金业协会自备案材料齐备之日起20 个工作日内为私募基金办结备案手续。中国证券投资基金业协会通过官方网站对已办理备案的私募基金相关信息进行公示。

私募基金完成备案前，可以以现金管理为目的，投资于银行活期存款、国债、中央银行票据、货币市场基金等中国证监会认可的现金管理工具。

（5）不予办理私募基金备案的情形。

有下列情形之一的，中国证券投资基金业协会不予办理私募基金备案，并说明理由：1）从事或者变相从事信贷业务，或者直接投向信贷资产，中国证监会、中国证券投资基金业协会另有规定的除外；2）通过委托贷款、信托贷款等方式从事经营性民间借贷活动；3）私募基金通过设置无条件刚性回购安排变相从事借贷活动，基金收益不与投资标的的经营业绩或者收益挂钩；4）投向保理资产、融资租赁资产、典当资产等与私募基金相冲突业务的资产、资产收（受）益权，以及投向从事上述业务的公司的股权；5）投向国家禁止或者限制投资的项目，不符合国家产业政策、环境保护政策、土地管理政策的项目；6）通过投资公司、合伙企业、资产管理产品等方式间接从事或者变相从事本款第一项至第五项规定的活动；7）不属于《私募投资基金登记备案办法》第2 条第2 款规定的私募基金，不以基金形式设立和运作的投资公司和合伙企业；8）以员工激励为目的设立的员工持股计划和私募基金管理人的员工跟投平台；9）中国证监会、中国证券投资基金业协会规定的其他情形。

3. 私募基金募集行为管理

（1）适用范围。

私募基金管理人、在证监会注册取得基金销售业务资格并已成为中国证券投资基金业协会会员的机构及其从业人员，以非公开方式向投资者募集资金的行为，适用《私募投资基金募集行为管理办法》。

在中国证券投资基金业协会办理私募基金管理人登记的机构可以自行募集其设立的私募基金，在证监会注册取得基金销售业务资格并已成为中国证券投资基金业协会会员的机构可以受私募基金管理人的委托募集私募基金。其他任何机构和个人不得从事私募基金的募集活动。

根据《私募投资基金募集行为管理办法》的规定，私募基金的募集行为包含推介私募基金，发售基金份额（权益），办理基金份额（权益）认/申购（认缴）、赎回（退出）等活动。

（2）私募基金募集应当履行的流程。

私募基金募集应当履行下列程序：特定对象确定；投资者适当性匹配；基金风险揭示；合格投资者确认；投资冷静期；回访确认。

（3）推介私募基金时的禁止行为。

募集机构及其从业人员推介私募基金时，禁止有以下行为：一是公开推介或者变相公开推介；推介材料有虚假记载、误导性陈述或者重大遗漏。二是以任何方式承诺投资者资金不受损失，或者以任何方式承诺投资者最低收益，包括宣传“预期收益”“预计收益”“预测投资业绩”等相关内容。三是夸大或者片面推介基金，违规使用“安全”“保证”“承诺”“保险”“避险”“有保障”“高收益”“无风险”等可能误导投资人进行风险判断的措辞。四是使用“欲购从速”“申购良机”等片面强调集中营销时间限制的措辞。五是推介或片面节选少于 6 个月的过往整体业绩或过往基金产品业绩。六是登载个人、法人或者非法人组织的祝贺性、恭维性或推荐性的文字。七是采用不具有可比性、公平性、准确性、权威性的数据来源和方法进行业绩比较，任意使用“业绩最佳”“规模最大”等相关措辞；恶意贬低同行。八是允许非本机构雇佣的人员进行私募基金推介。九是推介非本机构设立或负责募集的私募基金。十是法律、行政法规、证监会和中国证券投资基金业协会禁止的其他行为。

募集机构不得通过下列媒介渠道推介私募基金：公开出版资料；面向社会公众的宣传单、布告、手册、信函、传真；海报、户外广告；电视、电影、电台及其他音像等公共传播媒体；公共、门户网站链接广告、博客等；未设置特定对象确定程序的募集机构官方网站、微信朋友圈等互联网媒介；未设置特定对象确定程序的讲座、报告会、分析会；未设置特定对象确定程序的电话、短信和电子邮件等通讯媒介；法律、行政法规、证监会规定和中国证券投资基金业协会自律规则禁止的其他行为。

（4）合格投资者认定标准。私募基金的合格投资者是指具备相应风险识别能力和风险承担能力，投资于单只私募基金的金额不低于 100 万元且符合下列相关标准的机构和个人：净资产不低于 1 000 万元的机构；金融资产不低于 300 万元或者最近三年个人年均收入不低于 50 万元的个人。其中，金融资产包括银行存款、股票、债券、基金份额、资产管理计划、银行理财产品、信托计划、保险产品、期货权益等。

典型案例

中国证券投资基金业协会对某私募基金管理人进行纪律处分

2016年4月，中国证券投资基金业协会对某私募基金管理人进行纪律处分。经查明，该私募基金管理人存在如下违法违规事实：(1) 基金未按规定在中国证券投资基金业协会备案。该私募基金管理人所管理的某私募基金未在中国证券投资基金业协会备案，基金产品备案信息不准确、不完整，且未及时更新。(2) 未按规定向合格投资者募集资金，投资者投资额多在100万元以下，未能向合格投资者募集资金。(3) 公开向不特定对象募集资金。该私募基金管理人通过街头散发传单、电话等方式向不特定对象募集资金，进行公开宣传。(4) 重大事项未按规定向中国证券投资基金业协会报告。2014年12月，该私募基金管理人因涉嫌非法吸收公众存款被公安机关立案侦查。2015年1月，该私募基金管理人的法定代表人吕某某被采取强制措施，而且，该私募基金管理人所租用的办公场所已被清退，已无法有效履行私募基金管理人的职责。

该私募基金管理人的上述行为违反了法律法规与行业自律规则，违背了私募基金管理人登记时向中国证券投资基金业协会提交的承诺，扰乱了行业秩序，损害了行业声誉。同时，吕某某作为法定代表人、陈某某作为风险控制委员会主席对此负有主要责任。根据法律法规和行业自律规则的规定，中国证券投资基金业协会决定：一是撤销该私募基金管理人登记；二是对吕某某、陈某某公开谴责、加入黑名单；三是将上述纪律处分记入资本市场诚信档案。

4. 私募基金信息披露管理

为保护私募基金投资者的合法权益，规范私募基金的信息披露活动，根据《证券投资基金法》《私募投资基金监督管理暂行办法》等法律法规及相关自律规则，中国证券投资基金业协会制定了《私募投资基金信息披露管理办法》。《私募投资基金信息披露管理办法》主要对信息披露义务人、基金募集期间的信息披露、信息披露的事务管理以及自律管理等内容进行了规定。

(1) 信息披露义务人。

信息披露义务人是指私募基金管理人、私募基金托管人，以及法律、行政法规、证监会和中国证券投资基金业协会规定的、具有信息披露义务的法人和非法人组织。同一私募基金存在多个信息披露义务人时，应在相关协议中约定信息披露相关事项和责任、义务。信息披露义务人委托第三方机构代为披露信息的，不得免除信息披露义务人法定应承担的信息披露义务。

(2) 私募基金管理人信息披露的要求。

私募基金管理人应当按照规定通过中国证券投资基金业协会指定的私募基金信息披露备份平台报送信息。私募基金管理人过往业绩以及私募基金运行情况将以私募基金管理人向私募基金信息披露备份平台报送的数据为准。投资者可以登录中国证券投资基金业协会指定的私募基金信息披露备份平台进行信息查询。

(3) 信息披露义务人应当披露的信息。

信息披露义务人应当向投资者披露的信息包括：基金合同；招募说明书等宣传推介文件；基金销售协议中的主要权利、义务条款（如有）；基金的投资情况；基金的资产负债情况；基金的投资收益分配情况；基金承担的费用和业绩报酬安排；可能存在的利益冲突；涉及私募基金管理业务、基金财产、基金托管业务的重大诉讼、仲裁；证监会以及中国证券投资基金业协会规定的影响投资者合法权益的其他重大信息。

私募基金进行托管的，私募基金托管人应当按照相关法律法规、证监会以及中国证券投资基金业协会的规定和基金合同的约定，对私募基金管理人编制的基金资产净值、基金份额净值、基金份额申购赎回价格、基金定期报告和定期更新的招募说明书等向投资者披露的基金相关信息进行复核确认。

(4) 信息披露义务人的重大事项披露。

信息披露义务人应当按照基金合同的约定及时向投资者披露以下事项：基金名称、注册地址、组织形式发生变更的；投资范围和投资策略发生重大变化的；变更基金管理人或托管人的；管理人的法定代表人、执行事务合伙人（委派代表）、实际控制人发生变更的；触及基金止损线或预警线的；管理费率、托管费率发生变化的；基金收益分配事项发生变更的；基金触发巨额赎回的；基金存续期变更或展期的；基金发生清盘或清算的；发生重大关联交易事项的；基金管理人、实际控制人、高管人员涉嫌重大违法违规行为或正在接受监管机构或自律管理部门调查的；涉及私募基金管理业务、基金财产、基金托管业务的重大诉讼、仲裁；基金合同约定的影响投资者利益的其他重大事项。

(5) 信息披露的事务管理。

信息披露义务人应当建立健全信息披露管理制度，指定专人负责管理信息披露事务，并按要求在资产管理业务综合报送平台中上传信息披露相关制度文件。

信息披露事务管理制度应当至少包括以下事项：信息披露义务人向投资者进行信息披露的内容、披露频度、披露方式、披露责任以及信息披露渠道等事项；信息披露相关文件、资料的档案管理；信息披露管理部门、流程、渠道、应急预案及责任；未按规定披露信息的责任追究机制，对违反规定人员的处理措施。

信息披露义务人应当妥善保管私募基金信息披露的相关文件资料，保存期限自基金清算终止之日起不得少于10年。

(6) 自律管理。

中国证券投资基金业协会可以对信息披露义务人披露基金信息的情况进行定期或者不定期的现场和非现场自律检查，信息披露义务人应当予以配合。私募基金管理人未在基金合同中约定信息披露事项的，基金备案过程中由中国证券投资基金业协会责令改正。私募基金管理人未在基金合同中约定信息披露事项的，基金备案过程中由中国证券投资基金业协会责令改正。

信息披露义务人未按照《私募投资基金信息披露管理办法》的相关规定向投资者进行信息披露，投资者可以向中国证券投资基金业协会投诉或举报，该协会可以要求其限期改正。逾期未改正的，该协会可以视情节轻重对信息披露义务人及主要负责人采取谈话提醒、书面警示、要求参加强制培训、行业内谴责、加入黑名单等纪律处分。

5. 私募基金内部控制指引

为了引导私募基金管理人加强内部控制，促进合法合规、诚信经营，提高风险防范能力，推动私募基金行业规范发展，中国证券投资基金业协会制定了《私募投资基金管理人内部控制指引》。私募基金管理人内部控制是指私募基金管理人为防范和化解风险，保证各项业务的合法合规运作，实现经营目标，在充分考虑内外部环境的基础上，对经营过程中的风险进行识别、评价和管理的制度安排、组织体系和控制措施。

（1）总体目标。

私募基金管理人内部控制的总体目标是：保证遵守私募基金相关法律法规和自律规则；防范经营风险，确保经营业务的稳健运行；保障私募基金财产的安全、完整；确保私募基金、私募基金管理人财务和其他信息真实、准确、完整、及时。

（2）遵循的原则。

私募基金管理人内部控制应当遵循以下原则：一是全面性原则。内部控制应当覆盖各项业务、各个部门和各级人员，并涵盖资金募集、投资研究、投资运作、运营保障和信息披露等主要环节。二是相互制约原则。组织结构应当权责分明、相互制约。三是执行有效原则。通过科学的内控手段和方法，建立合理的内控程序，维护内控制度的有效执行。四是独立性原则。各部门和岗位职责应当保持相对独立，基金财产、管理人固有财产、其他财产的运作应当分离。五是成本效益原则。以合理的成本控制达到最佳的内部控制效果，内部控制与私募基金管理人的管理规模和员工人数等方面相匹配，契合自身实际情况。六是适时性原则。私募基金管理人应当定期评价内部控制的有效性，并随着有关法律法规的调整和经营战略、方针、理念等内外部环境的变化同步适时修改或完善。

（3）检查和监督。

中国证券投资基金业协会对私募基金管理人内部控制的建立及执行情况进行监督。中国证券投资基金业协会按照相关自律规则，对私募基金管理人的人员、内部控制、业务活动及信息披露等合规情况进行业务检查，业务检查可通过现场或非现场方式进行，私募基金管理人及相关人员应予以配合。

私募基金管理人未按前述指引建立健全内部控制，或内部控制存在重大缺陷，导致违反相关法律法规及自律规则的，中国证券投资基金业协会可以视情节轻重对私募基金管理人及主要负责人采取书面警示、行业内通报批评、公开谴责等措施。

参考文献

1. Andreas M. Fleckner, "Stock Exchanges at the Crossroads", 74 *Fordham L. Rev.*, 2006.

2. Roberta S. Karmel, "Should Securities Industry Self-Regulatory Organizations Be Considered Government Agencies?", 14 *Stan. J. L. Bus. & Fin.*, 2008.

3. 曾洋．证券法学．南京：南京大学出版社，2008.

4. 陈彬．对我国证券所自律管理地位和纪律处分权的反思．证券法苑，2011 (5).
5. 范健，王建文．证券法．2 版．北京：法律出版社，2010.
6. 桂敏杰，安建．新公司法条文解析．北京：人民法院出版社，2006.
7. 李飞．中华人民共和国证券投资基金法释义．北京：法律出版社，2013.
8. 卢文道．证券交易所及其自律管理行为性质的法理分析．证券法苑，2011 (5).
9. 罗培新，卢文道．最新证券法解读．北京：北京大学出版社，2006.
10. 吴弘．证券法教程．北京：北京大学出版社，2007.
11. 徐明，卢文道．证券交易所自律管理侵权诉讼司法政策．证券法苑，2010 (1).
12. 中国证券投资基金业协会．证券投资基金．北京：高等教育出版社，2017.

课后习题

1. 试述我国的证券交易所的性质和法律地位。
2. 挂牌公司可否对新三板提起行政诉讼?
3. 中国证券业协会可否对会员进行罚款？为什么?
4. 中国证券投资基金业协会对私募基金管理人登记和私募基金备案进行自律管理的法理依据是什么?

《　　　　　　》※任课教师调查问卷

为了能更好地为您提供优秀的教材及良好的服务，也为了进一步提高我社法学教材出版的质量，希望您能协助我们完成本次小问卷，完成后您可以在我社网站中选择与您教学相关的1本教材作为今后的备选教材，我们会及时为您邮寄送达！如果您不方便邮寄，也可以申请加入我社的**法学教师QQ群：436438859（申请时请注明法学教师）**，然后下载本问卷填写，并发往我们指定的邮箱（cruplaw@163.com）。

邮寄地址：北京市海淀区中关村大街31号中国人民大学出版社806室收

邮　　编：100080

再次感谢您在百忙中抽出时间为我们填写这份调查问卷，您的举手之劳，将使我们获益匪浅！

基本信息及联系方式：※

姓名：________ 性别：________ 课程：________

任教学校：________ 院系（所）：________

邮寄地址：________ 邮编：________

电话（办公）：________ 手机：________ 电子邮件：________

调查问卷：※

1. 您认为图书的哪类特性对您选用教材最有影响力？（　　）（可多选，按重要性排序）
   A. 各级规划教材、获奖教材　　B. 知名作者教材
   C. 完善的配套资源　　D. 自编教材
   E. 行政命令
2. 在教材配套资源中，您最需要哪些？（　　）（可多选，按重要性排序）
   A. 电子教案　　B. 教学案例
   C. 教学视频　　D. 配套习题、模拟试卷
3. 您对于本书的评价如何？（　　）
   A. 该书目前仍符合教学要求，表现不错将继续采用
   B. 该书的配套资源需要改进，才会继续使用
   C. 该书需要在内容或实例更新再版后才能满足我的教学，才会继续使用
   D. 该书与同类教材差距很大，不准备继续采用了
4. 从您的教学出发，谈谈对本书的改进建议：________

____

____

选题征集：如果您有好的选题或出版需求，欢迎您联系我们：

联系人：黄　强　联系电话：010-62515955

索取样书：书名：________

书号：________

备注：※ 为必填项。